高等院校社会福利
精编教材

社会保障通论

主编　潘锦棠

中国第一套社会福利教材

Introduction
to Social Security

山东人民出版社

全国百佳图书出版单位 一级出版社

《高等院校社会福利精编教材》

总主编：韩克庆

编写委员会名单

（按姓氏的音序排列）

邓国胜　清华大学公共管理学院创新与社会责任研究中心
关信平　南开大学社会工作与社会政策系
郭海涛　山东人民出版社社长
韩克庆　中国人民大学劳动人事学院社会保障系
林闽钢　南京大学政府管理学院社会保障系
刘继同　北京大学公共卫生学院卫生政策与管理学系
潘锦棠　中国人民大学劳动人事学院社会保障系
潘　屹　中国社会科学院社会学所社会政策研究室
钱　宁　云南大学社会学与社会工作系
仇雨临　中国人民大学劳动人事学院社会保障系
王海玲　山东人民出版社总编室主任
王茂福　华中科技大学社会学系
熊跃根　北京大学社会学系
徐月宾　北京师范大学社会发展与公共政策学院
周　沛　南京大学政府管理学院社会保障系

总序 | TOTAL PREFACE

社会福利的主要目的是为了改善社会成员的生活状况,提升其生活质量。在一般意义上,社会福利既是一种利益分配方式,又是衡量国民幸福水平的重要标尺。

当前国内学界对社会福利的概念有两种理解:一种是广义的社会福利概念,一种是狭义的社会福利概念。从责任主体看,广义的社会福利概念既包含了政府主办的社会保障项目,又包含了企业、社区和社会组织主办的市场化和社会化的福利服务项目和公益慈善事业。狭义的社会福利概念是社会保障制度的一个子系统,专指政府民政部门针对特殊群体主办的生活救助和福利服务项目。从受益对象看,广义的社会福利概念是面向全体社会成员的制度安排,狭义的社会福利概念主要是面向特殊老年人、残疾人和儿童等社会群体的专项制度安排。我们这里所说的社会福利概念是一个广义的社会福利概念,是国家、市场和社会满足社会成员不断增长的物质和精神需要,并提升其生活质量的社会保障、福利服务和公益慈善事业的统称。

新中国成立后,中国社会福利经历了三个发展时期。第一个时期是计划经济体制下国家福利体系的建立和稳定时期,大致从1949年新中国成立到1978年改革开放前。这一时期,城镇企业职工劳动保险制度、机关事业单位退休制度、公费医疗制度、单位福利制度以及农村"五保"制度、合作医疗制度等制度逐步建立和完善,确立了城乡二元板块下的国家福利模式。第二个时期是从计划经济体制向市场经济体制的过渡和衔接时期,大致从1979年改革开放伊始到1997年新型社会福利体系开始构建。这一时期,市场经济全面取代计划经济而成为改革与发展的时代潮流,在社会福利领域,则是全面祛除计划经济体制下附着在经济组织和机关事业单位身上无所不包的福利包袱。在这个过程中,许多在计划经济时期建立和完善起来的社会福利制度安排,面临着制度基础逐步瓦解、制度有效性明显降低等问题,甚至在有的领域出现了福利真空,在更多领域则是制度扭曲或者制度残缺不全。其后,随着改革开放的进一步深入,一些新的经济问题和社会矛盾日益突出,构建适应社会主义市场经济体制的社会福利体系成为经济社会发展的必然要求。在这种背景下,很多地方进行了养老保险、医疗保险等社会保险制度的改革试点,上海等地探索实施了重点针对城市下岗失业工人的最低生活保障制度。第三个时期是新型社会福利体系建立和完善时期,大致从 1998 年开始,至今还在延续。这一时期,政府各项福利政策密集出台,覆盖城乡居民的最低生活保障制度、养老保险、医疗保险以及失业保险、生育保险、工伤保险、企业年金、保障性住房等各项福利制度逐步建立和完善起来。与此同时,社会福利建设的价值导向与改革开放初期相比发生了根本性转变,公平、正义等理念逐步取代了效率优先、补救式保障等观念。社会福利制度建设的目标也正在或者已经从为市场经济改革配套,转向应对社会问题、解决贫富差距、促进社会公正等多元目标。

当前,中国社会正处在经济社会转型的关键时期,经济发展的单一目标正在向政治民主和社会建设的多元目标转向。社会福利是关系到社会发展和民生福祉的重大课题,社会福利的学术研究和制度建构,不仅是当前中国市场经济改革的一部分及其延续,更是中国未来社会转型和社会发展的一部分及其延续。正是在这种背景下,为了进一步推动社会福利专业发展,更好地满足当下及未来社会福利的教学和研究需要,中国人民大学劳动人事学院社会保障系与山东人民出版社联合策划推出了《高等院校社会福利精编教材》系列。

据我们了解,中国大陆目前还没有一套完全立足于社会福利的专业教材,出版一套完整、独立、系统、扎实的社会福利教材,可谓恰逢其时,不仅可以满足当下学术界和政策界的研究需要,还可以满足高等院校社会福利及相关专业的教学需要。因此,本套教材不仅可作为普通高等院校社会福利、社会保障、社会政策、社会工作、劳动关系、人力资源管理及其他相关专业的教材和参考书,同时也适合政府相关部门工作者和对社会福利有兴趣的人士阅读。

《高等院校社会福利精编教材》总体上定位于面向全国普通高等院校社会福利、社会保障、社会政策、社会工作等相关专业的学生使用。教材的编写坚持几个主要原则：一是理论体系合理。教材在社会福利统一规范的理论框架下编写，概念清晰，体系完备，结构合理，涵盖从理论到方法再到应用的方方面面。二是内容充实新颖。教材充分参考和借鉴国内外最新理论研究成果，联系中国社会福利发展的实践展开分析和说明。三是线索清晰简洁。教材基本定位于本科生教学用书，在对相关研究成果进行梳理时，力求重点突出、简明扼要。四是形式通俗易懂。教材尽量避免艰深难懂的语言，并配有案例和图片，便于学生理解和学习。

本套教材的策划开始于 2010 年，于 2012 年 3 月份正式启动。2012 年 3 月 17 日，《高等院校社会福利精编教材》编写讨论会在中国人民大学召开。会议讨论了三个议题：第一，讨论确定了《高等院校社会福利精编教材》编委会名单，原则上由各分册主编担任编委会成员；第二，对教材各分册的编写计划进行讨论分工，并就编写体例达成了初步意见；第三，讨论修改了《社会福利教程》大纲的主要内容和写作分工。来自中国人民大学、北京大学、清华大学、南京大学、南开大学、北京师范大学、华中科技大学、云南大学、中国社会科学院等国内著名学府和研究机构的 16 位与会专家学者还针对学科内一直存在的理论问题进行了充分讨论。经过会议讨论和会后征询意见，教材总主编由中国人民大学劳动人事学院社会保障系主任韩克庆博士担任，编委会 15 位成员均为全国重点高等院校和研究机构从事社会福利、社会保障、社会政策、社会工作等相关专业的学科带头人和骨干教师。

万事开头难。我们期待《高等院校社会福利精编教材》的出版能够推动社会福利相关专业的教学和科研工作，也希望这套教材的出版能起到抛砖引玉的作用，为我国社会福利制度建设和学术研究贡献一份绵薄之力。

《高等院校社会福利精编教材》编写委员会

执笔：韩克庆

2012 年 4 月 4 日

目录 CONTENTS

第一章　社会保障概述

 学习目标

　　学习本章,应该掌握社会保障的定义和特点、社会保障制度的核心内容;熟悉三种福利体制的分类及分类的依据、社会保障制度的四种模式、社会保障分配原则;还需要了解社会保障制度的意义,世界和中国社会保障制度的发展历史。

社会保障成为城市居民最关心的十大问题之一　刘刚　绘

第一节　社会保障概念

一、社会保障的定义

　　社会保障主要是由政府通过征税、收费、接受捐赠等手段筹集资金,经过社会保险、社会救助、社会福利和社会优抚等制度安排,为参保者提供互济平台、为贫困者提供最低生活资源、为军人提供特殊关照、为国民增进生活福利的一种社会制度。

二、社会保障的三个特点

第一,政府主办。社会保障是由政府出面组织,并承担最后责任。国家负责是社会保障与民间福利的主要区别。工业社会普遍产生的失业、工伤、养老、贫困等社会问题,是全国性的,在世界大多数国家都要依靠政府统一而大规模地筹集资金,建立社会保障制度来解决问题。

第二,非盈利。社会保障是公益性的和非盈利的一种制度安排,这是社会保障与商业保险的主要区别。社会保障取之于民、用之于民,统筹互济,不以盈利为目的。

第三,社会化。社会保障的发起、收支和管理都是社会的、公共的,而非个体家庭的,受益条件是一视同仁的而非照顾特殊个人的,这是社会保障与家庭保障的主要区别。

三、社会保障的目标

防范人身风险,分担生活苦难,提高民生福利,是社会保障的主要目标。人身风险和苦难包括:生、老、病、死、伤残、失业、贫困、灾害等,民生福利包括卫生、教育、住房、生活自然环境等。

四、社会保障的性质

社会保障是收入再分配的形式之一。社会保障通过征税、收费和接受捐赠筹集社会保障基金,经过再分配惠及弱势者或受害者。社会保障的给付形式有:保险支付、福利津贴、价格补贴、实物援助和人工服务等。

社会保障处理的是公共关系,即政府与国民的关系。社会保障管理和人力资源管理有相同之处,都是有关对人的管理,不同点是人力资源管理主要处理的是劳动关系,即雇主与雇员的关系;而社会保障处理的是公共关系,即政府与国民的关系。

五、社会保障与社会福利

社会保障是广义社会福利的一个部分,广义社会福利包括社会保障。社会保障与社会福利是两个不同的概念,在广义上,目前两者经常被混同使用。

社会福利的概念有广义和狭义之分。在广义上,即在制度模式和制度层面上,社会福利制度是各种防范人身风险、减轻生活苦难、提高民生福利的社会制度的总和,既包括政府组织发起的,也包括非政府组织发起的;既包括盈利的,也包括非盈利的。在狭义上,社会福利是社会保障的一部分。狭义的社会福利和社会保险、社会救助、社会优抚一样,是社会保障的子项目。广义的社会福利也可称为"大社会福利",狭义社会福利可称为"小社会福利"。

　　社会福利包括政府福利和非政府福利,政府福利即社会保障;非政府福利包括民间救助、宗教慈善、企业福利和商业人身保险等。①

　　本书是关于社会保障的教科书,主要介绍由政府发起组织的社会福利,因此,本书所涉及的"社会福利"概念,除了介绍社会福利制度模式时采用"大社会福利"概念,其余主要是"小社会福利"概念。

　　关于商业组织、企业组织、民间非盈利组织和宗教组织的福利项目(比如商业人身保险、红十字会、乐施会的慈善救助等)、制度运作原理及其社会作用等,不在本书涉及范围之内,只有在第四章《企业职工养老保险》中对"企业年金"有一些介绍。

第二节　社会保障制度体系

　　社会保障体系由社会保险、社会救助、社会福利(狭义)、社会优抚、社会保障基金和社会保障管理等制度组成。其中,社会保险、社会救助、社会福利和社会优抚为社会保障制度的核心内容。

一、社会保险

　　社会保险是指国家通过征税或征费建立社会保险基金,实行统筹互济,对参保人失业或在丧失或暂时丧失劳动能力时提供经济帮助、减轻其生活困难的制度。社会保险一般要求政府及参保的雇主雇员缴费,三方共同负责建立社会保险基金,作为统筹互济再分配的基础。社会保险包括养老保险、医疗保险、失业保险、工伤保险和生育保险等。社会保险是基本(或核心)的社会保障,这是因为:第一,社会保险的对象是雇员或劳动者,是人口中最能创造财富的那部分人,且占社会保障对象的绝大比例;第二,社会保险收入和支出占整个社会保障收支的绝大部分,是社会保障中最大的子项目。

　　社会保险的受益人需要事先参保缴费,而社会保障的其他项目,如:社会救

---

　　① 潘锦棠:《政府福利与非政府福利共筑一国社会福利体系》,《中国社会科学报》,2011 年 11 月 8 日。关于"社会福利"概念更详细的论述见本章最后的应用案例。

助、社会福利和社会优抚项目无须个人缴费。社会保险不同于商业保险的地方是政府承办且非盈利。

专栏

社会保险与商业人身保险的区别

社会保险与商业人身保险(人寿保险、人生意外险、健康保险等)相比较有其特殊性质。社会保险与商业人身保险在承办主体、是否强制、是否盈利、承保风险、监督机制等诸方面都有所不同,见表1-1。

表1-1 社会保险与商业人身保险的区别

比较项目	社会保险	商业人身保险
承办主体	国家	企业
主要参保对象	雇员及其家属	全体消费者
是否盈利	非盈利	盈利
强制性	基本上强制	自愿
注重效益	社会效益	经济效益
缴费与受益	不严格相关	严格相关
与受保人法律关系	政府与国民	商家与顾客
法律约束	社会保险法	商业保险法、消费者权益保护法
信誉	较高	较低
监督机构	议会与在野党	保监会与消费者协会

二、社会救助

社会救助又称社会救济,是指国家对遭受贫困或灾害的国民提供救助,以维持其最低生活水平的社会制度。所谓最低生活水平是政府设定的"贫困线"以下生活水平,划定贫困线的领域主要是家庭经济,比如家庭收入,也可以是教育、医疗、住房等诸方面。对社会救助受益者需要进行家计调查或资格审查。社会救助最常见的项目有城市居民最低生活保障、农村的"五保"以及灾害救济等等。社会救助的对象是低收入人群和受灾受困人群等社会最弱势的群体,这个群体往往不能享受其他社会保障,最后被社会救助制度所覆盖,因此,社会救助制度通常被称为"最后的安全网"。社会救助由国家承担全部或主要财政责任,救助基金来源于国家税收。社会救助是最低生活水平保障,也是人类社会最悠久的一种保障形式。

三、社会福利（狭义）

社会福利是国家通过福利津贴、价格补贴、实物供给和社会服务等手段，满足社会成员的生活需要、改善其生活质量的一种制度安排。如果说社会救助是"雪中送炭"，那么社会福利（狭义）是"正常生活水平"条件下的锦上添花；社会救助的受益者需要符合"贫困线"标准，而社会福利的受益者无须对其进行家计调查，往往普惠受益。福利基金主要来源于国家税收，还来源于社会各方捐赠。其内容包括一般社会福利和特殊社会福利，一般社会福利是指国家为全体社会成员提供的物质利益和服务，比如教育、医疗卫生、市政绿化、住房、各类社会服务等，享受的对象是全体社会成员，因此也称之为全民性社会福利。特殊社会福利是国家为特殊人群提供的物质利益和服务，比如残疾人福利、儿童福利、老人福利等，因此也称之为选择性社会福利。社会福利是最高社会保障。

四、社会优抚

社会优抚是国家通过立法对军人及其家属提供物质帮助和精神抚慰的社会制度。优抚指优待、抚恤和抚慰，包括物质和精神两个方面，物质上的优待和抚恤包括：阵亡补偿费，伤残抚恤金，转业安置、家属关照等；精神上的抚慰包括：烈士陵园建设和祭扫，荣军医院的建设和管理，阵亡伤残军人褒扬，"光荣人家"牌匾授予等。社会优抚具有直接的政治目的，基金主要由政府筹集。社会优抚是特殊的社会保障。[1]

社会保障的核心内容见图1-1。

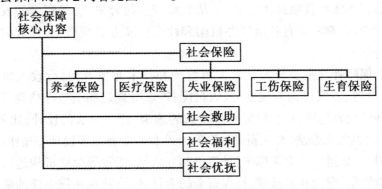

图1-1 社会保障的核心内容

---

[1] 社会保障四个子项目分别为基本社会保障、最低社会保障、最高社会保障和特殊社会保障的说法可参见侯文若著：《现代社会保障学》，红旗出版社1993年版，第5页。

五、社会保障基金

社会保障基金是国家依法建立的用于实施各项社会保障制度的资金,是社会保障制度实施的物质保证,包括社会保险、社会救济、社会福利、社会优抚四种基金。

社会保障基金的内容无非是"收、支、管",即社会保障基金的筹集、支付和管理。社会保障基金主要来源于国家、企业和个人,国家以财政拨款、优惠税费和利率等方式为社会保障基金作贡献,企业和个人则向基金直接交费。不同的社会保障项目,其基金的筹集原则和办法也有所不同,比如,社会救助基金、社会福利基金和社会优抚基金主要是依靠财政拨款和社会捐赠,社会保险基金则主要来源于企业和个人交费。

保障社会保障基金的支付方式取决于不同的社会保障项目,社会保险、社会救助、社会福利和社会优抚各有不同的支付原则和支付办法,即便是同一个项目,比如社会保险,其内部的不同险种(养老保险、医疗保险、失业保险、工伤保险和生育保险)也有不同的支付原则和支付办法。

社会保障基金的运营和管理主要是指对基金的投资运作和监督管理。基金运营的目的是为了保值增值,监督管理的目的是为了防止基金被违规利用和流失。

六、社会保障管理

社会保障管理是社会保障各项制度的具体实施过程。社会保障制度一旦建立就需要落实在各项具体事务上,从参保资金的筹集、受保资金的发放到社保资金的管理,都需要有各级经办机构和社会保障专员来操作,再好的制度也不会自行落实。

社会保障管理主要分为行政人事管理和技术业务管理,行政人事管理包括:机构设置、各级机构职权划分、人员配备、职责规定和绩效考核等等。技术业务管理的内容包括:社会保障管理模式的选定;管理方法的设计,比如"收支两条线","老人老办法,新人新办法"等;社会保障业务流程设计和操作;技术手段的运用,比如运用社会保障卡、计算机和互联网、银行等金融机构进行社会保障资金的筹集、登记和发放等;社保资金的会计核算;社保违规事件的防范和处理;各项业务工作的监督和评估等。

第三节　社会保障制度模式

全世界目前共有 220 多个国家和地区,其中国家为 190 多个,地区为 30 多个,联合国共有成员国 193 个(截至 2011 年 7 月);根据美国社会保障署的《全球社会保障 2002》(SSA,"*Social Security Programs Throughout the World——2002*")一书中,全球共有 173 个国家和地区建立了社会保障制度。

各国的社会保障制度当然都有其特性,但也有共性和专属性(类别),研究者们为了分析和研究社会保障制度,往往根据不同的研究目的对世界各国的社会保障体制进行分类。下面介绍两种比较有影响的分类。

一、社会福利的三种体制

丹麦学者考斯塔·艾斯平—安德森(Esping – Andersen)在其 1990 年出版的《福利资本主义的三个世界》中首次使用了"福利体制(Welfare Régime)"的概念。他以福利分配的"非商品化(Decommodification)"程度为标准,将西欧和北美国家的福利体制划分为三种类型:"社会民主主义"福利体制、"自由主义"福利体制和"合作主义"福利体制。

"福利体制"或"福利国家",实际上就包含了在福利支出上公共责任(政府责任)和私人责任的比较,与我们对社会福利的定义是一致的。

(一)非商品化概念

所谓"非商品化",是指不把劳动力作为商品,让福利分配与劳动贡献脱钩。在劳动力市场上,劳动力是商品,工资是劳动力的价格,工资的高低与劳动力价值(或劳动贡献)的大小紧密相联,这就是说在工资分配(第一次分配)领域,劳动力的商品化程度非常高,或者说是完全商品化的。在福利分配(第二次分配)领域,劳动力的商品化程度降低了,因为有些分配与劳动力价值没有关系,比如社会救助,完全是根据"人道"而不是等价交换的原则来进行的。用艾斯平—安德森的原话来说就是:"'非商品化'是指个人福利相对地既独立于其收入之外又不受其购买力影响的保障程度。"[①]在福利分配领域,世界各国劳动力的"非商品化"程度是不同的,有的国家"非商品化"程度比较低,或者说"商品化"程度比较高,在这些国家用于再分配的福利基金较少,即使有福利分配也要与工

---

① 〔丹麦〕考斯塔·艾斯平—安德森:《福利资本主义的三个世界》,郑秉文译,法律出版社 2003 年版,中文版《序言》,第 3 页。

资高低、保险缴费多少、缴费时间长短紧紧联系在一起;有的国家"非商品化"程度较高,或者说"商品化"程度较低,在这些国家用于再分配的福利基金较多,福利分配与工资、就业、保险缴费的关联度不高,往往以年龄居龄和人道需要作为发放福利的依据。简而言之,福利分配与劳动贡献的关系越紧密,商品化程度就越高;福利分配与劳动贡献越不相关,商品化程度就越低。从分配效果来看,福利分配"非商品化"程度越高,对低工资劳动者就越有利;反之,"非商品化"程度越低,对高工资劳动者就越有利。

(二)社会福利的三种体制

1."社会民主主义"福利体制

社会民主主义福利体制实行高税收、高福利,在福利分配方面有均等化倾向,福利分配的资格与个人劳动贡献或缴费记录关系不大,而主要取决于公民资格或居龄。与其他两种制度相比,这种体制所追求的福利服务和给付水平甚至能够满足中产阶级的需要,而不是像其他福利国家那样只满足较低需求上的平等,所以,这种制度的非商品化程度最强,给付最慷慨;这种福利制度类型的国家主要存在于北欧瑞典、丹麦、挪威等几个国家之中。

2."自由主义"福利体制

自由主义福利体制征收社会保障费或社会保障税最少,全国用于再分配的社会保障基金很小,与之相应,社会保障再分配支付最少,统筹互济的因素最少。福利分配的主要形式是经过家计调查的社会救助,辅以少量的社会保险计划。这种福利体制所遵循的原则与"济贫法"传统一脉相承,即福利给付的对象主要是那些收入较低、依靠国家救助的工人、老人和穷人。这种体制的"非商品化"程度最低。这一模式的典型代表是美国、加拿大和澳大利亚等。自由主义推崇经济上自由放任,把社会保障制度看做政府干预经济生活的表现,所以反对政府包揽社会保障。

3."合作主义(法团主义)"福利体制

合作主义福利体制注重政府、雇主组织和雇员组织之间的合作;要求雇主和雇员参加保险,按时缴费;与"自由主义"福利国家相比,其福利基金有较大的积聚,除了"社会救济"还有庞大的社会保险计划,覆盖广大的普通雇员群体;福利分配(主要是保险分配)以就业及社保缴费为依据。由于福利基金有较大积聚,统筹互济的因素较多,因此"合作主义"福利体制"非商品化"程度较高。这类制度最初发生在德国而后扩展到整个欧洲大陆,目前包括德国、比利时和法国等国家。

二、社会保障的四种模式

在我国,社会保障的各种教科书中对社会保障模式的分类通常为四种:福利国家型、社会保险型、国家保险型和个人储蓄型。分类标准是综合性的,包括覆盖范围大小、保险缴费中政府雇主和雇员所承担的责任、就业收入关联度、保障水平高低、管理机制、基金收支和运营的差别等。

(一)福利国家型

福利国家型制度以瑞典为典型,丹麦、芬兰、挪威等也实行这种模式。在福利国家型制度下,保险覆盖全民,遵循"普惠制"原则,即"普惠"发放的社会福利比例在四种类型中最高;不仅如此,国内各种福利服务和福利设施也最为健全;个人缴费比例较低,福利缴费主要由政府和企业负责,福利保险待遇与个人工资高低缴费多少的关联度最小。

(二)社会保险型

社会保险型养老保险制度以德国最为典型,法国、日本等国家也属于这种模式。在社会保险型模式下,保险覆盖对象主要是在业雇员;由政府、企业、个人三方共同筹资,政府通过财政补贴、减少税收等手段为福利基金作贡献,企业和个人按工资额的一定比例缴费;保险待遇与保险缴费相关联,缴费越多,保险待遇越好;实行"现收现付"制。

(三)国家保险型

国家保险型模式曾经在社会主义计划经济国家中实行,以前苏联和计划经济时代的中国为代表,目前只有个别国家还实行这一模式。在国家保险模式下,保险覆盖在业职工,没有就业就没有保险;由用人单位在账面上缴费,个人账面上不缴费,但国家通过"扣除"部分工资进行强制福利积累;国家制定政策,用人单位代表国家实施各项社会保险;保险待遇高低与工资高低紧密关联;实行"现收现付"制。目前,俄罗斯和中国已经放弃了这种保险模式。

(四)个人储蓄型

个人储蓄型模式以新加坡和智利为典型,东南亚和非洲等10多个国家也实行这种模式。在个人储蓄型模式下,保险覆盖在职雇员;企业和个人缴纳保险费;保险内容包括养老、医疗、住房等;保险待遇与缴费相关,工资越高缴费越多保险金也越高;实行"完全积累"制。完全积累制需要设立个人账户,而个人账户中的保险基金要求保值增值,因此,实行这种模式的国家有专门负责管理个人账户保险金运作的专业机构。新加坡与智利的主要不同是,储蓄金运作在

新加坡由一个半官方的"中央公积金局"统一负责,在智利则可以自由选择不同的市场化的私营基金公司来负责。参保人满足退休条件时,可以从个人账户定期或一次性获得储蓄金。

决定一国福利(社会保障)模式的因素很多,这些因素包括价值理念、政治制度、经济体制、人口结构、就业压力、生活水平、国家财力、公共管理、历史习惯等。

第四节　社会保障分配原则

前面已经说过,社会保障是一种收入再分配形式,收入分配是按一定的原则进行的,比如在中国,初次分配是以"按劳分配为主体、多种分配方式并存"的原则进行的。社会保障及其子项目也是根据一定的原则来进行分配的,分配原则旨在实现公平分配。下面梳理一下社会保障的分配原则。

一、社会保障的一般原则

(一)生存保障原则

生存保障是社会保障第一原则。生存保障及生命保障,生存权是最低人权,既然生命已经来到世上,社会就有责任保护生命。无论是社会民主主义还是自由主义,无论什么国家和政府,对于通过社会保障救助生命实现人的生存权利都是没有疑义的。最低生活保障制度、五保户制度、灾民救助制度等都是生存保障原则的体现。

(二)正向分配原则

所谓正向分配,是高收入者向低收入者转移财富,反之为逆向分配。社会保障再分配的结果一般应该表现为通过"抽肥补瘦"缩小受保人之间的实际收入差距,使低收入者得到更多的利益,如果结果是"劫贫济富",扩大了收入差距,那就不公平了。因此再分配制度设计应该保证"富人"向"穷人"转移财富,而不是相反方向的转移。比如通过工资累进税,通过按缴费工资同一比例缴费,通过"统筹账户"等制度设计达到正向分配的目的。

"社会保障分配比工薪分配更注重平等"就是正向分配原则的具体体现之一。这条原则告诉我们,福利分配的差距不能大于工薪分配的差距,通过福利分配,使相对富裕的国民的收入流向相对贫困的国民,能达到缩小收入差距的目的。这条原则也就是社会保障统筹互济,向弱势群体倾斜的原则(正向分配）。如果社会保障制度设计得不好,经过社会保障分配有可能使低收入阶层的收入流向高收入阶层(逆向分配)。

(三)普遍性和选择性原则

所谓普遍性福利,是指社会保障中人人有份的那部分福利,比如公立学校、免费教育、博物馆、公共卫生、公共绿地、全民健身设施、社会服务等;所谓选择性福利,是指社会保障中流向特定群体的福利,包括需要经过家计调查的"城市最低生活保障"和农村"五保户"制度,也包括不需要进行家计调查的残疾人福利、儿童福利、老人福利等。

"普遍性与选择性相结合"是指一个国家的社会保障制度内部不能以"普遍性"或"选择性"单一原则贯彻到底,而需要不同情况不同对待,因为社会保障中,既有普遍性福利项目,比如"社会福利",也有选择性福利项目,比如社会救助;即使在一个子项目内部也有普遍性福利和选择性福利的区别,有的应该遵循普遍性原则,有的应该遵循选择性原则。普遍性原则与选择性原则怎样结合,各占多少比例,取决于这个国家的具体国情,也取决于这个国家以什么样的"主义"作为指导思想。美国社会保障,由于深受自由主义思想影响,选择性福利项目占主导地位,比如"临时家庭援助项目"、"儿童营养项目"、"医疗资助项目"、"食品券"项目等不一而足,普遍性福利项目则占次要地位。而社会民主主义福利国家一般较多地遵循普遍性原则,即社会保障覆盖全民,社会保障分配人人有份,促进收入均等化等。

(四)社会保障制度与国情相适应原则

世界上没有社会保障制度的统一标准,不存在各国都可以仿效的最好样本。什么是好的社会保障制度呢? 适合本国国情的就是好的制度。国情包括政治的、经济的、文化的,历史的、社会的各种情况。比如社会保障水平一定要和本国经济发展水平相适应,经济发展是社会保障的基础,只有经济发展达到一定的水平,国家才能拥有足够多的盈利经济实体,才能有一定数量足够富裕的国民,国家才可以通过征税或收费积累社会保障基金。如果企事业单位都不挣钱,国民的工薪收入只够满足温饱,国家就不可能得到足够的税收和社会保障缴费。同理,只有经济发展达到一定的水平,才能有相应的社会保障水平,反过来,适当的社会保障水平还有助于经济发展。如果社会保障水平超过经济发展水平,则会拖累经济发展。经济发达国家的社会保障水平一般高于经济不发达的国家。

二、社会保障各子项目分配原则

在社会保障体系内部有四个子项目,由于保障对象、资金来源、保障目的等有所不同,其分配原则也各有不同。这都说明了社会保障公平分配原则的相对性。

(一)社会救助的原则——选择性原则、人道主义原则,受助权利原则、最低生活原则

社会救助的对象只限于贫困和受灾人群,这些人群处在温饱的临界点上,没有社会救助就会发生人道主义灾难,出于人道主义的目的需要救助;救助贫困和受灾是政府的责任,也是受助者应该享受的权利;当然救助只能是解决温饱问题,救助的资金和物资一般只能达到满足最低生活的水平;并且对救助对象往往还需要进行家计调查,以防不够条件者冒领。

(二)社会保险的原则——权利与义务相结合原则、统筹互济原则

社会保险的对象主要是在业雇员,他们不仅有能力自行解决温饱问题,还有能力缴纳社会保障费用。国家建立社会保险制度是为了实现保险对象之间的团结互助,同舟共济,共同承受养老、生病、失业、工伤和生育风险。是否享受保险取决于是否参加保险;享受保险的水平高低一般与受保人承受保险缴费的多少相关,这就是"权利与义务相结合"。在社会保险制度建立以前,只有民间或官方、正式或非正式的济贫制度,被救济者有接受救济的权利却无须承担缴费义务,权利与义务无须结合。"权利与义务相结合"这条原则促进了社会保险制度的建立。

(三)社会福利的原则——普遍性与选择性相结合

社会福利是在正常生活水平的基础上再提高一步,不是救助,不需要家计调查,不是保险,不需要权利结合义务。它采用的是普遍性与选择性相结合,或者普惠大众,人人共享,比如义务教育、公共卫生、公园绿地等;或者选择性地对一部分人锦上添花,比如老人福利、妇女福利、儿童福利等。

(四)社会优抚的原则——励军荣军原则,权利与义务相结合的原则

社会优抚一方面是为了激励军人保家卫国,另一方面也是军人的权利(雇佣军除外),因为最广大的义务兵是不拿工资,服役期间只有非常少量的生活津贴(士官的生活津贴相对较高),并随时做好为国献身的准备。军人服役一般是义务的,志愿的,他们为了国家的尊严和国民生命安全放哨站岗打仗,为军人建立社会优抚制度是政府的责任,也是一般国民对军人的应有回报。社会优抚和社会保险的分配原则有相似之处,也是实行权利与义务相结合的原则,其表现是:第一,不参军就不能享受优抚;第二,优抚水平与军功大小相关。除此以外,励军荣军也是社会优抚的一项原则,军人为了达到国家的政治目的是要随时准备牺牲的,通过物质激励和荣誉激励,会鼓励军人及青年人保家卫国和参军报国的积极性和荣誉感。

三、社会保障原则的相对性

(一)不同"主义"有不同原则

各种主义自成体系,不同社会保障原则并存,是社会保障公平原则相对性的最好说明。

下面就几个具体问题,对自由主义和社会民主主义的观点进行比较。

1. 关于社会保障筹资问题

自由主义认为筹资不应该偏大,筹资偏大,会加重企业和个人负担,削弱企业竞争力,影响社会经济的持续发展,福利收入均等化是不公平不合理的,会形成"养懒人"的制度,影响社会经济效率;而社会民主主义认为,筹资不应该偏小,筹资偏小,就不能有效地满足社会成员的保障需要,就不能体现公民权利,福利收入均等化是公平合理的。

2. 关于国家介入社会保障的程度

自由主义认为,政府举办的社会保障应该尽可能少,防止政府过多地干预经济和国民生活,保证经济效率和公民自由;而社会民主主义则认为,政府应该更多地对社会保障负责,以更好地保障民生。

3. 关于获得社会保险的资格条件问题

自由主义认为,收入分配(包括社会保障再分配)应该尽可能地与劳动力市场表现挂钩,即"商品化";社会民主主义则认为收入分配(包括社会保障再分配)应该尽可能地与劳动力市场表现脱钩,即"非商品化"。

关于各种"主义"的社会保障原则本章第四节将详细论述。

(二)原则随时代变化而变化

即使信奉同样的主义,在不同的社会发展阶段,关于社会保障的公平原则也会有变化。社会民主主义盛行的北欧福利国家在 20 世纪 70 年代遭遇福利危机前后其社会保障原则就发生了变化,比如瑞典,20 世纪 70 年代以后开始紧缩社会保障开支,较多地强调个人责任原则,社会保险也强调个人缴费;而自由主义的美国,在奥巴马政府的推动下,医疗保险改革方案在国会两院成功通过,提高了社会保障中的政府责任。

中国在计划经济时代和市场经济时代也有不同的社会保障原则,在市场经济时代,我国开始提倡个人在社会保障中的责任和义务,而在计划经济时代社会保障的责任完全由国家和企业承担。中国关于个人收入分配公平原则也是与时俱进的,20 年间就有变化。"十三大"(1987 年)是"在促进效率提高的前提下体现社会公平","十四大"(1992 年)是"兼顾效率与公平","十五大"(1997 年)是"坚持效率优先,兼顾公平","十六大"(2002 年)为"初次分配注重效率,再分配注重公平","十七大"(2007 年)发展为"初次分配和再分配都要处理好效率和公平的关系,再分配更加注重公平"(笔者认为本段出现的"公平"一词都应该是"平等"的意思)。

四、中国当前社会保障分配原则

根据《中华人民共和国社会保险法》、中共"十七大"报告(2007 年)和现行各项社会保险条例,当前我国社会保障的原则可以概括为:资金来源多渠道、保障方式多层次、社会统筹与个人账户相结合、权利与义务相对应、社会互济与自我保障相结合、平等与效率相结合、保障水平与社会生产力发展水平及各方面的承受能力相适应、覆盖城乡共建共享。

社会保险制度坚持广覆盖、保基本、多层次、有弹性、可持续的方针,社会保险水平应当与经济社会发展水平相适应。

第五节　社会保障意义

社会保障制度对人类社会产生了无可估量的影响,这些领域包括意识形态、政治、经济、社会等诸方面。

一、思想文化方面

(一)社会保障是各类公正公平思想的具体体现

在第一次分配中,多劳多得的公平原则已经成为共识,而社会保障如何公正分配,各派观点分歧较大,有质疑"劫富济贫"的正当性的,也有推崇"普惠制"的,总之,不同的社会保障模式反映的是不同的关于社会保障公正分配的思想,社会保障制度建设也丰富了各派社会公正的思想。

(二)社会保障的实践加深了人们对人权意识和同舟共济思想的认识

社会保障最初目的就是为了避免人道主义灾难,是对人权的保障。比如,实施最低生活保障从过去的慈悲施舍到现在的政府责任,或者说从过去的接受恩赐到现代的权利兑现,社会保障在培植人权意识方面有积极作用。同时,社会保障通过税收和集资进行再分配,救助贫困、普惠福利,缩小贫富差距,使"我为人人、人人为我"的理想发扬光大。

二、政治方面

(一)社会保障提升了政府的权力和责任

社会保障一般由政府主办,事关民生,这就意味着政府的社会权力增大,同时人民对政府改善民生的期望也相应增大,政府的社会责任也相应增大,社会保障制度设计和执行的水平成为政府执政能力的重要体现。另一方面,社会保障制度的建立使政府干预个人生活的能力大大加强,个人福利越来越依赖政府,个人自由度下降。

(二)社会保障政策成为各政党争取民意的手段

既然社会保障关系到人们的福利,社会保障政策就成为普通百姓最关心的国家政策之一,其任何变动都会引起民众的反响。因此,社会保障政策也就成为各政党争取名义的手段。在民主国家,社会保障政策是否符合民意往往成为政府上台或下台的重要因素。

三、经济方面

社会保障既能成为经济发展的动力,也能成为经济发展的阻碍。关键是适度,符合国情,与经济发展的水平相适应。社会保障水平过低,影响社会安定,社会保障水平过高,则会影响经济发展的效率,当前欧洲福利国家社会保障改革就证明了这一点。社会保障作为国民收入的第二次分配,同样会影响经济发展效率,社会保障水平与工资就业关联度高一点,对促进劳动效率有利,关联度低一点则可能损失劳动效率、却有利于达到收入平等的价值目标。社会保险制度统筹层次高,可以促进劳动力在企业行业和地区间的自由流动,层次低则阻碍这种流动;社会保障中的各具体项目也同样影响着经济发展,比如失业保险有利于促成劳动力吞吐机制的建立,养老保险的基金积累具有调节消费的功能和投资的功能,等等。

四、社会方面

社会保障总体上使社会更加安定,比如缩小收入差距,使各阶层更加平等;比如使失业者、贫困者、无家可归者有了基本的生活保障;使就业者生老病死皆有保障,减少后顾之忧,使老年人养老不再依靠家庭,不用担心子女不孝,有利于维护老年人自尊。但是,社会保障制度设计如果考虑不周,也可能加剧社会矛盾,比如学界已经注意到由于多种养老保险制度并存,使公务员与企业职工养老金差距增大所产生的矛盾。另外,社会保障制度降低了家庭的保障功能,养儿防老的必要性下降,对出生率下降和家庭解体起推波助澜的作用。

第六节　中外社会保障简史

一、世界社会保障简史

人类古代社会就有与社会保障政策有关的思想、政策和建议,中国西周时期(约公元前 11 世纪~前 771 年)的《周礼·地官·大司徒》中有"以保息六养万民:一曰慈幼,二曰养老,三曰振穷,四曰恤贫,五曰宽疾,六曰安富"的论述。"保息"指安养百姓,使之繁衍生息的措施,用现代说法就是"社会福利政策"。还有学者认为在我国史籍中,最早完整阐述社会保障体系思想的著作是《管子·入国》[①],它记述了中国春秋时期(公元前 770~前 476 年)齐国政治家和思想家管仲关于社会保障的建议,有九个方面:一曰老老、二曰慈幼、三曰恤孤、四曰养疾、五曰合独、六曰问病、七曰通穷、八曰振困、九曰接绝。成书于西汉时期的《礼记》中有《礼运·大同》篇,更是脍炙人口:"大道之行也,天下为公,选贤与能,讲信修睦。故人不独亲其亲,不独子其子,使老有所终,壮有所用,幼有所长,矜、寡、孤、独、废疾者皆有所养,男有分,女有归。货恶其弃于地也,不必藏于己;力恶其不出于身也,不必为己。是故谋闭而不兴,盗窃乱贼而不作,故外户而不闭,是谓大同。""大同"民生理想深入人心。中国秦及秦以后的历朝历代,"仓储后备,赈灾济贫"已成为通常国事。

罗马帝国时期,两位帝国君主涅尔瓦(公元 96~98 年在位)和图拉真(公元 98~117 年在位)就已经开始了用税款建立基金以救助穷人和孤儿的历史。中

---

① 王文素:《社会保障体系源头考证》,《财政研究》2005 年第 9 期。

世纪(约公元476～1453年)罗马教廷权倾一时,在西欧具有政治和精神统治的中心作用。天主教会曾经拥有大量的土地,甚至还有地方的行政、司法、财政大权,有学者认为,中世纪天主教堂曾经实施过制度性的广泛的慈善济贫活动①。后来随着民族国家地位的崛起和宗教改革,教会财产所有权削弱了,国家政府取代教会成为社会保障的主要责任人。现今,宗教慈善作为民间社会保障的重要力量,依然在募捐、救灾和济贫方面有着不可替代的作用。

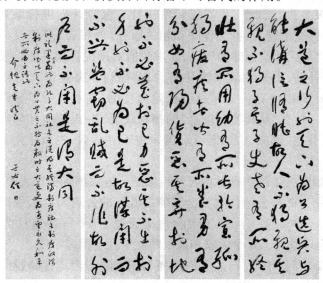

于右任"大道之行"书法条幅

1601年当时英国政府颁布了《济贫法》(即《伊丽莎白济贫法》),规定:凡年老及丧失劳动力的,在家接受救济;贫穷儿童则在指定的人家寄养,长到一定年龄时送去做学徒;流浪者被关进监狱或送入教养院。虽然《济贫法》有种种不是,但在当时是一个很大的进步,被认为是社会保障历史上第一个正式法律制度,标志着社会保障制度的诞生。

世界上第一个社会保险制度出现在俾斯麦政府时代的德国,即1883年的《疾病社会保险法》。1884年和1889年德国政府又分别制定了《工伤社会保险法》和《老年、残疾、死亡保险法》,德国成为世界上第一个具有比较完整的社会保障制度体系的国家。后来欧美国家纷纷学习仿效,社会保障制度开始在世界各国普及。1918年苏俄颁布了《劳动者社会保障条例》,这是第一部社会主义

---

① Henry, Nelson, Robert, 2001, *Economics as Religión: from Samuelson to Chicago and beyond*, Penn State Press. p. 103.

的社会保险法令。值得一提的是,作为坚信自由主义的美国,在罗斯福当政时期,为了对付经济危机带来的失业、老年退休等社会矛盾,也于 1935 年 8 月 14 日通过了《社会保障法案》(*Social Security Act*)。

社会保障制度发展的高峰是福利国家的诞生。福利国家与贝弗里奇报告是分不开的,1941 年,英国开始制定战后社会保障计划,经济学家贝弗里奇受托,出任社会保险和相关服务部际协调委员会主席,负责对现行国家社会保险方案及相关服务进行调查,并就战后重建社会保障计划进行系列研究。1942 年,贝弗里奇提交了题为《社会保险和相关服务》的报告,即:"贝弗里奇报告"。报告提出建立全民社会保障的思想,要求政府对国民提供儿童补助,养老金、残疾补助、丧葬补贴,丧失生活来源补助,妇女福利和失业工人的救济等全面保障。英国政府于 1944 年发布了社会保险白皮书,基本接受了贝弗里奇报告的建议,出台了一整套"从摇篮到坟墓"的福利政策,并于 1948 年宣布建成了福利国家。瑞典、芬兰、挪威、法国等欧洲国家也不甘落后,先后建立了有本国特色的福利国家。

1952 年国际劳工组织在日内瓦举行第三十五届国际劳工大会,会议于 6 月 28 日通过了第 102 号公约,即《社会保障最低标准公约》,社会保障制度被国际社会广泛承认,1962 年国际劳工大会再次通过了《平等待遇社会保障公约》。至 2002 年,全球共有 173 个国家和地区建立了社会保障制度。

20 世纪 70 年代中期,石油危机使福利国家陷于困境,削减社会保障支出,降低社会保障水平,引入市场机制,强化个人责任等措施一时成为潮流趋势,催生了世界范围内社会保障制度的新一轮调整,社会保障制度面临新的挑战。

二、中国现代社会保障制度简史

(一)社会保险制度简史

中国也受到世界社会保障制度发展潮流的波及,20 世纪初,国民政府也开始了社会保险立法活动,北伐战争胜利后的 1928 年,中国国民党公布了《工人运动纲领》,规定:要"制定劳工保险法、疾病保险法、灾害救济法、死亡抚恤法、年老恤金法等"。1929 年,国民政府"劳动法起草委员会"完成《劳动法典草案》,其最后一编为"劳动保险",虽然是"草案",但开创了中国社会保险立法的先河。1947 年 10 月 31 日,由国民政府社会部拟定的《社会保险法原则草案》经修改后,由国民政府国务会议通过,定名为《社会保险法原则》,这是国民政府在大陆期间制定并正式通过的唯一的一部社会保险法规。①

新中国建立以后,中国政府建立了"国家保险型"的社会保障体制。1949年9月通过了《中国人民政治协商会议共同纲领》,为新中国社会保障奠定了最初的法律依据,其后,国家政务院于1951年2月23日政务院第七十三次政务会议通过了《中华人民共和国劳动保险条例》(以下简称《劳动保险条例》),并于1953年1月2日进行了修订,这是一个包括养老、疾病、工伤、生育等多方面内容的综合性的社会保险行政法规,标志着新中国社会保障制度建设的开端。

新中国成立初期至"文化大革命"以前(1949~1965年),中国政府颁布了一整套社会保障条例规定。这些规定有:《关于生产救灾的指示》(政务院1949年12月)、《关于加强生产自救劝告灾民不往外逃并分配救济粮的指示》(内务部1949年12月)、《革命军人牺牲病故褒恤暂行条例》(内务部1950年12月)、《关于救济失业工人的指示》和《救济失业工人暂行办法》(政务院1950年5月)、《中华人民共和国劳动保险条例》(政务院1951、1953年)、《高级农业生产合作社示范章程》(1956年6月30日第一届全国人民代表大会第三次会议通过,同日中华人民共和国主席公布)等。除了建立城市职工的养老保险、医疗保险、工伤保险和生育保险制度,其他社会保障政策措施还有:救助贫困军烈属和革命工作者家属;向灾民发放赈济粮;以工代赈,救助大量失业人员;接受改造旧的慈善机构,收养孤寡老人和孤残儿童;收容无业游民,组织其进行生产自救等。在农村《高级农业生产合作社示范章程》中规定了对因公受伤生病者的医疗帮助,第一次要求集体经济实体对农村社会成员疾病医疗承担责任,这就为在农村建立合作医疗制度奠定了初步法律基础,到20世纪60年代,中国农村绝大多数地区都建立了医疗卫生机构,形成了县、公社和生产大队三级预防保健网,合作医疗制度基本普及。同时,该《章程》还明确规定了农村"五保"。"五保"内容与时俱进,"五保"制度延续至今。到"文化大革命"以前,中国初步形成了一个低水平、广覆盖,兼顾城乡的社会保障制度体系。在城镇建立了养老、医疗、工伤、生育和就业保障制度,居民还普遍享受免费教育和住房福利,工会主管和统筹社会保险,城乡社会救助制度保障了国民的最低生活,农村合作医疗开始普及。

"文化大革命"(1966~1976年)期间,各项社会保险制度继续发挥作用,农村合作医疗和赤脚医生制度在这期间得到推广,发展到了最高点。最大的变化是工会统筹的社会保险停止了,城镇形成了"单位保险"制度。1969年2月,财

---

① 岳宗福、聂家华:《国民政府社会保险立法述论》,《山东农业大学学报(社科版)》2004年第4期。

政部发布了《关于国营企业财务工作中几项制度的改革意见(草案)》,要求"国营企业一律停止提取工会经费和劳动保险金……企业的退休职工、长期病号工资和其他劳保开支,改在营业外列支"。从此,中国形成了企事业单位各自为政、保险福利单位化的局面,这对以后的经济改革和发展形成障碍。

从1977至1985年,中国社会保障一是恢复正常局面,解决"文革"中的各种遗留问题;二是静观经济体制改革,酝酿重建一个适合新经济体制的社会保障制度。这个时期在养老保险制度方面有一个变化,就是突破了"高级干部终身制"的传统,完善了退休制度。其法律依据就是1980年10月国务院颁布《关于老干部离职休养的暂行规定》,1982年2月中共中央《关于建立老干部退休制度的决定》(中发〔1982〕13号),1983年1月原劳动人事部发布《关于建国前参加工作的老工人退休待遇的通知》等。

1986年是中国社会保障制度建设转折创新之年,过去计划经济时代的"国家保险型"模式的根基开始发生动摇,模式替换的伟业从此开始。那一年同一天,国务院颁布了《国营企业实行劳动合同制暂行规定》(国务院1986年7月12日)和《国营企业职工待业保险暂行规定》(国务院1986年7月12日)。《国营企业实行劳动合同制暂行规定》首次规定养老保险个人缴费:"企业缴纳的退休养老基金,在缴纳所得税前列支,缴纳的数额为劳动合同制工人工资总额的15%左右。劳动合同制工人缴纳的退休养老基金数额为不超过本人标准工资的3%。由企业按月在工资中扣除,向当地劳动行政主管部门所属的社会保险专门机构缴纳。"《国营企业职工待业保险暂行规定》要求:企业按照其全部职工标准工资总额的1%缴纳的待业保险基金,并且,职工待业保险基金,由企业开户银行按月代为扣缴,转入所在市、县主管职工待业救济机构在银行开设的"职工待业保险基金"专户,当地劳动行政主管部门所属的劳动服务公司负责职工待业保险基金的管理和发放工作。上述两篇法律文件对原有社会保障制度的突破点是:其一,企业和个人开始向社会保险主管部门缴纳社会保险费;其二,由社会保险主管部门(而不是本企业)负责保险金的管理和发放。其意义是:第一,"单位保险"走向了"社会保险";第二,为建立社会保障新模式奠定基础。

1997年7月,国务院《关于建立统一的企业职工基本养老保险制度的决定》(国发〔1997〕26号)颁布,向全国推广"社会统筹与个人账户相结合"的养老保险模式,正式宣告了中国社会保障模式转换完成。中国社会保障制度从原来的"国家保险型"模式转变成为"社会保险型"模式,"社会统筹与个人账户相结合"的养老保险模式还是一个创新。在中国社会保障史上,国务院《关于建立统一的企业职工基本养老保险制度的决定》是一个具有里程碑意义的法规。随后,中国其他保险制度也先后完成了模式转换,1998 年 12 月国务院颁布了《关于建立城镇职工基本医疗保险制度的决定》,1999 年 1 月,国务院颁布了《失业保险条例》,2003 年 4 月国务院颁布了《工伤保险条例》。《企业职工生育保险试行办法》(劳动部 1994 年 12 月发布,1995 年 1 月 1 日起试行)早于 1997 年,但也是在社会保障新模式酝酿过程中出台的。

城镇居民养老保险和医疗保险是在 2002 年"十六大"以后,统筹城乡社会保障制度的基础上发展起来的,2007 年 7 月,国务院正式发布了《关于开展城镇居民基本医疗保险试点的指导意见》(国发〔2007〕20 号),城镇居民基本医疗保险制度开始试点。不久以后,国务院又颁布了《关于印发城镇居民基本医疗保险经办管理服务工作意见的通知》,试点工作在全国城镇普遍展开。2011 年 6 月 3 日《国务院关于开展城镇居民社会养老保险试点的指导意见》发布,国务院决定 2011 年 7 月 1 日向全国推广城镇居民养老保险试点。城镇居民社会养老保险制度的建立和推广标志着中国在制度上实现了全民保险。

2010 年 10 月 28 日,《中华人民共和国社会保险法》获得第十一届全国人民代表大会常务委员会第十七次会议通过,同日,胡锦涛发布了 35 号"国家主席令":公布《中华人民共和国社会保险法》自 2011 年 7 月 1 日起施行。社会保险法进一步从法律上明确国家建立基本养老、基本医疗和工伤、失业、生育等社会保险制度,并对确立基本养老保险关系转移接续制度,提高基本养老保险基金统筹层次,建立新型农村社会养老保险制度和新型农村合作医疗制度等作出原则规定,还进一步完善了用人单位和参保人对社会保险的监督,强化了各级人民代表常务委员会对社会保险基金收支、管理和投资运营情况的监督职权。

我国机关事业单位职员社会保险制度和企业职工社会保险制度从 20 世纪 50 年代开始就实行"双轨制",两者在资金来源、资格条件、保险支付、保险水平等方面有所不同,比如,机关事业资金来源于财政拨款,企业来源于利润;机关事业女职员退休年龄是 55 岁,企业女工是 50 岁,机关事业实行"公费医疗",企业实行"劳保医疗"等。在计划经济时代"政企合一",企业代替政府执行社会保险职能,两种社会保险制度并行,差别并不明显。中国实行市场经济以后,企业社会保险制度发生了显著变化,机关事业单位社会保险制度依旧,两种保险制度的不同就比较明显,尤其是在保险待遇方面的差距。机关事业单位社会保险制度改革从上世纪 90 年代起就已经开始,在医疗保险方面,1998 年,在国务院发布了《关于建立城镇职工基本医疗保险制度的决定》(国发〔1998〕44 号),公务员和事业单位工作人员已经和企业职工一起共同加入了城镇职工基本医疗保险。在养老保险制度方面,1992 年,原人事部就曾下发《人事部关于机关、事业单位养老保险制度改革有关问题的通知》(人发〔1992〕2 号);2008 年 3 月 14 日,国务院发布《关于印发事业单位工作人员养老保险制度改革试点方案的通知》(国发〔2008〕10 号),事业单位员工养老保险制度改革重新启动,国务院决定,在山西省、上海市、浙江省、广东省、重庆市先期开展试点,与事业单位分类改革试点配套推进;2011 年 1 月 19 日,在纪念公务员法实施五周年座谈会上,中央政治局委员、中央组织部部长李源潮表示要对公务员社会保险制度等问题,进行前瞻性制度设计和试点。

(二)社会救助、社会福利(狭义)和社会优抚制度简史

1986 年以后,除了社会保险完成了新旧模式的替换,社会保障其他项目也有很大的完善和变化。

1. 社会救助方面

1993 年 6 月 1 日,上海市正式实施最低生活保障制度,标志着我国最低生活保障制度正式建立。1997 年 8 月,国务院颁发了《国务院关于在各地建立城市居民最低生活保障制度的通知》(以下简称《通知》),到 1999 年,中国 668 个城市和 1638 个县所在镇全部建立了最低生活保障制度(民政部),同年,国务院颁布了《城市居民最低生活保障条例》。2011 年 5 月 11 日,民政部、国家发展和改革委员会、财政部和国家统计局等四部委联合下发文件:《关于进一步规范城乡居民最低生活保障标准制定和调整工作的指导意见》(民发〔2011〕80 号),用以指导和规范最低生活保障的标准制定和调整工作。中国农村保障贫困人口的最低生活是通过扶贫和救助双管齐下来实现的。最低生活保障制度自从 1994 年开始试点探索以来,到 2003 年已有 6 个省(市)建立了城乡一体的最低生活保障制度,被纳入对象的人数为 407 万人。1986 年,专门负责扶贫工作的国务院贫困地区经济开发领导小组成立。在明确开发式扶贫方针、安排专项资金、制定专门政策、确定国家重点扶持贫困县、出台"对口帮扶"等重大措施的基础上,国务院先后制定并实施了《国家八七扶贫攻坚计划》和《中国农村扶贫开发纲要(2001~2010 年)》,这是我国历史上首次把扶贫开发列入国民经济和社会发展的中长期规划。截至 2008 年,我国贫困人口减少到 1500 万以下,占农村总人口的比重降至 1.6%。

2. 社会福利方面

1986 年以来,全国人民代表大会相继通过了《中华人民共和国残疾人保障法》(1990)、《中华人民共和国未成年人保护法》(1991)、《中华人民共和国老年人权益保障法》(1996)和《中华人民共和国妇女权益保障法》,使维护和增进残疾人、老年人、妇女儿童的福利有了法律保障。《中华人民共和国义务教育法》

（2006 年 9 月 1 日实施）颁布和修订共进行了两次，首次是 1986 年。住房公积金制度 1991 年在上海市率先建立，1999 年 4 月国务院发布了《住房公积金管理条例》，标志着我国住房福利制度开始制度化。还有国务院总理温家宝签署的《全民健身条例》（国务院令第 560 号）经 2009 年 8 月 19 日国务院第七十七次常务会议通过，自 2009 年 10 月 1 日起施行。最近，国务院办公厅于 2010 年 11 月 16 日发出《国务院办公厅关于加强孤儿保障工作的意见》（国办发〔54〕号），孤儿保障工作将会有进一步完善。

3. 社会优抚方面

1950 年 11 月 25 日经中央人民政府政务院批准，同年 12 月 11 日由内务部公布了《革命烈士家属、革命军人家属优待暂行条例》、《革命残废军人优待抚恤暂行条例》、《革命军人牺牲、病故褒恤暂行条例》、《民兵民工伤亡抚恤暂行条例》等行政法规。

我国的第一部《中华人民共和国宪法》（1954 年）也明确提出了国家保障残疾军人的生活、优待革命烈士家属、优待革命军人家属，这些法规为安抚军人及其家属身心、为提高在役军人士气、为新中国政权稳固都起到了良好的作用。自改革开放、经济转型以来，社会优抚制度也在不断完善中，1988 年 7 月 18 日，国务院颁布的《军人抚恤优待条例》至今已经有两次修改完善，第一次修订后自 2004 年 10 月 1 日起施行，第二次修订后自 2011 年 8 月 1 日起施行。这对确立军人抚恤优待在国家政治、社会生活中的地位，进一步理顺军人抚恤优待与国民经济发展的关系，建立和完善适合我国国情的军人抚恤优待制度具有十分重要的意义。此外，《退伍义务兵安置条例》（国发〔1987〕106 号）、《中国人民解放军士官退出现役安置暂行办法》（国务院/中央军委 1999）以及《烈士褒扬条例》（2011 年 7 月 20 日，国务院第一百六十四次常务会议通过，自 2011 年 8 月 1 日起施行）等一系列综合性政策法规的颁布和实施，初步形成了与社会主义市场经济体制相适应的社会优抚制度体系。

4. 农村社会保障方面

农村社会保障方面，除了扶贫救助，还开始了"新农合"和"新农保"的推广。2002 年 10 月，《中共中央、国务院关于进一步加强农村卫生工作的决定》指出：要逐步建立以大病统筹为主的新型农村合作医疗制度，到 2010 年，新型农村合作医疗制度要基本覆盖农村居民。从 2003 年开始，各省在中央政府的支持下纷纷选择经济和卫生基础较好的县（市）做试点，开始新型农村合作医疗的建设工作，以弥补农村经济体制改革后出现的合作体疗空白。在养老保险方面，根据党的"十七大"和十七届三中全会精神，2009 年 9 月 1 日，国务院发布了

《关于开展新型农村社会养老保险试点的指导意见》(国发〔2009〕32号),决定从2009年起开展新型农村社会养老保险的试点。"新农保"和"新农合"写进《社会保险法》,2011年7月1日起成为法律规定。

目前,中国形成了城乡二元、偏重城镇,以职业身份(公务员、事业单位职员、企业职工、城镇无业居民和农民)为对象,多种制度并列的社会保障体系。一个以"社会保险型"模式为参考样本、以"社会统筹和个人账户相结合"为核心设计、覆盖城乡、全民保险、具有中国特色的社会保障制度正在发展过程中。

本章小结

社会保障主要是由政府通过征税、收费、接受捐赠等手段筹集资金,经过社会保险、社会救助、社会福利和社会优抚等制度安排,为参保者提供互济平台、为贫困者提供最低生活资源、为军人提供特殊关照、为国民增进生活福利的一种社会制度。

社会保障的三个特点是政府主办、非盈利、社会化。

社会保障的目标有:防范人身风险、分担生活苦难、提高民生福利。

社会保障体系由社会保险、社会救助、社会福利(狭义)、社会优抚、社会保障基金和社会保障管理等制度组成。其中,社会保险、社会救助、社会福利和社会优抚是社会保障制度的核心内容。

考斯塔·艾斯平—安德森以福利分配的"非商品化"程度为标准,将福利体制划分为三种类型:"社会民主主义"福利体制、"自由主义"福利体制和"合作主义"福利体制。在我国社会保障各种教科书中通常将福利模式分为四种:福利国家型、社会保险型、国家保险型和个人储蓄型。

社会保障的一般原则有:生存保障原则、正向分配原则、普遍性和选择性原则、社会保障制度与国情相适应原则。社会保障原则具有相对性:社会保障各子项目也各有其特殊分配原则,社会保障各派各有不同原则,社会保障原则随时代变化而变化。

社会保障历史上第一个正式法律制度是1601年英国的《济贫法》(即《伊丽莎白济贫法》),世界上第一个社会保险制度是1883年德国的《疾病社会保险法》。

新中国从《中华人民共和国劳动保险条例》(政务院1951年)颁布,到"文化大革命"时期,已经初步形成了一个低水平、广覆盖,兼顾城乡的"国家保险型"的社会保障制度体系。自1986年起,"单位保险"走向了"社会保险"。1997年7月,国务院《关于建立统一的企业职工基本养老保险制度的决定》(国发〔1997〕26 号）颁布,正式宣告了中国社会保障模式转换完成。

2010 年 10 月 28 日,《中华人民共和国社会保险法》获得第十一届全国人民代表大会常务委员会第十七次会议通过,自 2011 年 7 月 1 日起施行。

社会保障制度对意识形态领域、政治领域、经济领域和社会领域都具有重要意义。

关键概念

社会保障　社会福利(广义和狭义)　社会保险　社会救助　社会优抚非商品化　三种福利体制　四种社会保障制度模式　《伊丽莎白济贫法》　贝弗里奇报告　社会保障原则

复习思考题

1. 社会保障的定义和特点。
2. 社会福利的定义。
3. 社会保险与商业人身保险有什么区别?
4. 社会保障的核心内容是什么?
5. 简述世界社会保障的发展历史。
6. 简述中国社会保障的发展历史。
7. 艾斯平—安德森的三种福利体制及划分依据是什么?
8. 什么是社会保障分配中的"非商品化"?
9. 简述四种社会保障模式。
10. 简述社会保障再分配的一般原则。
11. 分别说明社会保险、社会救助、社会福利和社会优抚的原则。
12. 当前中国的社会保障原则是什么?
13. 社会保障的意义是什么?

概念讨论:社会保障(Social Security)与社会福利(Social Welfare)

如何界定社会保障与社会福利这两个概念,学界有不同意见。讨论者都只注重概念内涵,主要从两种思路上试图厘清这两个概念,但效果都不尽人意。一种思路是广泛寻找世界各国的既有界定,希望与世界接轨。结果发现,不同学者、不同国家和不同国际组织对"社会福利"、"社会保护"、"社会保障"等概念的用法并不统一,因此无所适从。另一种思路是希望从逻辑上区分社会保障与社会福利,或者重新划分两者所辖范围,让其各自独立,或者用一个概念取代另一个概念。结果发现,任何一种名词概念的内涵是发展的、习惯成自然的,正本清源很难有效果,并且,至今想用"社会福利"取代"社会保障"概念的主张并不具有带动我国相关社会制度和政策有实质性改变的意义,至多只可能影响我国政府部门之间的职能划分。[①]

其实,社会保障与社会福利在目的和内容上没有区别,其区别在外延上,即"社会保障"是政府主办的福利;而"社会福利"既包括政府主办的福利,也包括非政府主办的福利。

社会福利有广义和狭义之分:

1. 在广义上,即在制度模式和制度目的层面上,社会福利制度是各种防范人身风险、减轻生活苦难、提高民生水平的社会制度总和,既包括政府组织发起的也包括非政府组织发起的,既包括盈利的也包括非盈利的。

社会保障是社会福利的一个部分,是政府主办的福利。社会福利包括政府福利和非政府福利,政府外社会组织主办的福利包括民间救助、宗教慈善、企业福利和商业人身保险等。政府福利和非政府福利共同构成一个国家的社会福利体系。

政府福利都是非盈利的。非政府福利既有盈利的,比如商业人身保险等;也有非盈利的,比如由红十字会、狮子会和乐施会等民间组织提供的慈善救助。

社会福利和社会保障都是社会性的,其内涵中都没有家庭保障,家庭保障的对象是"家人",社会福利的对象是国民。

2. 在狭义上,社会福利是社会保障的一部分。社会福利和社会保险、社会救助、社会优抚一样,是社会保障的子项目,此时的"社会福利"是"狭义社会福利"或"小社会福利"。如图 1 −2 所示:

---

① 田凯:《关于社会福利的定义及其与社会保障关系的再探讨》,《上海社会科学院学术季刊》2001年第 1 期;尚晓援:《"社会福利"与"社会保障"再认识》,《中国社会科学》2001 年第 3 期;刘书鹤:《论"社会保障"涵盖"社会福利"——与尚晓援女士商榷》,《社会保障制度》(人大复印资料)2002 年第 10 期;杨立雄:《争论与分歧——对社会保障最新研究的综述》,《中国人口科学》2003 年第 2 期;刘继同:《谁大谁小? 社会福利与社会保障关系辨析及其政策涵义》,《中国社会报》,2003 年 7 月 29 日。

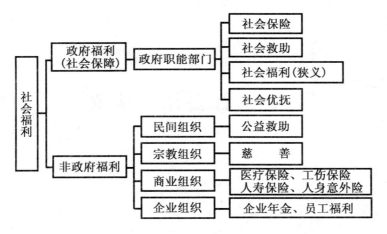

图1-2 社会福利的构成

"社会福利"新界定在狭义上遵循了我国的习惯用法,广义上扩大了社会福利的外延,有实质性意义:反映了社会福利的现实;拓展认识社会福利的眼界;引发对非政府福利的重视;通过比较各国政府福利与非政府福利的比重,可以划分各国社会福利的模式,理解各国社会制度等等。

案例思考题

1.社会保障与社会福利两个概念有什么不同?

2.社会福利概念应该取代社会保障概念吗?

3.区分社会福利与社会保障意义何在?

第二章 社会保障基金

 学习目标

通过本章的学习,应该了解社会保障基金的概念及特征,掌握社会保障基金的筹集方式和筹集来源、社会保障基金投资的原则及渠道、社会保障基金监管的模式及内容,并且熟悉我国社会保障基金的发展历程及我国社会保障基金的制度内容。

第一节 社会保障基金概述

一、社会保障基金的含义及特征

(一) 社会保障基金的含义

社会保障基金是国家依据法律和政策规定,通过法定程序,以各种方式强制建立起来的用于实施各项社会保障制度、专款专用的货币资金。社会保障基金是社会保障制度得以确立并且正常运行的物质保证。

(二) 社会保障基金的特征

社会保障基金具有强制性、互济性、积累性。

1. 强制性

社会保障基金是国家通过法律法规强制筹集、管理和使用的,它的运用受到法律法规的规范和限制。社会保障基金的缴费标准、缴费项目、待遇给付和给付条件等均受到国家的法律法规或地方政府的条例统一规定,任何单位和个人均无自由选择和更改的权利。

2. 互济性

互济是社会保障的一个重要特点。首先,社会保障基金是通过国民收入再分配形成的,是社会成员之间互济性的反映。特别是对某些社会保险项目而言,每个人发生风险的概率大不相同,但在基金筹集时并不考虑这种差异。其次,社会保障基金按统一标准筹集。有些人的收益大于贡献,有些人的贡献大于收益,这就是社会保障基金互济性的体现。

3.积累性

社会保障基金为了抵御发生的风险,就必须要有储备,做到未雨绸缪,根据经算原理,计算出抵御风险应准备的资金,事先缴纳积累。在完全积累和部分积累制情况下,由于从社会保障缴费到社会保障支出有一个长期的时间差,从根本上要求社会保障基金管理机构能够利用积累形成的社会保障基金进行投资组合管理,实现保值增值,使社会劳动者因社会保障基金的积累而收益。

二、社会保障基金的内容

按照社会保障项目的专门用途及功能,可以分成社会保险基金、社会救助基金、社会福利基金和社会优抚基金等四种基金。

(一)社会保险基金

社会保险基金是为了保障社会劳动者在丧失劳动能力或者失去劳动机会时的基本生活需要,在法律的强制规定下,通过向劳动者及其雇主征缴社会保险费或社会保险税,或由国家财政直接拨款而集中起来的资金。社会保险基金一般有养老保险基金、医疗保险基金、失业保险基金、工伤保险基金和生育保险基金构成。

(二)社会救助基金

社会救助基金是指国家通过经常性预算和财政性拨款等形成的,专门用于救助困难群体的社会保障基金。社会救助基金对由于各种原因造成生活困难的社会成员提供满足其最低生活需求的物质帮助,包括对失业保险期满后生活困难的家庭实行救济,对遭受意外灾害的灾民提供生活、医疗、生产自救等费用,对生活无依无靠、丧失劳动能力的"五保户"提供的救济,对其他原因造成生活困难的人提供生活帮助。

(三)社会福利基金

社会福利基金是指国家和社会用于提高人民物质和精神文化生活水平而建立的社会保障基金,支出项目包括社会津贴、职业福利、社会服务等。

(四)社会优抚基金

社会优抚基金是用于因战、因病而死亡的军人遗属的基本生活费用,用于残疾军人、人民警察、参战致残的民兵、民工的生活费用,用于补助优抚对象中没有或基本丧失劳动能力的孤老病残人员的生活费用的社会保障基金。

第二节　社会保障基金筹集管理

一、社会保障基金的筹集原则

(一)公平原则

社会保障基金具有国民收入再分配的功能,强调公平是其基本要求。筹资公平包括四个方面:第一,收入不同的社会成员之间的负担公平。对于低收入者应采取少负担或财政负担的形式,不能因参加社会保障而加重其个人负担。第二,代际公平。从公平角度出发,每代人都应该分担基金筹集负担,上一代人应该有部分积累,在确定筹资标准时应考虑下一代的负担和利益。第三,筹资与给付之间的公平。虽然社会保障基金并不强调缴费与享受之间的对等性,但两者之间也有一定的对应关系,每个参加者都应承担一定的缴费义务,才能享有保障的权利。第四,摆正平等和效率的关系。社会保障强调平等,但在其筹集过程中,也应注意效率,避免使社会保障基金阻碍企业和个人参加生产活动的意愿。如果负担水平和享有标准不适当,就有可能阻碍个人和企业的生产积极性,从而导致整个社会经济效率的下降。

(二)适度原则

筹集社会保障基金应该充分考虑社会经济协调发展的客观要求,筹集的规模和水平应该和经济发展水平相适应,充分考虑国家、单位和个人的经济承受能力。如果社会保障基金筹集的规模过大,会加重企业、个人的负担,企业失去竞争优势,影响整个经济的持续发展;如果筹集的规模偏小,就不能有效地满足社会成员的保障需要。因此,社会保障基金的筹集应根据社会经济发展水平,确定一个合理的筹集标准。

(三)依法筹集原则

社会保障基金的筹集涉及不同利益主体的权利、义务和经济利益关系,各个利益主体出于自身考虑,可能会抵制缴纳社会保障费。因此,社会保障基金的筹集必须以法律为保证,依法筹集,确保严肃性和稳定性。

二、社会保障基金的来源

筹集社会保障基金,首先要解决基金来源问题。世界各国社会保障基金的来源并不完全相同,而且呈现出一定的差异性。多数国家的社会保障基金由政府、雇主和雇员为主分担。除此之外,社会组织、企业和个人赞助,社会福利有奖募捐等也是社会保障基金的来源渠道。

(一)国家财政

在现代社会,无论采用何种社会保障制度模式,国家都承担一定的直接的财政责任,只不过因不同模式所承担的责任轻重不同而已。国家责任的一个具体体现,便是对社会保障基金的财政资助,它构成了社会保障基金的一个固定的、主要的来源渠道。

国家财政对社会保障的支持,可以概括为三种方式:一是财政拨款,即政府直接拨款实施社会保障项目,社会救助基金、社会优抚基金主要是由政府财政拨款形成。二是实行税收优惠或让利,这是一种间接资助形式,如单位缴纳的社会保障费可以在税前列支,对社会保障基金的投资收益免税,对受益人享受的社会保障待遇免税等。另外,国家对于储存在国家金融机构的社会保障基金签订较高的协议利率,给予利率优惠。三是承担社会保障管理费用。

(二)雇主和个人缴费

雇主和个人缴费是现代社会保障基金的重要来源。在市场经济条件下,各国都制定了相应的社会保险法律、法规,这些法律、法规无一例外地会要求雇主、个人承担缴纳社会保险费的责任。

雇主承担社会保障责任的方式,主要就是为员工缴纳养老、医疗、失业、工伤等各项社会保障费,使其在工作期间、非自愿失业时以及丧失劳动能力时都能获得基本生活保障,这样也有利于提高员工的劳动能力,消除其后顾之忧,是社会保障基金的一个稳定来源。

就社会成员个人而言,既是社会保障的受益人,也是社会保障基金的负担主体,他们也应承担相应的责任和业务,个人缴纳社会保障费是享有权益的前提。个人负担社会保障费用包括两方面:一是法定社会保险制度通常要求劳动者承担相应的缴费义务;二是社会成员在享受有关社会福利尤其是社会服务时,亦可能需要承担相应的付费义务。个人承担部分社会保障费用的规定,是一种责任信号,有利于培养个体的自我保障意识,增强其行为的理性程度,也可以较为有效地遏制盲目提高保障水平的冲动,遏制道德风险和逆向选择的发

生,减少社会整体的风险和负担。

(三)社会筹资

社会筹资的渠道主要有社会捐赠和发行彩票。

社会捐赠是许多国家筹集社会保障基金的一个非正式的却又非常流行的渠道,其特点是以善爱之心为道德基础,以自愿捐献为基本特征,由民间慈善公益团体负责征集并用于各种社会救助与福利事业。作为一种重要的补充社会保障基金的来源渠道,社会捐赠被直接吸纳到慈善公益机构并根据实际需要使用;或者是由慈善公益机构根据某些特定事件或特定对象的需要,临时向社会募捐。募捐的方式有直接筹款、义卖、义演等多种方式。在国内,社会捐赠也是社会保障特别是社会福利的主要途径之一。社会捐赠的形式有:动员社会各界为社会福利项目建设赞助,如集资兴建福利院、敬老院等;当某些地区遭受严重自然灾害时,动员社会力量进行救灾和扶贫;成立福利基金会等单位,长期接受国内外各界人士的募捐和帮助。

在许多国家,筹集社会保障基金的经常性渠道是发行福利彩票,它完全是凭公众自然参与,所筹集的资金用于兴办各种社会福利事业,如安老、助孤、扶幼、济贫等,是对政府社会保障基金尤其是社会福利基金的重要补充。在我国,发行福利彩票是兴办福利事业的重要资金来源,彩票由政府控制发行,开奖公开并且由公证部门公证,每张奖券面额较小,而奖金额非常大,对公众有较大的吸引力,每期都能筹措较可观的资金。福利彩票可以在不增加政府财政负担的情况下,将社会闲散资金筹集起来,用于社会保障特别是社会福利事业,在一定程度上改善了困难者的基本生活,促进了社会的安定团结。

(四)其他渠道

除了上述几个主要渠道外,还有其他几个渠道也是社会保障基金的来源。它们包括:社会福利服务收费、基金运营收入等。社会保障基金的规模较大,通过资本市场、基础设施等投资渠道的运营,收到较高的回报,以满足社会保障待遇刚性上升和抵御膨胀侵蚀的要求,有些国家社会保障基金占全部资本市场的近一半,其投资增值部分就可以应付年度开支。另外,随着社会保障制度对市场机制的重视和利用,适当收费成了社会福利事业的主要资金来源之一。

三、社会保障基金的筹资方式

从社会保障基金的筹措方式来看,世界各国的社会保障筹资方式主要有征税方式和征费方式。

（一）征税方式

征税方式是根据国家立法规范,由政府运用行政权力采取税收形式强制筹措社会保障基金的一种筹资方式。这是目前世界上建立社会保障制度的国家普遍采用的一种征缴方式。世界上各国社会保障缴税制的形式也是多种多样的,有专门开征社会保障税的,也有通过征收个人所得税和其他税收来筹集社会保障基金的。

我国目前没有开征社会保障税,但关于是否要开征社会保障税一直是学术界热议的话题。开征社会保障税的积极意义在于:首先,开征社会保障税,可以借助税收的强制性和正当的法律程序如扣缴、追缴,促进社会保障基金及时、足额的收缴,确保社会保障机制的正常运转;其次,由于税收纳入财政统一支配,开征社会保障税有利于建立规范的社会保障基金收支、管理、余缺调配的责权制度;再次,开征社会保障税,全社会统一税率,有利于提高社会保障的社会化程度,也有利于社会公平的实现;最后,开征社会保障税有利于降低征收成本,可以充分利用现有税收部门的组织机构、人力资源和物质资源。

但社会保障税的开征同样存在一定的风险,主要表现在:第一,社会保障税使用税收形式所形成的资金只能通过年度预算来安排,且通常以年度收支平衡为基本目标,从而事实上无法积累社会保障基金,进而无法抗拒周期性社会保障风险。如一旦遇到经济危机导致大批工人失业,或者是人口老龄化趋势加快,均可能因缺乏社会保障基金积累而对国家财政造成巨大冲击,进而影响国民经济的持续稳定发展。第二,由于我国各地区之间经济发展水平差异较大,社会保障税率的统一,有可能会激化地区之间的矛盾。

（二）征费方式

征费方式是指政府职能部门依据有关法律规范,强制向企业与劳动者个人征收并用于特定社会保障项目的筹资方式。国家设立专门的机构来负责社会保障费的征缴和管理运营,政府制定相应的法律法规并进行监督,所征缴费用不作为财政收入,基金不足部分由国家补助。

征费方式的特点,是在强制征收的同时具有一定的灵活性,如既可以采用类别费率,也可以采用综合费率;既可以混合筹集,也可以分项筹集。与征税制相比,征费方式根据不同的社会保险种类设置不同的缴费率,向不同的社会保险管理机构缴纳,实行收支两条线管理。征费方式不仅可以与现收现付制社会保障相适应,同样可以与完全积累型社会保障制度相适应。

但征费方式同样存在一些弊端。首先,由于征费的方式缺乏征税的权威性,因此容易出现征缴难的问题;其次,征费方式所筹集的社保资金往往是多头管理,政府财政只掌握有限社保资金收入中的有限部分,但社保支出却完全由政府财政负担,这就造成了一种严重的收支不对称,不利于提高社会保障资金的征收效率和使用效率;最后,社会保障资金采用征费的方式进行筹集,存在主管部门可能会随意增减费率的隐患。

四、社会保障基金的筹集模式

社会保障基金的筹集模式主要有现收现付式、完全积累式和部分积累式。

(一)现收现付式

现收现付式的筹资原则是近期横向收付平衡,这种筹资模式要求先作出当年或近几年某项社会保障措施所需支付的费用预算,然后按照一定的比例分摊到参加社会保障的单位和个人,当年提取当年支付,一般不留余额。

现收现付模式的优点有:(1)管理成本低,操作相对简单;(2)根据需求变动及时调整征税比例或缴费额度,以保持收支平衡;(3)强调社会保障制度的再分配功能,体现社会共济;(4)没有过多的资金积累,没有基金保值增值压力;(5)可以避免长期积累基金所面临的经济和政治风险。

现收现付模式的缺点是,如果一国人口的年龄结构严重老化或经济持续衰退,则会使在职劳动者不堪重负,因为上一代人的退休费用是由下一代劳动者提供的。同时,该国经济的健康发展必然面临严重挑战。

(二)完全积累式

完全积累式是以远期纵向平衡为原则,其实质是个体一生中的代内收入再分配制度。一般要求劳动者从参加工作开始,按照工资总额的一定比例由雇主和雇员或是只由其中一方定期缴纳保险费,计入个人账户,作为长期储存及保值增值积累的基金,所有权归个人,到规定领取条件时,一次性领取或按月领取。

完全积累模式的优点有:(1)劳动者未来收益和投保期的缴费高度正相关,可激励劳动者努力工作;(2)形成的储备基金在短期内不会支出,可以为经济增长积累资金,促进资本形成;(3)有较强的抗人口老龄化能力。

完全积累模式的缺点有:(1)制度设计过于强调效率,没有再分配和互济功能,不利于缓和贫富差距,不能体现社会保障的互助性原则;(2)储备的基金要抵制通货膨胀的影响,保值增值的压力较大;(3)基金制需要建立个人账户,运行成本较高。

(三)部分积累制

部分积累制是对现收现付制和完全积累制的整合,是一种兼容近期横向平衡和远期纵向平衡的筹资模式。该模式在维持现收现付模式的基础上,引入了个人账户基金制,既保持了社会统筹互济功能,又具备个人账户的激励和监督机制,集中体现了这两种筹资模式的优点。

部分积累制的筹资模式具有较大的灵活性,既避免了基金制的较大风险,又可缓解现收现付制缺乏储备和负担不均的问题。

但这种筹资方式操作起来有较大的难度,尤其在各种比率的掌握上,很难做到恰到好处,因此,在制度设计上,不仅要进行定性分析,还要进行定量分析。

第三节　社会保障基金投资运营

一、社会保障基金投资运营的一般原则

任何投资都要兼顾安全性、流动性和收益性的原则,只不过投资要求不同,三者的优先次序有所不同。社会保障基金的社会稳定功能决定了其投资原则的排列顺序是:安全性、收益性和流动性。即在保证基金安全的基础上提高基金的收益率,保证其流动性需要。

(一)安全性原则

社会保障基金投资运营的安全性原则是指社会保障基金投资经办机构必须绝对保证投资的社会保障基金能够按期如数收回,并取得预期投资收益。社会保障基金是对保障对象未来给付的负债,是用来支付保障对象基本生活保障待遇的积累金,在被保险人遭遇事故需要这笔资金时,社会保障管理机构必须履行给付责任。如果投资失败,则无力支付社会保障基金,从而影响被保险人的基本生活,甚至影响社会的安定,所以社会保障基金的投资必须首先考虑安全性原则。

社会保障基金投资的安全性及其安全程度往往与政府责任相关。一方面,社会保障基金投资是在政府制定有关政策、投资原则、监督管理制度的条件下进行的,政府在社会保障基金投资中体现出较强的政府管理与干预责任;另一方面,社会保障基金投资的安全性及其安全程度直接影响到社会保障基金投资的绩效,而投资绩效的高低在不同程度上影响着社会保障基金的收支平衡,社会保障基金收支平衡程度与政府财政的转移支付又不同程度地保持联系。

(二)收益性原则

社会保障基金投资运营的收益性原则是指在符合安全性原则的前提下,社

会保障基金投资能够取得适当的收益。从一定意义上讲,这是社会保障基金投资最直接的目的。社会保障基金投资收益的大小直接影响到社会保障基金的财务平衡,也影响到投保人缴费的高低,比如智利养老保险在一段时期内缴费率较低,仅为缴费工资的10%,这在一定程度上与智利养老基金投资的高收益有关。

　　在实践中,要实现社会保障基金投资运营安全与收益的双重目标并不容易,因为通常情况下收益与风险呈正相关关系,要取得收益就得要冒一定的风险,这两者很难兼顾,这就要求投资者有较高的专业水平与投资技巧。

　　（三）流动性原则

　　社会保障基金投资的流动性是指投资资产在不发生损失的条件下可以随时变现以满足支付社会保障待遇的需要。社会保障基金不同性质的投资对流动性的要求不同,完全积累性的养老投资对流动性的要求相对较低,对于每个委托人而言,由于基金在到期(即退休)前不能提取,因此不具有流动性,可以投资与期限相匹配的长期投资工具以获得较高的收益;到期后,如果个人选择按月定期支取,那么仍会有一个相对稳定的余额可以投资于长期金融工具。而以现收现付为主要特征并满足于年度支付的基本养老金对养老基金投资的流动性要求较高,因此一般其投资大都选择短期金融工具,如选择短期国债、银行存款、高信用级别的企业债券或商业票据等。

　　以上三项基本投资原则一般是无法同时兼顾的。安全性原则和盈利性原则是负相关关系,安全性高、风险性小的投资一般收益性较小;流动性原则和盈利性原则也是负相关关系,流动性强的资产收益率较低。因此,在进行社会保障基金具体投资时,要结合实际情况,根据要实现的投资目标,灵活地选择不同的投资方案,稳健投资。

二、社会保障基金的投资方向选择

　　社会保障基金可选择的投资工具可以分为两类:金融工具和实物工具。

（一）金融工具

　　金融工具可以从收益特点、期限等多种角度进行分类。社会保障基金投资的传统金融工具包括银行存款、政府债券、企业债券、公司股票等,各种创新的金融工具包括以资产为基础发行的证券、期货及期权等金融衍生产品。

　　1. 银行存款

　　银行存款是社会保障基金管理机构把基金存入银行,以取得一定的利息的投资方式。银行存款有活期和定期之分。银行存款的优点是安全可靠,投资风险相对较低,收益稳定,流动性较好,而且操作简便,省事省力。其缺点是收益相对偏低,不能有效地化解通货膨胀的威胁。在社会保障基金刚刚进入资本市场时一般占较大比重,随着投资工具选择的多样性,比重会大大降低,只用来作为短期投资工具,以满足流动性的需要。

2. 债券

债券分为政府债券和企业债券两种。

政府债券有很好的信誉,偿还相对有保证,安全性较强,风险相对较小,而且有较强的流动性,因此成为社会保障基金的重要投资工具。一些发达国家和发展中国家常常立法规定社会保障基金中的部分项目必须要有一定比例投资于政府债券。

企业债券的风险介于政府债券和股票之间,收益一般也高于政府债券。具体到每家企业的债券,其风险程度因企业的资信程度而不同,各国政府通常对社会保障基金投资的企业债券等级有所限制,以防止过高的投资风险。

3. 股票

股票作为股权投资工具,其风险高于固定收益证券,因此也具有较高的收益率。为了保证社会保障基金的收益率,多数国家都允许社会保障基金投资于股票市场,但是由于股票市场风险较高,绝大多数国家限制社会保障基金投资股票的比例。从我国的情况来看,由于股票市场发展时间较短,监管力度较弱,风险较大,因此社会保障基金在作投资组合时,应选择那些有投资价值的蓝筹股,进行长期投资,同时应尽快完善股票市场的监管,尽可能地减少人为风险。

4. 证券投资基金

证券投资基金是由专门的投资机构发行基金单位,汇集投资者资金,由基金管理人管理,进行股票或债券等金融工具投资的间接投资制度。证券投资基金最大的优势在于专家理财、组合投资、规避风险、流动性强等特征,随着世界各国信托投资业务的发展,国际资本流动的速度日益加快,证券投资基金已经成为社会保险基金投资的一个重要投资工具。

5. 衍生金融工具

除了传统的债务工具和股权工具外,20世纪70年代以来的金融工具创新为社会保障基金投资提供了更广泛的选择,并且某些创新的金融衍生产品就是根据不同社会保障基金的特点及其投资要求而"量身定做"的。不过,金融衍生产品具有杠杆放大作用,投资风险很大。其负面作用,在2008年爆发的全球金融危机中暴露得非常充分。在相关法律法规不健全的情况下,不适合作为社会

保障基金投资的主要对象。

（二）实物工具

社会保障基金还可以投资于实物，包括房地产、基础设施等。实物投资具有投资期限长、流动性差等特点，但在经济持续发展的情况下可以有较高的盈利率，安全性也有保证，能一定程度上防范通货膨胀风险，因此也可以是社会保障基金选择的投资工具。其中，房地产市场受经济周期波动影响有较大的风险，并且由于要有较强的专业性，因此投资管理成本较高，一些国家对社会保障基金投资于房地产的比重有严格规定，多数国家社会保障基金投资于房地产的比例都比较低。基础设施的投资更多是以贷款的形式实现的。

第四节　社会保障基金监督管理

一、社会保障基金监管的含义及其必要性

（一）社会保障基金监管的含义

社会保障基金监管是国家授权专门机构依法对社会保障基金收缴、安全运营、基金保值增值等过程进行监督管理，以确保社会保障基金正常稳定运行的制度和规则体系的总称。社会保障基金监管体系的主要内容包括，对社会保障基金营运机构的选择与确定，制定各项监管规则，设计社会保障基金投资运营的指标体系，构建社会保障基金监管的策略框架，实施社会保障基金的现场监管与非现场监管，构建社会保障基金营运的安全保护机制等，确保社会保障基金的长期稳定运行和实现社会政策目标。

（二）社会保障基金监管的必要性

1. 社会保障基金监管是弥补市场机制失灵的需要

市场基金不是完全可以依赖自身调节的完善机制，在存在外部性、信息不对称等的情况下，市场机制就不是完全有效的，会发生市场失灵，这时就需要政府机制对其进行弥补。社会保障是一种公共物品，在社会保障基金管理和投资中存在委托代理关系，基金的委托方和代理方信息不对称，具有道德风险和逆向选择的动力，而社会保障制度要求公平分配，这些都要求由政府监管社会保障基金的收支管理和投资运营，以弥补市场机制自身的不足。

2. 社会保障基金监管是维护广大人民切身利益的需要

社会保障不同于一般的投资基金，是政府通过强制手段筹集起来的专项基

金,用来保障广大人民的基本生活,是老百姓的"保命钱",属于社会公共后备基金,若出现管理缺陷或投资失败,公众利益会受到极大伤害,冲击最终的责任主体——政府,也会对社会的安全和稳定造成威胁,因此需要监管。公众对社会保障基金的整个管理和投资过程进行监督是不可能的,因此,由政府授权有关部门对社会保障基金进行监管,维护公众的集体利益。

确保社保基金安全,监督管理是关键①

3.社会保障基金监管是保证基金保值增值的需要

规模巨大的社会保障基金需要进入资本市场投资运营以保值增值,但进入资本市场就要承担市场风险,投资风险包括非系统风险和系统性风险,合适的投资组合将消除非系统风险,仅留下系统风险。如果由于监管不力,投资运营不规范,造成社会保障基金的投资失败,则违背了社会保障基金投资的初衷。因此,通过有效的监管,减少社会保障基金的投资风险,是保值增值的基本保证。

二、社会保障基金监管模式的选择

社会保障基金管理模式按照管理机构的性质不同,可以分为政府集中型和私营竞争型两类。

(一)政府集中型基金管理模式

政府集中型基金管理模式即由政府部门或其委托的公共管理部门负责社

---

① 中国新闻社发,唐志顺绘,转引自中国经济网:http://www.ce.cn/district/zfzx/szyw/200704/05/t20070405_10935886.shtml,访问时间:2007年1月17日。

会保障的基金管理。一般来说,依照国家立法推行的基本保障项目的社会保障基金,以采用政府集中型基金管理模式为多,如经济合作与发展组织各国、东欧各国以及中国、新加坡等国家。

社会保障基金的政府集中管理具有规模经济效应,从而可以降低成本,同时可以兼顾社会公平,但政府集中管理容易导致渎职和效率低下,也易受制于政治压力。政府集中管理的社会保障基金可能因为公共经营者即政府的要求,将基金投资于政府债券,甚至向正在衰落的国有企业提供贷款,其收益率通常低于市场,在通货膨胀期间其实际收益率可能会是负值。这时,社会保障基金比投资于开放的市场时的获利要小,因此通常需要提高费率或减少给付来解决基金危机。要想提高政府集中管理的社会保障基金的收益率,关键是要看政府能否有效地利用好相关的资源。

(二)私营竞争型基金管理模式

私营竞争型即由私营的基金管理机构运用市场机制管理社会保障基金,同时接受政府的监管。通常,补充性保险项目(如员工福利计划)等,以采用私营竞争型基金管理模式为多。当然也有社会保障项目采用私营竞争型管理模式的,如智利。

基金管理采用私营竞争型,可以通过市场竞争带来效益。一般来说,私营的基金管理机构能够使投资决策由经济原因而非政治原因作出,从而产生最佳的资金配置和最高的投资收益,并有助于发展金融市场。当然,市场竞争也使管理更加复杂,管理成本增大,而且分散化的私营投资管理使经济的规模效应消失。此外,社会保障计划的参加者有时难以作出有远见的投资选择,从而给未来带来更大的不确定性。

三、社会保障基金监管体系

建立健全社会保障基金监管体系是完善社会保障制度的重要组成部分,对于确保社会保障制度的正常运行有重要的意义。从世界各国的情况来看,完整的社会保障基金监管体系包括政府有关部门监管、社会保障基金内部监管和社会舆论等外部监管。

(一)政府监管

社会保障制度是每个国家的基本政策之一,政府的作用非常重要,为了保证制度的安全运行,政府监管是必不可少的。政府通过立法和建立具体的监管部门实施监管。政府监管按部门区分,主要有社会保障行政部门监管、财政部门监管、审计部门监管以及司法监管。

社会保障行政部门会对社会保障基金的筹集、运营、支付等实施直接、全方位的监督管理；财政部门主要是通过财政预算、财务会计监管等手段，对社会保障基金的预算、财务状况和投资运营进行监督管理；审计部门主要是从独立的角度，对社会保障基金的收支、使用、投资等行为进行审计检查；司法监督是指通过司法系统对社会保障基金的运行行使特殊的监管职责，以及时处理社会成员与社会保障经办机构之间的争议，惩罚社会保障工作人员及其他有关当事人刑事责任的追究。

（二）内部监管

内部监管是指社会保障经办机构和投资运营机构的内部稽查和上级社会保障经办机构对下级社会保障经办机构的监督。外部监管毕竟不能时刻进行，如果没有内部监管和内部控制，风险和损失随时都有可能发生，因此，内部监管是非常重要的环节。社会保障经办机构和投资运营机构作为独立的总体，自身应该建立健全各项规章制度，如财务制度、内部审计制度等，加强自我约束，保证社会保障基金的规范管理和运营。

（三）社会监督

社会监督是指社会团体和社会组织、新闻媒体以及社会保障基金直接受益者个人对社会保障基金管理情况进行的监督。它是官方的、专门的社会保障基金正式监管系统之外的监督，属于群众性、社会性、非强制性的监督。广大社会保障参保人为了维护自身利益，对社会保障基金进行监督，是社会监督的重要力量。新闻部门可以利用自身独特优势进行监管，通过电视、报纸和报刊等新闻媒介进行社会保障的政策报道，对损害社会保障制度的现象进行曝光。工会等社会团体和社会组织同样可以对社会保障机构就政策执行情况和基金管理情况进行监督。

四、社会保障基金监管的内容

社会保障基金监管的具体内容包括征收监管、支付监管和投资监管。

（一）征收监管

征收监管是在社会保障部门征收社会保险费的环节进行监管，是对缴费单位和社会保障经办机构进行监管。对缴费单位主要审查是否按规定进行登记、是否足额申报缴纳应缴费用、是否逾期拖欠、申报的缴费基数是否正确等，对经办机构主要审查征缴的社会保障费是否及时足额存入财政专户、各险种之间核

算是否清晰、经办人员是否遵纪守法、是否存在挪用现象等。通过监管保证社会保障基金征收环节的安全、完整。

（二）支付监管

支付监管是在社会保障部门按照相关制度规定，将社会保障基金支付给应受益的社会成员，对其进行监管。社会保障基金的监管应遵循效率、公平、适度的原则。支付监管就是对经办机构是否按照规定支付进行监督和管理，包括经办机构是否按照规定的项目和标准支付，有无虚列支出挪用基金，支付凭证和用款手续是否合乎规定，是否有骗保行为等。社会保障基金的支付，是社会保障制度发挥作用的关键，应加强对其监管。

（三）投资监管

投资监管就是对社会保障基金结余部分进行管理和投资的监管，管理方面主要是检查是否挤占挪用结余资金和存放是否合乎规定，投资方面包括投资机构准入监管、投资运营的实时监管。

1. 投资机构准入监管

社会保障基金的投资，需要专业的投资知识和技巧，因此各国一般是委托独立的专业机构管理和运作基金，如基金公司或投资公司。无论政府集中型还是私营竞争型管理模式，都必须高度管理对社会保障基金运营机构的审批，进行严格的资格审查。各国对投资运营机构都有一套严格的资格审查程序和条件，主要有：审查该机构是否是合法组建，资本金是否符合要求，来源是否真实、合法，从业人员是否具备要求的业务素质和职业道德，是否有良好的经营业绩记录，内部管理制度是否健全等。准入监管的重点是审查投资机构是否具备投资管理、投资经验和资金管理的能力。

2. 投资运营的实时监管

通过准入审查合规的投资机构，并不说明就一定能投资成功。投资风险主要存在于投资运营的过程中，因此实时监管是投资监管的重点。首先，对投资合规性的审查。由于社会保障基金的特殊性，每个国家都对其投资范围、比例等立法规定，以保证安全性。要审查投资机构的财务记录以及相关资料，检查投资是否符合法律规定，是否遵循监管机构的规定等。其次，对投资机构投资计划方案的审查。要求投资方案的制定要符合"谨慎人原则"[①]和"现代证券组合理论"，选择

① 所谓谨慎人原则，是指在确保安全和收益最大化的目标前提下，容许投资管理主体在投资决策方面拥有较大的自主权，关注投资决策过程是否全面、科学、周密，成为监管的重点。这种方式将有利于合理配置资产，实现风险—收益关系的最优化。

多样化最优证券组合,最大限度地分散风险,在保证安全性的前提下,达到收益最大化。最后,对不能履行义务、投资收益率不能达到合约中规定的投资机构,监管机构应及时限制或取消其社会保障基金的投资运营权利和资格。

专 栏

德国社会保障基金管理框架及其特点①

1. 德国社保制度管理框架。德国社会保险制度较为分散,主要由各个行业和地区自行管理。两德统一前,基本养老保险由全国 18 个州立社会保险机构和 1 个联邦职员养老金机构管理,医疗保险由1300 多个法定机构承办,工伤保险则由 92 个机构管理,两德统一后又增加了很多社会保险机构。这种分散的自治管理决定了社会保险基金管理主体是各种具有法人地位的社会保险机构。这些机构享有自治权,由代表大会推选理事会成员,并根据理事会提名确定会长,规章制度由代表大会制定,并自筹资金,直接向受益人发放资金,社保基金实行自我管理,并实现基金收支平衡,20 世纪 90 年代开始,政府按照社会保险基金一定比例提供补助。

2. 德国社保基金管理特点。一是行业为主。德国每个行业都可以自愿组建社会保险机构,负责本行业社会保险。早在 18 世纪以前,德国一些行业就以工人互助会形式分担会员可能遇到的风险,1854年德国颁布了有关矿工、冶金工人和盐场工人联合会的法律,从法律上肯定了这种行业互助体制。由此可见,德国社会保险制度的起源是以行业为基础的,体现了行业管理的特点。二是自治管理。德国没有制定统一的社会保险基金管理政策,也没有建立全国统一的社会保险机构,社会保险基金分散在不同的社会保险机构管理,而所有社会保险机构在财务和组织上都是独立的,每一个机构都是自我管理的实体,通过其内部的组织机构来运作,在各类承办社会保险事务的社会保险机构中,设置由参保人代表、雇主代表所组成的代表大会与董事会负责管理有关社会保险事务。社保基金收支政策都是代表大会和董事会决定的。因此,自治管理是德国社会保险基金管理最为显著的

---

① 资料来源于宋国斌:《德国、美国社会保障基金管理的模式比较及启示》,《经济研究参考》2009年第 64 期。

特点。三是国家监督。国家在法律规定下行使监督职责,保证社会保险机构符合法律的规定,政府则通过劳工与社会事务部等起一般监督作用。因此,国家监督原则上局限于法律监督,政府对社会保险具体事务不直接管理和干预,而是通过法律制定规则,由社会保险机构在法律范围内自我管理。四是工会监督。在德国,工会在社会保险制度中发挥着重要的作用,各个职员工会和行业工人工会、公务员联合会等代表雇员同雇主联合会以及政府谈判,确定雇员的缴费比例和社会保险待遇等,对政府决策施加影响,有效地保障了雇员的合法权益,体现工会在保护工人权益方面的职能和作用。

第五节 中国社会保障基金制度

一、我国社会保障基金发展概况

(一)社会保障基金的初创阶段

社会保障基金管理是随着社会保障制度的发展而逐步建立起来的。我国社会保障制度建立始于 20 世纪 50 年代初。1951 年我国颁布的《中华人民共和国劳动保险条例》标志着我国社会保障制度的建立。该条例规定,每个参保单位均按其工资总额的 3% 缴纳劳动保险基金,基金实行分级管理,全国统一调剂使用的管理模式。这一制度因"文革"的干扰,于 1969 年被迫中断,改由各企业自行负担。

(二)社会保障基金的重新启动阶段

从 20 世纪 80 年代初期到 90 年代初,是我国社会保障基金制度的恢复阶段。其间,国家于 20 世纪 80 年代初期开始以市县为单位,试行全民和集体所有制企业离退休费用社会统筹,并按照工资总额的一定比例筹集养老保险基金。国务院于 1986 年颁布了《国营企业职工待业保险暂行规定》,首次在我国建立企业职工待业保险制度。1991 年国务院颁布了《关于企业职工养老保险制度改革的决定》,提出"养老保险基金由政府根据支付费用的实际需要和企业、职工的承受能力,按照以支定收、略有结余、留有部分积累的原则统一筹集",从而确定了我国养老保险基金的筹集模式。

(三)社会保障基金的改革与发展阶段

从 20 世纪 90 年代初开始,我国社会保障制度进入了全面改革和发展的阶段。党的十四届三中全会明确了我国社会保障体系的基本内容,提出了建立社会统筹和个人账户相结合的多层次的养老保险和医疗保险制度,以及政事分开、统一管理的社会保障管理体制,各项社会保障制度改革得到进一步的深入发展,社会保障基金管理逐步得到完善。1999 年国务院颁布了《社会保险费征缴暂行条例》,明确规定社会保障基金实行收支两条线管理,财政部、劳动与社会保障部共同颁布了《社会保险基金财务制度》,同时财政部颁布了《社会保险基金会计制度》,社会保障基金管理得到全面的统一规范。2010 年养老、失业、医疗、工伤和生育保险等五项社会保险基金收入合计 18 823 亿元,比上年增长 2 707 亿元,增长率为 16.8%,基金支出合计 14 819 亿元,比上年增长 2 516 亿元,增长率为 20.5%。[①] 预计 2011 年全年五项社会保险基金总收入 2.35 万亿元,比上年增长 24.7%;总支出 1.8 万亿元,增长 21.5%。[②]

二、中国社会保障基金管理框架

(一)社会保障基金管理的主体

社会保障基金的主要管理者是政府劳动保障部门及其所属的社会保险经办机构,省、区、县均设有社保经办机构。

(二)社会保障基金的管理方式

我国社会保障基金实行"收支两条线"管理。为进一步加强我国社会保障基金的征收和管理,1999 年国务院颁布了《社会保险费征收暂行条例》,规定社会保障基金基本实行"收支两条线"管理。"收支两条线"管理的主要内容是:在国有商业银行,社会保障经办机构开设收入户、支出户,财政部门开设财政专户;社会保障经办机构征缴的社会保障基金全部存入收入户(税收征收地区直接缴入财政专户或国库);每月月末前将收入户中的全部资金转入财政专户;社会保障经办机构根据支付需求提出拨款计划,财政部门从财政专户向支出账户划拨资金,在支出户中需保留 1~2 个月的支付周转金。基金实行"收支两条线"管理,从制度上保证了基金的专款专用。

(三)社会保险基金预算管理

根据《国务院关于试行社会保险预算的意见》的规定,从 2010 年起在全国

---

① 人力资源与社会保障部:《2010 年度人力资源与社会保障事业发展统计公报》,http://www.mohrss.gov.cn/page.do? pa = 402880202405002801240882b84702d7&guid = e60c0ef72ddd4e8eb968ac5f11900f59&og = 8a81f0842d0d556d012d111392900038,上网时间:2011 年 12 月 10 日。

② 《今年社会基金总收入预计达 2.35 万亿》,中国养老金网,http://www.cnpension.net/yljkx/2011 - 12 - 30/news1325206711d1289638.html,上网时间:2011 年 12 月 30 日。

范围内建立社会保险预算制度。

社会保险基金预算是根据国家社会保险和预算管理法律法规建立,反映各项社会保险基金收支的年度计划。社会保险基金预算应遵循的基本原则包括:依法建立,规范统一;统筹编制,明确责任;专项基金,专款专用;相对独立,有机衔接;收支平衡,留有结余。其中,依法建立、规范统一的原则是指依据国家法律法规建立,严格执行国家社会保险政策,按照规定范围、程序、方法和内容编制。国家法律法规包括社会保险和预算管理方面的法律法规。相对独立、有机衔接的原则是指在预算体系中,社会保险基金预算单独编报,与公共财政预算相对独立、有机衔接。相对独立要求社会保险基金专款专用,基金不能用于平衡公共财政预算;有机衔接是将公共财政预算中"对社会保险的补助支出"单独列示,从而明晰地反映对社会保险的贡献程度,保持公共财政预算与社会保险基金预算之间的有机衔接。

社会保险基金预算按险种分别编制,包括企业职工基本养老保险基金、失业保险基金、城镇职工基本医疗保险基金、工伤保险基金、生育保险基金等内容。根据国家法律法规建立的其他社会保险基金,条件成熟时,也应尽快纳入社会保险基金预算管理。

(四)社会保障基金的投资运营

我国在1999年制定《社会保险基金财务制度》,根据该财务制度,基金结余除根据财政和劳动保障部门商定的、最高不超过国家规定预留的支付费用外,全部用于购买国家发行的特种定向债券和其他种类的国家债券。任何地区、部门、单位和个人不得动用基金结余进行其他任何形式的直接或间接投资。但很显然,该制度在一定程度上已不能适应新形势和新情况的需要,迫切需要进一步修订和完善。

三、全国社会保障基金

全国社保基金是指经国务院批准,由全国社会保障基金理事会负责管理,通过国有股减持划入资金、中央财政拨入资金以及其他方式筹集的资金,加上其投资收益形成的一种储备基金。

全国社会保障基金与前面所提到的中国社会保障基金是两种不同的基金形式。它们在功能、主管机构及资金来源等多个方面有着决然不同的内容。

(一)设立全国社会保障基金的作用

全国社会保障基金筹建的目的并不是用于日常的支付,而是为了社会保障基金在未来可能出现的支付短缺而进行的一项战略筹备。

由于人口老龄化和建立个人账户转轨成本的影响,造成缴费职工养老金收支缺口,省级政府也难完全平衡。为了防范人口老龄化会带来的未来社会保障基金的支付压力,也为了维护和提高退休职工养老保障水平,中央必须建立全国社会保障储备基金。2000年8月1日,经党中央批准,国务院决定建立"全国社会保障基金",同时设立"全国社会保障基金理事会",负责管理运营全国社会保障基金。

表 2-1 全国社会保障基金与中国社会保障基金有关内容比较

比较项目	中国"社会保障基金"	全国社会保障基金
主管机构	人力资源与社会保障部、民政部	全国社会保障基金理事会
成立时间	1951年	2000年
资金来源	企业与个人缴费、财政划拨、福利彩票等	中央财政拨款、国有股减持和转持收入、彩票收入、经营收益等
结余规模	全国城镇五项基本社会保险的累计结余约为2.7万亿元	结余规模约为8万亿
功能作用	为劳动者提供基本生活保障	为社会保障基金未来的支付短缺而进行的战略储备
支付使用	按照规定的支付标准对符合条件的受保人定期支付	至今未进行支付使用
投资规定	设立财政专户,现主要是投资于国债及银行存款	按照有关比例投资于银行存款、债券、信托投资、资产证券化产品、股票、证券投资基金、股权投资和股权投资基金等

表中的数据截止到2011年年底。

建立全国社会保障基金,是党中央、国务院作出的重要战略决策。这项决策对于维护全国人民社会保障长远利益、促进建立和谐社会具有深远意义。第一,有利于完善我国的社会保障体系。社会保险基金主要来自个人、企业和地方政府。现在,中央再建立一项数额巨大的全国社会保障储备基金,有利于维护和提高社会保障水平。第二,全国社会保障基金的壮大和保值增值,有利于解决我国人口老龄化养老金收支缺口。第三,每年筹集的全国社会保障基金,并不会用于当年支出,而是用于积累。基金为了要实现保值增值用于各项投资,有利于促进我国金融市场的发展,促进经济结构的调整。

(二)全国社会保障基金的主管部门

全国社会保障基金的管理单位不是社会保险经办机构,而是专门设立的全

国社会保障基金理事会,它受中央政府——国务院的委托,负责管理作为国家社会保障储备基金的全国社会保障基金。理事会的职责有:

1. 受托管理全国社会保障基金、基本养老保险个人账户基金[①]等。

2. 制定基金的投资经营策略并组织实施。

3. 选择并委托基金投资管理人、托管人对基金委托资产进行投资运作和托管,对投资运作和托管情况进行检查;在规定的范围内对基金资产进行直接投资运作。

4. 负责基金的财务管理与会计核算,定期编制会计报表,起草财务会计报告。

5. 定期向社会公布基金的资产、负债、权益和收益等财务情况。

6. 根据财政部、人力资源和社会保障部共同下达的指令和确定的方式拨出资金。

7. 承办国务院交办的其他事项。

(三)全国社会保障基金的资金来源

全国社会保障基金并不是通过企业或个人缴纳社会保障税或社会保障费的形式形成的,其资金的来源主要有中央财政拨款、国有股减持和转持收入、彩票收入和包括经营收益在内的其他收入。

1. 中央财政拨款

随着现代社会保障制度的建立,政府成为主要的责任主体。政府对社会保障的责任主要体现为财政责任,没有国家财政作后盾,现代社会保障制度很难顺利实施。全国社会保障基金作为国家社会保障战略储备基金的特殊性,决定了中央财政拨款占有极为重要的地位。据统计,截至2010年底,财政拨入全国社会保障基金的总额达到4437亿元。

2. 减持和转持国有股收入

在2001年,经国务院批准,由财政部等部委制定了《减持国有股筹集社会保障基金暂行办法》,规定凡国家拥有股份的股份有限公司向公共投资者首次发行和增发股票时,均应按融资额的10%出售国有股,其所得收入归全国社保基金,以充实国家社会保障储备基金。由于证券市场对该政策的反应较大,在

---

① 个人账户基金为社保基金会受做实个人账户试点省(自治区、直辖市)委托管理的个人账户资金及其投资收益。根据财政部、人力资源和社会保障部《做实企业职工基本养老保险个人账户中央补助资金投资管理暂行办法》和社保基金会与试点省(自治区、直辖市)签署的委托投资管理合同,纳入全国社保基金统一运营,作为基金权益核算。截止到2010年年末,受托个人账户基金的权益总额为566.40亿元。

试行一段时间之后,该政策暂停实施。2009 年 6 月,经国务院批准,将上市公司中的国有股划转给全国社保基金会,由全国社会保障基金会转持。截至 2010年,该政策为社保基金共计增加资金近 800 亿元。

3. 发行彩票收入

发行福利彩票是国家筹集社会福利基金的重要手段,由于我国社会保障改革过程中,历史债务沉重和转制成本较高,国家规定彩票收入中的一部分要进入全国社会保障基金。

4. 投资收益

国家允许全国社会保障基金理事会对基金进行投资运营,所获取的投资收益进一步充实全国社会保障基金。为此,全国社会保障基金理事会在国内外资本市场上进行了积极的尝试,并取得了一定的成效。截至 2010 年年底,基金累计收益达 2272.6 亿元,年均投资收益率为 9.17%。

(四)全国社会保障基金的投资运营

1. 投资运营方式

作为国家社会保障储备基金,必须确保基金的保值增值。因此,投资运营便成为全国社会保障基金理事会的重要使命。2001 年,有关部门颁布了《全国社会保障基金投资者管理暂行办法》,由此确立了全国社会保障基金的投资运营规范。社保基金会通过公开选拔,委托专业投资管理机构进行股票、债券投资。社保基金会通过设立各类产品的委托投资合同及投资方针来指导、约束投资管理人的投资行为,投资管理人依据合同积极开展投资管理。

全国社保基金在境内投资管理人主要是南方基金管理有限公司、博时基金管理有限公司、华夏基金管理有限公司、鹏华基金管理有限公司、长盛基金管理有限公司、嘉实基金管理有限公司、易方达基金管理有限公司、招商基金管理有限公司、国泰基金管理有限公司和中国国际金融有限公司。

2. 投资理念

全国社会保障基金是中央政府集中的社会保障资金,是国家重要的战略储备,主要用于弥补我国人口老龄化高峰时期的社会保障需要。全国社保基金按照国家的有关规定,投资于有固定收益的各类债券和存款、股票、实业等。全国社保基金在投资中的基本理念表现为:

第一,价值投资理念。社保基金会在各类投资中奉行价值投资理念。尤其是股票投资,坚持正确处理投资对象的内在价值与市场价格涨跌之间的关系,把投资价值作为选择投资对象的标准。

第二,长期投资理念。按照预期的负债结构,全国社会保障基金将在 15 至

20年后才发生支出。其负债期限较长,中短期支付压力较小。适应这种资产负债特性,社保基金会确立了长期投资的理念。它要求社保基金必须树立长期投资目标,必须围绕长期投资目标实行长期投资战略,并在一个较长时期内对投资执行情况进行考核和评估。社保基金的股票投资,着眼于分享国民经济增长的长期收益,着眼于分享股票市场健康发展的成果。

第三,责任投资理念。责任投资的理念,要求社保基金会在以下几个方面做一个负责任的投资者。在经济发展方面,社保基金投资强调要正确认识促进经济发展与实现投资收益的关系。经济增长成果是养老金投资收益的根本来源,促进经济发展有利于养老金的积累。社保基金将充分发挥其规模巨大和投资长期性的独特优势,为我国宏观经济的健康发展尽职尽责。在股票市场方面,社保基金投资强调要维护我国股票市场的健康持续发展。

3. 投资范围

全国社会保障基金境内投资范围包括:银行存款、债券、信托投资、资产证券化产品、股票、证券投资基金、股权投资和股权投资基金等。基金境外投资范围包括:银行存款、银行票据、大额可转让存单等货币市场产品,债券,股票,证券投资基金,以及用于风险管理的掉期、远期等衍生金融工具。

4. 投资收益状况

2010年末,全国社会保障基金的规模已达7809.18亿元,其中投资收益累计总额为2772.6亿元,具体每年的收益状况见表2-2。

表2-2 基金历年收益情况表

年份	投资收益额(亿元)	投资收益率(%)	通货膨胀率(%)
2000年	0.17	—	—
2001年	7.42	1.73	0.70
2002年	19.77	2.59	−0.8
2003年	44.71	3.56	1.2
2004年	36.72	2.61	3.90
2005年	71.22	4.16	1.80
2006年	619.76	29.01	1.5
2007年	1453.50	43.19	4.8
2008年	−393.72	−6.79	5.9
2009年	850.43	16.12	−0.70
2010年	321.22	4.23	3.3
累计投资收益	2772.6	(年均)9.17	(年均)2.14

数据来源:全国社会保障基金理事会网站。

四、中国社会保障基金管理中存在的问题

近年来,我国社保基金出现快速增长的势头,截至 2011 年底,全国城镇职工基本养老保险、城镇基本医疗保险、工伤、失业和生育五项社会保险基金资产总额预计可达 2.7 亿元,但同时我们也应清醒地认识到,我国社会保障基金在保障的充足性方面、收支管理的严谨以及监管的有效性方面都存在诸多的漏洞和问题,出现了社会保障资金挪用、浪费和投资不能及时收回的现象,影响到社会保障基金的长远稳定。

(一)社保基金充足性保障的制度缺失

目前我国五项社会保险基金有一定的积累规模,但是我们应该看到在此"繁荣景象"背后所潜藏的危机。

一是地区间非常不平衡,"五险"基金积累连年增加,但几乎都集中在东部沿海地区,而中、西部地区需要财政补贴已成为常态。二是个人账户做实的转型成本较大。由于社会统筹部分的养老金不足以支付已退休职工的养老金,许多地区挪用个人账户中积累的养老金,用于补充现在社会统筹部分养老保险金的支付,造成了承担着职工累积保险基金的个人账户大部分为空账运行。我国人口老龄化进程加速,人口基数大,2000 年 60 岁以上的人口有 1.32 亿,人口学家预测,到 2050 年 60 岁以上的人口将达到 4.38 亿,占总人口数的 29%。我国的人口老龄化进程快于工业化进程,必然会在未来出现"支付潮"。为了应对人口老龄化的危机,全国在推进个人账户做实,但其规模仅为 1000 多亿元,与有关精算所预计达到的数额相差甚远,该转型成本将成为财政的空前压力。三是未来人口老龄化压力对制度可持续性形成潜在的财务压力。上述问题显示,一方面,我国的社会保险基金方面积累连年呈跳跃式增加,为增值保值带来极大压力;另一方面,当前和未来的财务压力却成为可持续性的一个重大挑战。

(二)社会保险基金收支管理的问题

在社会保障项目中,其中社会保险基金主要是通过收缴社会保险费的形式来筹集的,我们发现存在以下问题。

第一,社会保险费未能应收尽收,社会保险基金筹集规模和总量未能如实体现。主要问题是,核定的缴费基数普遍偏低,有的地区擅自调低社会保险费缴费比例,欠缴、延期征收社会保险费问题普遍存在。在人力资源与社会保障部所组织的专项检查中发现,很多地区为了少缴养老保险费,申报缴纳养老保险费的工资总额远远低于向税务机关申报税前扣除的工资总额。

第二,社会保险金超范围发放,挤占挪用养老保险基金。一部分地方擅自增加养老保险金计发项目,提高基本养老保险待遇标准,加大了养老保险基金支出规模。

(三)社会保障财务管理上的问题

社会保障基金财务管理中,大量存在管理者在多家银行分别开设收入户、支出户和财政专户,或在同一银行开设多个收入户、支出户和财政专户的现象。部分地区甚至违规在农村信用合作社、信用联社等金融机构开设账户,相应金融机构经营不善倒闭后,给基金造成无法追回的损失。根据《社会保险基金财务制度》(财社字〔1999〕60 号)规定,财政专户只能在同级财政和劳动保障部门共同认定的国有商业银行开设。随着银行改革的推进,部分国有商业银行根据市场化原则在边远、贫困地区收缩甚至取消了营业网点,工行、建行、中行等国有商业银行还实行了股份制改造,社会保险基金财政专户可以开户的银行越来越少,且都集中在大中城市,中小城市和偏远地区开户更加困难,因此,以前规定的"国有商业银行"的概念也有待调整。

另外,虽然《关于印发〈企业职工基本养老保险基金实行收支两条线管理暂行规定〉的通知》(财社字〔1998〕6 号)对财务管理有明确规定,有的地区仍未将社会保险基金纳入财政专户实行收支两条线管理。一些地区未按规定对各项社会保险基金分账核算,或未按要求设置明细账。个别地区社会保险基金仍实行差额缴拨,无法反映收支全貌。一些地区的部分行业未按要求纳入省级统一管理。

我们应该认识到,我国的各项社会保险基金的财务和会计制度不成熟不完善是造成社会保险基金管理出现问题的一个重要原因,现行的《社会保险基金财务制度》是 1999 年制定的,其中有一些不完善之处,已不适应新形势和新情况的需要,特别是社会保险基金的投资、计息、开户行的选择等问题,迫切需要进一步修订和完善。

(四)社会保障基金监管上的问题

总的来说,我国在社保基金监管方面已经取得了初步成绩,但依然存在着管理体制不顺畅和相关法制、监管建设滞后等问题。

其一,地方政府违规现象频繁,部分地方没有将社保基金当做公共资金,对基金的重要性认识不够,将其作为地方性的资金。局部地方存在个别社会保险基金被挪用作财政支出和违规投资现象。

其二,社保基金的监管法规有待健全。从立法体系看,虽然我国 2010 年末出台了《社会保险法》,但是在社会保险监管的法律体系上仍然不够完善,社保基金监管部门的执法力度因法制不健全受到制约和障碍。监管力量较薄弱、监督的体制不顺。劳动和社会保障部自 1998 年设立监督司以来，人员长期处于缺编的状态，劳动部基金司仅 10 多人；全国专职从事社保监管工作 100 人左右，全国只有 11 个省市设有专门的监督处，多数都是与其他处室合设。目前每年五项社保基金的收支规模超过两万亿元，监管力量与当前监督工作的需要不匹配，缺乏相应的办公经费，监督力量薄弱。同时，也存在一些监督不力的问题。

　　其三，社保基金监管透明度低，信息披露不充分。在政府主导的监管体制下，社会保障部门充当委托人、投资者和资产管理者，政企不分，政事不分，没有透明的信息披露，缺乏市场监督。社保基金的所有权属于基金的所有人，如果众多的资源配置和使用都处于"黑箱"之中，就会出现资源被随意分配和使用的现象，那么普通劳动者的利益就无法得到保障。只有作为资产管理者的政府，对社保基金运营管理信息充分公开，通过相关规定确定信息公开制度，让普通公民对基金的使用以及运行情况都有所了解，才能够使社保基金的使用被置于一个公众监督的环境之下，保障基金参与人和受益人的利益。如上海社保基金案的涉案人员，将大量的社保基金通过委托贷款的方式投入房地产和股市，并委托证券公司做国债回购、协议委托理财等。如此巨额基金被挪用的整个过程都没有向基金的利益人进行任何相关信息的披露。

斩断侵蚀社保基金的黑手①

---

　　①　中国新闻社发，唐志顺摄，转引自中国经济网：http://www.ce.cn/district/zfzx/szyw/200704/05/t20070405_10935886.shtml。

（五）社会保险基金预算、决算管理所存在的问题

社会保障预算作为一种由政府编制的反映社会保障收支规模、结构和变化情况的计划,既是国家预算的重要组成部分,同时又具有相对独立性,在政府预算体系中占有重要地位。我国社会保障预算、决算制度并不完善和成熟,从2010年才开始在全国范围内要求编制社会保险基金预算,而对于完整的社会保障基金预算的启动时间并没有明确的时间表,这样造成社保基金的管理呈现出管理分散、政出多门的现象,挤占、挪用基金现象频繁,造成社会保障基金的流失。

（六）全国社会保障基金所存在的问题

1. 全国社会保障基金的规模仍然偏低

尽管全国社会保障基金的规模已达到7800多亿,但与养老保险空账规模以及未来人口老龄化等原因造成的养老金缺口的规模相比较,目前基金规模尚不能完全满足弥补未来养老金缺口的历史任务。

表2-3   国外养老储备规模与全国社会保障基金规模的对比

	爱尔兰国家养老筹备基金	新西兰超级年金基金	挪威政府全球养老基金	法国退休储备基金	全国社会保障基金
成立时间	2000 年	2001 年	1999 年	2001 年	2001 年
总规模	2004 年 101 亿欧元	2006 年 670 亿美元	2003 年 1100 亿美元	2003 年 165.4 亿欧元	2010 年 7800 亿元
人均规模	2528 欧元	16241 美元	24096 美元	273 欧元	600 元

数据来源:国外养老储备金数据根据项怀诚的《养老储备基金管理》(中国财政经济出版社2005年版)一书中相关数据整理,各年人均规模根据OECD网站相应年份人口数据近似计算。

目前全国社会保障基金人均水平仅为600元人民币,远远低于国际同类基金的人均水平。由于我国人口总数较多、人口老龄化程度不断加深,再加上我国的社会保障制度建设起步较晚,制度不完善,养老金支付需求未来将大幅度上升,造成养老保险资金较大的支付压力,在中国养老保险支付高峰期到来之前全力壮大基金规模将是全国社会保障基金发展的最核心问题。

2. 全国社会保障基金的目标规模及支付启动期等缺乏明确的规划

全国社会保障基金尚未有明确的基金目标规模,不利于全国社会保障基金功能的有效发挥。其他国家养老储备基金一般具有目标规模,例如新西兰"超

级年金基金"目标规模确定为 2030 年 1000 亿美元,等等。缺乏明确的规模目标,使得全国社会保障基金的各项资金来源不稳定。

同样,我国对于全国社会保障基金的封闭期和支付启动期也没有明确的规划。很多国家的养老储备基金都有封闭期或支付期的规定。例如,爱尔兰"国家养老储备基金"封闭期为 2025 年之前,支付期为 2025~2055 年,并确定封闭期期间每年 GDP1% 充实基金、支付期期间结合 65 岁以上人口预计增长提取资金的规划。目前全国社会保障基金尚没有这方面的规定,使得基金发展缺乏规划,基金规模增长得不到制度保障,资产流动性与支付需求之间可能不相协调。

3. 全国社会保障基金的投资监管上进一步科学化

根据《全国社会保障基金投资管理暂行办法》,全国社会保障基金目前资产组合中银行存款和国债的比例不能低于 50% ,而证券投资基金和股票的比例不能超过 50% ,投资产业基金和市场化股权投资基金不能超过 10% 。这种严格的规定尽管可以使全国社会保障基金规避风险,但不利于全国社会保障基金投资收益率的提高。从其他国家养老储备基金的投资监管来看,审慎监管模式是大多数国家采取的模式,以使基金能够根据实际的条件的变化适时调整投资策略和资产组合,最大化规避风险和提高收益。为了提高全国社会保障基金的投资效益和长远的保值增值,不能仅仅通过限制投资渠道来降低投资风险,我国应该在投资监管上进一步科学化和国际化。

本章小结

社会保障基金是国家依据法律和政策规定,通过法定程序,以各种方式强制建立起来的用于实施各项社会保障制度、专款专用的货币资金,它是社会保障制度的物质保证。社会保障基金按照保障项目的专门用途及其功能,可分为社会保险基金、社会救助基金、社会福利基金和社会优抚基金。

世界各国社会保障基金的来源不尽相同,但多数国家的社会保障基金主要由政府、雇主和雇员三方承担,多采用征税的方式或征费的方式。社会保障基金按照资金的筹集模式可以划分为现收现付制、完全积累制和部分积累制。

社会保障基金投资要遵循安全性、收益性和流动性原则,进行资本投资或实物投资,以获取相应的投资回报。

社会保障监管是确保社会保障基金正常稳定运行的一项重要制度,监管体系包括政府监管、内部监管和社会监管,监管内容包括征收监管、支付监管和投资监管。

中国的社会保障基金发展可以分为三个阶段,现在已经形成了较为完善的管理框架。为了保障我国社会保障制度的长久稳定,中央政府于 2001 年建立"全国社会保障基金",该基金经过近十年的发展,规模已达到 7900 亿元人民币。但是,我们同样要清醒地认识到我国社会保障基金所存在的诸多问题和挑战。

关键概念

社会保障基金　社会保险基金　社会救助基金　社会福利基金　社会优抚基金　现收现付制　完全积累制　部分积累制　社会保障税　社会保障费　社会保障投资　社会保障监管　全国社会保障基金

复习思考题

1. 社会保障基金的概念和特点是什么?
2. 社会保障基金的筹集原则是什么?
3. 社会保障基金的筹资模式有哪些? 它们各有什么利弊?
4. 比较社会保障税和社会保障费的优缺点。
5. 社会保障基金的投资原则有哪些? 投资方式主要有哪几种?
6. 中国的社会保障基金发展可以分为哪几个阶段?
7. 我国社会保障基金存在哪些问题?

应用案例

央企分红用于补充社保基金?[①]

财政部日前确定了央企向国家分红的比例。据测算,按照这一比例,财政部征收的红利总量将超过 500 亿元,并有可能达到 800 亿元。为此,有专家认为:"若大部分红利将得以补充全国社保,现有的社保亏空将得以被弥补。"(《上海证券报》,2007 年 12 月 13 日)

"央企分红可填补社保亏空",这样的分析解读,无疑让人感到振奋。因为长期以来,以国企利润、资产来补充社保基金之不足,不仅是许多专家学者的建议,也是广大民众的普遍期盼。但是,这一期盼果真能成为现实吗? 我不乐观。

————————————————————————

① 张贵峰:《"央企分红填补社保亏空"只是一厢情愿》,网址:http://news. xinhuanet. com/fortune/2007 - 12/15/content_7253034. htm。

先看央企分红,孤立地看,800亿元或许是个不小的数字,但从社保巨大的资金需求看,实在算不得什么。为了支持和确保社会保险金的发放,仅2006年一年,中央财政的补助就有774亿元。仅仅一年800亿元的分红,即使全部都用于社保,亦不过仅够支付眼下财政之于社保的补助,根本无法填补亏空。

更何况,将央企分红全部用于社保,目前并没有得到明确政策支持,相反,依据9月公布的《关于试行国有资本经营预算的意见》所开列的支出项目,仅仅只是"必要时,可部分用于社会保障等项支出",而支出大头仍然是国企自身的"资本性支出"和"费用性支出"。比如,用于弥补石油企业所谓"炼油亏损"的支出——这不,据报道,中石化、中石油最近正再次申请国家补贴。(《中国证券报》,12月13日)

再看社保亏空,目前我们的社保亏空究竟是多少?据劳动和社会保障部2004年透露的数字,是2.5万亿元,而按照中国人民大学有关课题组研究报告的测算,这个数字大约是8万亿元。此外,此前世界银行公布的一份研究报告则显示:在一定假设条件下,按照目前制度模式,2001年到2075年间,中国的基本养老保险收支缺口将高达9.15万亿元。显然,无论依据上面的哪个数字,要想用每年区区数百亿的分红,去填补数万亿的社保亏空,只能是杯水车薪。

更不用说,上述亏空数字还是在当前我国社会养老保险覆盖率和保障水平平均不高的情况下得出的。如数据显示,截至2006年年底,全国2.8亿城镇就业人口中,基本养老保险仅覆盖1.88亿人,覆盖率只有67%;而参加农村养老保险只有5374万人,仅占农村人口的7.22%——如果考虑到这些因素,让社保真正"应保尽保"且保障水平足够高,那么,社保的支出压力、亏空状况只会更加严重。

仅从眼下的相关制度状况来看,冀望"央企分红可填补社保亏空",同样也是不太现实的想法。如从国有资产预算的角度看,现在并没有一个明确将"央企分红"真正纳入公共预算,并从编制、审核到使用监督等各个环节加以严格规范的法治保障体系,即便"央企分红"数额足以弥补社保亏空,又如何能从制度上保证它的落实?

而从"社保亏空"的角度看,所以会有亏空,除了我们熟知的"历史欠账"背景下的"养老金空账运行"这一主要原因外,其实还有许多其他制度原因,比如社保基金管理上的种种制度漏洞。2006年,审计署公布的一份社保基金审计结果显示,截至2005年年底,社保基金违规金额超过71亿元,并且"因种种原因部分(违规)基金至今不能收回"。

显然,除非能大幅提高央企分红的比例,且保证其主要用于社保,并同时着

手完善在"分红""止亏"两个方面的相关制度配套。否则,"央企分红可填补社保亏空"只能是一种不切实际的一厢情愿。

案例思考题

1. 全国城镇职工养老保险基金个人账户的空账是如何形成的?

2. 如何看待城镇职工养老保险基金个人账户空账的规模?

第三章 企业职工养老保险

 学习目标

学习本章,要了解关于企业职工养老保险的两种制度:一是职工基本养老保险,二是企业年金。关于职工基本养老保险,要掌握养老保险的定义和特点、养老保险历史、养老保险的结构和内容、养老保险收支模式和支付责任模式、新中国养老保险历史和现行"社会统筹与个人账户相结合"的养老保险制度;关于企业年金,主要应该掌握企业年金的概念、特点和作用,熟悉中国企业年金制度内容。

2012 年城镇居民养老保险制度全覆盖 刘刚 绘

第一节　养老保险概述

一、养老保险的定义及分类

（一）养老保险的定义

养老保险一般是由政府主办、通过国家立法,保障法定老人基本生活的一种社会保险制度。劳动者达到法定养老年龄以后,就会永久失去劳动收入,这就需要由政府负责建立一种制度,强制性地要求国民在年轻时积累,年老后能按时持续得到养老金,有基本生活保障,这种制度就是养老保险制度。其中,对退休职工的养老保险,就是企业职工养老保险。

（二）养老保险的分类

根据覆盖人群,养老保险可分为:企业职工养老保险、机关事业单位养老保险、城镇居民养老保险、农村居民养老保险等;根据主办者,养老保险可分为:社会养老保险(政府主办)、职业年金(雇主主办)、人寿保险(商业公司主办)等。

二、养老保险的特点

养老保险是社会保险制度的组成部分,是社会保险五大险种之一。与其他险种相比,养老保险有如下特点:

第一,养老保险承诺与兑现之间的时间最长。参保人参加工作起就要缴费,而兑现是在参保人达到法定退休年龄以后,中间往往有几十年长的时差,其他险种一般都随时兑现,容易检验。因此承办养老保险需要最高的信誉度,一般都是各国政府出面组织。

第二,养老保险是实际享受人数最多的险种之一。以覆盖人数来看,养老保险与其他保险相差不大,但从实际享受的人数来看,养老保险是最多者之一。因为,参保人虽然也参加了失业保险、工伤保险,但他不一定失业或工伤,而绝大多数参保人会达到退休年龄,享受养老保险。

第三,养老保险费用的收入支出庞大。在所有险种中,养老保险的保险费率是最高的,养老保险支出相应也是最高的,收支金额往往达到其他四项保险的总和,这是其他险种无法比拟的。因此,养老保险基金运作与管理责任重大。无论是实行现收现付制度的国家,还是实行完全积累制度的国家,养老保险的管理任务都是最重的,因此养老保险具有最大的影响力。

第四,养老保险制度模式往往是国家社会保险制度模式的代表。正因为养老保险参保获保人数众多,参保兑现时间长,收支金额庞大,管理任务繁重,影响巨大等特点,因此养老保险制度设计得到政府最多的重视。确定养老保险模式是一个国家的大事,养老保险制度是国家最基本的公共管理制度之一,养老保险模式往往决定了国家社会保险制度模式,也往往决定其他险种的设计,专家学者对一国社会保险制度模式的分类,主要是依据养老保险。

三、养老保险的意义

在社会养老保险制度建立以前是家庭养老,因此养老保险的意义是相对于家庭养老而言的。

第一,养老保险制度使老年人的养老更加有保障。靠子女养老,虽然大多数子女有孝心,能尽赡养老人的义务,但毕竟也有不愿赡养和没有能力赡养老人的子女,而制度化的社会养老保险不以子女个人道德、个人能力为基础,而是以法律为准绳,由社会保障机构运作,因此使养老更加稳定,更加可靠。

第二,养老保险制度使社会更加安定。正因为养老保险使老人的经济生活更加可靠,更加稳定,整个社会也就更加安定。

第三,养老保险实现了人类自我养老,保证了老人的尊严。家庭养老是一种代际交换,老人付出在先,子女回报在后。由于种种原因,经过漫长的时间,子女回报不一定是有保证的。而社会保险的原理不是代际交换,而是年轻的自己为年老的自己储蓄,通过货币的时间价值积累,自我养老。命运掌握在自己手里,老年生活更加踏实。

第四,养老保险的巨额资金储蓄,一方面调节市场消费,年轻时将一部分收入用于养老储蓄,节制消费,年老没有工资收入时,可以花费养老金,保证市场消费的持续;另一方面,国家可以应用国民养老金储蓄来支持经济建设,比如购买国债等。

第五,养老保险使得家庭养老的重要性下降。家庭养老重要性下降意味着家庭婚姻的重要性下降,离婚率上升,出生率下降与社会养老保险的普及完善不无关系。

四、养老保险简史

养老最初是亲人和氏族家庭内部的事情,作为一种社会制度,起源于古代官吏的告老还乡,民间互助合作制度和商业人寿保险完成组织和技术构建,最后由政府建立社会制度惠及广大国民。

现代意义上的养老保险制度,或员工退休制度,是工业社会的产物。工业革命以后,工厂制度建立,各行各业兴起,劳动力流动频繁,子女远离父母,原来农业社会常见的大家庭,让位于一夫一妻的小家庭,出生率下降,家庭保障不再可靠。欧洲是工业革命的发源地,现代养老保险也是从欧洲大陆起源的,开始先有行业的养老金发放,比如1889年以前就有法国为老年海员发放养老金,奥地利与比利时为老年矿工发放养老金;英国商业人寿保险已经将建立在"生命表"基础上的"自然保险费"和"均衡保险费"应用于保险收费。

1889年德国俾斯麦政府颁布的《老年、残疾、死亡保险法》被普遍认为是世界上养老保险制度正式建立的标志,德国是建立现代养老保险制度的第一个国家。虽然该法覆盖对象有限,主要是伤残退休职工,保障水平很低,但它由政府立法强制实行,通过第二次分配惠及社会弱势群体,并具备了现代养老保险制度的基本要素。从此以后,养老保险制度在世界各国纷纷出现,从欧洲、澳洲、美洲一直蔓延至全世界。

五、养老保险筹资模式和支付责任模式

(一)养老保险收支模式

养老保险需要收支长期平衡,达到收支平衡的模式可以分为现收现付制、完全积累制和部分积累制。三种模式各有特点,有利有弊。

1. 现收现付制

"现收现付"是指养老金从收缴到支付都在现期(通常为1~2年)完成,收支现期平衡,其原理是现在工作的一代供养已经退休的一代,隔代抚养,好像是农业社会家庭养老的扩展。这种模式的主要优点是:管理简单,管理成本较低;能防范通货膨胀,因为通常在一年时间里完成收缴和支付,基金没有多少贬值,钱都是"新鲜"的;这种收支模式具有较多的"互助共济"色彩,或者说具有代际收入正向再分配的功能,对工资收入较低、寿命较长的参保人比较有利。主要缺点是:应对人口结构变化的功能较差。如果体制内人口抚养率不变,收支办法确定后操作简单而安全;如果人口抚养率变化较大,比如人口老龄化导致抚养率提高,现收现付的模式就会对下一代造成分配不公,下一代甚至不堪负担。

2. 完全积累制

"完全积累"是指养老金从筹集到支付在人生生命周期内完成,收支在一个生命周期内达到平衡,其原理是现在工作的自己为未来退休的自己积累养老金。这种模式的主要优点是:不怕人口结构的变化,年轻时早已经为自己存下了养老金,无须依靠下一代;每个人都有自己的账户,收支清楚,便于检查监督,

参保人缴费积极性高;缴费多少从而养老金高低,往往与参保人工资高低相关,鼓励多劳多得,能激励劳动效率。这种模式的主要缺点是:管理复杂,管理成本较高,因为养老基金积累时间相当长,经济意义上有保值增值、抵抗通货膨胀的责任压力,需要专家团队来运作保险金;社会意义上需要制定严格的制度,防止贪污盗窃;采用"个人账户"的形式,对工资收入高的人有利,"互助共济"较少。

3. 部分积累制

"部分积累"是从下一代参保人那里所筹集到的资金,一部分现收现付用于上一代人,另一部分存入个人账户,为自己的未来预先积累。其优点和缺点介于上述二者之间。

(二)养老保险支付责任模式

养老保险需要收支长期平衡,收取保险是为了支付保险。如何支付保险?有两种支付责任模式:给付确定制和缴费确定制。在给付确定制的约定下,养老保险组织者(通常是政府或企业)负责退休者既定养老水平;在缴费确定制约定下,养老保险组织者并不担保今后的养老水平。

1. 给付确定制

给付确定制(Defined Benefit,简称 DB),也称为"受益确定制",是指在收取保险费率时先考虑未来养老金想要达到的水平,根据今后的养老金水平决定现在的养老金缴费费率。俗称"以支定收"。一旦决定了缴费费率并收取保险费,保险组织者对参保人就有了一个承诺,承诺今后要满足的养老金水平。其间发生的各种基金风险也由保险组织者承担,而不是由参保人承担。

2. 缴费确定制

缴费确定制(Defined Contribution,简称 DC),是指先确定现在养老金的缴费额,由现在的缴费水平决定未来的养老金水平。俗称"以收定支"。缴费确定制一般应用于个人账户中的资金运作,养老保险组织者根据参保人现有的缴费能力或意愿收费,或许还负责保险基金运作,但并不承诺所收保险费今后能达到怎样的支付水平。其间发生的各种基金风险主要由参保人自己承担。

两种确定方式所具有的收入再分配功能是不同的。一般说来"受益确定制"的正向收入再分配功能较强,它具有代内收入再分配的功能,对工资收入较低者有利;"缴费确定制"往往与个人账户相关,再分配功能较弱,对高收入者有利。

第二节　养老保险制度内容

企业职工养老保险制度由许多要素组成,主要有以下这些内容:

一、覆盖范围

覆盖范围也称制度覆盖范围,即规定什么样的行业或怎样的个人可以参加本制度的养老保险。从政府的角度来说,养老保险只对覆盖范围内的人负责;从个人角度来说,只有被纳入覆盖范围才有资格参加保险。在世界上绝大多数国家,并不是人人都能理所当然地被养老保险制度所覆盖,也不是一开始就全民覆盖。纵向来看,养老保险建立初期,覆盖面较小,只覆盖少数行业或少数行业的劳动者,然后逐步扩大覆盖面的过程。比如我国,20世纪50年代刚开始建立养老保险制度时覆盖范围很有限,"有工人职员一百人以上的国营、公私合营、私营及合作社经营的工厂、矿场及其附属单位,铁路、航运、邮电的各企业单位与附属单位,工、矿、交通事业的基本建设单位,国营建筑公司"。现在已经扩展到了"城镇各类企业及其职工、个体工商户和灵活就业人员"。横向来看,世界实行不同养老保险模式的国家,覆盖面也不同,比如实行福利国家型养老保险的国家覆盖面最宽,保险覆盖全民;而实行社会保险型的国家,一般有选择地只覆盖"在业雇员"等。

二、资金筹集

养老保险由国家组织发起,并保证制度顺利运行。这并不意味着国家负责出钱来满足人们今后的养老需要。养老基金是需要多方共同集资的,即"羊毛出在羊身上"。共同集资的各方主要是国家、企业和个人。不同的国家集资渠道有所不同,有的国家(英国、德国等)由国家、企业(雇主)和个人(雇员)三方集资;有的国家(新加坡、法国等)由企业和个人集资;有的国家(计划经济时代的中国)完全由企业负责,个人不缴费;有的国家(智利)则完全由个人负担。

资金筹集一般都按参保人工资收入的同一比例征集保险费,费率高低取决于退休后生活水平预期。费率高,当前生活受影响;费率低,今后生活受影响。

在具体筹集养老金时,不同的国家往往还有不同的办法。大多数国家一般都按受保人的工资收入的同一比例征集保险费;有的国家对不同工资收入的受保人按同一金额征收;有的国家对不同工资收入的受保人按不同的费率征收保险费,高工资高费率,低工资低费率;有的国家规定缴费工资的最低限额,最低限额以下的受保人免交保险费;有的国家规定缴费工资的最高限额。

三、资格条件

世界不同国家,由于养老社会保险制度模式和社会公共政策不同,对获得养老金的资格条件有不同的规定。主要有以下几个方面的条件:法定退休年龄、工龄和缴费年限。要满足领取养老金的条件,一般不是单一条件,往往是组合条件的满足,比如在满足退休年龄的前提下还要满足最低缴费年限,等等。

退休年龄是最主要的条件,只有达到法定退休年龄才有资格领取养老金。养老保险确定保险费率,达到养老基金收支平衡等都是以法定退休年龄为依据的,提早退休,养老保险金就可能不够支付;延期退休,可能损害参保人养老金利益。当然各国都有些特殊规定允许在一定条件下提早或延期退休。

缴费年限(或工龄)也是重要条件,只有缴够最低年限,才能在退休后领取退休金,否则养老保险制度也会收不抵支。比如我国规定最低缴费年限为15年,不到15年,则不能全套享受养老保险。在个人不缴费的养老保险计划中,规定工龄的原理相同,虽然明着不缴费其实工薪一部分已经被按月扣除,扣除必须达到最低月数,养老基金收支才能平衡。

四、保险支付

在满足了各项领取养老金的条件后,养老保险的利益最终就要落实在养老金的支付上。保险支付都按照一定的公式,养老保险制度不同,支付公式也会有所不同。

企业职工养老金谓之退休金,其支付原则主要有三种:"就业关联"养老金、"收入关联"养老金和"缴费关联"养老金。

"就业关联"养老金就是养老金支付以就业年限为根据,过去就业年限越长,养老金就越高。

"收入关联"养老金就是以工资收入为根据,过去收入越高,养老金就越高。

"缴费关联"养老金就是以交纳保险费为根据,所交保险费越多,养老金就越高。缴费多少往往与就业长短收入高低有关系,因此,"缴费关联"在一定意义上就是"就业收入关联"。

五、保险水平

保险水平是指退休后能拿到多少退休金。衡量保险水平有绝对值,即所得

退休金能过上怎样水平的生活;但是保险水平一般用相对值来衡量,即用"养老金工资替代率"(养老金占退休前工资收入的百分比)来表示。

保险水平的高低取决于制度设计,养老金水平要求高,在职时缴费费率就要相应提高;要求低,费率就可以低一点。一般认为,70%~80%水平之间的养老金工资替代率可以使职工保持与退休前大体相当的生活水平。当然这里可能包括企业年金在内的各项养老金总和替代率,而不只是基本养老金替代率。国际劳工组织《最低社会保障标准公约》(1952年)规定,参加养老保险30年的雇员,基本养老金工资替代率应达到40%。

很多发达国家的养老金替代率都不是很高,例如美国1975年为58%;1980年为66%;日本1975年为39%,1980年为61%;瑞士1975年为60%,1980年为55%;德国1975年为51%,1980年为49%;意大利1975年为61%,1980年为69%。因此,从世界范围内分析,养老金替代率一般在60%左右。[1]

我国的企业职工基本养老金工资替代率也有一个发展和变化过程。1951年2月我国颁布《中华人民共和国劳动保险条例》,替代率为35%~60%;1953年在《保险条例实施细则修正案》中替代率调整为50%~70%;1958年,我国颁布的《关于工人、职员退职处理的暂行规定》将退休金根据连续工龄和一般工龄的长度分为三个档次,替代率依次为50%、60%和70%;改革开放后,我国的基本养老保险制度进入了调整和改革的阶段,我国的基本养老保险替代率在70%~80%,1997年国务院颁布《关于建立统一的企业职工基本养老保险制度的规定》,我国的基本养老保险目标替代率为58.5%。当然替代率高低不能简单比较,还要看工资基数。过去的替代率是"基本工资"的替代率,虽然替代率较高,但实际退休金并不高,经过企业福利货币化,工资基数增加了,替代率下降并不意味实际退休金的下降。虽然如此,目前的养老金也只能保证基本生活水平。养老金替代率保持在70%~80%,可以保证员工退休后生活水平基本维持不变,因此,还需要企业年金和个人储蓄。

六、遗属年金

遗属年金(survivor's pension)是指参保雇员为其家属建立的附加年金。遗属年金作为养老保险的一部分,是在参保人本人去世后惠及其遗属的生活困难补助金。一般情况下,如果逝者本人满足一定的资格条件,如国籍、居住时间、

① 邱东、李东阳、张向达:《养老金替代率水平及其影响的研究》,《财经研究》1999年第1期。

参加工作时间、缴纳社会保险金年限等,并且其遗属也满足一定的申领条件,即可取得遗属年金。遗属通常是靠丈夫生前养老金生活的遗孀,丈夫去世,因为有遗属年金制度,遗孀一般还可以继续享受约50%～75%的逝者养老金。遗属保险制度一开始是为阵亡将士建立,以后出现在工伤保险中,然后又延伸至养老保险。

第三节　中国职工养老保险历史

新中国60年的养老保险历史可以划分为两个时期:国家保险模式时期(1951～1986年)和"社会统筹与个人账户相结合"模式时期(1986年至今),前一个时期与计划经济相适应,后一个时期与市场经济相适应。

前一个时期又分为两个阶段,即统筹保险阶段(1951～1969年)和单位保险阶段(1969～1986年),其标志性政策法规分别是《中华人民共和国劳动保险条例》(1951年)和《关于国营企业财务工作中几项制度的改革意见(草案)》(1969年);后一个时期也有两个阶段,即统账模式酝酿与准备阶段(20世纪80年代中期～20世纪90年代中期)和统账模式建立与完善阶段(20世纪90年代中后期至今),分别以《国营企业实行劳动合同制暂行规定》(1986年)和《关于建立统一的企业职工基本养老保险制度的决定》(国发〔1997〕26号)为标志。

一、国家保险型养老模式时期(1951～1986年)

国家保险型养老模式时期分前后两个阶段,前一阶段即是带有全国统筹互济性质的养老保险,后一阶段统筹互济性质没有了,退化为各自为政的单位养老保险。但是,这两个阶段的养老保险制度都带有"国家养老保险"模式的共同特征,即现收现付制、个人不缴费、就业/工资关联、企业与机关各成系统。

(一)统筹保险阶段(1951～1969年)

新中国建立以后,国家政务院于1951年2月23日政务院第七十三次政务会议通过了《中华人民共和国劳动保险条例》(以下简称《劳动保险条例》),并于1953年1月2日进行了修订,这是一个包括养老、疾病、工伤、生育等多方面内容的综合性的社会保险行政规定。其中养老保险条例标志着新中国的养老保险制度初步建立。这个阶段之所以称之为"统筹保险阶段",因为在这个阶段,企业所收缴劳动保险金的30%上交全国总工会作为保险统筹调剂金:"凡根据本条例实行劳动保险的企业,其行政方面或资方须按月缴纳相当于各该企业

全部工人与职员工资总额的百分之三,作为劳动保险金。自开始实行的第三个月起,每月缴纳的劳动保险金,其中百分之三十,存于中华全国总工会户内,作为劳动保险总基金;百分之七十存于该企业工会基层委员会户内,作为劳动保险基金,为支付工人与职员按照本条例应得的抚恤费、补助费与救济费之用。"(《劳动保险条例》,1951 年)

在《劳动保险条例》颁布和实施以后的十多年里,国家根据政治经济发展的实际又颁布一系列关于养老保险的"规定"和"办法",其中主要的规定和办法包括:《中华人民共和国劳动保险条例实施细则》(1951 年 3 月 24 日劳动部公布试行)、《国家机关工作人员退休处理暂行办法》(国务院 1955 年 12 月 29日)、《国务院关于工人、职员退休处理的暂行规定》(1958 年 2 月 9 日公布)、1964 年 4 月 20 日《关于轻、手工业集体所有制企业职工、社员退休统筹暂行办法》和《关于轻、手工业集体所有制企业职工、社员退职暂行办法》的通知〔(66)二轻劳邓字第 11/59 号〕等,至 1969 年"文革"期间,我国城镇已经基本上建立了比较完整的养老保险体系,也奠定了中国计划经济时期养老保险基本框架结构。其特征上面已有描述,就是:个人不缴费、现收现付制、就业/工资关联制、企业与机关各成系统。这一阶段有社会统筹的因素,企业提留的劳动保险金,有 30% 要上交全国总工会,用做统筹互济,这项规定在 1969 年被取消了,中国养老保险进入了"单位保险阶段"。

(二)单位保险阶段(1969～1986 年)

养老保险制度的发展完善进程在 1966 年开始的"文化大革命"期间停滞甚至倒退,政府职能部门出现混乱,各级工会组织受到冲击,原有的社会保险管理制度不能顺利实行。1969 年 2 月,财政部发布了《关于国营企业财务工作中几项制度的改革意见(草案)》,要求"国营企业一律停止提取工会经费和劳动保险金","企业的退休职工、长期病号工资和其他劳保开支,改在营业外列支"。从此,劳动保险金不再积累,开始作为各企业当期成本。本企业退休职工少养老保险金就少开支,退休职工多就多开支。养老保险变成了各企业内部的事情,丧失了其社会统筹调剂功能,社会养老保险制度变成了单位养老保险制度,"单位保险模式"给日后的经济体制改革和现代企业制度的建立造成了巨大麻烦。

1976 年"文化大革命"结束,但是社会保险工作的整顿需要有一定时间,历史的惯性一时难以扭转,养老保险工作只能先顺势而为,做一些修补和完善工作,进一步改革有赖于经济体制的变化。"文革"结束后 10 年,关于养老保险制度建设比较重要的法规有:1978 年 6 月,国务院颁发了《关于安置老弱病残干部的暂行办法》和《关于工人退休、退职的暂行办法》;1980 年 3 月,国家劳动总局和全国总工会联合发布的《关于整顿与加强劳动保险工作的通知》;1980 年 10 月,国务院颁布《关于老干部离职休养的暂行规定》;1982 年 2 月,中共中央《关于建立老干部退休制度的决定》(中发〔1982〕13 号);1983 年 1 月,原劳动人事部发布《关于建国前参加工作的老工人退休待遇的通知》等。这些规定对养老保险制度所起的作用是:整顿加强了养老保险管理,提高了退休待遇,其中最重要的是废除了"干部终身制"传统,建立了"革命老干部"正常退休制度和"离休"制度。

20 世纪 80 年代初,从经济层面看,由中国农村起始经济改革蔓延至城市,经济转轨,政企分开,企业走向市场,现代企业制度普及开来,劳动力也开始流动起来,20 世纪 80 年代中期,我国开始在全民所有制企业新职工中实行劳动合同制。从社会层面看,中国老龄化时代急速到来,单位养老保险模式的弊病终于显现:首先,单位养老保险模式严重阻碍劳动力流动;其次,单位养老保险模式导致企业之间不公平竞争,老企业退休职工多,养老金成本高,新企业甚至没有养老金成本;再次,人口老龄化使得"体制内抚养比"(即:覆盖范围内退休人数对在业人数之比)提高,"现收现付制"捉襟见肘。中国养老保险制度模式革命性变化的时代即将到来。

(三)国家养老保险模式具体内容

以上两个阶段统称为国家养老保险模式阶段。下面以 1951 年《劳动保险条例》为根本,以 1958 年和 1978 年两次修改为补充,综合关于机关事业单位养老的一些重要条例,对我国这一时期养老保险具体内容介绍如下:

覆盖范围:有工人职员一百人以上的国营、公私合营、私营及合作社经营的企业及其职工,全民所有制、集体所有制企业及其职工,机关事业单位员工。

经费来源:企业负责,政府担保,个人不缴费。(1969 年以前企业缴费,所有福利费总费率为企业全部工人与职员工资总额的 3%,其中 70% 留存本企业工会,30% 上交全国总工会作为调剂金。当时没有单独规定养老保险费率)

支付条件:第一,达到法定退休年龄:工人,男性 60 岁,女性 50 岁;干部(机关事业单位),男性 60 岁,女性 55 岁。特殊行业或特殊工种退休年龄可以提前,高级官员和专家教授等退休年龄可以延长。第二,工龄满 10 年。

保险待遇:养老金与工龄和工资挂钩。一般情况下,企业工人连续工龄满 20 年,最高养老金工资替代率为 75%;机关事业单位干部,工龄满 35 年,最高养老金工资替代率为 88%;事业单位职工,其养老金工资替代率最高达 90%(工作满 35 年)。工龄 20/35 年以下,养老金工资替代率相应递减。

二、"统账结合"养老保险模式时期(1986 年至今)

"社会统筹与个人账户相结合"制度模式建立有一个过程,所以这个时期可以分为两阶段。

(一)酝酿与准备阶段(20 世纪 80 年代中期~90 年代中期)

1984 年 10 月,中国共产党十二届三中全会发布了《中共中央关于经济体制改革的决定》,我国经济体制改革在城市铺开,政府与企业的关系重新调整,企业脱离政府包办,独立核算自负盈亏,企业保险负担包括养老负担的问题,以及企业之间养老费用苦乐不均的问题马上显现出来。1984 年就有广东东莞、江门进行养老保险社会统筹试点,试图突破单位保险的框架,不是过去养老保险统筹的恢复,而是未来养老保险统筹的萌芽。1985 年 1 月,劳动人事部保险福利局《关于做好统筹退休基金与退休职工服务管理工作的意见》发布,统筹养老金有了明确的国家政策。1986 年 7 月 12 日,国务院颁布了《国营企业实行劳动合同制暂行规定》,决定国有企业新招工人一律实行劳动合同制,并首先在劳动合同制工人中实行养老保险个人缴费制度,第二十六条规定如下:"国家对劳动合同制工人退休养老实行社会保险制度。退休养老基金的来源,由企业和劳动合同制工人缴纳。退休养老金不敷使用时,国家给予适当补助。企业缴纳的退休养老基金,在缴纳所得税前列支,缴纳的数额为劳动合同制工人工资总额的 15% 左右。劳动合同制工人缴纳的退休养老基金数额为不超过本人标准工资的 3%。由企业按月在工资中扣除,向当地劳动行政主管部门所属的社会保险专门机构缴纳。"

养老保险统筹摆脱了"单位保险"束缚,而养老保险个人缴费在新中国历史上是第一次,未来"统账结合"模式就此埋下伏笔,因此,《劳动人事部保险福利局关于做好统筹退休基金与退休职工服务管理工作的意见》和《国营企业实行劳动合同制暂行规定》也就成了开启中国养老保险新时代的标志性法规。

1991 年 6 月国务院颁布了《关于企业职工养老保险制度改革的决定》,正式宣告以《劳动保险条例》(1951 年)为基础的"国家养老保险模式"时代结束,要求"逐步建立起基本养老保险与企业补充养老保险和职工个人储蓄性养老保险相结合的制度。改变养老保险完全由国家、企业包下来的办法,实行国家、企业、个人三方共同负担,职工个人也要缴纳一定的费用"。从此,不仅是新合同制工人,所有企业职工个人都将缴纳养老保险费。

1993 年,中共十四届三中全会通过《中共中央关于建立社会主义市场经济体制若干问题的决定》,正式提出建立"统账结合"的养老保险模式:"城镇职工养老和医疗保险金由单位和个人共同负担,实行社会统筹和个人账户相结合。"1995 年 3 月,国务院发布《关于深化企业职工养老保险制度改革的通知》,全国范围内开始试行"社会统筹与个人账户相结合"的基本养老保险制度。在以后的两年多时间里,全国各地根据自己的情况,试行方案,积累了经验,也暴露了问题。主要问题是各地一些具体实施办法不统一,包括覆盖范围、个人账户规模、保险费率,保险水平、统筹层次等有诸多不同,这些不仅会影响养老保险制度自身发展,还会影响劳动力顺畅流动,造成全国统一劳动力市场的人为阻隔。养老保险亟须有一个全国统一的制度。

(二)建立与完善阶段(20 世纪 90 年代中后期~2005 年)

1997 年 7 月,通过总结各地试行经验,权衡各方利弊,国务院颁布《关于建立统一的企业职工基本养老保险制度的决定》(国发〔1997〕26 号,以下简称《决定》),正式向全国推广"社会统筹与个人账户相结合"的养老保险模式。在中国社会保障史上,国发 26 号《决定》是一个具有划时代意义的法规,标志着我国社会保障制度(不仅仅是养老保险制度)发生了革命性的变化。以"齐心协力推进养老保险改革"为标题的人民日报社论(1997 年 7 月 30 日)将此称之为"我国社会保障制度改革的一个重要里程碑"。

这里所谓"统一"主要是指统一了资金来源,统一了企业和个人的保险费率,统一了个人账户的规模,统一了保险水平(计发办法)等。同时 26 号《决定》将基本养老保险范围扩大到"城镇所有企业及其职工"。此后两年国务院又接连颁布两个重要法规,即《关于实行企业职工基本养老保险省级统筹和行业统筹移交地方管理有关问题的通知》(1998 年 8 月)和《社会保险费征缴暂行条例》(1999 年 1 月),进一步规范了养老保险的管理。规范和调整养老保险制度是一个过程,各种新问题会在新制度的实行过程中不断产生,这就需要不断规整。

2000 年 12 月 25 日,国务院发布了《关于完善城镇社会保障体系的试点方案》,调整了两个账户的比例,企业缴费全部进入统筹账户,不再支援个人账户。2001 年 7 月,辽宁省首先开始进行试点工作,以后又逐步扩大到其他省(自治区、直辖市)确定的部分地区。

2005 年 12 月,国务院《关于完善企业职工基本养老保险制度的决定》(国发〔2005〕38 号)发布,有两项重要新变化:养老金计发办法调整,更加注重与缴费挂钩;个体工商户和灵活就业人员开始纳入养老保险范围,并正式确认 2000 年《试点方案》对两个账户规模的调整,即企业按缴费工资 20% 入统筹账户,个人按缴费工资 8% 入个人账户。

第四节　中国职工养老保险制度

中国现行社会养老保障制度包括城镇养老保障和农村养老保障。中国城镇养老保障按福利来源分,主要有"三根支柱",即基本养老保险(包括机关事业单位养老保险)、职业年金(包括企业年金)和个人储蓄(如商业寿险等)。本节主要是讲企业职工基本养老保险,下一节讲企业年金,其他养老保险制度请见本书第四章。由于个人储蓄不在本书范围之内,可选读商业人寿保险和银行个人储蓄方面的书籍。

我国现行的企业职工基本养老保险制度以《关于完善企业职工基本养老保险制度的决定》(国发〔2005〕38 号)和《中华人民共和国社会保险法》为法律依据,介绍如下:

一、基础概念

(一)社会统筹与个人账户相结合

社会统筹与个人账户相结合是中国养老保险基金收支管理的一种新模式,也是中国养老保险制度的核心内容。其主要理念是将平等与效率相结合,把社会互济与自我保障相结合,具体做法是将用人单位和劳动者参保个人的养老保险缴费,一部分记入社会统筹账户,实行互助共济;另一部分记入个人账户,多缴多得,可以继承,激励劳动者退休前努力工作。社会统筹账户中的基金为"基础养老金",个人账户中的基金为"个人账户养老金"。

(二)基本养老金/基础养老金/个人账户养老金

基本养老金 = 基础养老金 + 个人账户养老金;

基础养老金,即由社会统筹账户支付的养老金;

个人账户养老金,即由个人账户支付的养老金。

(三)缴费工资

缴费工资是参保人缴纳社会保险金的缴费基数,通常规定为参保人上一年的工资总额。如果按月缴纳社会保险金,缴费基数就是参保人上年度月平均工资。比如养老保险个人缴费费率为 8%,那么当月参保人所要缴纳的保险金额就是该参保人上年度月平均工资的 8%。

(四)指数化月平均缴费工资

指数化月平均缴费工资 = 职工本人的平均缴费工资指数 × 职工退休时上

一年当地职工社会月平均工资。

缴费工资指数是指职工本人缴费工资（a）与当地在岗职工平均工资（A）的比值（a/A）。职工本人平均缴费工资指数是本参保职工缴费年限内历年缴费工资指数的平均值。

本人平均缴费工资指数 ＝（a1/A1 ＋a2/A2 ＋……＋an/An）÷N。

其中，a1、a2……an 为参保人员退休前 1 年、2 年……n 年本人缴费工资额，A1、A2……An 为参保人员退休前 1 年、2 年……n 年当地在岗职工平均工资，N 为参保企业和职工实际缴纳基本养老保险费的年限，

（五）视同缴费年限

《国务院关于建立统一的企业职工基本养老保险制度的决定》（1997 年）实施以前，被旧保险制度所覆盖的职工的工作年限，对过去的工作年限视同为缴费年限是对"中人"以前保险"扣除"的公平补偿，是对"中人"社会保障权益的认可。

（六）养老保险月计发标准

即：（退休时上年度在岗职工月平均工资 ＋本人指数化月平均缴费工资）÷2 ×累计缴费年限（含视同缴费年限）×1% ＋个人账户总额/计发月数

（七）计发月数

即：职工退休后的平均余寿。计发月数因实际退休年龄不同而不同。

二、企业职工基本养老保险制度具体内容

（一）覆盖范围

城镇各类企业及其职工、个体工商户和灵活就业人员。

（二）保险缴费

"城镇各类企业及其职工"和"个体工商户和灵活就业人员"缴费办法有所不同。

"城镇各类企业及其职工"的缴费办法是：企业按本企业工资总额的 20% 计入"统筹账户"，职工个人按本人缴费工资的 8% 计入"个人账户"。企业与个人合计费率约为企业工资总额的 28% 。

"个体工商户和灵活就业人员"缴费办法是：以当地上年度在岗职工平均工资为缴费基数，缴费比例为 20% ，其中 8% 记入个人账户，都由个人缴费。

（三）保险支付

退休时的基础养老金月标准以当地上年度在岗职工月平均工资和本人指

数化月平均缴费工资的平均值为基数,缴费每满 1 年发给 1%。个人账户养老金月标准为个人账户储存额除以计发月数,计发月数根据职工退休时城镇人口平均预期寿命、本人退休年龄、利息等因素确定。职工或退休人员死亡,个人账户中的个人缴费部分可以继承。

"城镇各类企业及其职工"和"个体工商户和灵活就业人员"的支付办法相同。

(四)资格条件

参保人获得养老保险需要同时满足"缴费年限"和"退休年龄"两个条件:

1. 缴费年限

缴费 15 年以上。个人缴费年限累计不满 15 年的,有退、续、转三种选择,即:第一,退——退休后不享受基础养老金待遇,其个人账户养老金一次支付给本人;第二,续——续缴满 15 年,按月领取基本养老金;第三,转——转入新型农村社会养老保险或者城镇居民社会养老保险,按照国务院规定享受相应的养老保险待遇。

2. 退休年龄

男性 60 岁,女性 50 岁。从事井下、高温、高空、特别繁重体力劳动或其他有害身体健康工作的,男 55 岁,女 45 岁;因病或非因工致残的,退休年龄为男 50 岁,女 45 岁(公务员/事业单位女性 55 岁,政府机关和事业单位养老保险制度与企业职工基本养老保险制度有所不同)。

(五)保险水平

1997 年国务院颁布《关于建立统一的企业职工基本养老保险制度的规定》,其基本养老保险目标替代率为 58.5%。

(六)养老保险调整机制

养老保险调整机制,即对企业退休人员的退休金实行不定期调整,使之与在业职工的平均工资保持合理的差距。

第五节　企业年金

企业年金制度与政府主办的"企业职工基本养老保险"有区别,也是职工养老保险制度的一种形式。

企业年金大约产生于 19 世纪 70 年代的美国,目前在世界各国企业普遍实行。美国的"401(k)计划"是企业年金计划的典型代表,其参加人数和资产规模为世界之最。

专　栏

美国401(k)计划

该计划因1978年美国《国内税收法》(Internal Revenue Code,
IRC)中的401条第(k)款而得名。美国私营企业只要符合《国内税收
法》中的401条第(k)款,经申请并得到美国国税局批准,其企业退休
金计划就可以享受延期纳税优惠。401(k)计划适用于私人公司,雇主
自愿发起组织,雇员自由选择是否参加。雇主为参加退休计划的雇员
建立年金个人账户,账户存款由雇主和雇员共同缴纳,共同决定缴费
金额与投资方式,投资风险由雇员承担。缴费与投资收益都享受税收
方面的优惠,当雇员达到法定退休年龄,可以选择一次性领取、分期领
取和转为存款等方式使用个人账户中的企业年金。

一、企业年金的概念和特点

企业年金是企业自愿主办的员工养老福利制度,是养老保险第二支柱,也
称为"企业补充养老保险"。

企业年金有以下几个方面的特点:

第一,由企业自愿组织建立。企业年金受国家政策和法规制约,但政府对
企业年金不承担直接责任,政府的职责是规范和监管。

第二,运营管理方式多样:一是企业自办;二是由多家企业联合或行业管理
机构建立的区域性或全国性协会,基金会经办;三是由中介机构经办;四是由金
融机构包括各类银行、基金管理公司、证券公司、寿险公司经办。

第三,企业年金缴费以及基金的投资可免税。通过雇主和雇员共同缴费形
成"企业年金基金"即根据企业年金计划筹集的资金及其投资收益形成的企业
补充养老保险基金,国家给予企业年金一定的税收优惠政策。

第四,企业年金基金实行市场化投资运营。为企业年金保值增值,企业年
金一般会进入资本市场。国家对基金的投资范围、各类金融产品的投资比例做
出了严格的规定。

第五,企业年金一般采用个人账户和缴费确定制(DC),企业和国家都不担
保年金的投资收益。

第六,企业年金实际上是一种延期支付的工资。职工提取企业年金是有一

定工龄限制的。

二、企业年金的意义

可以从政府、企业和个人三个方面来理解企业年金的作用：

第一，对于政府来说，企业年金减轻政府承担养老保险的压力。政府主办的养老保险是保障退休职工的基本生活水平，有企业年金作为补充，退休老人的生活水平会有所提高，在一定程度上保证了社会的稳定。企业年金受到政府鼓励，在中国、英国和日本等都是养老保险第二根支柱。在政府不举办基本养老保险的国家（比如美国），企业年金就是养老金的第一支柱或主要来源。

第二，对于企业来说，企业年金提高企业吸引优秀员工的竞争力，有利于提高本企业员工的工作效率，培养员工凝聚力，防止熟练工人跳槽，稳定熟练工人队伍。

第三，对于职工个人来说，企业年金是一种员工福利，它为本企业职工所专有，是退休金的一种补充。

三、中国企业年金发展简史

我国企业年金始于 1991 年，《国务院关于企业职工养老保险制度改革的决定》提出："国家提倡、鼓励企业实行补充养老保险，并在政策上给予指导。"

1995 年 12 月 29 日，原劳动部发布了《关于印发〈关于建立企业补充养老保险制度的意见〉的通知》，标志着我国企业年金制度正式启动。

1997 年《国务院关于建立统一的企业职工基本养老保险制度的决定》、2000 年《关于完善城镇社会保障体系试点方案》进一步推动了企业年金的发展。

2001 年，《国务院关于同意〈辽宁省完善城镇社会保障体系试点实施方案〉的批复》提出，建立企业年金的企业需具备三个条件："依法参加基本养老保险并按时足额缴费；生产经营稳定，经济效益较好；企业内部管理制度健全。"同时指出："大型企业、行业可以自办企业年金，鼓励企业委托有关机构经办企业年金。"

2004 年 1 月，原劳动和社会保障部发布了《企业年金试行办法》，同年 2 月原劳动和社会保障部、银监会、证监会、保监会发布了《企业年金基金管理试行办法》，连续的两个试行办法使得我国企业年金制度进一步完善、成熟。

2005 年，国资委的《关于中央企业试行企业年金制度的指导意见》对中央企业试行企业年金制度的原则、条件、方案、管理等各方面进行了详细的规定。

2006 年颁布的《关于企业年金基金银行账户管理等有关问题的通知》、2007 年颁布的《保险公司养老保险业务管理办法》和 2009 年的《关于企业年金个人所得税征收管理有关问题的通知》规范了企业年金发展过程中各有关主体的行为。

2011 年 2 月,人力资源和社会保障部、银监会、证监会、保监会发布了《企业年金基金管理办法》,原劳动和社会保障部、银监会、证监会、保监会发布的《企业年金基金管理试行办法》同时废止,这预示着我国的企业年金制度逐渐定型,开启了一段新的篇章。

四、中国企业年金制度内容

现行中国企业年金制度主要是依据 2003 年 12 月 30 日经劳动和社会保障部第七次部务会议通过的《企业年金试行办法》(2004 年 5 月 1 日施行)和人力资源和社会保障部、银监会、证监会、保监会《企业年金基金管理办法》(2011 年 5 月 1 日施行)。下面以覆盖范围、资金来源、个人账户积累、个人账户转移、待遇支付条件、企业年金管理等为要点,介绍中国企业年金制度。

(一)覆盖范围

企业年金方案适用于企业试用期满的职工(第五条)。

(二)资金来源

企业年金所需费用由企业和职工个人共同缴纳。企业缴费的列支渠道按国家有关规定执行,职工个人缴费可以由企业从职工个人工资中代扣。第八条规定:企业缴费每年不超过本企业上年度职工工资总额的 1/12。企业和职工个人缴费合计一般不超过本企业上年度职工工资总额的 1/6(第七条)。

(三)个人账户积累

企业缴费应当按照企业年金方案规定比例计算的数额计入职工企业年金个人账户,职工个人缴费额计入本人企业年金个人账户。企业年金基金投资运营收益,按净收益率计入企业年金个人账户(第十一条)。

(四)个人账户转移

职工变动工作单位时,企业年金个人账户资金可以随同转移。职工升学、参军、失业期间或新就业单位没有实行企业年金制度的,其企业年金个人账户可由原管理机构继续管理(第十三条)。

(五)待遇支付条件

职工在达到国家规定的退休年龄时,可以从本人企业年金个人账户中一次或定期领取企业年金。职工未达到国家规定的退休年龄的,不得从个人账户中提前提取资金。出境定居人员的企业年金个人账户资金,可根据本人要求一次性支付给本人(第十二条)。职工或退休人员死亡后,其企业年金个人账户余额由其指定的受益人或法定继承人一次性领取(第十四条)。

(六)企业年金管理

根据《企业年金基金管理办法》,中国企业年金管理要点如下:

1. 企业年金基金管理的三个原则

企业年金基金管理的三个原则是:分散管理的原则、财产独立的原则和保护员工利益的原则。

2. 企业年金基金各主体职责规定

企业年金基金各主体有:受托人、托管人、账户管理人和投资管理人。其职责和权限都有具体规定。

【概念解释】

受托人:是直接受委托人的信托财产,以信托目的为受益人的利益对信托财产进行管理或处分的人。

托管人:是指受托人委托保管企业年金基金财产的商业银行或专业机构。

账户管理人:是指受托人委托管理企业年金基金账户的专业机构。

投资管理人:是指受托人委托投资管理企业年金基金财产的专业机构。

3. 企业年金投资范围

企业年金基金财产限于境内投资,投资范围包括银行存款、国债、中央银行票据、债券回购、万能保险产品、投资连结保险产品、证券投资基金、股票,以及信用等级在投资级以上的金融债、企业(公司)债、可转换债(含分离交易可转换债)、短期融资券和中期票据等金融产品。

4. 管理费用

受托人年度提取的管理费不高于受托管理企业年金基金财产净值的0.2%;账户管理人的管理费按照每户每月不超过5元人民币的限额,由建立企业年金计划的企业另行缴纳;托管人年度提取的管理费不高于托管企业年金基金财产净值的0.2%;投资管理人年度提取的管理费不高于投资管理企业年金基金财产净值的1.2%。

5. 企业年金基金的监督管理

在监督管理方面,主要是法人受托机构、账户管理人、托管人、投资管理人开展企业年金基金管理相关业务,应当向人力资源和社会保障部提出申请。但申请之前都应当先经其业务监管部门同意或备案。各主体开展企业年金基金管理相关业务,应当接受人力资源和社会保障行政部门的监管。

第六节　问题与前景

一、城镇职工基本养老保险制度存在的问题及未来发展前景

(一)存在的问题

1. 制度覆盖范围有待提高

近年来,城镇职工基本养老保险的覆盖范围持续扩大,2010 年总参保人数已达 2.57 亿,其中参保职工人数为 1.94 亿,退休人员数量为 6305 万[①]。但仍有两方面的问题十分突出:一是企业欠费、逃费的现象屡见不鲜,给制度扩面工作造成一定困难;二是人数众多的农民工和灵活就业人员仍未被完全纳入城镇职工基本养老保险,例如 2010 年,全国 24223 万农民工中仅 3284 万人参加了基本养老保险[②]。养老金制度之间的衔接在《中华人民共和国社会保险法》实施后理论上已经得到初步解决,为职工基本养老保险全面覆盖农民工提供了保证,今后城镇职工基本养老保险覆盖面有较大的拓展空间。

2. 统筹层次有待提高,区域发展不平衡

《中华人民共和国社会保险法》对基本养老保险的统筹层次有明文规定:"基本养老保险基金逐步实行全国统筹。"[③]但从目前实际情况来看,一方面全国大部分地区仍以地、市级统筹为主,统筹层次仍然有待提高。另一方面,由于经济发展水平以及人口结构的差异,导致各统筹区域内城镇职工基本养老保险制度的发展水平不平衡。较低的统筹层次和各区域的非均衡发展,将不利于劳动力的流动以及统一劳动力市场的形成,同时也降低了养老保险制度抵御风险的能力。

3. 基金财务压力巨大

第一,个人账户"空账"问题未得到有效解决。虽然从 2000 年开始,部分地区开始尝试做实个人账户,但由于责任划分、资金来源、投资渠道等核心问题仍未得到根本解决,大部分地区的个人账户"空账"问题仍然存在。

第二,投资渠道匮乏,基金面临贬值风险。经过数十年的发展,到 2010 年

---

①②　数据来源:人力资源和社会保障部:《2010 年人力资源和社会保障事业发展统计公报》。

③　《中华人民共和国社会保险法》,第八章第六十四条。

末,我国城镇职工基本养老保险基金结余已达 15365 亿元①。虽然基金结余初具规模,但投资渠道的匮乏使得基金的保值增值工作负担沉重。数据显示,1993~2009 年银行存款年度回报率为 4.8%,而同期的以消费价格指数为代表的通货膨胀率平均水平为 4.9%②,可见,在大部分基金只能存入银行的情况下,这 1.5 万亿的基金积累面临着巨大的贬值风险。

第三,人口老龄化导致基金支付压力持续增大。2010 年第六次人口普查数据显示,我国 60 岁及以上人口已达 1.78 亿,占总人口的 13.26%,与第五次人口普查相比,60 岁及以上人口的比重上升了 2.93%,人口老龄化的程度越发明显;与此同时,处于劳动年龄的人口增速却低于老年人口的增速,这使得老年抚养比成上升态势。人口老龄化加剧势必会增加基本养老保险基金的支出规模,又给养老保险基金增加了财务压力。

(二)未来发展前景

城镇职工基本养老保险制度是我国养老保障体系的重要主体,随着制度的不断发展和完善,未来制度的发展应打破城乡差别,打破地域和人群的分割,将城乡各类企业和职工都纳入制度当中,并最终形成全国统一的城乡职工基本养老保险制度。为了实现这一目标,未来可以从以下几个方面着手:

1. 持续扩大制度覆盖面

随着《中华人民共和国社会保险法》等相关法律法规的相继出台,以及制度的不断发展完善,城镇职工基本养老保险的覆盖面有望持续上升。首先要做好农民工、灵活就业人员和中小企业职工的参保工作,并贯彻实施养老保险关系转移接续的办法;其次要探索困难就业人员的就业扶持政策,促进他们的稳定就业,提高他们的缴费能力;最后要强化基金征缴工作的执行能力,可以考虑用垂直管理体制替代当前的属地管理体制,不断提升经办机构能力。制度的全覆盖不仅有利于缓解养老保险基金的财务压力、为基金提供新的资金来源,更有助于实现"老有所养"的制度目标。

2. 逐步提高制度的统筹层次

先将统筹层次逐步提高到省级统筹,统一各省内部的待遇标准和管理流程,增强省内的公平性和互济性;从长远来看,应该以实现全国统筹为基础,进一步增强制度的互济性,充分发挥养老保险风险分担的功能。统一的养老保险制度也有利于培育统一的劳动力市场,促进劳动力的合理流动和人力资源

---

① 数据来源:人力资源和社会保障部:《2010 年人力资源和社会保障事业发展统计公报》。
② 数据来源:国泰安经济金融研究数据库。

配置。

3.利用多种途径缓解基金财务压力

第一,适度延长退休年龄,实行弹性退休制度。随着我国人口平均预期寿命的提高,延长退休年龄应是一个必然趋势。尤其从性别角度来看,我国女性平均预期寿命高于男性,但退休年龄却早于男性,这不仅造成了性别不平等,而且也影响了女性职工的养老生活水平;而从基金财务可持续性的角度来看,延长退休年龄在客观上也能起到"开源节流"的作用。

在适当延长退休年龄的基础上,实行弹性的退休制度,可以使有能力继续工作的劳动者在自愿的情况下继续工作,继续缴纳养老保险费,从而进一步缓解养老保险的支付压力。同时,实行弹性退休制度,可以促进劳动力的合理使用,从而改变退休年龄"一刀切"的状况,使得制度更加人性化。

养老保险转移接续有利于维护参保职工合法权益①

第二,缩小并做实个人账户②。为了个人账户以及"统账结合"模式养老保险制度的健康发展,必须要做实个人账户。在对历史责任进行合理测算的前提下,一方面可以通过财政补贴方式继续化解债务;另一方面可以通过划拨国有

---

① 图片来源:中青在线,《中国青年报》,唐志顺绘,http://zqb.cyol.com/content/2010 - 01/05/content_3013186.htm。

② 做实个人账户,有三个层次的含义:第一层是要将当期收缴的个人账户做实,社会统筹部分不再挤占和挪用新产生的个人账户;第二层是要将制度改革后的账面欠账补足;第三层是要将历史欠账补足,以及对于"中人"隐性债务的补偿。参见吕学静:《现代社会保障概论》,首都经济贸易大学出版社2005年版,第63页。目前所谓"做实个人账户",主要针对第二、三层次而言,因为隐性债务是"空账"产生的根本原因。

资产收益等方式筹集相应资金,消化历史责任。除此之外,适当缩小个人账户的缴费比例,减少个人账户中基金积累的规模,也能够减轻基金保值增值的压力。

第三,提高养老保险基金运营绩效。基金的保值增值问题一直是城镇职工基本养老保险持续运营的关键。虽然全国社保基金 10 年来(截至 2010 年)累计投资收益额达到 2772.6 亿元,年均收益率达到了 9.2%[①],但是基金仍然面临巨大的贬值风险压力。未来需要对养老保险投资体制进行多元化、市场化和规范化的改革,以此来拓宽基金的投资渠道,提高基金的运营绩效。

4. 其他相关问题

全国统一的城乡职工基本养老保险制度只是实现"老有所养"目标的第一步,后续还有许多工作需要完成。例如,目前全国还没有统一的信息技术平台,这对于今后处理养老保险关系的转移接续和异地领取养老金等问题是一个挑战。从更高层面来看,还应改革目前的财政预算制度,通过一般性的转移支付,解决地区之间养老缴费与实际养老负担不平衡的问题。另外,还需要进一步规范用工制度,以解决部分地区、部分人群养老缴费过少以及应缴未缴问题。

本章小结

养老保险是国家根据一定的法规,对退休老人提供基本生活保障的一种社会保险制度。1889 年德国俾斯麦政府颁布的《老年、残疾、死亡保险法》是世界上养老保险制度正式建立的标志。

养老保险制度模式可以分为:福利国家型、社会保险型、国家保险型和个人储蓄型。

养老保险收支平衡模式可以分为现收现付制、完全积累制和部分积累制。

养老保险有两种支付责任模式:给付确定制和缴费确定制。

养老保险制度结构和内容包括:覆盖范围、资金筹集、领取条件、保险支付、保险水平、遗属年金、基金运营和管理体制。

中国现行社会养老保障制度包括城镇养老保障和农村养老保障。中国城镇养老保障按福利来源分,主要有"三根支柱",即:基本养老保险、职业年金、个人储蓄(如商业寿险等);按保险对象分,主要有企业职工养老保险、机关事业单位养老保险和城镇居民社会养老保险。

---

① 数据来源:《全国社会保障基金理事会基金年度报告(2010)》,全国社会保障基金理事会网站,http://www.ssf.gov.cn/tzsj/201105/t20110519_3185.html。

新中国 60 年企业养老保险历史可以划分为两个时期：国家保险模式时期（1951～1986 年）和"社会统筹与个人账户相结合"模式时期（1986 年至今）。前一个时期分为两个阶段，即统筹保险阶段（1951～1969 年）和单位保险阶段（1969～1986 年），其标志性政策法规分别是《中华人民共和国劳动保险条例》（1951 年）和《关于国营企业财务工作中几项制度的改革意见（草案）》（1969 年）；后一个时期也有两个阶段，即统账模式酝酿与准备阶段（20 世纪 80 年代中期至 20 世纪 90 年代中期）和统账模式建立与完善阶段（20 世纪 90 年代中后期至今），分别以《国营企业实行劳动合同制暂行规定》（1986 年）和《关于建立统一的企业职工基本养老保险制度的决定》（国发〔1997〕26 号）为标志。

1997 年 7 月国务院颁布《关于建立统一的企业职工基本养老保险制度的决定》（国发〔1997〕26 号）是"我国社会保障制度改革的一个重要里程碑"。"社会统筹与个人账户相结合"是中国养老保险基金收支管理的一种新模式，也是中国养老保险制度的核心内容。

企业年金是企业自愿主办的员工养老福利制度，是继职工基本养老保险以后的第二养老保险支柱，也称为"企业补充养老保险"。对于政府来说，企业年金减轻政府承担养老保险的压力；对于企业来说，企业年金提高企业吸引优秀员工的竞争力，有利于提高本企业员工的工作效率和凝聚力；对于职工个人来说，企业年金是一种员工福利。

企业年金大约产生于 19 世纪 70 年代的美国，目前在世界各国企业普遍实行。美国的"401(k)计划"是企业年金计划的典型代表。我国于 1991 年提出企业年金，1995 年 12 月 29 日，原劳动部发布了《关于印发〈关于建立企业补充养老保险制度的意见〉的通知》，标志着我国企业年金制度正式启动。

关键概念

养老保险制度　养老保险制度模式　现收现付制　完全积累制和部分积累制　给付确定制和缴费确定制　社会统筹与个人账户相结合　基本养老金　基础养老金和个人账户养老金　缴费工资　企业年金

复习思考题

1. 养老保险的定义和特点是什么？
2. 世界上第一个建立养老保险的国家和时间？
3. 简述养老保险模式。

4. 简述养老保险收支模式。

5. 什么是 DC 和 DB？

6. 简述养老保险制度结构和内容。

7. 简述新中国企业职工养老保险制度演变历史。

8. "社会统筹与个人账户相结合"的具体内容是什么？

9. 名词解释：基本养老金、老人/新人/中人、指数化月平均缴费工资、缴费工资、视同为缴费年限、养老金工资替代率。

10. 企业职工养老保险费率是多少？

11. 请写出企业职工养老金支付公式。

12. 简述我国企业年金制度。

13. 简述企业年金及其意义。

应用案例

基本养老金能保障退休后的基本生活吗？①

55 岁的陈女士在北京某企业做了 30 多年会计，2005 年 7 月份退休了。忙碌了半辈子的陈女士原以为退休后可以松口气了，但当她第一次领到退休金时，心情又变得沉重起来：每月退休金不到 1000 元，比退休前 2000 多元的月收入少了一大截，这意味着今后的日子要紧紧巴巴地过。

单位给上了养老保险，退休金怎么还这么少呢？对此，有关部门的解释是：按照现行规定，参加养老保险人员的养老金，主要包括基础养老金和个人账户养老金。比如，有的城市退休时的基础养老金的月标准，为所在市上年度职工月平均工资的 20%；个人账户的养老金，为账户资金总额分 10 年按月平均发放。

过去，职工退休金可以拿到原来工资的 80%~90%，退休前后收入差不多。现在基本养老保险目标替代率为 58.5%。这里的"替代率"是一个保险术语，指的是养老金替代在职工资的比率。也就是说，参加基本养老保险的职工，退休后的养老金还不到在职工资的六成，只能够保障基本生活。

退休前后收入差了这么一大块，要维持先前的生活水平，单靠基本养老金显然是不够的。无奈之下，很多人只得拧紧消费的"龙头"，把现在收入的相当一部分存入银行用于将来养老。有钱不敢花在一定程度上抑制了现期消费，使

① 摘自《中国消费者报》，2005 年 11 月 30 日。

内需不足成为近年来影响经济发展的主要因素之一。

案例思考题

1. 如何看待养老保险新办法实施后养老金替代率下降?

2. 基本养老保险能保障陈女士的基本生活吗?

3. 如何在年轻时为今后的养老做准备?

第四章　机关事业/城乡居民养老保险

 学习目标

　　通过本章学习,要掌握国家机关、事业单位、离休、城镇居民、"老农保"、"新农保"等概念;了解机关事业单位养老保险、城镇居民社会养老保险和农村养老保险的发展历史;重点掌握我国机关事业单位养老保险在退休和离休两种情况下的制度安排,以及事业单位职业年金、城镇居民社会养老保险和新型农村社会养老保险的现行制度情况;理解美国联邦雇员退休制度、瑞士居民养老保险制度和德国农民养老保险制度;此外,了解我国机关事业单位养老保险、城镇居民社会养老保险和新型农村社会养老保险存在哪些方面的问题,以及发展前景。

第一节　机关事业单位养老保险制度

一、基本概念

(一)国家机关

　　国家机关是从事国家管理和行使国家权力的机关,包括国家元首、权力机关、行政机关和司法机关。其工作人员一般被称为公务员①。在我国,国家机关主要包括各级党的机关、人大机关、行政机关、政协机关、审判机关、检察机关等。

(二)事业单位

　　事业单位是现代中国特有的一种社会组织形式②,属于中国《民法通则》中

---

　　①　2006年1月1日实施的《中华人民共和国公务员法》第二条规定:"本法所称公务员,是指依法履行公职、纳入国家行政编制、由国家财政负担工资福利的工作人员。"
　　②　西方发达资本主义国家甚至包括前苏联在内的社会主义国家,都没有与中国事业单位完全对应的社会组织概念。

规定的四种法人形态①之一。国外通常把类似我国事业单位的社会机构称之为社会公共部门或社会公益性组织。

梳理我国历年政策法规中对事业单位的定义,主要有以下四种:

1958 年 4 月劳动部发布的《国务院关于工人、职员退休处理暂行规定实施细则(草案)》中,事业单位指"包括由国家预算的事业费开支的农业、林业、水利、地质、气象、测绘、文化、教育、卫生、科学研究等单位"。

1999 年全国人大常委会通过的《中华人民共和国公益事业捐赠法》中,事业单位被定义为:"依法成立的,从事公益事业的不以营利为目的的教育机构、科学研究机构、医疗卫生机构、社会公共文化机构、社会公共体育机构和社会福利机构等。"

2004 年 6 月,国务院在修订的《事业单位登记管理暂行条例》(1998 年 10 月 25 日国务院发布,并根据 2004 年 6 月 27 日《国务院关于修改〈事业单位登记管理暂行条例〉的决定》修订)中,明确规定:"本条例所称事业单位,是指国家为了社会公益目的,由国家机关举办或者其他组织利用国有资产举办的,从事教育、科技、文化、卫生等活动的社会服务组织。"

在 2005 年 4 月中央编办同意批转国家事业单位登记管理局制定的《事业单位登记管理暂行条例实施细则》中,则进一步具体化为"本细则所称事业单位,是指国家为了社会公益目的,由国家机关举办或者其他组织利用国有资产举办的,从事教育、科研、文化、卫生、体育、新闻出版、广播电视、社会福利、救助减灾、统计调查、技术推广与实验、公用设施管理、物资仓储、监测、勘探与勘察、测绘、检验检测与鉴定、法律服务、资源管理事务、质量技术监督事务、知识产权事务、公证与认证、信息与咨询、人才交流、就业服务、机关后勤服务等活动的社会服务组织"。

总结四种定义,本书认为,事业单位一般是国家设置的带有一定公益性质的机构,它参与社会事务管理,履行管理和服务职能,宗旨是为社会服务,主要从事教育、科技、文化、卫生等活动。其上级部门多为政府行政主管部门或者政府职能部门。一般情况下国家会对这些事业单位予以财政补助。分为全额拨款事业单位,如学校等;差额拨款事业单位,如医院等;还有一种是国家不拨款的事业单位,如出版社等。

(三)离休

离休,即离职休养,是中国针对业已退出工作岗位的、中华人民共和国成立

---

① 四种法人形态分别为:企业单位、事业单位、政府机构和社会团体。

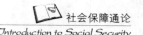
前参加革命的老同志设立的一种较优越的社会保障措施,也是涉及干部政策的一项制度。具体地说,离休就是对新中国成立前参加中国共产党所领导的革命战争、脱产享受供给制待遇的和从事地下革命工作的老干部,达到离职休养年龄的,实行离职休养的制度。①

所以离休实质上是退休的一种特殊方式,也是我国安置老弱病残干部颐养天年的一种特殊形式。所谓离休制度,是指国家制定并颁布执行的有关离休条件、待遇、安置、管理等方面法规的总称。

二、简要历史

新中国成立以后,我国的机关事业单位养老保险制度在探索中不断发展,计划经济时代的发展历史和近20年来的改革动向大致如下:

(一)前期历史

在新中国成立之初,由于国内情况比较复杂,所以没有进行大范围的工资制度改革②。在20世纪50年代初期我国的供给制③与工资制同时存在,并且供给制占据主导地位(占总人数的90%以上)。④ 1950年3月,为了解决日渐突出的干部退休问题,政务院发布了《中央人民政府政务院财政经济委员会关于退休人员处理办法的通知》,但适用范围只限于过去有退休金的机关、铁路、海关、邮电等单位的职工,而且退休金标准较低,实行一次性给付。

1951年政务院通过的《中华人民共和国劳动保险条例》⑤和1955年国务院颁布的《关于国家机关工作人员退休处理暂行办法》⑥标志着机关事业单位与企业职工分别实行不同的退休养老制度,也就是目前养老"双轨制"的开端。后者的适用范围扩大到国家机关及其所属事业单位的干部,将一次性发放的退休

---

① 《关于发布老干部离职休养制度的几项规定》(国发〔1982〕62号)。

② 在1950年1月,国务院颁发《关于中央直属机关新参加工作人员工资标准的试行规定》中进一步明确:"凡是1949年9月底以前参加工作的,按当时规定实行供给制的或实行工资制的,一般不再变动,仍然维持原待遇。1949年10月1日以后参加工作的,除自愿实行供给制待遇外,都实行工资制。"

③ 供给制是革命时期和新中国成立初期对部分革命工作者和工作人员实行的,根据生活和工作客观需要免费供给生活必需品的一种分配制度。供给范围包括个人的衣、食(分大、中、小灶)、住、行、学习等必需用品和一些零用津贴,以及生育子女的生活费和保育费等。

④ 杨奎松:《从供给制到职务等级工资制——新中国建立前后党政人员收入分配制度的演变》,《历史研究》2007年第4期。

⑤ 《中华人民共和国劳动保险条例》标志着我国社会保障制度的初步建立,但是该条例只覆盖企业职工。

⑥ 在此之前,机关事业单位的工作人员尚未进行工资制改革,所以延续了新中国成立前的供给制,生、老、病、死、伤、残都由组织负责。

金改为按月发放,待遇也有较大幅度的提高。

1958 年,经全国人民代表大会原则批准,国务院发布实施的《关于工人、职员退休处理的暂行规定》在一定程度上(覆盖范围①、待遇标准、退休条件和退休年龄等方面)统一了机关事业单位和企业职工养老保险制度,但仍然存在差别(连续工龄计算方法、资金来源等方面)。

需要指出的是,在 1966 年至 1976 年"文化大革命"期间,退休制度曾一度停滞并遭到破坏,大批具备退休条件的企业职工和国家工作人员,得不到妥善安排,国家机关工作人员老化,造成机构臃肿,人浮于事,加重了国家财政和企业经济负担。

1976 年"文化大革命"结束,但是社会保险工作的整顿需要有一定时间,历史的惯性一时难以扭转,养老保险工作只能先顺势而为,做一些修补和完善工作,进一步改革有赖于经济体制的变化。② 1978 年 6 月,国务院同时颁布了《关于安置老弱病残干部的暂行办法》和《关于工人退休、退职的暂行办法》,取代1958 年部分统一的机关事业单位和企业职工养老保险制度,重新明确机关事业单位和企业职工实行不同的养老保险制度。前一个办法针对"文化大革命"后的实际需要,在退休年龄、条件、待遇等方面进行了相应的调整,并增加了离休的相关规定③。这几项关于老干部退休的规定对养老保险制度所起的作用是:整顿加强了养老保险管理,提高了退休待遇,其中最重要的是废除了"干部终身制"传统,建立了"革命老干部"正常退休制度和"离休"制度。④

(二)改革动向

1. 部委主管、地方探索阶段⑤(1992~1999 年)

(1)改革的政策依据和指导方针

1992 年,人事部发布《关于机关事业单位养老保险制度改革有关问题的通知》(人发〔1992〕2 号),提出:"要在总结我国现行干部退休制度的基础上,建立国家统一的、具有中国特色的机关、事业单位社会养老保险制度。"

---

① 覆盖范围包括国营、公私合营的企业、事业单位和国家机关、人民团体的工人、职员。

②④ 潘锦棠:《新中国基本养老保险六十年》,《马克思主义与现实》2010年第 1 期。

③ 在此之后,1980 年 10 月国务院颁布《关于老干部离职休养的暂行规定》,1982 年 4 月国务院颁布《关于老干部离职休养制度的几项规定》,这些规定奠定了我国离休制度的基础。

⑤ 在此期间,原劳动和社会保障部、原人事部、财政部在指导全国改革试点的同时,根据各地的经验做法,着手研究和制定总体改革方案,先后于 1994 年 5 月、1997 年 1 月和 2000 年 9 月三次报送国务院审定,但由于种种原因,一直未能出台。

1993 年 8 月,国务院颁发《国家公务员暂行条例》①,规定了国家公务员退休的条件、程序等。

1993 年,党的十四届三中全会通过了《关于经济体制改革若干问题的决定》,要求在全国建立多层次的社会保障体系。同年 12 月,人事部召开会议,通过改革的一些原则性要求,如机关事业单位保险基金筹集和使用体现权利、义务和强制性结合,保障责任由国家、单位和个人共同负担,社会保障行政管理与基金运营要分开,加紧研究建立机关特别是国家公务员的社会保险制度等。

（2）改革的主要内容

在此阶段,改革试点多数由地市级政府或县市级政府组织开展,各地做法繁多,改革方式、改革内容不尽相同,但大致包括以下几个方面:

第一,在一定层次上实施机关事业单位养老金费用统筹,形成一定数量的养老金积累。

第二,引入个人缴费,但是缴费比例的区间差别较大,且缴费水平普遍低于企业职工个人缴费水平,一般为 3%~8% 。

第三,养老金发放和退休人员管理一般由原单位负责,但也有部分地区实现了养老金的社会化发放。

第四,各部门交叉管理,形成多头管理,人事部门、财政部门和劳动部门权责不清。

（3）改革的情况和效果

截至 1999 年底,除吉林、宁夏、西藏外,全国 28 个省、直辖市和自治区都不同程度地展开了机关事业单位养老保险的改革试点,涉及 70% 的地市、69% 的县（市）和 37% 的机关和事业单位的在职人员,总人数约为 1400 多万人。②

由改革的主要内容不难看出,虽然各地进行了一些有益的探索,但是这一阶段的改革也存在一些缺陷:制度不统一,属于自下而上的摸索,各地方案五花八门;制度多头管理,造成责权分离;制度设计缺乏综合考虑,与企业养老保险制度难以衔接;已经形成的地方制度,成为以后全国进行统一改革的阻力。

2. 中央主导、试点改革阶段（2000 年至今）

（1）改革的政策依据和指导方针

2000 年,国务院《关于印发完善城镇社会保障体系试点方案的通知》（国发

---

① 《国家公务员暂行条例》不仅标志着我国公务员制度的建立,也为我国机关工作人员（公务员）的工资制度改革和养老保险制度改革做好了铺垫。

② 葛延风等:《中国机关事业单位养老金制度改革研究———一种方案设计》,外文出版社 2003 年版,第 169~170 页。

〔2000〕42 号），其中关于改革机关事业单位养老保险办法有以下几个方面的说明：公务员（含参照国家公务员制度管理的事业单位工作人员）的现行养老保险制度仍维持不变；全部由财政供款的事业单位，仍维持现行养老保险制度；已改制为企业的，执行城镇企业职工基本养老保险制度，并保持已退休人员基本养老金水平不变；由财政部分供款事业单位的养老保险办法，在调查研究和试点的基础上另行制定；公务员转入企业工作的，执行企业职工的基本养老保险制度；企业职工调入机关的，执行机关的基本养老保险制度。其养老保险关系的衔接以及退休时待遇计发的办法，另行研究制定；已经进行机关事业单位养老保险制度改革试点的地区，要继续完善和规范。

2005 年 4 月 27 日第十届全国人民代表大会常务委员会第十五次会议通过的《中华人民共和国公务员法》第七十七条规定："国家建立公务员保险制度，保障公务员在退休、患病、工伤、生育、失业等情况下获得帮助和补偿。"第八十九条规定："公务员退休后，享受国家规定的退休金和其他待遇，国家为其生活和健康提供必要的服务和帮助，鼓励发挥个人专长，参与社会发展。"

2008 年 2 月 29 日，国务院常务会议决定山西、上海、浙江、广东、重庆五省市先期开展事业单位工作人员养老保险制度改革试点工作，与事业单位分类改革配套推进。2008 年 3 月 14 日，国务院发布《关于印发事业单位工作人员养老保险制度改革试点方案的通知》（国发〔2008〕10 号），同意由当时劳动和社会保障部、财政部、人事部制定的《事业单位工作人员养老保险制度改革试点方案》。此次试点的指导思想为"逐步建立起独立于事业单位之外，资金来源多渠道、保障方式多层次、管理服务社会化的养老保险体系"。主要内容包括：实行社会统筹与个人账户相结合的基本养老保险制度，养老保险费用由单位和个人共同负担，退休待遇与缴费相联系，建立基本养老金正常调整机制，基金逐步实行省级统筹，建立职业年金制度，做好养老保险关系转移工作，逐步实行社会化管理服务等①。

2010 年 10 月 28 日，第十一届全国人民代表大会常务委员会第十七次会议通过《中华人民共和国社会保险法》，其中第十条提出："公务员和参照公务员法管理的工作人员养老保险的办法由国务院规定。"

2011 年 11 月 24 日，国务院法制办公布的《事业单位人事管理条例（征求意见稿）》第五十九条提出："国家建立健全事业单位工作人员社会保险制度，保障

---

① 2008 年，中央推动事业单位工作人员养老保险制度改革试点工作，标志着我国机关事业单位养老保险改革进入了快速变革的阶段。同年 4 月原劳动和社会保障部与人事部合并为人力资源和社会保障部，7 月国家公务员局组建，也可看做为改革做前期准备。

其在年老、患病、工伤、生育、失业等情况下,享受社会保险待遇。"

（2）改革的方向和难点

2011年2月16日,国家公务员局网站刊发的中央组织部部长李源潮讲话透露,对公务员社会保险制度,要进行前瞻性制度设计和试点。其中养老保险制度,已由人力资源和社会保障部牵头开始起草有关文件。

国务院总理温家宝2011年2月27日同网友在线交流,在提到机关事业单位养老制度时指出:"可以在有条件的地方先进行试点,逐步积累经验,使我们整个国家能形成一个规范的养老保险制度。"①

人力资源社会保障部于2012年3月27日表示,我国将推进机关事业单位养老保险制度改革,破除养老金企业和事业单位"双轨制"。②

在机关事业单位养老保险制度改革的过程中,存在以下几个方面的难点:

第一,最大的阻力就是养老待遇下降,有可能使改革措施无法落到实处。

第二,从近年来的改革实践来看,事业单位的改革先于公务员的改革,二者分步改革和同时改革,各方还存在不同的意见。

第三,20世纪90年代各地政府进行的改革探索成为全国统一改革的阻碍。

关于机关事业单位养老保险改革的各种设想和各方意见将在本节的"问题与前景"中进一步分析。

三、机关事业单位现行制度

我国现行的机关事业单位养老金制度是一种资金现收现付、待遇确定型（DB）的养老保险制度。在这一制度下,养老金的资金来源主要是政府当期财政拨款或单位的当期收入③,没有任何基金积累,根据实际发放需要进行列支;

---

① 《温家宝总理与网友在线交流现场热词:退休待遇双轨制》,人民网网站,http://politics.people.com.cn/GB/1024/14013416.html,上网时间为2012年2月7日。

② 《我国将推进机关事业单位养老保险制度改革,破除双轨制》,金融界网站,http://finance.jrj.com.cn/industry/2012/03/27192812592040.shtml,上网时间为2012年3月29日。

③ 我国所有政府机关的经费一直都是来自于财政拨款,即使有能力获得收入的机构,因普遍实施收支两条线,所以理论上的所需经费也都是财政拨款,因此,机关离退休人员的养老金也都是来自于财政拨款。事业单位则稍有不同,在80年代中期以前,所有事业单位的经费都来自于国家财政的拨款,因此养老金也全部都由国家财政拨款。80年代中期以后,中国对事业单位的管理体制发生了变化,逐步形成了全额拨款、差额拨款和自收自支三种形式的事业单位。对于全额拨款的事业单位,其养老金仍然全部来自于财政拨款;差额拨款的事业单位,养老金由当期财政拨款负担一部分,单位收入负担一部分;自收自支的事业单位,养老金则来自于当期的单位收入。虽然差额拨款和自收自支的事业单位,其养老金的来源不是由国家全部负担的,但是其养老金发放却执行的是国家标准,因此国家还承担着最终的支付责任。

养老金待遇水平依据工龄和个人工资水平等因素确定,个人不承担任何风险,也不用交纳任何费用;养老金的发放以及离退休人员的管理责任由工作单位承担,形成了各单位内部退管部门分散管理的格局。与企业雇员相比,机关事业单位退休人员享有较高的工资替代率和养老金待遇水平。其基本模式特点与改革前的企业养老金制度可以说几乎没有区别。① 但从人群的划分出发,由于1978 年提出的离休制度,我国现存的机关事业单位养老保险又有其独有特点,本部分将从退休和离休两个方面对机关事业单位的养老保险进行分别介绍。

(一)退休情况下的制度安排

1. 覆盖范围

国家机关和事业单位工作人员。

2. 资金来源

财政拨款,个人不需要缴费。

3. 资格条件

(1)机关公务员退休条件

《中华人民共和国公务员法》第八十七条规定:"公务员达到国家规定的退休年龄或者完全丧失工作能力的,应当退休。"第八十八条规定:"公务员符合下列条件之一的,本人自愿提出申请,经任免机关批准,可以提前退休:第一,工作年限满 30 年的;第二,距国家规定的退休年龄不足五年,且工作年限满二十年的;第三,符合国家规定的可以提前退休的其他情形的。"

(2)事业单位工作人员和机关工勤人员退休条件

主要有三个:一是年龄,二是参加革命工作时间和工作年限,三是身体状况。

干部退休条件:《国务院关于安置老弱病残干部的暂行办法》(国发〔1978〕104 号)第四条第一项规定"男年满 60 周岁,女年满 55 周岁,参加革命工作年限满 10 年的",第二项规定"男年满 50 周岁,女年满 45 周岁,参加革命工作年限满 10 年,经医院证明完全丧失工作能力的",第三项规定"因工致残,经过医院证明完全丧失工作能力的"。

工人退休条件:《国务院关于工人退休退职的暂行办法》(国发〔1978〕104号)文件规定的男工人退休年龄与干部一样是 60 周岁,女工人退休年龄比女干部少 5 周岁,是 50 周岁。国发〔1978〕104 号文件规定的提前退休人员,除了病

---

① 葛延风等:《中国机关事业单位养老金制度改革研究——一种方案设计》,外文出版社 2003 年版,第 59~60 页。

退、因公致残外,还有从事井下、高空、高温、特别繁重体力劳动或其他有害身体健康的工作,男年满 55 周岁,女年满 45 周岁,连续工龄满 10 年的提前退休条件。具体是:从事高空、特别繁重体力劳动工作累计满 10 年,从事井下、高温工作累计满 9 年,从事其他有害身体健康工作累计满 8 年。

从事井下、高空、高温、特别繁重体力劳动或其他有害身体健康的基层干部,可参照提前退休。

4. 退休年龄

普通员工:男 60 岁,女 55 岁;省厅局长及以上干部/少数高级专家可延长退休年龄:担任中央、国家机关部长、副部长,省、市、自治区党委第一书记、书记、省政府省长、副省长,以及省、市、自治区纪律检查委员会和法院、检察院主要负责干部的,正职一般不超过 65 岁,副职一般不超过 60 岁。在党政机关、事业单位、群众团体工作的县(处)级女干部,凡能坚持正常工作、本人自愿的,其离休退休年龄可到 60 周岁。

5. 各项待遇

(1)政治待遇

组织退休人员学习时事政治,按规定看文件、听报告,参加党的组织生活,适当组织文化、体育活动。

(2)生活待遇

实行"就业工资关联"支付原则,就是养老金待遇水平与工龄长短工资高低挂钩。国家机关员工和事业单位员工养老金构成不同,保险待遇也有区别。生活待遇主要包括以下几个方面:

第一,养老金。对养老金的理解主要体现在对其计发标准的把握上,需要从两个方面入手:计发基数和计发比例。本部分主要介绍现行的,也就是 2006 年 7 月 1 日以后退休人员的计发基数①和计发比例②。

计发基数。现行的工资制度养老金计发办法:2006 年 7 月 1 日后退休的人员,办理退休手续的,机关公务员退休后的养老金按本人退休前职务工资和级别工资之和的一定比例计发;事业单位工作人员退休后的养老金按本人退休前

---

① 在此之前,计发基数曾经历了职务等级工资制计发办法(1978～1985 年)、结构工资制计发办法(1985～1993 年)和机关实行职级工资制、事业单位工作人员和机关工人实行职务(等级)工资制办法(1993～2006 年)三个阶段。

② 在此之前,计发比例曾经历了国务院《关于颁发〈国务院关于安置老弱病残干部的暂行办法〉和〈国务院关于工人退休、退职的暂行办法〉的通知》(国发〔1978〕104 号)(1978～1993 年)和国务院办公厅《关于印发机关、事业单位工资制度改革三个实施办法的通知》(国办发〔1993〕85 号)、《关于机关、事业单位工资制度改革实施中若干问题的规定》(人薪发〔1994〕3 号)(1993～2006 年)两个阶段。

岗位工资和薪级工资之和的一定比例计发。

计发比例。2006 年 7 月 1 日以后,按《关于机关事业单位离退休人员计发离退休费等问题的实施办法》(国人部发〔2006〕60 号)、《关于公务员工资制度改革和事业单位工作人员收入分配制度改革实施中有关问题的意见》(国人部发〔2006〕88 号)的规定执行。

公务员退休后养老金的计发比例为:工作年限满 35 年的,按 90% 计发;工作年限满 30 年不满 35 年的,按 85% 计发;工作年限满 20 年不满 30 年的,按 80% 计发;满 10 年不满 20 年的,按 70% 计发;不满 10 年的,按 50% 计发。

事业单位工作人员退休后养老金的计发比例为:工作年限满 35 年的,按 90% 计发;工作年限满 30 年不满 35 年的,按 85% 计发;工作年限满 20 年不满 30 年的,按 80% 计发;工作年限满 10 年不满 20 年的,按 70% 计发。

国家机关公务员和事业单位工作人员养老金计发比例,如表 4 -1 所示:

表 4 -1　国家机关公务员和事业单位工作人员养老金计发比例

国家机关公务员		事业单位工作人员	
工作年限	工资替代率 (职务工资 +级别工资)	工作年限	工资替代率 (岗位工资 +薪级工资)
10 年以下	50%	10 年以下	
10 ~20 年	70%	10 ~20 年	70%
20 ~30 年	80%	20 ~30 年	80%
30 ~35 年	85%	30 ~35 年	85%
35 年以上	90%	35 年以上	90%

注:两者工资替代率所依据的"工资"基数内容有所不同。

资料来源:根据《关于机关事业单位离退休人员计发离退休费等问题的实施办法》(国人部发〔2006〕60 号)、《关于公务员工资制度改革和事业单位工作人员收入分配制度改革实施中有关问题的意见》(国人部发〔2006〕88 号)整理得出。

第二,其他福利,如地方性补贴、护理补助费、电话费等。具体办法和补贴项目各地规定不一。

6. 养老保险关系转移接续

目前,机关事业单位和企业的养老保险关系转移接续的主要依据是《关于职工在机关事业单位与企业之间流动时社会保险关系处理意见的通知》(劳社部发〔2001〕13 号),分为以下三种情况:

(1)从机关事业单位向企业流动

职工由机关事业单位进入企业工作之月起,参加企业职工的基本养老保险,单位和个人按规定缴纳基本养老保险费,建立基本养老保险个人账户,原有的工作年限视同缴费年限,退休时按企业的办法计发基本养老金。其中,公务员及参照和依照公务员制度管理的单位工作人员,在进入企业并按规定参加企业职工基本养老保险后,根据本人在机关(或单位)工作的年限给予一次性补贴,由其原所在单位通过当地社会保险经办机构转入本人的基本养老保险个人账户,所需资金由同级财政安排。补贴的标准为:本人离开机关上年度月平均基本工资 ×在机关工作年限 ×0.3% ×120 个月。

(2)从企业向机关事业单位流动

职工由企业进入机关事业单位工作之月起,执行机关事业单位的退休养老制度,其原有的连续工龄与进入机关事业单位后的工作年限合并计算,退休时按机关事业单位的办法计发养老金。已建立的个人账户继续由社会保险经办机构管理,退休时,其个人账户储存额每月按 1/120 计发,并相应抵减按机关事业单位办法计发的养老金。

(3)在机关事业单位和企业间多次流动

公务员进入企业工作后再次转入机关事业单位工作的,原给予的一次性补贴的本金和利息要上缴同级财政。其个人账户管理、退休后养老金计发等,比照由企业进入机关事业单位工作职工的相关政策办理。

(二)离休情况下的制度安排

由于离休是对新中国成立前参加革命工作的干部的特殊制度安排,目前在机关事业单位已基本不存在新的离休情况。但是按照离休的标准享受待遇的老干部仍然是我们关注的对象,他们为我国的革命、建设和改革事业作出了重大贡献。

1.覆盖范围

主要为新中国成立前参加革命工作的老同志。

2.资金来源

主要由财政负担,个人不需要缴费。离休干部所需各项经费,由原工作单位列入预算。行政单位在其他行政经费列支,事业单位在事业费项下的离休退休人员费用项目列支,企业单位在营业外支出列支。

3.资格条件

1949 年 9 月 30 日前,参加中国共产党领导的革命军队的干部;1949 年 9 月 30 日前,在解放区参加革命工作并脱产享受供给制待遇的干部;1949 年 9 月 30 日前,在敌占区从事地下革命工作的干部;1948 年以前,在解放区参加革命工作并享受当地人民政府制定的薪金制待遇的干部。

4. 离休年龄

中央、国家机关的正、副部长,省、市、自治区党委正、副书记和省、市、自治区人民政府正副省长、正副市长、正副主席及相当职务的干部,正职年满 65 周岁,副职年满 60 周岁;中央、国家机关的正副司长、局长,省、市、自治区党委正副部长和省、市、自治区人民政府正副厅长、局长,地委正副书记和行政公署正副专员及相当职务的干部年满 60 周岁;其他干部,男性年满 60 周岁,女性年满 55 周岁。身体不能坚持正常工作的,可提前离休;确因工作需要,身体又能坚持正常工作的,经任免机关批准,可适当推迟。

5. 各项待遇①

离休干部实行"基本政治待遇不变,生活待遇略为从优"的原则。主要体现在:

(1)政治待遇

授予"老干部离休荣誉证",按同级在职干部阅读文件、听重要报告,组织集体参观工农业建设项目等,开展有益身体健康的文化、体育活动。

(2)生活待遇

①离休金:凡 1949 年 9 月 30 日前参加革命工作的老干部,离休金按本人离休前原工资 100% 发给。

②生活补贴:自 2011 年起,国家决定提高离休干部生活补贴标准和扩大发放范围,对离休干部发放一至三个月的生活补贴。② 具体规定见图 4 -1:

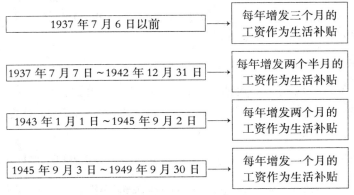

图 4 -1　离休干部生活补贴分类(2011 年)

① 《关于进一步加强新形势下离退休干部工作的意见》(中组发〔2008〕10 号)重新强调了对离休干部的思想政治建设和生活待遇保障。

② 2011 年,中共中央组织部、财政部、人力资源和社会保障部发布《关于提高离休干部生活补贴标准和扩大发放范围的通知》(组通字〔2011〕29 号)。

1937 年 7 月 6 日前（抗日战争爆发之前）参加革命工作的离休干部,生活补贴由原每人每年增发两个月的基本离休费,提高到每人每年增发三个月的基本离休费。

1937 年 7 月 7 日至 1942 年 12 月 31 日（抗日战争前期）参加革命工作的离休干部,生活补贴由原每人每年增发一个半月的基本离休费,提高到每人每年增发两个半月的基本离休费。

1943 年 1 月 1 日至 1945 年 9 月 2 日（抗日战争后期）参加革命工作的离休干部,生活补贴由原每人每年增发一个月的基本离休费,提高到每人每年增发两个月的基本离休费。

对 1945 年 9 月 3 日至 1949 年 9 月 30 日（解放战争时期）参加革命工作的离休干部,每年增发一个月的基本离休费,作为生活补贴。

③另外,老干部离休后的医疗（医疗费用实报实销,定期组织体检）、护理、住房、用车、生活用品供应及其他有关生活待遇,都有相应规定。同时,可以按规定享受福利待遇,如地方性补贴。

四、事业单位的职业年金①（事业单位补充养老保险）

在 2008 年的《关于印发事业单位工作人员养老保险制度改革试点方案的通知》（国发〔2008〕10 号）已经提到要"建立职业年金制度"。本部分依据主要为"一加九","一"指 2011 年 3 月 23 日发布的《中共中央、国务院关于分类推进事业单位改革的指导意见》（中发〔2011〕5 号）,"九"指 2011 年 7 月 24 日由国务院办公厅发布的九个配套文件②。

（一）年金方案

职业年金方案应当主要包括以下内容:参加人员范围,资金筹集与分配方式,职业年金个人账户管理方式,权益归属方式,基金管理方式,计发办法和支

---

① 指事业单位及其工作人员在依法参加事业单位工作人员基本养老保险的基础上,建立的补充养老保险制度。

② 包括《关于事业单位分类的意见》、《关于承担行政职能事业单位改革的意见》、《关于创新事业单位机构编制管理的意见》、《关于建立和完善事业单位法人治理结构的意见》、《关于分类推进事业单位改革中财政有关政策的意见》、《关于分类推进事业单位改革中从事生产经营活动事业单位转制为企业的若干规定》、《关于分类推进事业单位改革中加强国有资产管理的意见》、《关于深化事业单位工作人员收入分配制度改革的意见》、《事业单位职业年金试行办法》。

需要说明的是,目前,《国务院关于印发事业单位工作人员养老保险制度改革试点方案的通知》（国发〔2008〕10 号）继续在山西省、上海市、浙江省、广东省、重庆市进行试点,《事业单位职业年金试行办法》适用于上述 5 个试点省（市）。

付方式,支付职业年金待遇的条件,中止和恢复缴费的条件与程序,修改和终止职业年金方案的条件与程序,组织管理和监督方式,双方约定的其他事项。

(二)覆盖范围

适用于分类推进事业单位改革后从事公益服务的事业单位及其编制内工作人员。

(三)资金来源

职业年金所需费用由单位和工作人员个人共同负担。

1.缴费比例

单位缴纳职业年金费用的比例最高不超过本单位上年度缴费工资基数的8%。职业年金单位缴费的列支渠道按照国家有关规定执行。个人缴费比例不超过上年度本人缴费工资基数的4%。

2.缴费基数

职业年金单位缴费工资基数为单位工作人员岗位工资和薪级工资之和,个人缴费工资基数为工作人员本人岗位工资和薪级工资之和。

3.基金组成

职业年金基金由下列各项组成:单位缴费,个人缴费,职业年金基金投资运营收益。

4.账户管理

单位缴费应当按照职业年金方案规定比例计算的数额计入职业年金个人账户,当期计入的最高额一般不得超过本单位工作人员平均分配额的3倍;工作人员个人缴费额计入本人职业年金个人账户。

职业年金基金投资运营收益,按净收益额计入职业年金个人账户。

(四)资格条件

1.建立条件

建立职业年金的事业单位应符合下列条件:依法参加事业单位基本养老保险并履行缴费义务,具有相应的经济负担能力,已建立民主协商机制。

2.领取条件

领取职业年金应符合下列条件之一①:工作人员在达到国家规定的退休条件并依法办理退休手续后,可以从本人职业年金个人账户中一次或分期领取职业年金;出境定居人员的职业年金个人账户资金,可根据本人要求一次性支付

---

① 不符合条件的,不得从个人账户中提前提取资金。

给本人；工作人员或退休人员死亡后，其职业年金个人账户余额由其指定的受益人或法定继承人一次性领取。

（五）制度模式

职业年金基金实行完全积累，采用个人账户方式管理。

（六）转移接续

工作人员变动工作单位时，职业年金个人账户资金可以随同转移。工作人员升学、参军、失业期间或新就业单位没有实行职业年金或企业年金制度的，其职业年金个人账户可由原管理机构继续管理运营。新就业单位已建立企业年金制度的，原职业年金个人账户余额转入企业年金个人账户。

五、国外公职人员养老保险——以美国为例

按照世界银行的统计，截至 2006 年，在有资料的 158 个国家和地区中，略超过 50% 的国家尚存在独立的公职人员养老保险计划。也就是说，这些国家和地区的公务员，在退休年龄、缴费年限、替代率、退休金发放指数、筹资方法等方面，仍与普通国民存在差别。

本部分主要介绍美国联邦政府雇员的养老保险制度①。美国联邦政府雇员的养老保险经历过两个阶段：文官退休制度（Civil Service Retirement System，CSRS）和联邦政府雇员退休制度（Federal Employee Retirement System，FERS）。从时间上划分，1984 年以前的联邦政府雇员参加"文官退休制度"；1984 年以后，新的联邦政府雇员参加"联邦政府雇员退休制度"。

（一）文官退休制度（CSRS）

1. 制度依据

1920 年《文官退休法案》（Civil Service Retirement Act of 1920，P. L. 66 ～ 215）、《美国法典》第五编第八十三章。

2. 制度构成

（1）收益确定型年金计划（DB plan）；

（2）缴费确定型"节约储蓄计划"（Thrift Savings Plan，DC plan）。

3. 覆盖范围

1984 年以前受雇于联邦政府的雇员。

4. 资金来源

---

① 美国各州和地方公务员还有不同的养老保险计划。

（1）收益确定型年金计划：联邦政府雇员所在的机构每年从雇员收入中扣除基本交纳额，一般为7%，同时机构也向文官退休制度交纳相配套的资金。

（2）缴费确定型"节约储蓄计划"：个人交纳的比例限于报酬的9%，联邦政府不提供配套资金。[①]

5. 资格条件

55岁退休者必须工作满30年，60岁退休者必须工作满20年，62岁退休者必须工作满5年。

6. 待遇水平（DB计划）

（1）计算依据：雇员的服务年限，服务期间个人最高的、连续3年的基本报酬，福利的年增长率（在最初工龄的5年中，年福利增长率为最高的3年报酬的1.5%，第5～10年工龄时年福利增长率为1.75%，10年以上工龄部分的年福利增长率为2%）。

（2）计算公式：养老金＝工资基数×（$1.5\%x + 1.75\%y + 2\%z$）

其中$x \leqslant 5$，代表最初5年以内的工龄；$y \leqslant 5$，代表第5～10年时的工龄；z代表10年以上部分的工龄。

（二）联邦政府雇员退休制度（FERS）

1. 制度依据

1986年《联邦政府雇员退休制度法案》（Federal Employees' Retirement System Act of 1986）、《美国法典》第五编第八十四章。

2. 制度构成[②]

（1）老年社会保障计划（Old－Age, Survivors, and Disability Insurance program, OASDI）；

（2）收益确定型年金计划（DB plan）；

（3）缴费确定型"节约储蓄计划"（Thrift Savings Plan, DC plan）。

3. 覆盖范围

1984年以后受雇于联邦政府的雇员。

4. 资金来源

（1）老年社会保障计划：雇员交纳工资的6.2%，联邦政府一般交纳相同的比例。

---

① 李超民编：《美国社会保障制度》，上海人民出版社2009年版，第163页。

② Pension Benefits. EBRI Looks Back at 25 Years of Federal Pension Reform. Oct. 2011, Vol. 20 Issue 10, p8. http://www.ebri.org/publications/ib/index.cfm? fa = ibDisp&content_id = 4837. 上网时间为2011年12月25日。

（2）收益确定型年金计划：雇员交纳工资的 0.8%，根据精算的情况，联邦政府交纳剩余部分，但每年都会变化，在 10% 左右。[1]

（3）节约储蓄计划：雇员交纳比例最多为个人报酬的 14%，上限 13000 美元，而且雇员交纳金额的前 5%，可以得到联邦政府部门的配套资金，详见表 4-2。

表 4-2　"联邦雇员退休制度"下联邦政府为雇员"节约储蓄计划"交纳的配套资金

雇员交纳工资的百分比	政府为雇员交纳雇员工资的百分比	总计百分比
0.0	1.0	1.0
1.0	2.0	3.0
2.0	3.0	5.0
3.0	4.0	7.0
4.0	4.5	8.5
>5.0	5.0	10.0

资料来源：Agency Contribution to Thrift Savings Plan for FERS Employees（Automatic 1% and Matching），http://www. myfederalretirement. com/public/123. cfm，2009 年 2 月 2 日。

5. 资格条件

服务期满 30 年时，55 岁即可退休；服务期满 20 年，60 岁才能退休；服务期满 5 年，62 岁才能退休。服务期不满 30 年，在 62 岁以前提前退休者，养老金会按照每年 5% 的幅度减少。表 4-3 列举了"联邦雇员退休制度"提前退休的具体规定。

表 4-3　"联邦雇员退休制度"提前退休的具体规定

出生时间	退休年龄	出生时间	退休年龄
1947 年或以前	55 岁	1965 年	56 岁 2 个月
1948 年	55 岁 2 个月	1966 年	56 岁 4 个月
1949 年	55 岁 4 个月	1967 年	56 岁 6 个月
1950 年	55 岁 6 个月	1968 年	56 岁 8 个月
1951 年	55 岁 8 个月	1969 年	56 岁 10 个月
1952 年	55 岁 10 个月	1970 年或以后	57 岁
1953～1964 年	56 岁		

资料来源：Purcell, Patrick, Federal Employees' Retirement System：Benefits and Financing, Congressional Research Service & the Library of Congress, June 6, 2003.

---

[1] Purcell, Patrick J., Fall, 2004, Federal Employee Retirement Programs and the Federal Budget, New York：*Journal of Deferred Compensation*, p. 7.

6.待遇水平(DB 计划)

(1)计算依据:雇员的服务年限,服务期间个人最高的、连续 3 年的基本报酬,福利的年增长率①。

(2)计算公式:养老金 = 工资基数 × 年增长率 × 联邦服务工龄

六、问题与前景

(一)问题

1.机关事业单位养老保险与企业职工养老保险差距日益扩大

根据《中国经济发展和体制改革报告》所提供的数据,在 1990 年,城镇企业单位人均离退休费为 1664 元,事业单位和机关分别是 1889 元和 2006 元;到了 2005 年,企业单位人均离退休费为 8803 元,而事业单位和机关分别是 16425 元和 18410 元,事业单位和机关的人均离退休费分别比企业高出了 86.6% 和 109.1%,差距有越来越大的趋势。

作为调节收入差距的有效手段,社会保障应该通过再分配缩小各个群体间的收入差距,而不是扩大收入差距。

2.机关事业单位养老保险制度自身的问题

机关事业单位养老保险是在战争年代和计划经济体制下设计形成的,为当时的经济社会发展提供了有力保障,但其自身的缺陷难以在现行框架内克服。再加上经过 20 世纪 90 年代的地方试点,一定程度上造成了制度的碎片化,各地筹资压力沉重,财政负担出现困难,管理与服务社会化程度偏低。不仅不利于提高政府和事业单位的行政和工作效率,提高公众对机关事业单位服务的满意度,也不能有效保证公务员和事业单位工作人员的养老权益,改革势在必行。

3.公务员和事业单位养老保险改革的同步问题

从近年来我国出台的各项政策来看,虽然提出了公务员养老保险的改革,但并未采取具体措施,而是以事业单位为改革的试点对象。但从实践的情况来看,自 2008 年国家决定在山西、上海、浙江、广东、重庆五省市先期开展事业单位工作人员养老保险制度改革试点工作以来,截止到 2011 年,五省市的改革推进依然缓慢,改革的阻力来源于问题本身的复杂性、待遇水平下降的可能性、技术层面的可操作性等各个方面。而公务员和事业单位养老保险改革的同步问题又加深了改革的难度和不确定性。

---

① 联邦雇员退休制度每年增加的比率是基期报酬的 1%,对于工作满 20 年、62 岁退休者,年增长率为 1.1%。

4.机关事业单位养老保险改革与分类推进事业单位改革

国家在指导事业单位工作人员养老保险制度改革试点工作时,重点提到要与事业单位分类改革配套推进。只有二者的改革相互促进、协调进行,改革的效果才能最大化,改革的程度才能彻底;否则,只会相互牵制,使两类改革陷于进退两难的境地。

(二)前景

机关事业单位养老保险改革向何处去?   刘刚 绘

机关事业单位养老保险改革的理论辨析由来已久,然而实践中的改革却并不顺利。对其前景的看法主要有以下几类①②:

1.理想的模式是将公务员纳入基本养老保险制度,并在此基础上为其建立单独的职业年金计划。

2.中国当前并没有一个统一的基本养老保险制度,不同区域及群体间,制度差异大,统筹层次低。在基本养老保险个人账户存在大规模空账的情况下,中国的社会保险基金并未实质性运营,在通胀风险下保值增值压力巨大。此时将机关事业单位养老纳入社会保险制度"毫无意义",将财政未来将要支付的金

---

① 财新网:《养老金并轨启动,公务员担心退休金将削减一半》,凤凰网财经频道,http://finance.ifeng.com/news/20110304/3564962.shtml.2011年3月4日。上网时间为2011年11月11日。

② 《中国将试点公务员社保制度,大众含泪仰望》,《东方早报》,转引自中国网,http://www.china.com.cn/education/2011 - 02/23/content_21987194.htm,2011年2月23日。上网时间为2011年11月11日。

额提前按月缴纳进社会保险基金,反而加大了基金保值压力,成为负担。

3. 从分担风险角度来说,国家财政为公务员养老担保,保障力度必然是最强的;即使要让公务员进入社会保险体系,依然要维持现行的待遇水平,财政必然要进行补贴,提供补充待遇;既然都是财政负责,进入社保无非是将财政资金"从这兜进那兜,再拿出来",反而增加成本。

4. 建立公务员的社会养老保险制度,绝非是让财政的钱从"左口袋"到"右口袋"。一旦公务员参加社会保险,其每月交纳的保险费性质即改变,就从财政的钱进入到社会保险基金中,前者没有投资和收益,后者则应进行保值增值。

5. 目前的企业职工基本养老保险制度不尽合理,将公务员强行并入未必是最优选择。虽然制度的整合是必然,但现阶段可以先建立单独的制度,并为不同制度的转移接续留出通道。

6. 我国多项社会制度的改革都是先做后修,社会保险制度也是这样,在推行多年之后才出台了社会保险法,公务员社保制度也可以参考这一做法,先试点再推广。

总之,机关事业单位的养老保险改革牵一发而动全身,既牵涉社会公平、平等问题,又涉及千万公务员和事业单位员工的切身利益,决策层需慎重行事,妥善处理好改革前后退休人员待遇水平的平稳衔接。

第二节 城镇居民社会养老保险制度

一、基本概念

城镇居民现泛指在城镇居住、生活的人。在城镇居民养老保险制度中,主要指年满 16 周岁(不含在校学生)、不符合职工基本养老保险参保条件的城镇非从业居民。

二、简要历史

新中国的社会保险源于国家政务院于 1951 年 2 月 23 日政务院第七十三次政务会议通过的《中华人民共和国劳动保险条例》,但当时其覆盖范围只包括各企业内工作的工人与职员(包括学徒)。

从我国养老保险发展的历史出发,在国家保险模式时期(1951~1986 年),覆盖范围是有工人职员 100 人以上的国营、公私合营、私营及合作社经营的企业及其职工,全民所有制、集体所有制企业及其职工,机关事业单位员工。在"统账结合"养老保险模式时期(1986 年以后),覆盖范围有企业职工,机关事业单位工作人员,市城镇户口、不由国家供应商品粮的农村人口①,年满 16 周岁(不含在校学生)、未参加城镇职工基本养老保险的农村居民②。直到 2010 年《中华人民共和国社会保险法》的出台,才从国家层面对城镇居民养老保险有了明确指示——在第二十二条规定"国家建立和完善城镇居民社会养老保险制度"。③

2011 年 6 月 1 日,国务院总理温家宝主持召开国务院常务会议,决定开展城镇居民社会养老保险试点,并要求 2011 年试点范围覆盖全国 60% 的地区,2012 年基本实现全覆盖。2011 年 6 月 3 日,国务院发布《关于开展城镇居民社会养老保险试点的指导意见》(国发〔2011〕18 号),确定我国建立个人缴费、政府补贴相结合的城镇居民养老保险制度。2011 年 6 月 20 日,温家宝总理在全国城镇居民社会养老保险试点工作部署暨新型农村社会养老保险试点经验交流会议上发表讲话,重点强调了建立城镇居民社会养老保险的意义。

三、城镇居民现行制度

目前,我国城镇居民社会养老保险的主要依据是 2011 年 6 月 3 日国务院发布的《关于开展城镇居民社会养老保险试点的指导意见》(国发〔2011〕18 号)。其主要内容如下:

(一)基本原则

城镇居民社会养老保险的基本原则是"保基本、广覆盖、有弹性、可持续"。一是从城镇居民的实际情况出发,低水平起步,筹资标准和待遇标准要与经济发展及各方面承受能力相适应;二是个人(家庭)和政府合理分担责任,权利与义务相对应;三是政府主导和居民自愿相结合,引导城镇居民普遍参保;四是中央确定基本原则和主要政策,地方制定具体办法,城镇居民养老保险实行属地

---

① 属于"老农保"的覆盖范围,具体将在本章第三节介绍,依据为《县级农村社会养老保险基本方案(试行)》(民办发〔1992〕2 号)。

② 属于"新农保"的覆盖范围,具体将在本章第三节介绍,依据为《国务院关于开展新型农村社会养老保险试点的指导意见》(国发〔2009〕32 号)。

③ 在此之前,主要是在 2008 年至 2010 年之间,一些地方政府在"新农保"的推进过程中,有将城镇居民并入城乡居民养老体系的具体实践。如北京市在 2007 年底率先建立了"城乡无社会保障老年居民养老保障制度",并先后出台《北京市人民政府关于印发北京市城乡居民养老保险办法的通知》(京政发〔2008〕49 号)、《关于印发〈北京市城乡居民养老保险办法实施细则〉的通知》(京劳社农发〔2009〕13 号)。

管理。

（二）预期目标

建立个人缴费、政府补贴相结合的城镇居民养老保险制度，实行社会统筹和个人账户相结合，与家庭养老、社会救助、社会福利等其他社会保障政策相配套，保障城镇居民老年基本生活。2011 年 7 月 1 日启动试点工作，实施范围与新型农村社会养老保险试点基本一致，2012 年基本实现城镇居民养老保险制度全覆盖。

（三）覆盖范围

年满 16 周岁（不含在校学生）、不符合职工基本养老保险参保条件的城镇非从业居民。

（四）基金筹集

城镇居民养老保险基金主要由个人缴费和政府补贴构成。

1. 个人缴费

参加城镇居民养老保险的城镇居民应当按规定缴纳养老保险费。缴费标准目前设为每年 100 元、200 元、300 元、400 元、500 元、600 元、700 元、800 元、900 元、1000 元 10 个档次，地方人民政府可以根据实际情况增设缴费档次。参保人自主选择档次缴费，多缴多得。国家依据经济发展和城镇居民人均可支配收入增长等情况适时调整缴费档次。

2. 政府补贴

政府对符合待遇领取条件的参保人全额支付城镇居民养老保险基础养老金。其中，中央财政对中西部地区按中央确定的基础养老金标准给予全额补助，对东部地区给予 50% 的补助。

地方人民政府应对参保人员缴费给予补贴，补贴标准不低于每人每年 30 元；对选择较高档次标准缴费的，可给予适当鼓励，具体标准和办法由省（区、市）人民政府确定。对城镇重度残疾人等缴费困难群体，地方人民政府为其代缴部分或全部最低标准的养老保险费。

其他经济组织、社会组织和个人可以为参保人缴费提供资助。

（五）支付条件

参加城镇居民养老保险的城镇居民，年满 60 周岁，可按月领取养老金。

城镇居民养老保险制度实施时，已年满 60 周岁，未享受职工基本养老保险待遇以及国家规定的其他养老待遇的，不用缴费，可按月领取基础养老金；距领取年龄不足 15 年的，应按年缴费，也允许补缴，累计缴费不超过 15 年；距领取年龄超过 15 年的,应按年缴费,累计缴费不少于 15 年。

(六)待遇水平

养老金待遇由基础养老金和个人账户养老金构成,支付终身。

中央确定的基础养老金标准为每人每月 55 元。地方人民政府可以根据实际情况提高基础养老金标准,对于长期缴费的城镇居民,可适当加发基础养老金,提高和加发部分的资金由地方人民政府支出。

个人账户养老金的月计发标准为个人账户储存额除以 139(与现行职工基本养老保险及新农保个人账户养老金计发系数相同)。参保人员死亡,个人账户中的资金余额,除政府补贴外,可以依法继承;政府补贴余额用于继续支付其他参保人的养老金。

此外,国家将根据经济发展和物价变动等情况,适时调整全国城镇居民养老保险基础养老金的最低标准。

中国城镇居民年满 60 周岁可按月领取养老金[1]

(七)经办管理

记录城镇居民参保缴费和领取待遇情况,建立参保档案,长期妥善保存;建

---

① 图片来源:中国网,6 月 13 日,王华斌绘,http://news.china.com.cn/law/2011 - 07/13/content_22980989.htm。

立全国统一的城镇居民养老保险信息管理系统,与职工基本养老保险、新农保信息管理系统整合,纳入社会保障信息管理系统("金保工程")建设,并与其他公民信息管理系统实现信息资源共享;推行社会保障卡,方便参保人持卡缴费、领取待遇和查询本人参保信息。整合现有社会保险经办管理资源,建立健全统一的新农保与城镇居民养老保险经办机构,加强经办能力建设。城镇居民养老保险工作经费纳入同级财政预算,不得从城镇居民养老保险基金中开支。

(八)实施手段和流程

各省(区、市)人民政府根据《关于开展城镇居民社会养老保险试点的指导意见》,结合本地区实际情况,制定试点具体实施办法,并报国务院试点工作领导小组备案;在充分调研、多方论证、周密测算的基础上,提出切实可行的试点实施方案,按要求选择试点地区,报国务院试点工作领导小组审定。试点县的试点实施方案由各省(区、市)人民政府批准后实施,并报国务院试点工作领导小组备案。

(九)相关制度衔接

有条件的地方,城镇居民养老保险应与新农保合并实施。其他地方积极创造条件将两项制度合并实施[1]。城镇居民养老保险与职工基本养老保险等其他养老保险制度的衔接办法,由人力资源社会保障部会同财政部制定。妥善做好城镇居民养老保险制度与城镇居民最低生活保障、社会优抚等政策制度的配套衔接工作,具体办法由人力资源社会保障部、财政部会同有关部门研究制定。

四、国外居民养老保险——以瑞士为例

回溯现代社会保障制度的发展历史,相比我国,西方发达资本主义国家的一个突出特点就是覆盖面的宽广,本部分以瑞士为例,介绍瑞士的养老保险体系和对居民[2]参加养老保险的单独规定。

瑞士的养老保险体系有三个支柱:第一支柱是基本养老保险,是强制性的老年、遗属和伤残保险(OASI);第二支柱是企业职工养老保障金(COPA);第三支柱是自愿参加的商业保险,属于自我保障。由于第二支柱需要劳动者和雇主

---

[1] 从实践中看,目前我国城镇居民社会养老保险存在两种做法:一种是单纯的城镇居民社会养老保险,覆盖范围只包括达到年龄等各项条件的城镇非就业居民;另一种是覆盖范围包含了城镇居民和周边农民的城乡居民社会养老保险。

[2] 由于福利国家的社会保障体系基本都覆盖全体国民,为了更好地与我国城镇居民进行对比,此处主要指居民中无职业者,没有单位负担费用的非在职者。

共同存在,是就业关联型的保障,而第三支柱属于自愿性的个人行为,所以本部分主要介绍第一支柱的基本养老保险。

(一)覆盖范围

适用于所有在瑞士居住和工作的人,具体包括雇主、雇员、独立开业者、学生、家庭主妇等。由于是强制性养老保险,它要求所有在瑞士居住的居民都要参加。

(二)资金来源

瑞士宪法规定,凡 20 岁以上的居民和年满 18 岁的在职者都必须向国家缴纳养老保险金。

1. 在职者

在职者的养老金缴纳比例为 10% 左右[1],由雇主和雇员各负担一半,雇员所承担的 50%(税前收入的 5.05%)将直接从薪水中扣除并和雇主支付的部分一起存入雇员所属的保险基金。那些已开始领取养老金但还在继续从业的人员,应继续缴纳保险金。

2. 其他群体[2]

(1)无工作的家庭妇女由其有工作的丈夫为她缴纳最低的养老保险金。

(2)包括大学生在内的无职业者和无财产者,则从年满 20 岁后的第一个元月一日起开始支付养老、遗属和伤残保险金,支付期限截至法定退休年龄,支付金额是每年最低 390 瑞士法郎[3](1 美元约合 1.2 瑞士法郎)[4]。为支付这种义务保险费,他们可动用原有财产、失业金甚至社会救济金。

(三)资格条件

按照规定,瑞士退休人员可在法定退休年龄后的下个月的第一天开始领取养老金。目前瑞士法定退休年龄为男性 65 岁、女性 64 岁。

(四)待遇水平

养老金的多少,取决于养老保险的缴费年限和数额,提前一年或几年退休者,其养老金将相应减少。相反,推迟一年至最长五年退休者,领取的养老金比

---

① 缴纳的比例并不是一成不变,它会根据工资增长和通货膨胀指数每两年调整一次。

② 这部分人群中除了大学生,基本对应我国城镇居民社会养老保险的覆盖范围。

③ 和在职者缴纳比例会改变一样,这个数额也会根据各项指标进行调整。

④ 新华网:《综述:瑞士养老保险三大支柱面临挑战》,招商银行网站,http://pension.cmbchina.com/CmbPension2008/news/newscontent.aspx? id = 3039. 2007 年 7 月 3 日。上网时间为 2011 年 12 月 12 日。

例也相应提高。此外,对于伤残者来说,还取决于身体伤残的程度。由于养老、遗属和伤残保险只是基本的生存保障,所以有最高限额的规定①。

五、问题与前景

(一)问题

2011年开展的城镇居民社会养老保险试点,是党中央、国务院为加快建设覆盖城乡居民社会保障体系作出的重大决策,标志着我国基本养老保险制度将实现全覆盖,对于实现人人享有基本养老保险,促进社会和谐,具有重大意义。从制度设计的理念和作出的安排来看,可以认为达到了"保基本、广覆盖、有弹性、可持续"的要求。但在具体的实施过程中,还有几个方面的问题需要妥善处理:

1.统筹层次

《关于开展城镇居民社会养老保险试点的指导意见》规定:"试点阶段,城镇居民养老保险基金暂以试点县(区、市、旗,以下简称试点县)为单位管理,随着试点的扩大和推开,逐步提高管理层次;有条件的地方也可直接实行省级管理。"虽然各地具体情况有所差别,但从长远看,提高统筹层次仍然是大势所趋。

2.待遇水平

目前的每月55元基础养老金相对我国当前整体经济发展水平来说不算高,但是在当前地区经济发展不平衡、中西部地区财力有限的情形下,"保基本"的养老保障标准能让更多的城市居民纳入到养老保障体系中来,将有利于更好地实现养老保障的"广覆盖"与"可持续"。各地在制定政策和提高待遇水平时需要综合考虑,不能盲目地急于提高。

3.制度衔接

城镇居民养老保险制度与相关制度的衔接不仅关系到我国养老保险体系的完善,更关系到城镇居民(城乡居民)的切身利益,制定具体办法时需全盘考虑。

4.特殊人群②

(1)随迁移居外地城镇老年人的养老保障问题

《关于开展城镇居民社会养老保险试点的指导意见》的参保范围提到"可以

---

① 但针对各个家庭的不同状况,政府会视其困难程度给予补贴。例如,从1966年起,瑞士对鳏、寡、孤、独者给予养老金特别补贴。

② 参见谭中和、赵巍巍:《补上城镇居民老无所养的"短板"》,《中国社会保障》2011年第7期。

在户籍地自愿参加",各地制定具体办法时也需要兼顾随迁移居外地的城镇老年人,在覆盖面或者转移接续等方面有所考虑。

(2)个体工商户、灵活就业人员参保问题

个体工商户、灵活就业人员属于城镇企业职工基本养老保险覆盖范畴,但这类人员一般就业不稳定、收入不确定。对确实没有能力参加城镇企业职工基本养老保险的,应当考虑允许其参加城镇居民养老保险。

(二)前景

目前对于城镇居民养老保险,从国家层面发布了指导意见,各地的试点热火朝天,但要达到 2012 年基本实现全覆盖的目标还需要各部门通力协作。在城镇居民养老保险的发展中,处理好与企业职工养老保险制度、机关事业单位养老保险制度、新型农村养老保险制度的关系至关重要,缩小各个制度间、各群体间的收入差距是养老保险的应有之义。此外,国家鼓励有能力的地方统一城乡居民养老保险是一种有益的探索。

第三节　新型农村社会养老保险制度

一、基本概念

(一)"老农保"

"老农保"是相对于"新农保"的一种说法,它是在 1986 年 4 月国家"七五计划"提出抓紧研究建立农村社会保险制度之后,由民政部主管的以县级为单位开展的农村社会养老保险,全国共 26 个省、自治区、直辖市政府相继颁发了开展农村社会养老保险工作的地方性法规和文件。它是我国农村养老保险制度建设的第一阶段。

(二)"新农保"

同样,"新农保"也是相对于"老农保"的一种说法,即本节将会主要介绍的新型农村社会养老保险。2009 年 9 月 1 日,国务院发布了《关于开展新型农村社会养老保险试点的指导意见》,我国农村社会养老保险进入了第二阶段。

二、简要历史

1978 年党的十一届三中全会通过的《农村人民公社条例(试行草案)》第四

十七条规定,对有条件的基本核算单位,主要是经济发达的地区可以实行养老金制度。据不完全统计,到 1984 年,80 万左右的农民享受到了农民养老金。[①] 1984 年以后,家庭联产承包责任制的推广瓦解了计划经济体制下的集体经济组织形式,农村养老问题日益严峻。

1986 年 10 月,民政部和国务院有关部委根据"七五计划"关于"抓紧研究建立农村社会保险制度"的精神,在江苏省沙洲县组织召开了"全国农村基层社会保障工作座谈会",提出在农村经济发达和经济比较发达地区,发展以社区(乡、镇、村)为单位的农村养老保险。这标志着我国农村养老保险的开始。

1989 年,民政部成立了中国农村社会养老保险研究课题组,选择北京市大兴县和山西省左云县作为县级农村社会养老保险试点县,强调国家、集体、个人三者共同承担社会保险责任,以个人自我保障为主,坚持农村务农务工等各业人员一体化,[②]这为"老农保"方案勾勒出了雏形。

1991 年 6 月,国务院发布《关于企业职工养老保险改革的决定》(国发〔1991〕33 号)明确要求民政部负责农村(含乡镇企业)的养老保险改革。同年,民政部选择了山东烟台、威海等五地进行县级农村社会养老保险试点。

1992 年 1 月,民政部农村养老保险办公室制定发布了《县级农村社会养老保险基本方案(试行)》,确定了以县为单位开展社会养老保险的原则。这套方案成为"老农保"的主要指导方针和实施依据。在此基础上,山东、湖北、江苏等省开展了大范围的农村社会养老保险试点,并在全国范围内推广。截至 1992 年底,农村社会养老保险试点工作在全国 950 多个县、市展开,其中 160 多个县、市基本建立了农村社会养老保险制度。[③] 1992 年 12 月,民政部在张家港市召开会议,总结各地试点经验,宣布向有条件的地区进行推广。

1995 年 10 月,国务院办公厅转发民政部《关于进一步做好农村社会养老保险工作的意见》(国办发〔1995〕51 号)指出:"在农村群众温饱问题已基本解决、基层组织比较健全的地区,逐步建立农村社会养老保险制度,是建立健全农村社会保障体系的重要措施,对于深化农村改革、保障农民利益、解除农民后顾之忧和落实计划生育基本国策、促进农村经济发展和社会问题,都具有深远意义。各级政府要切实加强领导,高度重视对农村养老保险基金的管理和监督,积极稳妥地推进这项工作。"为此,民政部先后下发了《加强农村社会养老保险基金

---

①　刘晓梅:《中国农村社会养老保险理论与实务研究》,科学出版社 2010 年版,第 139 页。

②　米红、杨翠迎:《农村社会养老保障制度基础理论框架研究》,光明日报出版社 2008 年版,第 51 页。

③　王东进:《中国社会保障制度的改革与发展》,法律出版社 2001 年版,第 294 页。

风险管理的通知》和《县级农村社会养老保险管理规程（试行）》等一系列规范性文件。①

1998年，国务院进行了机构改革，农村养老保险划归新成立的劳动和社会保障部。在多种因素的影响下，全国大部分地区农村社会保险出现参保人数下降、基金运行难度加大等问题，部分地区农村社会养老保险陷入停顿状态。

1999年，《国务院批转整顿保险业工作小组保险业整顿与改革方案的通知》（国发〔1999〕14号），提出对农保制度进行整顿，具备条件的要逐渐过渡为商业保险。这个阶段，部分地区停办了该业务，并对农民交纳的保险费及利息进行退还，但还有部分地区（如上海、浙江）反而有所扩大。同年12月，劳动和社会保障部在充分调研和广泛听取意见的基础上，向国务院上报了《关于整顿规范农村社会养老保险工作有关问题的请示》和《关于整顿和规范农村社会养老保险工作方案》。

2002年10月，劳动和社会保障部向国务院呈送了《关于整顿规范农村养老保险进展情况的报告》，提出农保工作要坚持在有条件的地区逐步实施，同时研究探索适合农民工、失地农民、小城镇农转非人员特点的养老保险办法。

2002年11月，党的"十六大"明确提出："在有条件的地区探索建立农村养老、医疗保险和最低生活保障制度。"②

2003年11月，党的十六届三中全会提出："农村养老保障以家庭为主，同社区保障、国家救济相结合。"

2007年11月，党的"十七大"报告提出："加快建立覆盖城乡的社会保障体系，探索建立农村养老保险制度，完善城乡居民最低生活保障制度。"

2009年6月24日，国务院总理温家宝主持召开国务院常务会议，研究部署开展新型农村社会养老保险试点。同年8月18日和19日，在全国新型农村社会养老保险试点工作会议上，温家宝总理和张德江副总理分别发表了《开展新型农村社会养老保险试点工作，逐步推进基本公共服务均等化》和《加强领导，精心组织，扎实做好新型农村社会养老保险试点工作》的讲话，论述了开展"新农保"试点工作的重要意义、基本原则、主要政策和注意问题。同年9月1日，国务院发布了《国务院关于开展新型农村社会养老保险试点的指导意见》（国发〔2009〕32号），决定从2009年起开展新型农村社会养老

① 卢海元：《和谐社会的基石——中国特色新型养老保险制度研究》，群众出版社2009年版，第46～47页。

② 在此以后，我国一些地方又开始了对农村社会养老保险的探索，并取得一定的成果，如陕西省的试点工作为国家2009年推行新型农村社会养老保险提供了思路。

保险的试点。

2010 年通过的《中华人民共和国社会保险法》第二十条提到"国家建立和完善新型农村社会养老保险制度"。第二十一条明确"参加新型农村社会养老保险的农村居民,符合国家规定条件的,按月领取新型农村社会养老保险待遇"。

截至 2011 年 6 月底,全国参加新型农村社会养老保险的人数共 1.99 亿人,5408 万人领取养老金,北京、天津、重庆、浙江、江苏、西藏、宁夏、青海、海南 9 个省区市已经实现新农保制度全覆盖。[①]

三、新农保现行制度

目前,我国新型农村社会养老保险的制度依据主要是 2009 年发布的《国务院关于开展新型农村社会养老保险试点的指导意见》。

(一)基本原则

新农保试点的基本原则是"保基本、广覆盖、有弹性、可持续"。一是从农村实际出发,低水平起步,筹资标准和待遇标准要与经济发展及各方面承受能力相适应;二是个人(家庭)、集体、政府合理分担责任,权利与义务相对应;三是政府主导和农民自愿相结合,引导农村居民普遍参保;四是中央确定基本原则和主要政策,地方制定具体办法,对参保居民实行属地管理。

(二)制度模式

实行社会统筹与个人账户[②]相结合,与家庭养老、土地保障、社会救助等其他社会保障政策措施相配套,保障农村居民老年基本生活。

(三)覆盖范围

年满 16 周岁(不含在校学生)、未参加城镇职工基本养老保险的农村居民,可以在户籍地自愿参加新农保。

(四)资金来源

新农保基金由个人缴费、集体补助、政府补贴构成。

1. 个人缴费

---

① 《截至 6 月底 1.99 亿人参加新农保,9 省市实现全覆盖》,中国新闻网,http://www. chinanews. com/cj/2011/07－25/3207680. shtml. 2011 年 7 月 25 日。上网时间为 2011 年 12 月 28 日。

② 国家为每个新农保参保人建立终身记录的养老保险个人账户。个人缴费,集体补助及其他经济组织、社会公益组织、个人对参保人缴费的资助,地方政府对参保人的缴费补贴,全部记入个人账户。个人账户储存额目前每年参考中国人民银行公布的金融机构人民币一年期存款利率计息。

缴费标准目前设为每年 100 元、200 元、300 元、400 元、500 元 5 个档次,地方可以根据实际情况增设缴费档次。参保人自主选择档次缴费,多缴多得。国家依据农村居民人均纯收入增长等情况适时调整缴费档次。

2. 集体补助

有条件的村集体应当对参保人缴费给予补助,补助标准由村民委员会召开村民会议民主确定。鼓励其他经济组织、社会公益组织、个人为参保人缴费提供资助。

3. 政府补贴

政府对符合领取条件的参保人全额支付新农保基础养老金,其中中央财政对中西部地区按中央确定的基础养老金标准给予全额补助,对东部地区给予50% 的补助。

地方政府应当对参保人缴费给予补贴,补贴标准不低于每人每年 30 元;对选择较高档次标准缴费的,可给予适当鼓励,具体标准和办法由省(区、市)人民政府确定。对农村重度残疾人等缴费困难群体,地方政府为其代缴部分或全部最低标准的养老保险费。

(五)资格条件

年满 60 周岁、未享受城镇职工基本养老保险待遇的农村有户籍的老年人,可以按月领取养老金。

第一,新农保制度实施时,已年满 60 周岁、未享受城镇职工基本养老保险待遇的,不用缴费,可以按月领取基础养老金,但其符合参保条件的子女应当参保缴费。

第二,距领取年龄不足 15 年的,应按年缴费,也允许补缴,累计缴费不超过15 年。

第三,距领取年龄超过 15 年的,应按年缴费,累计缴费不少于 15 年。

(六)待遇水平

养老金待遇由基础养老金和个人账户养老金组成,支付终身。包括以下几个方面:

1. 中央确定的基础养老金标准为每人每月 55 元。地方政府可以根据实际情况提高基础养老金标准,对于长期缴费的农村居民,可适当加发基础养老金,提高和加发部分的资金由地方政府支出。

2. 个人账户养老金的月计发标准为个人账户全部储存额除以 139(与现行城镇职工基本养老保险个人账户养老金计发系数相同)。

3. 参保人死亡,个人账户中的资金余额,除政府补贴外,可以依法继承;政府补贴余额用于继续支付其他参保人的养老金。

4.国家根据经济发展和物价变动等情况,适时调整全国新农保基础养老金的最低标准。

新型农村养老保险 2009 年开展试点①

（七）相关制度衔接

原来已开展以个人缴费为主、完全个人账户农村社会养老保险(以下称老农保)的地区,要在妥善处理老农保基金债权问题的基础上,做好与新农保制度衔接。在新农保试点地区,凡已参加了老农保、年满 60 周岁已领取老农保养老金的参保人,可直接享受新农保基础养老金;对已参加老农保、未满 60 周岁且没有领取养老金的参保人,应将老农保个人账户资金并入新农保个人账户,按新农保的缴费标准继续缴费,待符合规定条件时享受相应待遇。

新农保与城镇职工基本养老保险等其他养老保险制度②的衔接办法,由人力资源社会保障部会同财政部制定。要妥善做好新农保制度与被征地农民社会保障、水库移民后期扶持政策、农村计划生育家庭奖励扶助政策、农村五保供养、社会优抚、农村最低生活保障制度等政策制度的配套衔接工作,具体办法由人力资源社会保障部、财政部会同有关部门研究制定。

---

①　图片来源:大河网,《河南日报》,农村版第 3 版,《时代论坛》,2009 年 6 月 29 日,http://newpa-per. dahe. cn/hnrbncb/html/2009－06/29/content_193855. htm。

②　本章第二节已给出相应的办法,2011 年 6 月 3 日国务院发布的《关于开展城镇居民社会养老保险试点的指导意见》提出:"有条件的地方,城镇居民养老保险应与新农保合并实施。其他地方积极创造条件将两项制度合并实施。"

四、国外农村养老保险——以德国为例

从世界各个国家和地区社会养老保险制度看,其中 70 个国家和地区包含农村,其保障对象为全部人口。[①] 本部分以德国为例,介绍国外农村养老保险的情况,德国于 1951 年颁布了适用于独立经营农民的农村养老保障法,而现行的农民养老保险依据是 1957 年 7 月的《农民老年救济法》,是强制性的保险,所有农民都必须参加。

(一)覆盖范围

法定投保人为农场主及其配偶和共同劳作的家属,但大型农业企业的雇员不属于农村养老保险的范畴,而应投保于普通工人或职员的法定养老保险。

(二)资金来源

德国农村养老保险体系实行现收现付模式,资金来源于联邦政府的补贴和投保人缴纳的保险费。法律规定其缴费额统一标准,等额上缴,不与收入挂钩,投保人缴纳的保费不足支付时,国家给予资助。[②] 每一个共同劳作的家属若未依法或根据申请被免除保险义务,也有交纳保险费的义务,保险费由农场主承担,其费用为该农场主保险费的一半。该农场主在特定情况下也可申请对共同劳作家属保险费的补贴。[③]

(三)资格条件

德国农民领取农民养老金需要满足三个方面的条件:

第一,在 50 岁之后通过继承、出售或者长期租让等方式转移其农业企业,脱离农业劳动成为农业退休者,这是领取养老金的先决条件。

第二,需要达到法定退休年龄 65 周岁以后才能全额享受,提前退休会影响养老金的领取比例。

第三,需要达到规定的参保年限,一般为 15 年。但对于真正丧失劳动能力者,最低参保年限可为 5 年。

(四)待遇水平

德国的农民养老保险水平与个人收入、缴费年限相联系,绝大部分是受益者在参保期间自己缴纳的保费,大约只有 1/3 是来自于国家和社会的补贴。

---

① 周莹:《中国农村养老保障制度的路径选择研究》,上海社会科学院出版社 2009 年版,第 73 页。
② 曹建民、龙章月、牛剑平:《中国农村社会保障制度研究——以西北贫困地区为例》,人民出版社 2010 年版,第 17 页。
③ 李君如、吴焰:《建设中国特色农村社会保障体系》,中国水利水电出版社 2008 年版,第 271 页。

（五）给付形式

养老金的给付形式主要是现金给付,此外,在出现特定风险时也可以予以实物给付,例如,在面临或出现丧失劳动能力的情况时,投保者可以获得康复性医疗,目的在于避免他们丧失劳动能力或改善和恢复其劳动能力。如果投保者由于接受康复服务、丧失劳动能力、处于孕期或母婴保护期或死亡,企业的正常运营无法维持,那么,农村养老保险机构也可以提供经营帮工和家政帮工。[①]

（六）管理机构

宏观上由政府部门对农民养老金实行统一立法和管理监督。具体事务由专门的农民养老保险经办机构负责。目前,德国有13家农村养老保险经办机构,并组建了一个全国性的农村养老保险经办机构总联合会（GLA）。这些经办机构是具有自治特征的法人,并自觉接受政府的管理和监督。[②]

五、问题与前景

（一）问题

1."捆绑式参保"

现行的新农保规定已年满60周岁的农民不用缴费,可以直接按月领取基础养老金,但其符合参保条件的子女应当参保缴费[③]。这条原则性规定在许多地方演变成了"家庭成员捆绑缴费"的强制性措施,子女不参保,父母就不能领取国家的基础养老金。这又违背了新农保的初衷,一定程度上侵害了农村老人的福利和权利。

2.经办能力不足

新农保覆盖面广,工作量大,需要长期的有效运行管理。各试点县市虽投入了一定的人力物力,突击完成了第一阶段工作,却远远不能满足新农保长期、可持续发展的需要。无论是制度上的创新[④],还是人员的招聘和培训,都亟待

---

①　李君如、吴焰:《建设中国特色农村社会保障体系》,中国水利水电出版社2008年版,第271页。

②　曹建民、龙章月、牛剑平:《中国农村社会保障制度研究——以西北贫困地区为例》,人民出版社2010年版,第18页。

③　人力资源和社会保障部的解释是:"设立这个条款的初衷就是为了扩大覆盖面,因为毕竟这是一项养老保险制度,不是社会救济,也不是社会福利,权利和义务是对等的。但是考虑到60岁以上的老人没有经济能力,所以就免除缴费义务。但为了避免让农民误解,以为新农保是一项不用缴费就可以享受的政策,所以设立了这样一个条款。"

④　例如在新农保基金管理方面,广东正在进行新探索,确定了新农保经办工作实行省级集中购买服务的社、银合作模式:省级集中购买服务,借金融机构管理系统和服务网络之力,破解新农保经办之困。"邮储银行提供一站式服务后,参保农民只需填写一张表格,在窗口录入即可。"

解决。

3. 基金保值增值

老农保遭遇的重要问题之一就是该制度采用完全积累的个人账户,难以保证农民获得超过银行利率的投资回报。而新农保实行社会统筹与个人账户相结合的模式,个人账户基金的保值增值问题不可忽视。

4. 制度平衡问题

总体来看,新农保的制度设计兼顾了各方的利益,但在推进的过程中,有可能引发一些不平衡:(1)非试点地区的农民对不能及时参保,不能领取每月55元基础养老金表示不满;(2)由于地方经济实力不同,不同县市基础养老金发放数额有所差别,导致一些农民不能理解。

5. 相关制度衔接

实际操作中,由于部分地区老农保萎缩比较严重,与新农保的制度衔接还存在一些具体问题。此外,新农保和城镇企业职工养老保险统筹层次不同(前者目前是县级统筹,后者则是省级统筹),未来两者提高统筹层次的进度可能存在差别,如何衔接还需制定更为具体的办法。

(二)前景

新农保是我国逐步缩小城乡差距、改变城乡二元结构、推进基本公共服务均等化的重要基础性工程,是实现广大农村居民老有所养、促进家庭和谐、增加农民收入的重大惠民政策。虽然在具体运行过程中还有各种难题和新的情况出现,但总体运行良好有序,一组最新数据可以说明——人力资源和社会保障部部长尹蔚民2011年12月29日提到:"全国新农保和城镇居民养老保险试点已覆盖27个省份的1900多个县和4个直辖市及新疆生产建设兵团,全国覆盖面达到60%以上,老少边穷地区总体覆盖面达到85%以上。到年底,全国参加新农保和城镇居民养老保险人数达到3亿人,约8500万人按月领取养老金。"①

本章小结

1. 国家机关是从事国家管理和行使国家权力的机关,包括国家元首、权力机关、行政机关和司法机关。事业单位一般是国家设置的带有一定公益性质的机构,它参与社会事务管理,履行管理和服务职能,宗旨是为社会服务,主要从

---

① 白天亮:《新农保城居保覆盖超六成》,《人民日报》,人民网,http://finance.people.com.cn/GB/16759121.html.2011年12月30日,上网时间为2011年12月30日。

事教育、科技、文化、卫生等活动。离休,即离职休养,是中国针对业已退出工作岗位的、中华人民共和国成立前参加革命的老同志设立的一种较优越的社会保障措施,也是涉及干部政策的一项制度。具体地说,离休就是对新中国成立前参加中国共产党所领导的革命战争、脱产享受供给制待遇的和从事地下革命工作的老干部,达到离职休养年龄的,实行离职休养的制度。

2. 1951 年政务院通过的《中华人民共和国劳动保险条例》和 1955 年国务院颁布的《关于国家机关工作人员退休处理暂行办法》标志着机关事业单位与企业职工分开实行不同的退休养老制度,也就是目前养老"双轨制"的开端。1958 年,国务院发布实施的《关于工人、职员退休处理的暂行规定》在一定程度上统一了机关事业单位和企业职工养老保险制度。1978 年,国务院同时颁布了《关于安置老弱病残干部的暂行办法》和《关于工人退休、退职的暂行办法》,取代 1958 年部分统一的机关事业单位和企业职工养老保险制度,重新明确机关事业单位和企业职工实行不同的养老保险制度。近年来机关事业单位养老保险制度的改革经过了两个阶段,即部委主管、地方探索阶段以及中央主导、试点改革阶段。

3. 我国现行的机关事业单位养老金制度是一种资金现收现付、待遇确定型(DB)的养老保险制度。退休情况下,制度覆盖国家机关和事业单位员工,养老金由财政拨款,个人不需要缴费,对养老金的理解主要是其计发标准:计发基数和计发比例。离休情况下,制度覆盖新中国成立前参加革命工作的老同志,离休金主要由财政负担,个人不需要缴费,除了离休金按本人离休前原工资 100% 发给之外,对 1949 年 9 月 30 日前参加革命工作的离休干部还有 1~3 个月的生活补贴。

4. 事业单位的职业年金适用于分类推进事业单位改革后从事公益服务的事业单位及其编制内工作人员,所需费用由单位和工作人员个人共同负担。职业年金基金实行完全积累,采用个人账户方式管理。

5. 城镇居民现泛指在城镇居住、生活的人。在城镇居民养老保险制度中,主要指年满 16 周岁(不含在校学生)、不符合职工基本养老保险参保条件的城镇非从业居民。

6. 2010 年城镇居民社会养老保险被正式写入《中华人民共和国社会保险法》,2011 年 7 月 1 日向全国推广。2011 年,国务院发布《关于开展城镇居民社会养老保险试点的指导意见》(国发〔2011〕18 号),确定我国建立个人缴费、政府补贴相结合的城镇居民养老保险制度。

7. 城镇居民社会养老保险的基本原则是"保基本、广覆盖、有弹性、可持续",实行社会统筹和个人账户相结合,基金主要由个人缴费和政府补贴构成。养老金待遇由基础养老金和个人账户养老金构成,支付终身。

8."老农保"是相对于"新农保"的一种说法,它是在1986年4月国家"七五计划"提出抓紧研究建立农村社会保险制度之后,由民政部主管的以县级为单位开展的农村社会养老保险,它是我国农村养老保险制度建设的第一阶段。"新农保"也是相对于"老农保"的一种说法,2009年国务院发布了《关于开展新型农村社会养老保险试点的指导意见》,我国农村社会养老保险进入了第二阶段。

9.新农保试点的基本原则是"保基本、广覆盖、有弹性、可持续",实行社会统筹与个人账户相结合,基金由个人缴费、集体补助、政府补贴构成。养老金待遇由基础养老金和个人账户养老金组成,支付终身。

关键概念

国家机关　事业单位　离休　城镇居民　"老农保"　"新农保"

复习思考题

1.什么是离休?

2.机关事业单位养老保险制度经历过怎样的变迁历程?

3.机关事业单位养老保险改革的难点有哪些?

4.我国机关事业单位养老保险的资金来源是什么?

5.机关公务员和事业单位工作人员退休后养老金的计发基数分别是多少?

6.简述我国离休干部的各项待遇。

7.我国事业单位职业年金的覆盖范围有哪些?

8.我国机关事业单位养老保险存在哪几个方面的问题?

9.城镇居民社会养老保险的基本原则是什么?

10.城镇居民社会养老保险覆盖哪些人群?

11.简述城镇居民养老保险基金的构成。

12.我国城镇居民社会养老保险存在哪几个方面的问题?

13."老农保"和"新农保"是怎样定义的?

14.新农保的覆盖范围、资金来源和资格条件分别是什么?

15.简述新农保的待遇水平。

16.我国新型农村社会养老保险存在哪几个方面的问题?

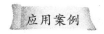

55 元养老金的意义①

由于有中央财政的补贴,中国 1.06 亿 60 岁以上的农村老年人,都将有机会每月领取至少 55 元的养老金,从而与"老农保"形成质的区别。

79 岁的浙江省余姚市金冠村村民金开勋现在每个月都能领到 230 元的养老金,这得益于当地的"新农保"试点。

2007 年 11 月,金开勋的儿子拿出 1 万元,帮他参加宁波市新型农村养老保险(即"新农保")。因为已符合 60 周岁的规定,从缴费的下个月起,他的银行卡每月能领到 210 元养老金,最近又调整到 230 元。

目前,金冠村有 180 多位老人在领取养老金。村支书朱大泉告诉记者,比起完全依靠儿女赡养,有养老金就更加稳当,老人的晚年生活会更加幸福。

9 月 4 日,国务院办公厅发布的《国务院关于开展新型农村社会养老保险试点的指导意见》提出,2009 年试点覆盖面为全国 10% 的县(市、区、旗),以后逐步扩大试点,在全国普遍实施,2020 年之前基本实现对农村适龄居民的全覆盖。

也就是说,中国 1.06 亿 60 岁以上的农村老年人,都将有机会像金开勋老人一样,每月领取一定数额的养老金。每个适龄农民即使不缴纳参保费用,也每月都能领到国家发给的 55 元养老金。

案例思考题

1. 55 元养老金的意义何在?

2. 新型农村社会养老保险是如何处理农民工参保问题的?

3. 新型农村社会养老保险与其他养老保险制度衔接时,需要考虑哪些因素?

---

① 资料来源:中华保险学习网,http://bx.100xuexi.com/HP/20100424/DetailD983334.shtml,2010 年 4 月 24 日。

第五章　企业职工医疗保险

 学习目标

　　学习本章要熟悉医疗保险的概念、特点,以及几种典型模式;掌握医疗保险制度的结构和内容;掌握我国医疗保险制度的原理和具体规定;熟悉城镇职工基本医疗保险改革的历程;了解城镇职工基本医疗保险制度的内容;了解城镇职工基本医疗保险制度存在的问题和发展前景。

医疗保险保健康　　　　　刘刚　绘

第一节　医疗保险概述

一、医疗保险的定义和特点

(一)定义

　　医疗保险是一种防范与分担就医经济风险的社会制度。这种制度由政府组织,参保人共同缴费组成医疗保险基金,当参保人发生医疗费用时可以向保险基金申请补偿。

(二)特点

医疗保险的特点主要表现在:

1.第三方支付

即社会保险部门为参保人向医疗机构支付医疗费。社保部门或接受个人委托向医院和药店支付费用,或由参保人暂先垫付再向保险机构报销医药费。从根本原理上来讲,参保者向医疗保险机构缴纳保费,医疗服务提供者向参保患者提供医疗服务,患者接受服务后,不是直接向医疗服务提供者付费,而是委托医疗保险机构支付。这种支付关系在其他社会保险中是没有的。

2.制度涉及多方利益,运作复杂

医疗保险制度与其他社会保险制度相比,涉及的关系比较多,许多保险制度只涉及政府、企业和个人三方面的利益,而医疗保险除了这三方以外,还关系到医疗服务机构(医院和药商)的利益关系,因此,医疗保险制度除了要处理好政府——企业——个人三者关系以外,还要处理医院——保险机构——患者之间的关系,制度设计和运作比较复杂。

专 栏 1

医—患—保三方关系分析

医疗保险涉及医疗服务的提供方(医疗机构,简称"医")、医疗服务的需求方(参保人,简称"患")、医疗保险机构(简称"保")三方之间的关系,即医保患三方关系。在这个系统中医疗保险机构要从全局考虑做好医疗保险基金的管理和监督,这其中既要满足参保人的基本医疗需求,又要引导和控制参保人的医疗需求。既要监督医疗机构提供医疗服务的数量和质量,又要控制医疗服务机构行为的合理性,避免诱导需求的现象出现。从这个角度来看,医疗保险是社会保险制度中最为复杂的一个险种。

第一,"医""患"之间。

医疗卫生服务市场存在着供需双方,也就是"医"和"患"。医疗机构提供医疗服务给患者,患者按服务的数量和质量支付价格。医疗卫生服务市场既有一般商品市场的共性,同时也有其特殊性。其特殊性的根源在于增加健康资本存量的医疗服务这一商品的特殊性。首先患者对于医疗服务有着近乎刚性的需求,这源于人们对健康的看重。其次,医疗服务领域具有很强的专业性,医生是这方面的专家,确定疾病的严重程度和制定治疗方案通常医生具有绝对的权威,这就形成了医患之间严重的信息不对称。根据经济学中"理性人"、"经济人"的假设,医疗机构会利用自身的信息优势出现机会主义的行为,为了追求更高的经济收益,可能会诱导患者过度利用医疗服务,造成需求方的经济负担,也就是所谓的"供方诱导过度需求"现象。

第二,"患""保"之间。

医疗服务市场中,单个患者面对医疗机构常常处于弱势的地位,如何选择价廉质优的医疗服务是单个患者所无法企及的,"供方诱导过度需求"又可能会使患者因为疾病而承担巨大的经济损失。出于避险的意识,社会成员通常都会选择保险的方式获得保障,可以是商业保险,也可以是社会保险。参保人会根据自身的收入情况和身体健康程度结合商业保险和社会保险的参保成本、收益程度作出最优的选择。由此医疗保险机构作为第三方正式介入医患之间。对于医疗服务的需求方也就是参保的患者来说,医疗保险机构更多的职责是有效识别满足健康状况的基本医疗需求的范围和程度,为参保人提供基本而全面的保障,同时由于对健康的希求,患者对医疗服务的消耗可能会是无限的,依此也要合理地控制参保患者可能会出现的机会主义行为,也就是"需求方的过度需求"现象。

第三,"医""保"之间。

在医疗保险制度下,医疗服务市场初始的买者和卖者双方直接对应的关系因医保机构的介入而改变,医药费用不再是由患者直接支付医疗机构,而是出现了一个医药服务的集体购买者,通常情况下患者就医只需要支付自付的部分,更大的一部分是由医保机构支付给医疗机构。在这个过程中越来越多的国家采取预付费用的方式筛选医疗机构。那些提供医疗服务质优价廉,并且患者治疗效果十分满意的医院将会得到医保机构的青睐,获得更多的订单,而那些诱导需求频发,医务人员素质比较差,服务数量和质量无法保证的医院将被排除出医疗卫生服务市场。当然在这个环节中医保机构如何获得最大限度的信息,以作出正确的判断,以及如何对医疗机构进行有效的费用控制和费用偿付,将是一个关键的核心问题,这也是世界各国医改的难题和不断探索完善的方向。

3. 支付频率高

相较于其他风险,疾病风险发生的频率很高。不论是单个人发生伤病的频次,还是整个参保群体发生伤病的比例都非常大,致使医疗保险机构支付医疗费用的频率要比其他社会保险项目的赔偿频率高。所以,医疗保险采用现收现付制和年度平衡的财务结算方式。

4.受益多少与缴费多少无关

医疗保险一定时期内缴费比例都是固定的,当发生疾病风险时,医疗保险机构根据患者实际所花费的符合规定的医疗费用确定支付数额。所以说,医疗保险待遇水平不是取决于参保患者缴费多少,而是根据患者病情、病种、就医次数、所得药品和医疗服务等实际发生的费用而定。

二、医疗保险制度模式

因为各国经济发展水平、政治制度形式、文化、价值观、历史发展背景等不同,其所采用的制度实践也有很大差异。在国家层面上,按照政府采用的主要医疗保险办法来划分,世界上现行的医疗保险制度大致可分为:全民免费医疗保险模式、社会医疗保险模式、商业医疗保险模式、合作医疗保险模式和强制储蓄医疗保险模式。[①] 本节简要概括各种医疗保险模式的基本内容和实践情况。

（一）全民免费医疗保险模式

医疗保险覆盖全民,并且人人享有免费的医疗服务。医疗保险资金来自于政府的税收,国家通过财政预算来转移支付公立医院和家庭医生提供的医疗服务,国民看病时不需要支付医疗费用。政府出资设立公立医院提供住院服务,医务人员纳入国家公务员管理范畴,工资由政府提供。家庭医生则多为私人医疗服务提供者,主要为患者提供门诊、保健、康复和转诊等服务。实行全民医疗保险制度的国家有英国(NHS)、加拿大、瑞典等。

（二）社会医疗保险模式

社会医疗保险由国家和政府通过立法强制实施,雇主和雇员缴纳医疗保险费,当参保人发生疾病需要医治时,社保部门为其提供医疗费用补偿,但个人也需要承担一定比例的医疗费用支出。相较于国家健康保险而言,社会医疗保险更强调个人的责任。目前世界上采用社会医疗保险模式的国家最多,我国现行的医疗保险制度也属于这种模式。德国是世界上最早建立社会保险制度的国家,1883 年的《疾病保险法》初步确立了社会医疗保险模式的雏形,并将社会医

---

① 宋连仲等:《国外医疗保险制度比较》,北京医科大学、中国协和医科大学联合出版社 1999 年版;蔡仁华等:《发达国家医疗保险制度》,时事出版社 2001 年版。

疗保险定为德国医疗保险制度的主体部分,目前已覆盖近90%以上的国民,德国的 AOK 是主要的医疗保险经办机构。

(三)商业医疗保险模式

商业医疗保险模式通常是指通过市场筹集医疗保险基金和提供医疗服务,整个保险程序和商业保险一致,政府会给予相应的立法规范和监督。相较于国民健康保险和社会医疗保险,商业医疗保险是完全的市场化运作。美国是商业医疗保险模式的典型代表。

(四)合作医疗保险模式

合作医疗保险以社区为基础,以自愿参加、互助共济的原则组织起来,自筹资金为主,政府补贴为辅,对参保人及其家属提供疾病预防和医疗保险的制度。合作医疗广泛存在于世界各地,1997 年世界各国签署的"把提升健康带进二十一世纪"的牙加特声明,再次肯定医疗合作社对保障健康的作用,并要求世界卫生组织把医疗合作社建设列入促进健康的优先行动。合作医疗在经济发达国家和不发达国家同时存在,比如美国、加拿大、日本、墨西哥、蒙古、缅甸、尼泊尔、巴拿马、菲律宾等。在中国、日本和巴西,医疗合作社是全国性的。在中国,合作医疗保险模式的覆盖人数甚至超过其他医疗保险模式。

专 栏 2

合作医疗形式

医疗合作社有很多不同形式:

最简单的分类是使用者或者消费者医疗合作社和提供者(通常是医生)拥有的医疗合作社。使用者或者消费者医疗合作社是同一社区的人士共同建立,用以满足大家的医疗需要。医疗合作社的会员共同决定合作社的目标和具体执行方式。这使普通平民百姓也可以影响医疗保健的服务内容和方式。联合国称这些组织为"维持健康组织"。提供者医疗合作社在发达国家和发展中国家都存在。合作社的好处是可以通过批量购买节省成本,并共同使用和分担行政、技术服务,同时还能够把不同特长的专家聚集在同一网络,增加单一社区能够享有的医疗服务。我国的合作医疗制度是单纯的消费者合作社模式。

从服务的内容来区分,医疗合作社则可以分成五大类:初级医疗合作社、社区医院合作社、医疗保健服务和产品合作社、医疗保险合作社以及提供综合服务的保险合作社。①

(五)强制储蓄医疗保险模式

强制储蓄医疗保险一反保险中大数法则的原理,不强调"风险共担、互助共济",而是强制社会成员以家庭为单位进行"纵向"筹资,本着自我负责的精神为一生中可能发生的疾病风险作准备。国家立法强制雇主和雇员双方或者雇员单方建立雇员个人医疗保健储蓄账户即个人账户,用以支付雇员个人及其家庭的医疗费用。政府的责任主要是组织建立个人储蓄医疗账户制度,并保证该账户中的基金保值增值,同时给予医疗服务提供者相应的补贴支持。很多东南亚国家采用此种保险模式,以新加坡为典型。

以上五种医疗保险制度模式的划分是很粗略的,因为各个国家除了有主要的医疗保险制度外,还将其他医疗保险制度作为补充,比如:美国的医疗保险制度,除了商业医疗保险,还有医疗救助、医疗照顾和免费医疗计划,而且其医疗保险制度也是在不断地改革和发展。最近奥巴马执政期间又出现了政府主导的社会医疗保险。总的来说,大多数国家的医疗保险制度都以一种为主,多样补充,尽可能地满足不同群体的医疗保障需求。

三、医疗保险的意义

(一)保证国民健康,促进劳动力恢复

人们在日常生活和生产活动中,不可避免会遭受意外事故和疾病等伤病风险,致使身心健康受到损害,进而影响劳动生产率,有的甚至暂停工作。劳动生产率的下降和工作中断使得人们的收入减少,同时治疗伤病还需要支付医疗费用,因此伤病风险给人们带来双重的经济损失。如果伤病程度很大,收入不高和积蓄不多的个人及其家庭往往无力支付医疗费用,伤病得不到及时救治,身心健康得不到维护,从而影响到整个社会劳动力再生产和经济发展。而医疗保险通过向全社会成员强制性地筹集医疗保险费用,当少数人发生伤病风险后,为其提供经济补偿和医疗服务,可以使劳动者及时得到治疗和康复,尽快返回工作岗位,保证了国民健康和劳动力恢复。

(二)防止因病致贫,促进医疗资源公平分配

市场机制下,医疗资源配置时往往流向高收入者。当中低收入者发生疾病

---

① 施育晓:《合作医疗:世界发展与我国概况》,《中国社会科学院院报》,2003 年 7 月 29 日。

风险时,所能获得的医疗服务因受收入和支付能力的限制,难以保证伤病得到很好的治愈,有时甚至无力看病。很多低收入者患病后,劳动力受到损害,收入来源中断,很容易陷入"因贫致病"和"因病致贫"的恶性循环。目前,看病难、看病贵的现象越来越严重,恰恰反映了市场配置机制造成医疗资源分配不公平的本质。而医疗保险在一定程度上能够维护社会公平,因为虽然医疗保险费是按照个人工资收入的一定比例征收,收入高者多缴,收入低者少缴,但是享受医疗保险待遇的机会和水平与缴费多少无关。凡是参保者,其发生伤病风险时都能获得相应的医疗服务保障。而且医疗保险费用的补偿数额,与缴费多少和参保者的个人特征如性别、年龄、收入高低等无关,只与患者实际发生的医疗费用有关。所以,医疗保险使低收入者与高收入者一样都看得起病,避免了因病返贫,弥补了市场配置医疗资源带来的不平等。

四、医疗保险简史

(一)医疗保险的前身

18 世纪末和 19 世纪初,欧洲出现了一些民间保险组织,如"友谊社"等。工人自发组织起来,只要缴纳一定的互助金,当发生疾病风险时就可以得到相应的经济补助。行会也会采取一些医疗互助办法。商业健康保险也于 1850 年在美国出现。这些都是现代医疗保险制度的前身。

(二)医疗保险的确立和扩展

世界上第一个医疗保险制度是在德国建立的。1883 年,德国俾斯麦政府颁布《疾病保险法》,标志着医疗保险制度的确立。该法律的出台要早于养老保险、工伤保险等其他法律。20 世纪初,以英国为代表的福利国家实行全民医疗保险制度,政府财政全面负担医疗保险资金,并建立公立医疗服务机构,向全社会成员提供近乎免费的医疗服务,个人不用缴费即可享受所需的各种医疗服务。瑞典、芬兰、挪威等斯堪的纳维亚国家都普遍推行该制度。以后,医疗保险制度在一些发展中国家也逐步建立起来,如印度(1948 年)、阿尔及利亚(1949 年)、中国(1951 年)、突尼斯(1960 年)、韩国(1963 年)、古巴(1979 年)等相继立法实施。这一时期,医疗保险普及全球,覆盖范围不断扩大、待遇水平等不断提高。

(三)医疗保险的发展和改革

20 世纪 70 年代后,随着西方经济衰退、人口老龄化和医疗高科技的运用,许多国家医疗保险费用支出比例占 GDP 的比重越来越大,现有的医疗保险制度在实施中遇到很多问题。医疗保险财政负担过重、医疗费用增长过快、医疗资源浪费严重、部分医疗需求得不到有效满足等,这些问题都极大地影响了经济发展和医疗保险制度建设。针对医疗保险中的问题,各国纷纷开始寻求改革之路,其中控制医疗保险费用成为改革的重点和难点。近年来医疗保险制度设计理念也在发生变化,从最初的疾病发生之后医疗费用的偿付渐渐转变为疾病发生之前的预防和保健,各国的医疗保险也逐渐向健康保险过渡。

第二节　医疗保险制度内容

医疗保险制度设计追求"有效、省钱、管理简便"。所谓有效,就是保障参保者的医疗需求,保险覆盖面广,并且提供足够好的药品、医疗和服务。所谓省钱,就是能将医疗费用控制在合理范围内,让覆盖人群都交得起费、看得起病。所谓管理简便,就是制度操作简单且管理费用低廉。为了达到上述医疗保险制度目标,医疗保险制度需要进行一系列设置,这就构成了医疗保险制度的内容。

医疗保险制度既涉及参保者的利益,还涉及医院一方的利益,因此结构复杂,内容丰富。有关基础设置的主要环节,有"两定点三目录"和"逐级转诊";有关处理社会保险机构与医院关系的主要环节,有"结算办法(或支付方式)";有关处理社保机构与参保者关系的主要环节,有"覆盖范围"、"资金筹集"、"资格条件"、"待遇水平"和"待遇支付"等。

一、医疗保险的费用支付方式

(一)医疗保险费用支付方式的含义

医疗保险支付方式就是医保机构对医院的结算办法。医疗费支付从原理上来说是保险机构对医院的支付,即"第三方付费"。参保人形式上看病付钱,实际上是代医保机构向医院付费,因为医疗费是可以报销的。选择医疗保险支付方式是为了能够达到"有效、省钱、方便"的目标。

医疗保险支付方式,即医保机构对医院的结算办法有许多种,大体上可分为先付制和后付制。先付制是指医疗保险机构在保险期刚开始就预先支付全部费用,不管以后到底实际发生了多少费用,无论以后发生多少费用,都由医院承担;后付制则是指医疗保险机构在保险期末根据医疗机构提供服务的实际情况如数支付费用。先付制能有效控制医院的医疗行为和医疗费用,但易导致服务质量降低,患者的医疗需求得不到有效满足。后付制使参保人可以更自由地

选择医疗服务项目,医疗服务需求能够最大程度地得到满足,但容易引发医院的过度提供和患者过度需求,造成医疗资源的极大浪费。

(二)医疗保险支付方式分类

各国制度实践中经常采用的支付方式有:按服务项目付费、总额预算制、定额付费制、按人头付费、按病种付费、工资制、"以资源为基础的相对价值标准"付费等。

1. 按服务项目付费

按服务项目付费是指医疗保险机构在每个保险期末根据医疗机构实际提供的服务项目如诊断、治疗、化验、护理、药品等向其支付费用。该办法的主要缺陷是难以约束医疗机构的行为,医疗费用难以控制。医院为了增大收益,会主动诱导需求,过度提供服务,比如,无节制地为患者进行检查、治疗和用药等。医院缺乏成本控制意识,大量引进尖端诊疗设备和推销高价格药物。此外,医疗服务项目定价困难,保险机构审查监管成本大。

2. 总额预算制

总额预算制也叫总额包干制,是指医疗保险机构通过对覆盖范围内的人口基本情况如人口死亡率、人口健康状况和医疗服务提供情况如服务质量、服务频次、医院规模等因素进行综合考察,并同医院进行协商谈判最终确定年度预算支付总额。医疗保险机构在每期初按照确定的总额将费用预付给医疗服务单位,各医疗服务单位必须为参保人提供合同规定的医疗服务。该办法的主要缺陷是:合理确定预算总额比较困难,这直接影响到医院的实际利益和积极性,除此之外还需要建立总额预算的动态调整机制,通常一年一次;医疗机构可能会出现为了控制成本而降低服务质量和数量的现象,例如,预算低的医院可能会推诿病人,患者出现住院难的情况,激化医患矛盾。

3. 定额付费制

定额付费制也叫按服务单元付费,主要是指医疗保险机构将整个医疗服务过程划分为门诊人次、住院人次、住院床日等单元,根据历史资料和各种因素制定出平均服务单元费用标准,然后根据医疗机构的服务单元量进行费用支付。该办法的主要缺陷是诱导医院对患者进行选择,医院更愿意接受住院患者,且乐于延长患者住院日,过度提供服务。此外,医院会有动机分解患者诊疗次数以增加服务单元总数,产生道德风险;医院竞争意识减弱,服务质量下降。

4. 按人头付费

按人头付费是指医疗保险机构根据医疗服务单位所服务的参保人总人数,每期向医院预先支付一笔固定费用,医院根据合同规定提供医疗服务。其实质上就是每期一定人数的医疗费用总额预算制。该办法的主要缺陷是诱导医疗机构选择那些病状较轻、住院时间较短的患者,不愿为重病患者提供服务。此外,医院会有动机分解患者的治疗次数以增加人头总数,产生道德风险;缺乏竞争意识,服务质量不高,医务人员工作积极性下降。

5. 按病种付费

按病种付费又称疾病诊断分类定额支付制,是根据国际疾病诊断分类法,将住院患者的疾病进行分组分级。首先按照住院病人的诊断、年龄、性别等分为若干组,然后又按照疾病的轻重程度以及有无合并症和并发症分为若干级。医疗保险机构根据各种因素测算各组各级病种的医疗费用标准,按照此标准对各组各级疾病的诊疗过程一次性预付医疗服务费用。该办法的主要缺陷是诱导医院选择患者,不愿治疗危重病人,而且医院有动机降低患者的住院日,增加门诊服务,降低服务质量;此外,可能会诱发医生的道德风险问题,医生利用自身的专业信息优势,在给患者诊断的时候,人为地将疾病诊断升级,以获取更多的定额费用;最后,医疗保险机构审查工作量大,管理成本极高。

6. 工资制

工资制是指医疗保险机构根据医疗服务单位医务人员提供的服务情况,向他们支付工资,工资发放标准都是事先在合同中规定好的。"工资制"的目的是阻断医院盈利与医生收入的直接关系,以防医生为了自己的收入向患者过度提供医疗资源。

7. "以资源为基础的相对价值标准"付费

这种支付方式是指以资源消耗为基础,以相对价值为尺度,根据医疗服务中投入的各类资源要素如医生服务、医疗技术等的成本,计算出医生服务和医疗技术等的相对价值,据此确定医生的劳务费用。其本质是在工资制的基础上,进一步科学测算医生应该获得的真正报酬。

为了更好地控制医院的行为和医疗费用支出,各国倾向于采用多元的结算办法,针对不同的保险群体以及不同的医疗服务采用不同的结算办法。完善结算办法及其组合是各国医疗保险制度改革的重要内容,目的是借此控制医院的行为,促进医疗资源的合理配置。

近年来,受制度惯性的影响,我国大部分地区医疗保险费用支付方式仍然沿袭着公费劳保医疗时期的按服务项目付费,仍然是以事后根据医疗单据报销为主。在一定程度上,后付制成为我国目前医疗费用上涨的一个主要原因。1999 年 6 月,劳动和社会保障部提出,各地应根据社会保险经办机构的管理能力以及定点医疗机构的类别确定费用支付方式,并要根据不同的支付方式,合理制定基本医疗保险费用支付标准。全国各地也在不同程度地开展费用支付方式改革的探索。2009年4月,我国出台了《中共中央国务院关于深化医药卫生体制改革的意见》(以下简称《意见》),该《意见》第十二条提出:"强化医疗保障对医疗服务的监控作用,完善支付制度,积极探索实行按人头付费、按病种付费、总额预付等方式,建立激励与惩戒并重的有效约束机制。"这一文件进一步明确了费用支付方式改革的方向。在该《意见》颁布实施后,我国开始了各种支付方式的试点建设,各地也逐渐形成各具特色的费用支付体系,例如上海市的"总额预算管理",江苏省镇江市的"总额预算、弹性结算、部分疾病按病种付费",江苏省淮安市的"病种分值结算",湖南省株洲市的"总额控制管理"以及云南省禄丰县新型农村合作医疗实行的"门诊总额预付,住院单病种付费与床日付费相结合"。目前,综合来看,各地通过努力所构建的新局面是:以按服务项目付费为主,按单病种定额付费和按服务单元定额付费为辅,个别职业人群按人头定额付费的复合型支付体系。围绕医疗保险费用支付方式的改革,学术界也有广泛的讨论。焦点大多集中在多种支付方式的建立和管理医疗的探索尝试上。

案 例

北京率先启动医保付费改革　六家医院按病种付费①

从8月1日起,北京市将启动医保付费制度改革,开始按病种付费。7月20日,北京市召开按病种付费启动会议,6家医院成为首批试点医院,108个常见病组列入按病种付费项目。北京市也成为国内首个启动医保付费改革的城市。

首批确定108种病组

北京市人力资源和社会保障局副巡视员张大发介绍,按病种分组(DRGs)付费,指根据患者年龄、疾病诊断、合并症并发症、治疗方式、病症严重程度以及疗效等多种因素,将诊断相近、治疗手段相近、医疗费用相近的住院患者,分入若干病组,然后以定额付费方式结算医保费用。

目前临床中有2万多种诊断,2000多种手术操作。北京市医保付

---

① 采写/记者韩宇明,来源:新华网,2011年7月21日。

费改革将这些类别分出了 650 个病组。8 月起首批将试点 108 个病组,其中包括了 2003 个疾病诊断和 1873 个手术项目,基本囊括了目前的常见病、多发病。

覆盖全市医保人员

此次医保付费制度改革覆盖北京市医疗参保人员。

实行按病种分组(DRGs)付费后,参保人员就诊流程不变,医保报销范围不变,参保人员仍然按照现行的住院费用结算方式,持卡就医、实时结算。

六家医院成为首批试点医院,分别为:北京大学第三医院、北京大学人民医院、友谊医院、朝阳医院、宣武医院、天坛医院。参保人员在这 6 家医院看病时,支付医疗费按照病种付费。

定额为上一年平均费用

实施按病种付费后,每个病组都会确定一个定额标准。定额标准为上一年同一病组的社会平均医疗费用。即 2010 年北京市医保定点三级医院诊治同一病种分组的医保患者时,实际发生的符合医保报销的费用,以此确定该病种分组的定额支付标准。

例如,108 个病组中,"其他开颅术,伴重要合并症及伴随病",通过测算,确定的定额支付标准为 54943 元。

超过定额个人无须支付

参加城镇职工医保和城镇居民医保的人员,按定额支付标准付费,费用由参保人员和医保基金共同支付。参保人员需支付的费用包括:住院起付线以下费用、封顶线以上费用、起付线与封顶线之间需要个人按比例负担的费用。定额标准与参保人员支付费用的差额部分,由医疗保险基金支付,超过标准部分,将无须由患者负担。

自费费用不能高于上年水平

张大发介绍,为防止增加参保人员负担,试点医院在 108 个病种组诊疗过程中,要严格控制使用自费药品和自费诊疗项目(医用耗材),自费比例不应高于试点医院上年同期水平。如当年自费比例高于上年同期水平,超过部分,在年底结算时医保基金将同比扣减。

背景:"医保付费改革迫在眉睫"

北京市人力资源和社会保障局副局长孙彦介绍,全市医保基金支出过快增长。目前,医保主要实行按项目付费,这种方式刺激了医疗消费,一些医院出现了多开药、多检查、大处方等"过度"医疗服务行

为。医疗资源的浪费,医疗费用的不合理增长,也成为市民看病贵的重要原因之一。在这一背景下,医保付费方式改革迫在眉睫。

国务院和人社部已经出台了实行医疗保险付费方式改革的要求,提出要积极探索按病种付费、按人头付费以及按总额预付,抑制医疗费用不合理上涨。北京市启动医保付费方式改革,实行按病种分组(DRGs)付费,也是落地政策。

二、逐级转诊

(一)三级医院的划分

在医疗卫生领域,医院按照所覆盖人群的规模和所承担的工作任务、工作责任通常划分为不同级别,中国医院按此标准划分为三级医院。一级医院是向一个社区(人口一般在十万以下)提供基本医疗、预防、保健和康复服务的全科型基层医疗机构,例如城市的社区卫生服务中心、农村的村卫生室等。二级医院是向含有多个社区的地区(人口一般在十万以上,百万以下)提供医疗为主,兼顾预防、保健和康复医疗服务并承担一定教学和科研任务的综合型或专科型的地区医疗机构。三级医院是向含有多个地区的区域(人口一般在百万以上)提供以高水平专科医疗服务为主,兼顾预防、保健和康复服务并承担相应的高等医学院校教学和科研任务的综合或专科区域型医疗机构;三级医院是省或国家的集医疗、预防、教学和科研于一身的综合技术中心,是国家高层次的医疗机构。除了三级医院的划分外,我国的医院还根据医院人员、设备、规模等综合因素,进一步分为三级十等,其中一、二级医院分别分为甲、乙、丙三等,三级医院在甲、乙、丙三等之外增加了特等。

(二)首诊制和转诊制

由于医疗机构按照工作的内容划分为三个级别,为了引导患者在不同级别医院的合理分流,缓解就医压力和降低医疗费用,许多国家都建立了首诊制和转诊制。首先,首诊制通常指的是社区首诊。所谓社区首诊,就是社区居民首先在本人选择的社区定点医疗机构就诊,获得各种全科医疗服务,英国的家庭医生就是典型的社区首诊。其次,转诊制指因病情需要,当社区全科医疗的总体水平无法满足治疗需求时患者可以转诊到上一级的专科医院,所在社区的医疗机构应当及时为患者办理转诊登记手续。未经社区医疗机构办理转诊手续而发生的住院医疗费用,医疗保险基金不予支付,急诊等特殊情况除外。再次,除首诊和转诊之外,还有双向转诊制度,这是为了进一步更有效地节约医疗资源而设计的制度。当转诊病人病情好转,只需要康复治疗的时候,再转回社区医院接受医疗服务。首诊制和双向转诊制的建立,事实上是在我国的三级医疗之间形成一个守门人制度,避免出现病人集中涌向三级甲等医院的局面,合理分配医疗资源,提高效率。

三、两定点三目录

"两定点三目录"是医疗保险制度的基础设置。

所谓"两定点",即定点医院和定点药店,定点医疗机构需要经过社会保障行政部门审查。所谓"三目录",即药品目录、诊疗目录、医疗服务设施范围和支付标准目录。医疗保险制度规定只有符合"两定点三目录"的医疗花费才能得到报销。医疗保险机构及相关部门根据医院和药店的表现,以及参保者的医疗消费情况,不定期地调整和完善"两定点三目录"的内容。

设置"两定点三目录"首先是为了保证有必需的价廉物美的药品、医疗和服务;其次是为了同时约束医院和参保者的任意选择行为,节省医疗费用。

(一)定点医院和定点药店

我国各统筹地区根据《关于印发城镇职工基本医疗保险定点医疗机构管理暂行办法的通知》(劳社部发〔1999〕14号)和《关于印发城镇职工基本医疗保险定点零售药店管理暂行办法的通知》(劳社部发〔1999〕16号),结合实际情况审查和确定本地区的定点医疗机构和定点零售药店。

(二)药品目录、诊疗目录、医疗服务设施范围和支付标准目录

我国各统筹地区根据《城镇职工基本医疗保险用药范围管理暂行办法》(劳社部发〔1999〕15号)和《关于印发城镇职工基本医疗保险诊疗项目管理、医疗服务设施范围和支付标准意见的通知》(劳社部发〔1999〕22号)的要求,详细规定了本地区"三目录"的具体内容。

第一,药品目录。《药品目录》主要包括西药、中成药和中药饮片(含民族药),其中前两种又分为甲类目录和乙类目录,每隔几年都会进行更新。《药品目录》是医疗保险机构支付参保人员药品费用和制约过度用药的依据。参保人员使用目录外的药品不予报销。

第二,诊疗目录。制定《诊疗项目目录》以及《医疗服务设施范围和支付标准目录》是为了制约医疗机构和患者过度使用高昂医疗服务、医疗器械等行为,参保人员使用目录外的诊疗手段不能报销。

第三,服务设施范围和支付标准目录。在有关医疗服务设施的规定中,基

本医疗保险给予支付的费用主要包括住院床位费及门（急）诊留观床位费。基本医疗保险基金不予支付的生活服务项目和服务设施费用主要包括：（转）诊交通费、急救车费；空调费、电视费、电话费、婴儿保温箱费、食品保温箱费、电炉费、电冰箱费，以及损坏公物赔偿费；陪护费、护工费、洗理费、门诊煎药费；膳食费；文娱活动费以及其他特需生活服务费用。

四、医疗保险制度结构

制度结构是医疗保险制度的核心内容，体现医疗保险机构和参保者的关系，具体包括覆盖范围、资金筹集、资格条件、待遇支付和待遇水平等方面。

（一）覆盖范围

在大多数国家，并不是所有人都能参加医疗保险，由于经济发展水平及地区差异等原因，国家往往在条件成熟的地区或行业建立医疗保险制度，这就需要规定医疗保险制度的适用范围、覆盖人群。最理想的医疗保险应当覆盖全体国民，但是各国医疗保险模式、经济发展水平等不同，覆盖范围也不大相同。采用全民健康医疗保险的国家如北欧、西欧各国，因为经济发展水平比较高，而且主张建立福利国家，其医疗保险覆盖范围是全体国民。而采用商业医疗保险的国家如美国，尽管经济非常发达，但是受自由主义的影响，覆盖范围也非常有限。

中国医疗保险制度长期以来只覆盖城镇职工，其他劳动者，如乡镇企业职工、城镇个体户及其雇佣人员，还有广大农民，都不在覆盖之列。近年来，医疗保险覆盖面迅速扩大，不但广大农民开始重新参加医疗保险，一向被排除在外的城镇未就业居民也被纳入了保障的范围。

（二）资金筹集

医疗保险制度中，资金的筹集为该制度奠定了物质基础。医疗保险机构依法（合同）向参保组织和个人征收医疗保险费（税）来筹集资金，用以支付参保人的医疗费用。

1.资金来源

总的来说医疗保险资金的筹集对象有政府、雇主和个人三方。不同的医疗保险制度，筹集对象的组合不同，现今主要有以下三种形式：政府负担，政府和个人共同负担以及雇主和个人共同负担。英国实行全民医疗保险，资金来源主要是政府财政税收的转移支付。中国新型农村合作医疗和城镇居民基本医疗保险采用个人缴费和政府财政补贴的形式，即政府和个人共同负担。大多数国家的医疗保险制度都是采用雇主和个人共同缴费的形式,如德国的社会医疗保险、新加坡的个人保健储蓄账户保险和美国的商业医疗保险等。近年来随着医疗开支的急剧增加,单一的筹资途径很难承担高额的支出,各国的资金来源逐渐多元化。如英国政府财政支付的比重逐渐下降,向雇主和雇员征收的国民健康保险税的比例逐渐上升。一些采用社会医疗保险模式的国家,除了主要由雇主和雇员缴费外,财政补贴和支持的力度也逐渐加大。

2. 筹资方式

在医疗保险费数额的确定方式上,主要有以下两种:一种是保险费为固定金额;另一种是保险费与工资挂钩,即按确定的费率收费。第一种办法不考虑参保者的年龄、收入等状况。第二种办法比较普遍,就是先规定费率,然后按统一费率收费,这样高收入者多付医疗费,低收入者少付医疗费,达到统筹共济,向弱势群体倾斜的目的。

(三)资格条件

因为医疗保险制度采用第三方支付方式,医疗保险机构、被保险者和医疗服务提供者三个行为主体由于经济利益的差异及信息的不对称,道德风险非常严重,其中以被保险人和医疗服务提供者的道德风险为甚,所以各国都对享受医疗保险的资格条件进行了严格的规定,只有满足了这些条件才能够享受到医疗保险待遇。

1. 参保和缴费

要享受医疗保险待遇,必须参加保险和缴费。医疗保险制度大多实行年度或每期收支平衡,根据权利和义务的对等性,每年或者每期履行了缴费义务之后才有资格享受医疗保险。如中国的新型农村合作医疗制度,每年12月份进行保险费用的征缴工作,凡是缴费的成员才能在下年度享受医疗保险服务。如果不缴纳保费,下年度的医疗费用就不能报销。

2. 符合"两定点三目录"和"逐级转诊"规定

对于参保患者,医疗保险制度规定了详细的"两定点三目录"报销范围,只有符合规定的医疗花费才能报销。参保患者必须去医保机构指定的医疗机构和药店接受服务,否则费用自付。而且诊疗项目、用药以及所使用的医疗器械,在规定范围内的可以报销,超出该范围则要自付。此外,患者必须按照逐级转诊转院制度接受医疗服务,不按逐级规定没有转诊许可证明的花费不能享受保险待遇。

(四)待遇支付与待遇水平

医疗保险待遇支付可以是独立的,比如规定门诊和住院分别用不同的账户

支付,但待遇支付与待遇水平一般是合为一体的。医疗保险中的待遇水平由三方面所体现,即起付线、封顶线和报销比例。让参保患者分担一部分医疗费用,有助于控制保险经费。

1. 起付线

为了控制患者的过度需求,很多医疗保险制度都设计了起付线。参保人发生医疗费用后,起付线以下的数额由患者自付或者用个人账户支付,对于起付线以上的部分,医疗保险机构才会给予相应的报销。起付线越低,待遇水平越好;起付线越高,患者个人所承担的医疗费用负担越重。起付线的确定有利于增强参保者节约消费和预防保健的意识,有些可治可不治的轻微疾病就会免去治疗和免去医疗资源的消耗。起付标准设置要恰当,起付线过低,参保人的医疗需求得不到控制;起付线过高,超过参保者的经济承受能力,低收入者容易把小病拖成大病,反而增加了医疗费用。

2. 封顶线

封顶线是与起付线相反的医疗费用支付限额,又称最高保险限额,制度规定封顶线以上的医疗费用一般由患者自付。随着医学技术的发展,越来越多的高科技医疗手段和设备被用于医疗过程,医疗价格越来越高,患者在治疗时大多倾向于看专家、用好药等。封顶线的确定有利于限制参保人对高额医疗服务的过度需求,避免患者小病大看。同时激励患者注重医疗保健,有病早治疗,避免把小病拖成大病。

3. 报销比例

通常情况下,起付线和封顶线之间的部分由参保患者和医疗保险机构共担,也就是由医疗保险机构报销一定的比例。报销比例会因医疗费用高低有所不同,一般来说,患者发生的医疗费用越高,报销比例就越高。

综上所述,本节中提到的医疗保险费用支付方式的设计主要是为了在看好病的前提下尽可能地控制医院一方的逆向选择行为,降低医生的道德风险,从而降低费用支付;而起付线、封顶线和费用分担的设计主要是为了控制患者的逆向选择行为,降低患者的道德风险,达到节约保险经费的目的;"两定点三目录"和"逐级转诊"的设置,则是为了同时规范医患双方的行为。

第三节 中国企业职工医疗保险发展历史

新中国医疗保险制度发展主要经历了两个阶段:国家—单位保险模式时期和统账结合的社会医疗保险模式时期。前一种模式与计划经济相适应,后一种模式与市场经济相适应。目前,我国已经实现了医疗保险在制度层面上的全面覆盖,主要的制度平台包括城镇职工基本医疗保险、公费医疗保险、城镇居民基本医疗保险和农村居民的新型农村合作医疗制度。我们主要介绍企业职工基本医疗保险的总体情况,而机关事业单位工作人员的医疗保险,以及城镇居民和农村居民的医疗保险,我们将在第六章作详细的介绍。

一、国家—单位医疗保险模式时期(1951～1986 年)

这一时期,我国建立了与当时高度集中的计划经济体制相适应的企业职工医疗保险制度,即劳保医疗。

(一)劳保医疗的覆盖范围

保险覆盖范围主要为国营、公私合营、私营及合作社经营的工厂、矿场及其附属单位的城镇职工。1951 年 2 月 26 日中央政府(政务院)颁布了《中华人民共和国劳动保险条例》,这标志着城镇职工医疗保险制度的建立。全民所有制工厂、矿场、铁路、航运、邮电、交通、基建、地质、商业、外贸、粮食、供销合作、金融、民航、石油、水产、国营农牧场、造林等产业和部门的职工及其供养的直系亲属,县以上的集体企业职工均可享受劳保医疗。总的来说,劳保医疗的覆盖范围为全民所有制经济和集体所有制经济单位的职工及其供养的直系亲属。

(二)劳保医疗的经费来源

劳保医疗的经费来源按企业职工工资总额的一定比例提取保险费,并在生产成本项目中列支。1953 年 1 月 13 日,政务院财政经济委员会颁布的《关于国营企业 1953 年计划中附加工资内容和计算方法的规定》中,涉及劳保医疗经费的具体提取办法:不同行业的提取标准不同,重工业提取 7%,轻工业提取 5%。1957 年 3 月,针对经费结余情况,财政部、劳动部及全国总工会又联合下发了《关于整顿现行附加工资提取办法的报告》,调整了提取比例:重工业调整为5.5%,轻工业调整为 5%,贸易部门提取 4.5%。

(三)劳保医疗的待遇水平

劳保医疗覆盖范围内的城镇职工在单位自办的医疗机构或者定点医疗机构就医,享受近乎免费的医疗服务,其亲属可以享受半费医疗。如果职工因公负伤,其全部医疗服务费用及相关费用如就医路费、住院膳食费等,均由企业负担,而且医疗期间工资照发。如果非因公伤病,在定点医院接受治疗的诊疗费、手术费、住院费及普通药费由企业负担;医疗期半年以内按工龄发放 60%～100% 的疾病伤假工资,半年以上则发放 40%～60%;贵重药费、住院膳食费和就医路费自付。职工供养的直系亲属患病,在定点医院可以享受免费诊疗,而手术费及普通药费单位支付50%,其他费用均自理。

"文革"时期劳保医疗逐渐演变成了单位保险。1969年2月财政部在下达的《关于国营企业财务工作中八项制度的改革意见(草案)》中规定:国营企业一律停止提取劳动保险金,企业职工的退休金,长期病休职工的劳保工资及其他劳动保险开支都改在企业营业外项下列支。这项规定使得社会保险基金不再统筹,改由各企业自行管理和支付,原有的国家—单位保险由此开始变成了计划体制下的"单位保险"。

二、统账结合的社会医疗保险模式的改革与试点阶段(1986~1997年)

1984年开始,国家提出要对城镇职工医疗保险制度进行改革。1988年3月25日,卫生部、体改委、劳动部等八部门召开医疗保险制度改革研讨会并指导医疗改革试点。对劳保医疗制度实行改革,希望建立起社会统筹和个人账户相结合的城镇职工基本医疗保险制度。1994年,国家在江苏省的镇江市和江西省的九江市进行医疗保险统账结合的改革试点工作,即"两江试点",1996年又进一步将统账结合模式的试点工作推广到全国57个城市。这一时期,各地灵活探索出了不同的统账结合模式实施方案。下面就典型的几种模式作简要的介绍:

我国医保体系接受"体检"①

---

① 图片来源:新华网,任士可绘,2007年10月7日,http://news3.xinhuanet.com/politics/2007-10/07/content_6838762.htm。

（1）两江试点的"三通道"模式：基金管理实行三段式，即个人账户段、自费段、社会统筹段三阶段结合。生病时先由个人账户支付，用完后再由个人自付年工资的5%，超过之后才能进入社会统筹部分，社会统筹部分支付时，个人仍需自付一部分。

（2）海南、深圳试点的"板块模式"：个人账户和统筹账户分开管理，个人账户主要用于支付门诊小病，用完之后，在门诊治病就需要个人自费。社会统筹部分用于支付住院费用。

（3）青岛和烟台的"三金模式"：企业和职工的缴费建立个人账户基金、社会统筹基金和企业调剂金。其中个人账户和企业调剂金由企业管理。职工生病时首先使用个人账户，支空之后，个人再自付本人工资的5%，超出5%的部分由企业调剂金和职工按比例分担，达到社会统筹起付线以上部分才由社会统筹支付。

三、企业职工基本医疗保险建立与完善阶段（1998 年至今）

1998 年，国务院颁布《关于建立城镇职工基本医疗保险制度的决定》（以下简称《规定》），标志着统账结合社会医疗保险制度的确立，同时，由于将机关事业单位和企业职工共同纳入同一项制度，也宣布了原来的"劳保医疗"和"公费医疗"制度寿终正寝。该《决定》详细规定了城镇职工基本医疗保险制度的结构和内容。之后，政府相关部门也多次发布规范性的文件，不断完善职工基本医疗保险制度。2009 年 4 月 6 日，为了建立中国特色医药卫生体制，逐步实现人人享有基本医疗卫生服务的目标，提高全民健康水平，《中共中央国务院关于深化医药卫生体制改革的意见》（以下简称《意见》）发布，开启了"新医改"的序幕。与该《意见》相配套，2009 年 4 月 7 日，国务院《医药卫生体制改革近期重点实施方案（2009～2011 年）》（国发〔2009〕12 号）发布，其中提高了城镇职工医疗费的支付标准。2010 年《中华人民共和国社会保险法》正式颁布，与之前的政策性文件共同构成了中国现行医疗保险的法律基础。关于城镇职工基本医疗保险制度发展和完善的过程，具体见表 5 -1中所作的简要梳理。

表 5 -1　中国城镇职工基本医疗保险相关文件和法律

颁发时间	文　件	颁发机构	主　旨
1998 年	《关于建立城镇职工基本医疗保险制度的决定》	国务院	城镇职工基本医疗保险制度的建立
2002 年 8 月	《关于加强城镇职工基本医疗保险个人账户管理的通知》	劳动和社会保障部	加强个人账户的管理
2003 年 4 月	《关于进一步做好扩大城镇职工基本医疗保险覆盖范围工作的通知》	劳动和社会保障部	进一步扩大覆盖范围
2003 年 5 月	《关于城镇灵活就业人员参加基本医疗保险的指导意见》	劳动和社会保障部	将灵活就业人员纳入参保范围
2006 年 5 月	《关于开展农民工参加医疗保险专项扩面行动的通知》	劳动和社会保障部	开展农民工参加医疗保险的专项扩面行动
2009 年 3 月	《中共中央国务院关于深化医药卫生体制改革的意见》	中共中央国务院	新医改:建立中国特色医药卫生体制,逐步实现人人享有基本医疗卫生服务的目标,提高全民健康水平
2010 年 10 月	《社会保险法》	第十一届全国人民代表大会常务委员会第十七次会议通过	新中国成立以来第一部社会保险制度的综合性法律

第四节　中国企业职工医疗保险制度

关于中国企业职工医疗保险制度,本节分两部分介绍:第一部分介绍中国城镇职工基本医疗保险制度,第二部分重点介绍社会保险机构对医院的结算办法。法律基础是《关于建立城镇职工基本医疗保险制度的决定》(国发〔1998〕44 号)、国务院《医药卫生体制改革近期重点实施方案(2009～2011 年)》(国发〔2009〕12 号)和《中华人民共和国社会保险法》(2011 年 7 月 1 日施行)。

一、城镇职工基本医疗保险制度

(一)覆盖范围

覆盖范围包括城镇所有用人单位,包括企业(国有企业、集体企业、外商投资企业、私营企业等)、机关、事业单位、社会团体、民办非企业单位及其职工。无雇工的个体工商户、未在用人单位参加职工基本医疗保险的非全日制从业人员以及其他灵活就业人员可以参加职工基本医疗保险。

(二)资金筹集

资金来源主要是单位和个人共同缴费。筹资方式是单位缴费率为职工工资总额的6%左右,职工个人缴费率为本人工资收入的2%。我国医疗保险实行统账结合的模式,社会统筹一般是以地级以上行政区域为统筹地区。单位缴费一分为二,其中70%左右划入"统筹账户",另外30%左右和个人缴费一起进入个人账户。统筹账户的目的在于互助共济,个人账户能够约束参保者的医疗消费行为。

个体工商户和灵活就业人员是由个人按照国家规定缴纳基本医疗保险费。

(三)资格条件

要想享受医疗保险待遇,首先必须参保缴费,其次必须符合两定点三目录的规定,转诊和转院必须符合相关转诊制度规定。

(四)支付办法

门诊费或小病(小额)医疗费,以及起付线以下的住院费用可以从个人账户支付,住院费或大病(大额)医疗费由"统筹账户"支付。

(五)保险水平

"统筹账户"实行费用分担的政策,并设立起付线和封顶线。起付标准为当地职工年平均工资的10%左右,封顶线为当地职工年平均工资的6倍左右。起付标准以下的医疗费用从个人账户支付或由个人自付。起付标准以上、最高支付限额以下的医疗费用主要从统筹基金中支付,个人也要负担一定比例。统筹基金的具体起付标准、最高支付限额以及在起付标准以上和最高支付限额以下医疗费用的个人负担比例,由统筹地区根据以收定支、收支平衡的原则确定。

(六)病假津贴

支付标准依据劳动部《中华人民共和国劳动保险条例实施细则修正草案》(实施日期:1953年1月26日)制定。

工人职员疾病或非因工负伤停止工作连续医疗期间在6个月以内者:

本企业工龄不满2年者,为本人工资60%;已满2年不满4年者,为本人工资70%;已满4年不满6年者,为本人工资80%;已满6年不满8年者,为本人工资90%;已满8年及8年以上者,为本人工资100%。

工人职员疾病或非因工负伤停止工作连续医疗期间超过6个月者:

病伤假期工资停发,改由劳动保险基金项下,按月付给疾病或非因工负伤救济费,其标准如下:本企业工龄不满1年者,为本人工资40%;已满1年未满3

年者,为本人工资50%;3年及3年以上者,为本人工资60%。此项救济费付至能工作或确定为残废或死亡时止。

工人职员的本人工资低于该企业的平均工资者,领取疾病或非因工负伤救济费时,如其所得救济费数额低于该企业的平均工资40%,应按平均工资40%发给,但不得高于本人工资。

50多年过去了,国家没有出台过新的标准,但各地实施的病假津贴标准已经有所不同,6个月以上的病假津贴曾经由保险基金支付,1973年以后由用人单位支付。

(七)代位补偿①

"代位补偿"指社保机构代替责任人(第三人)向受害人垫付赔偿。医疗费用依法应当由第三人②负担,第三人不支付或者无法确定第三人的,由基本医疗保险基金先行支付。基本医疗保险基金先行支付后,有权向第三人追偿。

二、对医院的结算办法

(一)基本原则

1.保障基本

根据医疗保险基金规模,以收定支,科学合理确定支付标准,保障参保人员的基本医疗待遇。

2.建立机制

即建立医疗保险经办机构和医疗机构之间的谈判协商机制和风险分担机制。医保经办机构和定点医疗机构的协议中体现对每一种付费方式的总额控制指标,并将定点医疗机构总额控制指标与其定点服务考评结果挂钩,在按周期进行医疗费用结算的基础上,按照"结余奖励、超支分担"的原则实行弹性结算,作为季度或年度最终结算的依据。医保经办机构要根据协议的规定,按时足额向定点医疗机构支付费用。同时,根据基金能力和结算周期,明确预拨定点医疗机构周转金的条件和金额。

---

① 我国社会保险制度原来没有"保险基金先期垫付"规定,如果参保人成为刑事或交通肇事等案件受害者,医疗费应该由"第三人(即肇事者)"而不是社会保险基金来负担,而"第三人"往往无力支付、不愿支付,有时甚至无法确定第三人,患者因此雪上加霜,甚至因为交不起医药费或"押金"而被医院拒之门外。对此,《社会保险法》有新规定:在这种情况下可以由基本医疗保险或工伤保险基金代位补偿,先行支付,然后向第三人追偿。此外,如果工伤者所属企业没有参加保险,也由工伤保险基金垫付,这些都将在很大程度上避免人道灾难。

② "第三人":保险合同的甲乙双方互为"相对人",相对人以外的"利害关系人"称之为第三人。

3.加强管理

针对不同付费方式的特点,完善监督考核办法,在费用控制的基础上加强对医疗服务的质量控制。

4.因地制宜

从实际出发,积极探索,勇于创新,不断总结经验,完善医疗保险基金支付办法。

(二)结算办法

第一,门诊医疗费用的支付,要结合居民医保门诊统筹的普遍开展,适应基层医疗机构或全科医生首诊制的建立,探索实行以按人头付费为主的付费方式。实行按人头付费必须明确门诊统筹基本医疗服务包,首先保障参保人员基本医疗保险甲类药品、一般诊疗费和其他必需的基层医疗服务费用的支付。要通过签订定点服务协议,将门诊统筹基本医疗服务包列入定点服务协议内容,落实签约定点基层医疗机构或全科医生的保障责任。

第二,住院及门诊大病医疗费用的支付,要结合医疗保险统筹基金支付水平的提高,探索实行以按病种付费为主的付费方式。按病种付费可从单一病种起步,优先选择临床路径明确、并发症与合并症少、诊疗技术成熟、质量可控且费用稳定的常见病、多发病。同时,兼顾儿童白血病、先天性心脏病等当前有重大社会影响的疾病。具体病种由各地根据实际组织专家论证后确定。有条件的地区可逐步探索按病种分组(DRGs)付费的办法。生育保险住院分娩(包括顺产、器械产、剖宫产)医疗费用,原则上要按病种付费的方式,由经办机构与医疗机构直接结算。暂不具备实行按人头或按病种付费的地方,作为过渡方式,可以结合基金预算管理,将现行的按项目付费方式改为总额控制下的按平均定额付费方式。

第五节　问题与前景

一、企业职工基本医疗保险存在的问题分析

(一)"看病难、看病贵"没有根本缓解

"看病难、看病贵"突出体现为两点社会问题:一是就医困难,所需要的医疗服务没有提供或者提供不足;二是医疗费用的昂贵导致患者有病不去就医。前者与我国的医疗资源分布过度集中有关。优质医疗资源均集中在城市,农村相对匮乏;多集中在一线核心城市,中小城市匮乏。由此带来医疗服务可及性差,影响公

平。后者医疗费用高而影响就医,其原因体现在很多方面:诸如现代医学技术的进步、老龄化和慢性疾病谱系的变化可能导致医疗费用的合理上涨,而不合理地增长更多地来自市场化改革之后,医疗机构的道德风险以及医疗保险制度的漏洞。目前,"看病难、看病贵"的问题仍然很严重。根据第四次国家卫生服务调查的数据,我国门诊病人的人均医疗费从 1990 年的 10.9 元增长到 2008 年的 169元。住院病人的人均医疗费从 1990 年的 473.3 元增长到 2008 年的 5058 元。在所产生的医疗费用中,患者个人所承担的部分仍然比较大。而且高额医疗费用中还有相当大一部分是由于医疗机构的失德行为——诱导需求所导致的。开大处方、回扣、红包、开单提成、不必要的检查、住院甚至手术等现象加剧了医患之间的紧张程度。根据中国消费者协会的调查,92.3% 的居民因为看病贵而对医疗机构和医生产生不满。从理论上讲,医疗服务是一种缺乏需求弹性的商品,这种维持健康的产品通常不会因为价格的变化而出现需求的变化,但我国目前却有相当大比例的社会成员因经济原因而不去就医,这更加体现出了看病难、看病贵问题的严峻。根据第四次国家卫生服务调查的统计数据,2008 年我国城乡居民应就诊而未就诊的比例达到 38.2%(城市为 47.9%,农村为 35.6%),经医生诊断应住院而没有住院的比例高达 21%(城市为 22%,农村为 20%)。

(二)医保基金存在大量结余

根据 1998 年国务院颁布的《关于建立城镇职工基本医疗保险制度的决定》,医保基金遵循"收支平衡、略有结余"的原则,目的是在保障基金安全性的同时保证参保人的待遇。近年来,我国医保基金大量结余。闲置的医保资金面临贬值的风险,同时也不利于改善参保人的待遇,存在低效率和浪费。2009 年,城镇职工医保基金收入 3420.3 亿元,支出 2630.1 亿元,结余 790.2 亿元,累计结余 4055.2 亿元,累计结余率高达 118.56%。

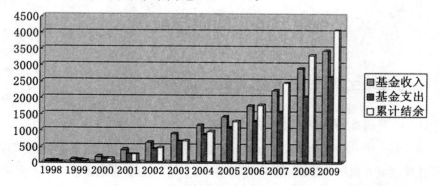

图 5-1　1998~2009 年城镇职工基本医疗保险基金收支和累计结余情况
数据来源:中国劳动保障历年统计年鉴。

（三）个人账户作用的有限性

医保个人账户设计的初衷是约束医疗服务需求方的道德风险,控制医疗费用的上涨;增加个人账户资金的积累,为可能出现的医疗风险和老年阶段的医疗开支作准备。但在实际运行中,个人账户的作用是有限的。首先,在控制医疗费用方面,世界各国的经验都显示医疗费用上涨的主要原因来自于医疗服务的供给方即医疗机构的诱导需求。个人账户虽然增强了个人在门诊阶段的成本意识,降低了需求方过度医疗的可能性,但从本质上看并没有抑制医疗费用上涨的根源。其次,在资金积累方面,医疗保险个人账户不同于养老保险个人账户,养老风险是确定的在60岁之后发生的事情,而医疗保险对于每个人来说都充满了不确定性,对于不同健康状况的个人来说个人账户的积累额是不同的,个人账户很难发挥储蓄账户的作用。再次,个人账户的设置使医疗保险在门诊阶段的互济性有限。最后,个人账户可能引发参保人新的道德风险,例如"医保卡套现"。

（四）医疗保险的道德风险带来的效益损失

道德风险来自于两个方面:医疗服务供给方和需求方。其中前者是主要方面,并且主要体现在医院(或医生)利用自身的信息优势诱导患者过度消耗医疗需求(Supplier-induced demand,SID)。改革开放以后,我们在医疗服务领域也引入了竞争,医院由全额拨款的事业单位转变为差额拨款,不足部分由医院通过提供医疗服务获取收入来进行弥补。市场化冲淡了医院的公益性,为了经济利益,医院(或医生)给患者开出的治疗方案常常背离患者的最佳选择,诸如比较普遍地开大处方、延长住院时间甚至是不必要的手术等。这既是有限的医疗资源的浪费,也加重了患者的经济负担和医疗保险基金的支付压力。

需求方也存在一定的道德风险,主要体现为过度医疗和医保卡的违规使用。只是在现行制度下,由于门诊自付、社会统筹段的起付线、封顶线和共付比等制度设计的强有力约束,需求方的道德风险得到了一定程度的控制和约束。

二、发展前景

针对城镇职工基本医疗保险制度的问题,目前学界和政府都在积极探索进一步完善制度设计的方向。

（一）医疗保险的门诊统筹

随着制度的成熟,为了提高参保人的待遇,在对住院进行社会统筹的前提下医疗保险开始探索门诊统筹,目前已经在城镇居民基本医疗保险和新农合领域展开试点,从公平的角度考虑,今后还会进一步向城镇职工基本医疗保险扩大。门诊统筹是现行医疗保险制度的延伸和发展。所谓门诊统筹,即将参保人的门诊费用纳入医保报销,由统筹基金和个人共同支付门诊费用。与现在的个人账户模式不同,门诊统筹改变了目前参保人在门诊阶段由个人医保卡支付或者个人自费支付的做法,实现门诊阶段的互助共济,减轻就医压力。另外门诊统筹还可以与社区卫生服务机构结合,落实社区首诊和转诊制度,规范就医行为,有效合理地利用医疗资源。在推行门诊统筹时可能会带来许多的连带问题,门诊阶段对医疗服务的利用频率高,门诊就诊人次要远远高于住院人次,门诊统筹之后可能会导致门诊利用率的进一步上升,如何控制费用将是一个问题。门诊统筹之后有可能会改变人们的就医观念和方式,加强社区医疗的基础性地位,提高服务质量控制、服务成本将成为一项基础性的工作。总之,要注意门诊统筹的改革不是单一的系统,要做好配套和配合。例如社区医院的改革(软硬件)、社区首诊转诊制、社区药品零差价销售和费用支付方式的改革等等。

(二)费用支付方式的改革

费用支付方式不仅直接涉及医院的利益,还间接影响到医疗服务的需求者,计划经济以来,我们所采用的第三方事后凭医疗单据按服务项目报销的做法一直被认为是导致中国医疗费用上涨的主要根源,改革的努力也一直没有间断过。城镇职工基本医疗保险制度建立之后,1999 年,劳动与社会保障部门联合卫生部、财政部等制定了《关于加强城镇职工基本医疗保险费用结算管理的意见》(劳社部〔1999〕23 号,以下简称《意见》)。该《意见》规定:医疗保险制度结算办法应包括结算方式和标准、结算范围和程序、审核办法和管理措施等有关内容;为了确保医保基金收支平衡,社保机构要预定各定点医疗机构的定额控制指标,该指标可根据具体的结算方式以及实际发生的合理费用进行调整;基本医疗保险费用的具体结算方式,应根据社会保险经办机构的管理能力以及定点医疗机构的不同类别确定,可采取总额预付结算、服务项目结算、服务单元结算等方式,也可以多种方式结合使用。2009 年 4 月,《中共中央国务院关于深化医药卫生体制改革的意见》第十二条提出:"积极探索实行按人头付费、按病种付费、总额预付等方式,建立激励与惩戒并重的有效约束机制。"2011 年,人力资源与社会保障部颁布《关于进一步推进医疗保险付费方式改革的意见》(人社部发〔2011〕63 号),强调"加强总额控制,探索总额预付"。

经过多年的努力,在按服务项目付费之外,制度还尝试了总额预付、按病种预付、按服务单元付费等多种方式。医疗保险费用支付方式进一步改革的方向更加明晰,即以预付制取代后付制,以多种支付方式取代单一方式。当然,单纯的医疗费用支付方式改革将是十分困难的,解决医疗费用上涨的问题不能仅仅依靠费用支付方式改革,应把思路放到"三改并举"上来,实现医疗保障制度、医疗卫生服务体制和药品生产流通体制三改联动。

(三)第三方购买制度和谈判机制

信息不对称是医疗服务市场的典型特征。根据信息经济学的观点,只要存在信息不对称,就必然存在道德风险。在中国目前的医疗体制下,医患之间矛盾突出,并聚焦在医疗费用上。相对于医疗机构,患者通常处于弱势的地位,弱势体现在专业、信息、谈判能力、监督等等许多方面。与此同时,外界对医疗机构的监督监管是薄弱的,一方面卫生部门与医疗机构管办一体,另一方面医疗保险机构仅是"事后报销"。这种情况下,受经济利益的驱使,医疗机构的失德行为愈演愈烈。为了维护患者的利益,规避医疗机构的诱导需求,应建立第三方购买制度。所谓第三方购买,即将医疗保险机构引入传统的医患双方关系之间,改变患者与医院之间直接进行博弈的状况,使医保机构成为医疗服务的集体购买者。第三方购买的引入,可以借助机构的强大能力,极大地规范和净化医疗市场。与单个的购买者不同,医保机构有很强的谈判能力。医保机构成为患者集体的代言者,通过谈判,与医疗机构就医疗服务的价格、数量和质量达成协议,签订合同,并对医疗机构展开监督。医保机构成为制约医疗行为的有效力量。在这种情况下,很有可能切断医生收入与患者的消费额之间的联系。其次,医保机构在信息收集上有很大的优势,医保机构可以将医疗机构定期的信息披露作为签订合同的前提,也可以集结政府、社会、患者和医疗专家的力量组建专门且权威的监督机构,定期对医疗机构的病例和治疗方案进行抽查。要做好对定点医院的动态管理,以及医疗服务质量的监督。

案　例

镇江市发布全国首个医疗保险谈判机制办法[①]

　　7月1日,镇江市人力资源和社会保障局出台的《关于进一步完善医疗保险谈判机制的通知》(以下简称《通知》)正式实施,这是全国首个医疗保险谈判机制运用的规范性、操作性办法,具有很强的实践指导作用。

---

　　① 来源:江苏省人民政府网站,2010年7月1日,网址:http://www.jiangsu.gov.cn/shouye/shfz/ylgg/201007/t20100706_471498.html。

《通知》明确建立医疗保险谈判机制坚持效率和公平相结合原则、参保人员利益最大化原则、实现多方互利共赢原则、法制化原则、因地制宜和逐步推进原则。

谈判过程分四个阶段进行：谈判准备阶段，主要对谈判环境因素及相关信息进行分析，确定谈判框架（谈判议题或内容），确立谈判目标，制定谈判计划；谈判开局阶段，要创造一种合作型的谈判氛围；交流磋商阶段，认真听取医药机构对相关政策的意见，通盘考虑各方利益和可行性，争取一个让各方都能接受的谈判结果；协议签订阶段，在各方磋商取得一致意见后，将谈判结果细化写入协议或形成文件。

当前开展谈判协商的重点包括：定点医疗（药）机构协议管理、医疗保险付费制度的完善、团购医药服务、其他等四个方面。可以由医保部门根据医保制度、政策完善和日常管理运行的需要，向医药机构等要约式提出；也可以由医药机构根据实际情况，主动向医保机构提出。

建立和完善医疗保险谈判机制是完善医疗保险制度、规范医保管理、维护参保人利益、协调各方合作的必然要求。作为制度动态发展的"修正器"，运用谈判机制能够就医疗保险实践中存在的政策差异、权责关系、服务质量、医药价格、支付方式、管理规范等进行沟通协商，从而保证医疗保险实践的开展。同时，谈判机制的建立，可以明确参保人员的谈判主体地位，通过委托医保经办机构或其他代理机构参与谈判，增强参保者的参与权、知情权、监督权；也可以发挥医疗保险"团购"的优势，促使医疗机构和医药厂商等适度让利，使医疗保险及医药信息公开化，有助于克服信息不对称，提高医保管理透明度和运行效率，让参保群众获得更多实惠。

（四）配套措施：进一步深化新医改

医疗保险制度与医疗卫生服务体制、药品生产流通体制之间紧密联系，对其中任何一方面的改革都是牵一发而动全身，三改联动将会在很大程度上降低任何单——项改革的阻力和困难，也会达到更好的改革效果。三项改革的总体目标最终是缓解"看病难、看病贵"的问题，真正为社会成员带来发展的福祉。我国在 2000 年即提出要三改并举的理念，2000 年 2 月国务院办公厅转发的《国务院体制办等部门关于城镇医药卫生体制改革指导意见的通知》提出，开始同步推进医疗保险、医疗卫生服务体制、药品生产流通体制改革。2009 年 3 月，针对之前医改存在的问题,中共中央发布了《国务院关于深化医药卫生体制改革的意见》,相隔不久,国务院又下发了《医药卫生体制改革近期重点实施方案(2009～2011年)》,开始了新医改的工作。关于新医改与医疗保险联系紧密的几个关键领域,这里作简要介绍:

1.公立医院改革

公立医院改革是重点也是难点。此次新医改要求公立医院坚持维护公益性原则,推进公立医院补偿机制改革,取消医院的药品加成收入,也就是从根本上转变以药养医的局面。医院由此减少的收入或形成的亏损通过增设药事服务费弥补,并且将药事服务费纳入基本医疗保险报销范围。为了在医疗机构中引入竞争,加快形成多元办医格局,积极稳妥地把部分公立医院转制为民营医疗机构,同时鼓励民营资本举办非营利性医院。

2.加强对药品的控制——国家基本药物制度

建立国家基本药物目录遴选调整管理机制,政府举办的医疗卫生机构使用的基本药物,由省级人民政府指定的机构公开招标采购,并由招标选择的配送企业统一配送,减去了药品的多层代理环节,保证药品低价。政府举办的基层医疗卫生机构全部配备和使用基本药物,并且实行零差率销售,即以政府招标采购的药品的进价为销售价格,中间不获取利润。药物制度改革的目的在于从药品环节上降低就医成本,真正解决看病贵的问题。

3.三级医疗体系的建立和双向转诊制度实施

目前,我国的三级医疗之间没有明确的界限,城市中的三级甲等医院常常是人满为患,而社区医院并不是社区居民的首选。为了控制医疗费用和实现医疗资源的合理利用,我们借鉴国外三级医疗的"守门人制度"建立了社区首诊制和双向转诊制度,在2009年的新医改方案中又进一步强调了这一点。今后社区基层医疗机构将建设成为全科医生和全科护士工作的主要阵地,提高社区医疗的服务水平,居民看病在社区首诊,病情严重需要到二级或三级医疗机构就医的,由社区全科医生出具转诊证明。在上级医疗机构接受完治疗之后,日常的康复治疗再转诊回社区。通过首诊制和转诊制的建立改变人们的就医理念和就医习惯,实现病人的合理分流,也是解决"看病难、看病贵"的一个重要环节。

专 栏 3

"双向转诊"为何转得不顺畅①

记者近日从扬州市卫生部门了解到,2010 年,这座人口百万的城市一年内由社区医院向大医院转诊的有 1000 人左右,而由大医院向社区医院转诊的还不到 400 人。"转不动,一边倒"成为不少受访者的感慨,而这样的尴尬不仅仅出现在扬州。

"小病在社区,大病进医院,康复回社区",大小医院之间实行"双向转诊"曾被视为解决医疗资源失衡的良方。但从各地实际运作来看,效果并不理想:转诊总量普遍偏少,本该"双向"却出现了"上转容易下转难"。

"我们已经在有针对性地制定一些措施,但有些情况不是朝夕之间能改变的。"据悉,为了促进"双向转诊",扬州卫生部门去年开始向大医院明确"向下转诊"的最低比例,还要求当地二、三级医院各科室副主任医师以上专家定期到社区坐诊、带教,年培训基层卫生人员逾 2000 人,并不断加大"单病种限价"力度,以引导患者"回社区康复"。但实际数据表明,转诊依旧很难顺畅地转起来。

向下转诊操作起来困难重重!一家大医院的工作人员说:"床位太紧张,我们也希望病人康复回社区,可是许多人还是不愿走。'双向转诊'的前提是尊重患者的选择权,如果患者不愿意,谁都无法强求。"而在社区医院,真正大病需要转诊的情况也不多见,因为现在病情严重点,病人自己都是往大医院跑。

扬州市卫生局方淑琴处长认为,大医院专家多、设备先进、医疗技术水平高,早已成为人们的思维定式。社区卫生机构是近年来才发展起来的,许多人对其定位还不太了解,许多患者担心一旦进了社区医院,小病被拖成了大病,到时岂不是追悔莫及。

除了病人本身的意愿,目前的政策设计也有不完善之处。

"转诊以什么为依据依旧没有说清楚!"一位社区卫生服务中心负责人表示,虽然扬州大致规定了具体的上转下转标准,但实际情形很难把握,病人在医院治疗后是否能转诊,基本是医院说了算。而不少医院出于自身利益考虑,很可能不愿意病人转院。因此,双向转诊制

---

① 来源:《新华日报》,2011 年 2 月 25 日。

度要落到实处,需进一步细化转诊标准,变上级医院被动下转为主动下转才是关键。

扬州一家医院负责人认为,"双向转诊"目前靠行政命令或医院、医生的自觉行为是远远不够的。首先,应探索出一套既有激励机制、又合乎经济规律的制度,使大医院、小医院、患者三方都有实惠,如此才能使"双向转诊"从口号变为现实。其次,政府要加大对社区医疗卫生事业的投入,对医务人员的技术培训,使老百姓能放心地在社区医院看病,这才是"双向转诊"得以实现的治本之策。

本章小结

医疗保险是指通过参保人共同缴费,组成基金,参保人疾病治疗所发生的费用可以由基金补偿的一种制度安排。

医疗保险一般由政府主办。医疗保险涉及面最广,运作机制复杂,在社会保险体系中占有重要地位,与其他社会保险项目相比,医疗保险的特征主要有以下几点:(1)医疗保险制度涉及多方利益,关系比较复杂;(2)相较于其他风险,疾病风险发生的频率高,时间具有不确定性;(3)当发生疾病风险时,医疗保险待遇水平不是取决于参保患者缴费多少,而是根据患者病情、就医次数、所得药品和医疗服务等实际发生的费用而定。

各国制度实践中经常采用的医疗保险费用支付方式主要有:按服务项目付费、总额预算制、定额付费制、按人头付费、按病种付费、工资制、"以资源为基础的相对价值标准"等等。

医疗保险制度的核心内容包括覆盖范围、资金筹集、待遇支付和待遇水平等。

关键概念

第三方支付　国民健康保险模式　两定点三目录　三级十等医院　先付制　后付制　总额预算制　按病种付费　按服务项目付费　起付线　封顶线　逐级转诊

复习思考题

1. 医疗保险的定义和特点。
2. 简述医疗保险的意义。

3. 简述医疗保险的发展历史。

4. 简述医疗保险制度的几种模式。

5. 对比分析各种费用支付方式的优缺点。

6. 简述医疗保险制度的结构和内容。

7. 分析医疗保险制度设计对医疗费用控制的影响。

8. 简述中国企业职工基本医疗保险制度的改革过程。

应用案例

全国基本医保覆盖率达 95%，已成世界最大医保网①

记者 7 月 6 日从国务院医改办公室获悉：全国城乡居民基本医保参保人数达到 12.7 亿人，覆盖人数占总人口的 95%，全民医保的制度框架已经建立，并已成为全世界最大的医保网。

2011 年，政府对城镇居民医保、新农合人均补贴每年 200 元的标准在各地得到落实。医保建设的力度之大前所未有。事实上，医改实施后，中央财政投入最大的一笔资金就用在医保上，金额超过 2000 亿元。

不仅如此，截至目前，超过 80% 的统筹地区开展了门诊统筹。新农合和城镇居民医保政策范围内住院费用报销比例，已经达到 60% 以上，部分统筹地区提高到 70%。超过 90% 的统筹地区实现了即时结算结报，群众就医结算便利性大大提高，就医感受明显改善。

基本医疗保障之外的第二条保障线大病救助制度也在不断推进，尤其是农村大病救助已经起步，不断扩大覆盖面、提高补助水平。目前全国已有 15 个省（区、市）开展了提高农村儿童两病医疗保障水平工作，有 11 个省（区、市）启动了增加重大疾病试点病种的工作。

案例思考题

1. 关于构建覆盖城乡、覆盖全民的医疗保障体系这一问题，你有怎样的思考？

2. 在我国医疗保险已经实现制度层面全民覆盖的前提下，如何进一步完善医疗保险制度？

---

① 人民网，《人民日报》，作者：李红梅，2011 年 7 月 7 日。

第六章　机关事业/城乡居民医疗保险

 学习目标

通过学习本章,熟悉机关事业单位工作人员医疗保险的改革历程;掌握农村合作医疗制度的发展过程,以及新型农村合作医疗的制度内容;掌握城镇居民基本医疗保险的制度内容;了解中国目前基本医疗保险体系的制度框架;了解中国基本医疗保险制度存在的问题和发展前景。

第一节　机关事业单位医疗保险制度

一、公费医疗

公费医疗是我国计划经济时期传统的医疗保险制度,1952年6月27日,中央政府(政务院)发布了《关于全国各级人民政府、党派、团体及所属事业单位的国家工作人员实行公费医疗预防的指示》(以下简称《指示》),决定开始分期实施公费医疗,逐步扩大到全国各级人民政府、党派、工青妇等团体,各种工作队及文化、教育、卫生、经济建设等事业单位的国家工作人员和革命伤残军人,这标志着新中国公费医疗制度的建立。1952年8月,卫生部经政务院批准制定发布了《国家工作人员公费医疗预防实施办法》,对公费医疗的制度设计作了明确具体的规定。1953年,卫生部在《关于公费医疗的几项规定》中将公费医疗的范围进一步扩大到大专院校的学生和乡干部。1956年国务院批准了国家机关工作人员退休后继续享受公费医疗待遇。改革开放初期,为进一步调整和完善公费医疗管理制度,1988年8月9日,卫生部、财政部印发了《公费医疗管理办法》,同日起废止与这个办法相抵触的规定,目前这个行政法规仍为公费医疗管理的主要依据。

公费医疗的对象是机关事业单位职工、军人以及大专院校的学生。公费医疗经费来源是各级政府财政预算拨款，按人均标准划拨到单位。在公费医疗下大部分医药费用都可以由国家财政支付，个人不用支付。这些费用主要包括治疗费、诊疗费、检查费、住院费、手术费、生育费、床位费、外地就医路费、工伤住院膳食费、假肢费等。但是挂号费、营养滋补药品、整容矫形等少数项目需要自付。覆盖范围内的人员到定点医疗机构就诊、转诊等，只要符合规定就可以从公费医疗经费中报销。公费医疗的费用支付主要采用按服务项目付费。从本质上讲，公费医疗和同时期面向企业职工的劳保医疗没有区别，均具有典型的"国家—单位保障"的特征，是典型的职工福利。与企业职工的劳保医疗相比，公费医疗由于政府财政的支持，在待遇上逐渐优于劳保医疗，随着经济社会的发展，公费医疗和劳保医疗之间的差异逐渐拉大，这种差异也注定了目前将面向两个群体的制度整合为一的难度。

事业单位改革仍需进一步明确方向（摘自新华网）

二、机关事业单位医疗保险制度发展与改革历程

首先，公费医疗费用持续上涨的问题一直是困扰政府的一个难题，自制度建立开始政府一直没有停止过对公费医疗的制度调整。公费医疗经费实行定额管理，最初，1952年人均定额18元／年即可满足医疗费用支出的需要，至1990年，人均定额已经增长到164元／年，增长了911％，截止到1998年城镇职工基本医疗保险建立之前，人均定额已增长到302.6元／年。费用上涨的根源在于缺乏合理的筹资机制，参保人医疗需求的无限性和国家财政的有限性之间存在矛盾，同时对医患双方的费用制约机制十分的欠缺，双方的道德风险更加剧了费用的上涨。其次,公费医疗是一个封闭的系统,公费医疗的资金虽然来自政府财政,但是各级财政之间还是有很大的区别的,依托于基层政府财政的公费医疗欠缺公平性。

针对公费医疗存在的问题,自20世纪50年代,政府多次进行制度范围内的调整。例如公费医疗针对住院和药品进行少量的收费,限制可报销的药品的种类,以及借鉴劳保医疗的做法,将医疗费用与个人利益适当挂钩,超支部分不报销或按比例报销,显现出一种由公费医疗制度向适度自费制度的过渡。改革开放之后,随着国家经济体制改革的深入推进,公费、劳保医疗不断凸显的问题迫使传统医疗保障制度的大调整。1998年,国务院发布了《关于建立城镇职工基本医疗保险制度的决定》(国发〔1998〕44号),多年的公费、劳保医疗制度被城镇职工基本医疗保险制度所取代,单位—国家保障模式真正转变为社会保险模式。新制度强调机关事业单位工作人员也要全部纳入城镇职工基本医疗保险的范畴。目前,除中央直属机构、广东省直机关单位及极少数省级机关外,全国其他省份的公费医疗制度已陆续完成了与城镇职工医疗的接轨。但是公费医疗仍然在部分地区、部分人群中残留,部分地区甚至是机关事业单位的公费医疗和城镇职工的基本医疗保险并行存在。

三、基本医疗保险和多层次医疗保障的建立

自1998年开始,城镇职工基本医疗保险制度在全国范围内普遍推广,公务员和事业单位工作人员加入城镇职工基本医疗保险,其资金主要来源于参保人个人的缴费和财政补贴。基本医疗保险基金由个人账户基金和社会统筹基金构成,个人账户主要用于门诊治疗支付,统筹基金主要用于住院和门诊大病治疗支付。为了控制医疗费用,基本医疗保险制度设置起付线、封顶线、报销比例和自付比例,改变了公费医疗时期医药费用个人几乎完全不用承担的做法,实现了医疗服务需求方的费用控制。同时,为了避免原公费医疗参保群体医疗保障水平出现下降的情况,在基本医疗保险之外还积极建立多层次的医疗保障体系。2000年5月,劳动与社会保障部出台了《关于实行国家公务员医疗补助的意见》,面向公务员群体建立第二个层次的补充保险——公务员医疗补助。医疗补助经费由同级财政列入当年财政预算,具体筹资标准应根据原公费医疗的实际支出、基本医疗保险的筹资水平和财政承受能力等情况合理确定。医疗补助经费主要用于基本医疗保险统筹基金最高支付限额以上,符合基本医疗保险用药、诊疗范围和医疗服务设施标准的医疗费用补助,以及在基本医疗保险支付范围内,个人自付超过一定数额的医疗费用补助。公务员医疗补助由社会保

险经办机构负责经办工作。到 2004 年,全国 90% 以上的地区建立了公务员医疗补助和大额医疗费用补助。

专栏 1

新医改回避公费医疗①

针对新医改,全国政协委员、南京医科大学博导孙南雄的观点相当犀利。他认为,我国医疗卫生的问题根源,是医药卫生资源在总体上严重不足,又存在部分人群对医疗资源的过度消耗。这些问题不从制度上解决,单纯强调大量资金的投入,有可能使我们再次失去解决"看病难、看病贵"的时机。

孙南雄认为,新医改应建立在统一和大致公平的基础上,才算做成功。他解释说,目前的医疗保障可以分为四大体系:新型农村合作医疗制度、城镇职工基本医疗保险、城镇居民基本医疗保险及公费医疗。"在制度设计上,要做到城市与农村、就业与失业,在职与退休、年老与年幼、干部与群众等的覆盖水平与保障强度大致公平。"孙南雄说。从医疗投入占 GDP 的比例看,我国现在的医疗投入水平已经达到了一定的水准。但从公平角度看,仍有操作空间。新医改只提三网统筹,不提"第四网"即公费医疗,这是在回避其他三种医保体系和公费医疗的差距。

第二节　新型农村合作医疗制度

一、计划经济时期的农村合作医疗

(一)合作医疗的形成和发展

我国的农村合作医疗产生于 20 世纪 50 年代的农业生产合作化时期。1955 年,山西省高平县米山乡创立了集体医疗保障制度,建立了联合保健站,实行医社合一。联合保健站以预防为主,主要向农民提供免费预防保健、治疗免

---

① 参见刘昕:《新医改回避公费医疗》,《新文化报》第 5 版《两会新闻》,2010 年 3 月 4 日。

收挂号费、出诊费、巡回医疗、送医送药上门等服务,也就是"合医合防不合药"。开展工作所需经费源于社员缴纳保健费,每位社员每年缴纳 2 角钱;另外从农业公益金中提取 15%~20% 和医疗业务收入。保健站医生的收入主要是通过记工分和发放现金工资相结合的方式实现。随后,各地也开始建立以集体经济为支撑的社员互助的集体保健医疗站或合作医疗站。

1959 年,卫生部在山西稷山县召开全国农村卫生工作会议,正式提出了"合作医疗"这一概念,并肯定了农村合作医疗制度,此后这一制度开始在全国部分地区推广。20 世纪 60 年代至 70 年代是农村合作医疗发展繁荣的时期。1965 年,毛泽东同志作出了"把医药卫生工作的重点放到农村去"的指示,合作医疗在农村如火如荼地开展起来,1968 年毛泽东同志批示,推广湖北长阳乐园公社的合作医疗经验,同年卫生部、农业部和财政部联合下发了《农村合作医疗章程试行草案》。由于当时政治运动的推动,全国掀起了兴办农村合作医疗的高峰。

在人民公社运动中发展起来的除了合作医疗外,还有县乡村三级医疗卫生保健网。以 1959 年卫生部在山西稷山县召开农村卫生工作会议为起点,卫生工作的重点开始向农村转移,"三级医疗预防保健网"进一步巩固和加强。农村三级医疗预防保健网,是国家覆盖城乡的卫生体制中不可分割的部分,也是为农村提供卫生保健服务的强有力的组织系统。县乡村三级医疗卫生保健机构的优越性和巨大作用体现在凝聚了国家、集体和农民群众三方面的力量,共同举办卫生事业。在当时经济发展水平有限的的条件下,在农村培养了大量的赤脚医生,结合自采、自种、自制的廉价的中国医药技术,为农民提供田间巡回和上门诊治服务,满足了农民的医疗和预防保健需求。农村三级医疗卫生保健网还同爱国卫生运动结合起来,广泛开展防治地方病、妇幼保健、改善农村公共卫生环境等工作,全面提升了农民的身体素质和生活环境。一度,合作医疗、三级医疗卫生保健网和赤脚医生被评价为解决农村医疗卫生问题的三件法宝,解决了农村缺医少药的情况,改善了农民的医疗卫生服务境况。合作医疗也被世界卫生组织评价为发展中国家解决卫生经费的唯一范例。

1978 年,我国将合作医疗制度写入宪法,列为国家为保证劳动者健康权利需要逐步发展的事业。1979 年,卫生部、农业部等联合发布了《农村合作医疗章程(试行草案)》,这是政府部门第一次发布关于农村合作医疗的正式法规性文件,进一步明确了合作医疗的实施规范。据统计,全国行政村(生产大队)举办合作医疗的比重,1958 年为 10%,1960 年为 32%,1962 年上升到 46%,[①]到 20

---

① 周寿棋:《探寻农民健康保障制度的发展轨迹》,《国际医药卫生导报》2002 年第 6 期。

世纪 70 年代中期,农村合作医疗的覆盖率已达到了全国行政村生产大队的 90%。根据《农村合作医疗章程(试行草案)》的规定,这一时期我国农村合作医疗基金由参加合作医疗的个人和集体(公益金)筹集。各筹多少应根据需要和可能,经社员群众讨论决定,随着集体经济的不断发展逐步扩大集体负担部分。合作医疗基金主要用于社员的医疗费。社员看病免收挂号、注射、针灸、出诊等各项劳务费,对于暂时无力减免药费的,可先实行按批发价收取药费,赤脚医生人选要经社员群众讨论,选拔热心为群众服务、劳动好、有一定文化程度的社员,经过培训后担任。

(二)合作医疗的衰退

从 20 世纪 70 年代末期开始,传统农村合作医疗就已经开始出现衰退的迹象。特别是进入 20 世纪 80 年代,随着农村家庭联产承包责任制取代集体经济变革的推进,以及国家市场化的医疗卫生体制改革的深化推进,合作医疗失去了它曾经广泛存在的基础条件。一方面,随着集体经济的衰落,农村合作医疗资金失去了重要的经济来源,针对这一问题,虽然这一时期也适时改进了农村合作医疗的资金筹集方式,强调资金由集体和个人共同承担,赤脚医生的报酬转变为通过"群众集一点,集体投一点,药品差价补一点"的办法解决,但是全国大部分地区的农村合作医疗,在集体经济不再是资金来源的重心的情况下,开始快速衰落。根据有关资料显示,1985 年全国实行合作医疗的行政村由过去的90% 减少为 5% ,1989 年全国实行合作医疗的行政村仅占全国的 4.8%。[①] 除了集体经济发展情况较好的上海和苏南地区外,全国大部分地区的合作医疗制度都处于萎缩和停滞状态。另一方面,合作医疗的另一个基础——三级医疗卫生服务体系也在发生变化。农村的基层卫生机构由于失去了集体经济的支柱,政府又将医疗卫生机构建设的重点放在了城市而不是农村,因此陷入经营困境的许多乡镇卫生院、村卫生室开始走向市场化、商业化,变成了靠看病卖药赚钱的营利性医疗机构。当时农村有超过 50% 的诊所实行了私有制或私人承包。

合作医疗的瓦解使大部分农村居民看病只能自费,在 80 年代,由于当时的医疗费用整体水平相对较低,合作医疗制度解体后农村家庭疾病的经济负担在短期内表现得还不是非常明显。到了 90 年代,随着国家整体的医疗卫生体制改革市场化的加深,医疗费用逐年增加,1990~1999 年,农民平均年纯收入由686.31 元增加至2210.34元,增长了 3.2 倍;而每人次年平均门诊费用和住院费

---

① 高和荣:《风险社会下中国农村合作医疗制度的重建》,吉林大学博士论文,2004 年,第 91 页。

用分别由 10.9 元和 437.3 元增加到 79 元和 2891 元,增长了 7.2 倍和 6.6 倍[①],农户中因病致贫、因贫困而不去就医的现象比较严重。此外由于合作医疗的崩溃和农村公共卫生预防措施的不足,农村看病难、看病贵的现象日渐突出,农村公共卫生体系也出现疏漏,一些寄生虫病、传染病又逐渐在农村蔓延。例如,1989 年血吸虫病又开始在全国 370 多个县(市、区)重新蔓延,新增血吸虫病患者逾 100 万人之多,威胁农村人口达 1 亿多。[②]

(三)合作医疗恢复重建的探索

从 20 世纪 90 年代开始,我国开始在农村努力恢复和重建合作医疗制度。1991 年 1 月,国务院批转了卫生部等部委《关于改革和加强农村医疗卫生工作的指示》,报告明确提出要"加强农村卫生事业建设,改善农村卫生状况,解决 8 亿多农民的医疗保健需求","稳步推行合作医疗保健制度,为实现人人享有卫生保障提供社会保障"。

1993 年 11 月,中共中央《关于建立社会主义市场经济体制若干问题的决定》提出,继续"发展和完善农村合作医疗制度"。随后,在世界卫生组织的帮助下,从 1994 年开始,农业部协同卫生部在我国 7 个省份的 14 个县市开始实行农村合作医疗制度的试点,但是,试点工作发展缓慢。据统计,到 1997 年,全国有 350 个县,17% 的行政村参加了农村合作医疗试点,但是,参加人数只占试点地区农村总人数的 9.7%。

1996 年 12 月,全国卫生系统工作会议在北京召开,在这次大会上,国务委员彭珮云在总结讲话中指出,在我国贫困地区"患病未就诊人数的 72.6% 和应住院而未住院患者的 89.2% 是由于经济困难","5.5% 的家庭因看病而变卖家产",在这些地区,"因病致贫、返贫的农户占贫困户的 60%"。这说明,中央已经认识到建立和完善农村医疗保障制度的必要性和迫切性。

1997 年,根据中共中央、国务院《关于卫生改革与发展的决定》(中发〔1997〕3 号),中央要求各地"积极稳妥地发展和完善合作医疗制度","力争 2000 年在农村多数地区建立起各种形式的合作医疗制度"。同年 5 月国务院转发了卫生部等部门制定的《关于发展和完善农村合作医疗的若干意见》,对恢复和重建农村合作医疗进行了具体部署,提出合作医疗坚持民办公助、自愿量力、因地制宜的原则。筹资以个人投入为主,集体扶持,政府适当支持。农民个人缴纳的费用是农村合作医疗资金的主要来源。虽然也提出农村集体经济和地

---

① 参见宋斌文、熊宇虹、张强:《当前农民医疗保障的现状分析与对策构想》,《国际医药卫生导报》2005 年第 9 期。

② 许正中:《社会医疗保险:制度选择与管理模式》,社会科学文献出版社 2002 年版,第 242 页。

方财政的扶持,但是由于缺少具体的支持举措和配套政策,农村合作医疗制度的实施效果并不显著。

二、新型农村合作医疗的建立

随着经济社会的发展,传统农村合作医疗体现出了极大的不适应性,对合作医疗的简单恢复重建已经无法实现制度的长久发展。为了实现农民的医疗保障,制度创新是关键。

2002年,中共中央、国务院发布了《关于进一步加强农村卫生工作的决定》,第一次提出了新型农村合作医疗这一概念,由此开始了农村医疗保障建设的新阶段。

双喜临门①

2003年1月23日,国务院办公厅转发了卫生部、财政部、农业部等部门的《关于建立新型农村合作医疗制度的意见》(以下简称《意见》),对"新型农村合作医疗制度"进行了系统的界定。《意见》还要求,"从2003年起,各省、自治区、直辖市至少要选择2~3个县(市)先行试点,取得经验后逐步推开。到2010年,实现在全国建立基本覆盖农村居民的新型农村合作医疗制度的目标"。

2004年,国务院办公厅转发卫生部等部门《关于进一步做好新型农村合作医疗试点工作指导意见的通知》。经过两年试点后,2006年1月,卫生部等7部门联合下发《关于加快推进新型农村合作医疗试点工作的通知》,对新型农村合作医疗制度作了充分的肯定,明确了推进新型农村合作医疗试点工作的目标和

---

① 图片来源:新华网,王泽培绘,2005年11月30日,http://news.xinhuanet.com/politics/2005 - 11/30/content_3857455.htm。

要求。

　　新型农村合作医疗制度是由政府组织、引导、支持，农民自愿参加，个人、集体和政府多方筹资，以大病统筹为主的农民医疗互助共济制度。新型农村合作医疗制度一般采取以县（市）为单位进行统筹。条件不具备的地方，在起步阶段也可采取以乡（镇）为单位进行统筹。新农合实行个人缴费、集体扶持和政府资助相结合的筹资机制。农民在自愿的前提下，以户为单位加入新型农村合作医疗。在保障待遇上，新农合最初强调大病统筹，之后随着试点的推广，各地区可以结合实际的财政能力和农村居民的需求，在保大病的基础之上探索家庭账户或者门诊统筹。

三、新型农村合作医疗制度的实践

　　经过多年的努力，新农合发展迅速，覆盖范围不断扩大，保障待遇不断提高，各级政府补贴力度不断增强，在一定程度上减轻了农民的医疗负担，缓解了看病难、看病贵的问题。截止到2010年底，新农合覆盖的县（区市）数达到2678个，参加新农合的人数达到8.36亿人，参合率96%，人均筹资156.6元。①

　　新农合也在试点过程中不断丰富和完善。一些地区探索出了可以兼顾门诊小病保障的家庭账户制度，从每位家庭成员的新农合资金中提取一部分形成家庭账户，可以用于门诊和购买药品的支出。在东部经济较发达的地区，一些农村还尝试了门诊统筹，具体水平视各地财政情况而异。几年来，各级政府也逐渐加大了对新农合的扶持力度。2003年试点初始，中央政府和地方政府对参保农民的人均资助标准为每人每年20元，2011年在原有的120元的基础之上提高到200元。新农合的保障待遇也在不断提高，2010年，实现了住院报销率在政策范围内能够达到60%，同时，在全国60%的地区实现了门诊统筹。同年，政策范围内报销封顶线达到了农民纯收入的6倍，全国补偿收益人次达到10.87亿。

　　我国在发展新农合的同时，也在加强农村基层医疗卫生机构的建设。在资源分配的格局上，强调优化医疗卫生资源配置，新增卫生资源向基层和公共卫生机构倾斜。在人员队伍建设方面，开展了"万名医师支援农村卫生工程"，大力推进城乡医院之间的对口援助，以及东部省区对西部省区的医院对口援助工作，鼓励和引导优秀的医疗工作人员到乡村基层开展工作，从整体上健全基层医疗卫生服务体系。

---

　　①　《2011年中国卫生统计提要》，中国卫生部网站。

专 栏 2

360 亿元"输血"全国县医院①

记者从在陕西省延安市子长县召开的全国县医院改革发展现场会上获悉:国家发改委、卫生部启动了健全农村医疗卫生服务体系建设,计划在 3 年内安排投资 360 亿元重点支持全国 2176 所县级医院建设,使每个县至少有 1 所县级医院基本达到标准化水平,目前已安排专项资金 314 亿元支持 1877 所县级医院的建设,旨在改善群众的就医条件和环境,提高基层医疗卫生机构的服务能力和水平,最终实现群众"小病不出村,大病不出县,常见病到乡镇卫生院"。

卫生部党组书记张茅指出,深化医改启动以来,按照"保基本、强基层、建机制"的要求,全面加强公共卫生服务体系建设,切实推进县域医改有关工作。卫生部、财政部和国家中医药局继续组织实施"万名医师支援农村卫生工程",积极推进城乡医院对口支援,实施"西部卫生人才培养项目"等,1110 多所三级医院与 2139 所县级医院建立了对口支援和协作关系,每年选派 2 万余名城市优秀医务人员到县医院和乡镇卫生院开展医疗服务和人员培训工作,为县级医院、乡镇卫生院和村卫生室培养了大批业务技术骨干和管理人才。

据介绍,县医院建设与发展的工作目标是:通过建设和发展,原则上 2011 年每个县要有 1 所县级医院达到二级甲等标准,使农村常见病、多发病、危急重症和部分疑难复杂疾病在县级医院能够得到有效解决,并承担起对乡镇卫生院、村卫生室的业务技术指导和卫生人员的进修培训等任务。2015 年,县级医院全面达到二级甲等水平,县域居民的看病就医问题得到有效解决。至 2020 年,继续改善医疗条件,提高医疗水平,规范医院管理,有效缩小县级医院与三级医院的总体差距,进一步满足县域群众的医疗卫生服务需求。

---

① 记者王君平:《360 亿元"输血"全国县医院》,《人民日报》第 4 版要闻,2010 年 11 月 3 日。

第三节　城镇居民基本医疗保险制度

一、城镇居民基本医疗保险制度试点

改革开放后,我国的医疗保障体系建设不断推进。1998 年,城镇职工基本医疗保险建立,与之相补充的企业职工大额医疗互助和公务员补充医疗保险也逐步完善。2003 年我们开始了新型农村合作医疗的试点,解决农村居民看病难、看病贵的问题。为了实现人人享有医疗保健的目标,针对医疗保险制度尚未覆盖的群体——城镇未就业人员,我国在 2007 年提出了城镇居民基本医疗保险制度。2007 年 7 月 10 日国务院发布了《国务院关于开展城镇居民基本医疗保险试点的指导意见》,提出从 2007 年在全国部分城市开始试点。到 2010 年在全国全面推开,从而建立起以大病统筹为主的城镇居民基本医疗保险制度。

居民医保,全家安心①

二、城镇居民基本医疗保险的制度内容

《国务院关于开展城镇居民基本医疗保险试点的指导意见》(国发〔2007〕20 号,以下称《指导意见》),是城镇居民基本医疗保险制度实施和管理的主要

---

①　图片来源:金羊网:《政府工作报告解读:六大关键词》,陈春鸣绘,2007 年 3 月 6 日,http://www.ycwb.com/xkb/2007 - 03/06/content_1402759. htm。

依据。对于城镇居民基本医疗保险的制度设计作出了以下几个方面的界定。

(一)参保范围

主要面向全体城镇非从业居民。不属于城镇职工基本医疗保险制度覆盖范围的中小学阶段的学生(包括职业高中、中专、技校学生)、少年儿童和其他非从业城镇居民都可自愿参加城镇居民基本医疗保险。对参保居民实行属地管理。

(二)筹资水平

试点城市应根据当地的经济发展水平以及成年人和未成年人等不同人群的基本医疗消费需求,并考虑当地居民家庭和财政的负担能力,恰当确定筹资水平;探索建立筹资水平、缴费年限和待遇水平相挂钩的机制。

(三)缴费和补助

城镇居民基本医疗保险以家庭缴费为主,政府给予适当补助,《指导意见》特别强调要明确中央和地方政府的责任。2007年,对试点城市的参保居民,各级政府(中央和地方)以每年按不低于人均40元给予补助。参保居民按规定缴纳基本医疗保险费,享受相应的医疗保险待遇,有条件的用人单位可以对职工家属参保缴费给予补助。国家对个人缴费和单位补助资金制定税收鼓励政策。

(四)费用支付

城镇居民基本医疗保险基金重点用于参保居民的住院和门诊大病医疗支出,有条件的地区可以逐步试行门诊医疗费用统筹。

三、制度实践

从覆盖范围的角度理解,城镇居民基本医疗保险制度的建立,实现了我国社会医疗保险制度在制度层面上的广覆盖、无盲点。有的试点地区还进一步将外来务工人员子女、被征地农民、高校学生等纳入参保范围,享受相应的政府补助。2010年《关于做好2010年城镇居民基本医疗保险工作的通知》(人社部发〔2010〕39号文件)强调,对于自愿选择加入城镇居民基本医疗保险制度的灵活就业人员和农民工,不得以户籍原因设置参保障碍,并进一步推进大学生参保的工作。制度的实施增强了我国医疗保险制度的普惠性,真正体现出中国社会保障建设向适度普惠型转变的特征。

城镇居民基本医疗保险的试点范围不断扩大,2007年首批79个试点城市,2008年扩大到229个试点城市。其中江苏、浙江、安徽、福建、江西、河南、湖北、湖南、广东、海南、西藏、陕西、甘肃、青海和宁夏等15个省(区)全部地(市)纳入试点。2009年,城镇居民基本医疗保险已经实现了在全国所有城市的全面建立。参保人数不断增加,截至2010年底,参加城镇居民基本医疗保险的人数为19528万人,比上年末增加1319万人①。

城镇居民基本医疗保险突出了政府在医疗保险中的责任,同新农合一样,中央和地方政府要对参保的城镇居民给予财政补贴,2007年各级政府补贴标准为不得低于每人每年40元,2010年提高到120元,2011年又将此指标进一步提高到200元。其中,对于财政情况不好的西部地区,中央财政要特别加大支持的力度。

城镇居民基本医疗保险保障待遇不断提高,2010年居民医保基金的最高支付限额提高到了居民可支配收入的6倍,提高了住院医疗费用中医保基金支付的比例,原则上要达到60%,二级(含)以下医疗机构住院医疗费用中医保基金的支付比例是70%,逐步引导参保人员选择基层医疗机构就医。

城镇居民基本医疗保险在大病统筹的基础之上逐步探索门诊统筹。2009年,《关于开展城镇居民基本医疗保险门诊统筹的指导意见》(人社部〔2009〕66号文件)要求展开门诊统筹工作。2010年在之前试点的基础之上,在60%的试点地区建立了居民医保的门诊统筹,加大了对参保居民的保障力度。

专栏3

杭州城乡居民将享同等待遇②

日前,杭州市政府办公厅下发了《关于统一全市基本医疗保险制度框架和主要政策的通知》(以下简称《通知》)。根据《通知》,2011年年底前,杭州要在全市范围内实现"三个统一",即统一全市基本医疗保险制度框架、统一职工基本医疗保险主要政策和统一城乡居民基本医疗保险主要政策。

"统一全市基本医疗保险制度框架",指将城镇居民基本医疗保险和新型农村合作医疗制度整合为城乡居民基本医疗保险制度,实现全市范围内医疗保险制度框架的统一。"统一职工基本医疗保险主要政策",包括统一职工医保缴费基数、费率范围、待遇水平等。其中,职工医保住院起付标准统一为:三级医疗机构不高于800元,二级医疗机

---

① 《2010年度人力资源和社会保障事业发展统计公报》,中华人民共和国人力资源和社会保障部网站。

② 《新民晚报》,2011年10月25日,第B01版。

构不高于 600 元,其他医疗机构不高于 300 元。1 个年度内限支付 1
次起付标准:门诊起付标准统一设置为在职职工不高于 1000 元,退休
人员不高于 700 元;住院最高支付限额为当地职工年平均工资的 6 倍
以上。"统一城乡居民基本医疗保险主要政策",包括统一城乡居民个
人缴费比例、大病住院和规定病种门诊保障待遇等。城乡居民医保个
人缴费额,原则上不低于当地城乡居民医保年人均筹资标准的 1/3。

第四节　问题与前景

一、制度存在的问题分析

(一)碎片化和板块分割

改革开放以来,我国的社会医疗保险发展建设取得了突出的成绩。城镇职
工基本医疗保险、城镇居民基本医疗保险和新型农村合作医疗三项制度搭建的
平台已经在理论层面上实现了将城乡所有类型的社会成员纳入社会医疗保险
体系的目标。截至目前,我国城乡居民参保人数合计已达 12.8 亿人,全民基本
医保惠及全国 95% 左右的人口[1]。但是由于采取的是通过建立不同的制度,分
阶段地将各种类型的社会群体逐步纳入保障范围的改革路径,目前我国的社会
医疗保险体系碎片化严重。

碎片化突出体现为城乡分割和群体分割。三种制度是根据参保人的身份、
户籍、地域以及缴费能力而设立的,这种制度格局是与城乡经济社会二元化、区
域经济发展不平衡和社会分层相伴而生的。三项制度之间在参保方式、缴费方
式、基金管理方式和保障范围及水平上都存在差异。各制度之间封闭运行,从
社会保险的大数法则理论基础来看,这样板块分割的制度体系不利于在更大的
范围内分散疾病风险。另外,针对流动性比较大的进城务工群体和城镇非正规
就业人员,极易发生重复参保或者漏保的现象,导致资源利用的低效,损害社会
成员的福利。因此,从制度变迁的角度看,对不同的群体建立不同的制度,虽然
实现了广覆盖的尽快实现,但是板块分割的制度却为不公平的待遇埋下了
伏笔。

---

[1]　参见李克强在全国深化医改工作会议、国务院深化医改领导小组第九次全体会议等会议上的讲
话:《不断深化医改,推动建立符合国情惠及全民的医药卫生体制》,2011 年 11 月。

表6-1　三项制度之间的对比

	城镇职工基本医疗保险	城镇居民基本医疗保险	新型农村合作医疗
实施时间	1998年	2007年	2003年
覆盖范围	城镇用人单位及其职工	城镇非从业人员	农村居民
参保方式	个人、强制参加	以家庭缴费为主自愿参加	以家庭为单位自愿参加
资金筹集	企业和职工共同缴费,企业费率为职工工资总额的6%左右,职工缴费率为本人工资收入的2%	个人缴费和各级政府的财政补贴	个人缴费和各级政府的财政补贴
保障范围	门诊、住院	大病统筹	大病统筹
基金管理方式	统账结合	社会统筹	社会统筹
管理部门	人力资源与社会保障部门	人力资源与社会保障部门	卫生部门

(二)医疗保障待遇的不平等

首先,随着制度层面上全民医保的实现,从覆盖范围角度评价中国医疗不公平的观点正在成为历史。但是从参保患者实际获得医疗卫生服务和实际获得医疗费用补偿来看,不同制度下、不同地域、不同收入水平、不同身份的参保人之间保障待遇不公平的问题正在被人们所关注。以政策范围内的住院医疗费用的报销比例为例,城镇职工基本医疗保险能够达到80%以上,城镇居民基本医疗保险是70%左右,新型农村合作医疗在县级以下医院就医的能达到70%左右。通常是同一地区,城镇职工待遇水平最高,城镇居民次之,农村居民最低。不同地域的参保人待遇也有不同,尤其是居民医保和新农合,医保资金很大一部分是来自地方政府的财政支持。东部地区居民的待遇要远远好于西部地区。2000年,世界卫生组织对191个会员国的卫生系统分三个方面进行了绩效评估。在卫生负担公平性方面,中国被排列在第188位,即倒数第4位,仅比巴西、缅甸、塞拉利昂稍强。而在1979年该组织的评估中,中国是世界上医疗最公平的国家之一。

其次,从居民实际获得医疗卫生服务的质量和数量角度来看,医疗资源分布不平等导致医疗卫生服务可及性的不公平。中国长期的城乡二元分割体制也使医疗卫生资源在城乡之间的分布极不均匀。医疗卫生资源约有80%集中在大中型城市,农村居民占全国80%的人口却只获得占全国20%的卫生资源,农村缺医少药的情况一直比较突出。这种医疗资源的差距也同样存在于东、中、西部地区之间。卫生资源配置不公平,重城市轻农村、重医疗轻预防、重上层轻基层,必然影响卫生服务可及性,从而会导致卫生服务利用的不公平性。近年来,特别是2009年新医改以来,政府开始加大对农村的医疗卫生投入,加强农村基层医疗机构人才和设施的建设,但是医疗资源城乡差别的整体格局不是在短时间内能够根本扭转的。

(三)"基本医疗需求"界定未充分考虑参保者利益

三项面向城镇职工、城镇居民和农村居民的基本医疗保险制度的实施,实现了社会医疗保险的全民覆盖,尤其对于城镇未就业居民和农村居民来说,在很大程度上缓解了就医难的问题。三项基本医疗保险的保障待遇也在逐步提高,2009年根据《2009～2011新医改方案》,基本医疗保险的封顶线达到工资收入和可支配收入的6倍。住院费用中统筹基金的支付比也在逐步提高,居民医保和新农合都达到了70%。在社会成员保障待遇提高的同时我们还要注意到,百姓的基本医疗需求还有一部分得不到满足。在我国药价虚高、诱导需求和优质医疗资源都集中在二级以上医院的现实条件下,门诊小病的治疗以及初级医疗卫生保健领域的个人负担让获得医疗保险的社会成员不得不重新面对看病难、看病贵的问题。我国的三项社会医疗保险制度都强调保障基本需求,关于基本需求的界定很多学者都从不同的角度展开过研究。基本医疗需求的考虑一是从国家经济负担的能力,即医疗保险基金的水平,目前我们还没有达到普惠的福利国家一样的经济条件和保障能力,时下的医疗保障一定是要和资金水平相关。另一方面的考虑是百姓的需求,关于这方面的界定,更多的学者是出于保险学理论的立场,根据保险学的观点,保险更愿意给那些风险不确定的,低概率的,损失巨大的医疗服务投保,而对于那些不论是低概率还是高概率,但是损失小的医疗服务,通常不是医疗保险关注的目标。从保险学理的角度分析,这没有问题,但是这忽视了一个根本的前提,即商业保险和社会保险是不同的,商业保险追求利润,社会保险追求公益。世界卫生组织(WHO)认为,人类的健康保障顺序首先是预防保健,其次是基本医疗服务,最后才是住院和大病服务。住院和大病服务属于人类健康的最后一道防线,也是经济成本最高的保障防线,积极预防才是保障人类健康的主导方式。可见初级医疗和住院之前的门诊基本医疗对于维护健康的基础性作用。另外根据卫生经济学的观点,形成健康资本储存的服务流量在一个人的一生中不断地被消费,假定每一个人在某一时期开始,这个时期的健康储备将随着年龄而降低,或者通过医疗服务投资而增加。医疗服务我们可以分为门诊和住院,根据卫生经济学的观点,门诊服务的需求弹性大于住院的需求弹性,这意味着当医疗服务价格提高或者患者收入降低的时候,对住院阶段的医疗服务的需求相对刚性,而门诊阶段的医疗服务可能会出现相对比较大的降低。收入和价格对门诊医疗服务的影响力更大,会有很多人因此为收入的问题而不去就医,根据卫生经济学的观点和世界卫生组织关于促进健康的判断,门诊医疗服务的欠缺将导致不健康的增加,最终导致大病治疗和住院服务的增加,医疗费用的上升,更多医疗资源的消耗。因此现阶段,提高医疗保障基金使用效率,提高人们的健康水平,关键在于要明确界定基本医疗需求的范畴。

二、制度发展的前景

(一)城乡统筹,制度整合

中国目前是二元三维的医疗保障体系,医疗保险的城乡分割、地区分割、群体分割已经成为实现"全民医保"的障碍。医疗保障制度的公平性和医疗卫生服务的可及性都存在着二元失衡的现象。随着经济社会的发展,中国的社会保障体系建设正逐渐向适度普惠型转变,中国的城市化和工业化的进程也在与时俱进。在这个大格局下,制度整合和城乡统筹将是医疗保障体系的发展方向。

城乡统筹即打破城乡二元的医疗保障体系,制度整合即打破三维医疗保障体系。根据《中国城市发展报告》2009年卷的统计数据,截至2009年年底,全国城镇人口达到6.2186亿,城镇化水平达到46.59%,这项指标在1949年仅为10.6%,中国已进入城镇化加速时期。社会政策中的城乡二元分割也将逐渐地消融,城乡走向统一。基本医疗保险是一项特殊的公共产品,从民生的角度看,经济实力的增长将直指社会福祉的增加,随着政府提供公共产品能力的提高,公共政策将立足于公共产品在城乡的均等化分配。近年来,我国已有部分地区进行了城乡统筹的先行试点,只是城乡统筹的深度、广度各有不同。它们中既有经济发达的东部地区,也有经济相对欠发达的中西部地区。典型的如浙江省余杭市、广东省珠海市、四川省成都市,已经成功整合为城乡居民统一的基本制度,反映良好。2007年,国务院批复成都市和重庆市作为统筹城乡综合配套改革试验区。统筹城乡社会保障成为试验区可以先行先试的内容之一。成都市的农业人口占全市总人口的1/2,2006年,成都市本着"先覆盖、后提升"的原则,在全市实施了7项医疗保险制度,这七项制度是:职工医保、农民工综合社会保险、新农合、失地农民社会保险、中小学及婴幼儿基本医疗保险、居民基本医保、市属高校学生医疗保险。在实现了医疗保险全面覆盖之后,进行制度整合。首先将职工医保、农民工以及失地农民的医疗保险现衔接;其次是将城镇居民医保和新农合以及市属高校学生的基本医疗保险相衔接,实现城乡居民共享一个制度;再次,提高统筹层次到市一级的统筹;最后是管理的统一。2007年,成都成立市医疗保险管理局,将人保部门和卫生部门的管理工作合并。2009年成都市又出台文件,全面实施《城镇职工基本医疗保险办法》和《城乡居民基本医疗保险暂行办法》。这两个文件起到了"缩小"与"提升"的双重作用,逐步缩小城乡参保人员的医疗保障差异。除成都、重庆之外还有广州珠海市、浙江余杭市,安徽马鞍山市等各地的先行试点,为全国医疗保障的城乡统筹提供了非常有价值的经验借鉴。

(二)门诊统筹

针对参保人员门诊医疗费用保障不足的问题,目前政策改革的方向是在城镇居民医保和新农合制度中逐步推行门诊统筹。从2007年《国务院关于开展城镇居民基本医疗保险试点工作的指导意见》下发后,很多地方根据本地实际,开展了多种形式的门诊统筹探索。2009年,《中共中央国务院关于深化医药卫生体制改革的意见》中指出,要建立覆盖城乡居民的基本医疗保障体系。坚持广覆盖、保基本、可持续的原则,从重点保障大病起步,逐步向门诊小病延伸,不断提高保障水平。要着力抓好的五项重点改革中也强调,要以提高住院和门诊大病保障为重点,逐步提高筹资和保障水平。可见,如何做好医疗保险门诊统筹,是当前应当认真研究的重要问题。2009年,《关于开展城镇居民基本医疗保险门诊统筹的指导意见》(人社部发〔2009〕66号)发布后,很多省份的许多地方都积极开展了门诊统筹的改革探索。2010年,国务院办公厅在《关于印发医药卫生体制五项重点改革2010年度主要工作安排的通知》中明确提出,要加快推进门诊统筹,城镇居民医保门诊统筹扩大到60%的统筹地区。这表明在现阶段推进门诊统筹工作已经是势在必行。至今我国已有北京、上海、青岛、杭州、顺德、中山、深圳、无锡、泰州、秦皇岛、东营、淄博、泰安、武汉、镇江、青海等十几个城市建立了城镇居民基本医疗保险门诊统筹。由于各地的政策以及经济基础的不同,所建立的门诊统筹也有很大的区别。有些地区建立了大额门诊医疗费用补助的统筹政策,有些地区实行低补助水平的门诊报销政策,也有些地区在建立门诊统筹与社区首诊相结合上进行了积极的探索。

新农合制度在近期的试点中也在探索门诊统筹。从2008年开始,门诊统筹列入试点要求。根据《关于做好2008年新型农村合作医疗工作的通知》,新农合调整和完善统筹补偿方案,在提高住院补偿水平的同时适当增加门诊补偿,开展大病统筹与门诊统筹相结合的试点,探索门诊补偿的有效方式,扩大受益面。2009年开始扩大门诊统筹的范围,卫生部发文要求在全国1/3以上的县(市、区)开始实行门诊统筹,切实提高参合农民的实际受益水平。2011年,普遍开展新农合门诊统筹,根据《关于做好 2011 年新型农村合作医疗有关工作的通知》(卫农卫发〔2011〕27 号)的要求,进一步扩大门诊统筹实施范围。人均门诊统筹基金不低于 35 元,力争达到 40 元以上。开展门诊统筹的同时加强费用控制,要求各地在开展门诊统筹的同时推行门诊总额付费制度。原则上门诊统筹基金支付范围仅限于乡、村两级医疗卫生机构。

随着居民医保和新农合广泛开展门诊统筹实践的开展,学界开始对城镇职工基本医疗保险是否应该同步实现门诊统筹的问题展开探讨。虽然国家还尚未就城镇职工基本医疗保险的门诊统筹出台文件,但是从公平的角度以及制度整合的角度出发,门诊统筹也将是城镇职工基本医疗保险的应有之义。

(三)费用支付方式的改革

我国医疗保险的费用支付方式在计划经济时期的公费、劳保医疗制度下采用的是第三方事后按服务项目报销的做法,是典型的后付制。1998 年我国开始对医疗保险制度进行改革之后,继续沿用了这种费用支付方式。在计划经济时期这种支付方式和国家公立的医疗卫生服务体系相结合,操作简便易行,节省了管理成本。但是在社会主义市场经济体制下,我国的医疗卫生服务体系也开始以市场化为导向进行了改革,公立医院变成差额拨款的事业单位,允许医院在药品销售收入和提供医疗服务中获取利润。此时,传统的后付制的做法带来了医疗费用的上涨,医院和医生成为引致过度医疗需求的根源,没有适时调整的医疗保险费用支付方式又助长了诱导需求的态势。近年来,随着学者的研究和呼吁以及医疗保障体系建设的实际进展,费用支付方式改革的趋势也越加明朗。2009 年 4 月,我国出台了《中共中央国务院关于深化医药卫生体制改革的意见》,该《意见》第十二条提出:"强化医疗保障对医疗服务的监控作用,完善支付制度,积极探索实行按人头付费、按病种付费、总额预付等方式,建立激励与惩戒并重的有效约束机制。"在该《意见》颁布实施后,我国开始了各种支付方式的试点建设,其目的就在于探索出适合我国医疗市场实际情况的合理的医疗费用支付方式。目前,我国开展这项改革的时间比较短,各地之间的差异比较大,很难在短时间内寻找到全面的、统一的、科学合理的支付方式。各地的探索基本上是针对不同的疾病,针对不同的医疗服务和不同的群体实行不同的办法。例如上海市的"总额预算管理",江苏省镇江市的"总额预算、弹性结算、部分疾病按病种付费",江苏省淮安市的"病种分值结算",湖南省株洲市的"总额控制管理",以及云南省禄丰县新型农村合作医疗实行的"门诊总额预付,住院单病种付费与床日付费相结合"的方法,这些探索都取得了有益的经验。总体上看,各地的改革均呈现出预付制取代后付制、混合制取代单一制的趋势。

（四）落实医疗保障体系改革的配套措施——新医改

医疗保障体系与医疗卫生服务体系、药品生产流通体系紧密联系，休戚相关。医疗保障制度改革的成败除了取决于自身的制度设计外，还要与医疗卫生服务体系、药品生产流通体系密切配合。后两者存在的问题也会直接影响医疗保障体系的整体效果，可谓牵一发、动全身。

2009 年，中国新医改方案出台，《中共中央国务院关于深化医药卫生体制改革的意见》提出近期重点做好五项工作，分别是：加快基本医疗保障制度建设，逐步建立国家基本药物制度，健全基层医疗卫生服务体系，促进基本公共卫生服务的均等化以及推进公立医院改革试点。从中我们可以发现这五项工作之间的密切联系。在实践中，医疗保险制度作用的发挥也需要其他几方面制度的强力配合。以新型农村合作医疗为例，为了给城市中的大医院分流患者，缓解就医拥挤的现象，同时也为了降低农民就医的成本，使农民还能就近就医，各地新农合的试点中都根据定点医院的级别设置了不同的起付线和报销比例。总体上看，县和村一级的医疗机构统筹基金负担的比例最高，而市医院的最低，部分地区前者的报销比例能达到 70% 左右，后者只能达到 30% 左右。这样的制度设计是需要服务能力有保障的基层医疗机构建设作为支持的。但是实际中我们发现，农村基层的医疗资源与城市相比差距很大，不论是医疗设备、仪器，还是医护人员的素质。出于对乡村基层医疗机构的不信任，参合农民仍会到市级综合医院就诊。随医疗机构级别提高而补偿待遇递减的制度设计，不仅形同虚设，还降低了参合农民可获得的保障水平，影响农民的参合积极性。今后应实现医疗保障体系建设同医药卫生体系改革的联动，于此才能事半而功倍。落实保障体系改革的配套措施要在以下几个方面继续努力：提高城乡基层医疗机构的服务能力，将社区卫生服务中心建设成为全科医生和全科护士工作的阵地，为社会成员提供完备的初级医疗服务和预防保健，逐步实现社区首诊制和双向转诊制度；继续推进公立医院改革，改进补偿机制，维护公立医院的公益性，实现优质医疗资源在城乡、地区的优化配置；改革药品流通体制，取消过多的中间环节，实现基本用药的政府采购，并争取全国实现基本药物在基层医疗机构的零差价销售。

本章小结

公费医疗是主要面向行政机关公务员以及事业单位工作人员的医疗保障制度，自 20 世纪 50 年代建立，与当时的劳保医疗并立。1998 年，原公费医疗和

劳保医疗的覆盖群体共同纳入城镇职工基本医疗保险制度,实现了制度层面的整合,目前公费医疗的改革整体情况稍显滞后。

合作医疗制度是 20 世纪 50 年代在中国农村建立的以预防保健为主的医疗保障制度。合作医疗的实施在很大程度上改变了中国农村缺医少药的局面,被世界卫生组织评价为"发展中国家解决卫生问题的唯一范例"。2003 年,我国在农村展开新型农村合作医疗制度的建设,制度筹资遵循个人缴费和财政补贴相结合的方式,从本质上看新农合已经具有一定的社会保险的性质,保险待遇也比旧农合有显著提高,目前新农合重点在大病统筹,同时也在各地开始实现门诊统筹的努力。

为实现医疗保障体系的全面覆盖,为城镇中的未就业人员提供保障,2007年,我国出台了面向城镇未成年儿童、在校学生和无医疗保障老年人的城镇居民基本医疗保险制度。同新农合一样,居民医保制度筹资同样遵循个人缴费和财政补贴相结合的方式,为参保居民提供住院和门诊大病治疗的医疗费用偿付,目前也在积极进行门诊统筹的努力。

中国目前已经形成了以城镇职工基本医疗保险、城镇居民基本医疗保险和新型农村合作医疗三项制度为支撑的基本医疗保险体系,在制度层面上已经实现了全民覆盖。但是这一体系还存在着需要努力解决的一系列问题,集中体现为碎片化和板块分割,医疗保障待遇不公平,以及如何合理界定基本医疗需求。今后一段时期制度的发展方向将是城乡统筹,实现制度整合;门诊统筹提高保障待遇;做好医疗保险费用控制机制的设计,其中费用支付方式的改革是核心;最后是继续做好三改联动,将医疗卫生体制改革、药品生产流通体制改革和医疗保障体系改革结合起来,实现事半功倍。

关键概念

公费医疗　新型农村合作医疗制度　城镇居民基本医疗保险制度　城乡统筹　门诊统筹　碎片化　新医改

复习思考题

1. 什么是公费医疗制度?
2. 谈谈机关事业单位医疗保险制度改革的相关情况。
3. 简述农村合作医疗的发展历史。
4. 简述城镇居民基本医疗保险制度的框架和内容。

5. 分析门诊统筹的意义和必要性。

6. 分析如何实现医疗保险体系的城乡统筹、制度整合。

7. 如何将新医改与医疗保障体系改革相结合？

新医改惠及亿万民众：世界性民生难题的中国答卷①

这是公认的一道全球性的民生难题，更是一个人类有史以来最大的社会福利计划。

中共中央、国务院启动三年的医药卫生体制改革用最短的时间编织了世界最大全民医保网，基本医疗保险覆盖从6年前的3亿人到如今的13亿人，8.32亿农民成为最大受益群体。

世界卫生组织驻华代表蓝睿明说："中国现在的医疗参保人数，已经达到总人口的95%，这是一个大的飞跃，也是一个大的亮点。虽然世界各国的卫生体系都在变革，但是中国医改的步伐超过了任何一个国家。"

覆盖全民："世界上最大规模的医保网"

国务院医改办主任孙志刚介绍，新医改以来，基本医疗保障面大幅扩大，医疗保险参保人数达到13亿人，覆盖率超过95%；其中新农合参保农民超过8.32亿人，覆盖率超过97%，政府补助标准从2009年每人每年80元提高到2011年的200元；政策范围内报销比例由不到50%提高到70%左右。

全球最权威的医学杂志之一《柳叶刀》刊文说，中国医改编织了世界上最大规模的医保网，"放眼全世界，没有其他国家能在五六年里取得这样的成就……"

降低药价："小病用小钱，健康促小康"

2009年启动实施国家基本药物制度以来，全国31个省份均实现政府办基层医疗卫生机构配备使用基本药物，基层基本药物价格平均下降30%左右，307种药品纳入国家基本药物目录。同时，公立医院改革试点以及县级医院综合改革试点有序开展。

医改是一个世界性难题，迄今没有一个国家特别是大国能很好地解决这个问题。

我国农村人口众多，是医疗卫生服务体系的薄弱环节，医疗卫生资源不足

---

① 来源：新华社北京2月23日电，记者吴小军、王茜、胡浩、吕诺。笔者对新闻稿略作整理。

的问题非常突出。2007 年一项统计数据显示,我国 80% 的医疗资源集中在大城市,其中 80% 又集中在大医院,医疗机构资源匮乏、技术薄弱、设备陈旧。

中国科学院院士、北京协和医学院副院长曾益新认为,中央提出的"保基本、强基层、建机制"指向了医疗体系的最短板块,概括了我国医改的最核心内容。

令人欣喜的是,随着新医改稳步推进,基层看病负担开始减轻,绝大多数基层医疗卫生机构出现门诊次均费用下降、住院日均费用下降、门诊人次上升的"两降一升"势头。

释放活力:"防好疾、看好病、服好务"

广大医务人员是医改主力军。新医改充分调动这支队伍的积极性,鼓励他们热情参与改革,不断提高自身素质和专业技能,尽力为群众防好疾、看好病、服好务。

目前,全国基层医疗卫生服务能力明显增强。2011 年乡镇卫生院人员数比 2005 年增长 18.7%,基层卫生服务诊疗人次比 2005 年增长了 45.7%。2200 多所县级医院和 3.3 万多个基层医疗卫生机构得到改造完善,以全科医生为重点的基层医疗卫生队伍培养规划启动实施。

卫生部部长陈竺表示,随着医改各项任务落实,我国居民健康指标进入较快改善时期,这是老百姓得到的最大实惠。

2011 年 1 月至 9 月,全国基层医疗卫生机构诊疗人次同比增加 3.1 亿人次,增幅为 13.2%。对此,曾益新表示,新医改增加了医疗机构特别是基层中小医院就医人数,为医务人员施展才华提供了更多机会。

医改实践:"开弓没有回头箭"

医改是公认的世界性难题。近年来许多国家的医改都遇到重重困难,有的甚至举步维艰。

国务院医改办主任孙志刚说,医改过程牵涉很多方面的利益。在处理这种极其复杂的利益博弈的过程中,唯一正确的办法就是要把人民群众的利益放在第一位。

展望未来,我国将以建设符合国情的基本医疗卫生制度为核心,在加快健全全民医保体系、巩固完善基本药物制度和基层医疗卫生机构运行新机制、积极推进公立医院改革等三个方面实现重点突破。

到 2015 年,城镇居民医保和新农合政府补助标准提高到每人每年 360 元以上,三项基本医保政策范围内住院费用支付比例均达到 75% 左右,为基层医疗卫生机构培养 15 万名以上全科医生,实现县级公立医院阶段性改革目标,全面推开城市公立医院改革。

"开弓没有回头箭",实践表明,医改理念、方向和路径是正确的,符合广大人民群众的愿望和要求,符合我国基本国情和卫生事业发展的规律,也借鉴了国际成功经验。

中国的新医改,为解决世界性民生难题交出了非同寻常的答卷。

案例思考题

1. 新医改主要涉及医药卫生体制的哪几个方面?
2. 为什么说"医改"是一项世界难题?
3. 中国新医改面临的主要困难和挑战是什么?

第七章　失业保险

 学习目标

通过学习本章,要掌握失业保险的定义和特点,失业保险的内容和意义;中国现行失业保险制度及其历史发展;也要了解世界失业保险的历史,及失业预防和失业补救的措施。

第一节　失业保险概述

一、失业保险的定义及特点

(一)失业保险的定义

失业是劳动者在法定劳动年龄之内,有劳动能力并愿意就业却找不到工作的个人状态(或社会现象)。从这个定义来看,失业者要具备三个条件:一是在法定劳动年龄之内,比如 16~67 周岁(我国是 16~60 周岁)。二是有劳动能力,能胜任某些工作。即便在法定年龄之内但没有劳动能力,比如长期病人就不能成为失业者。三是愿意工作,比如正在积极寻找工作,如果不愿工作自愿失业,那也不是失业者。另外学生、服役服刑人员也不是失业者。

人力资源和社会保障部的最新界定:"失业人员"指在法定劳动年龄内,有工作能力、要求就业而未能就业的人员。虽然从事一定社会劳动,但劳动报酬低于当地城市居民最低生活保障标准的,视同失业。失业率一般用失业人数占经济活动人数(就业人数 +失业人数)的百分比来表示。即:

失业率 =(失业人数/就业人数 +失业人数)×100%

失业保险是国家根据一定的法规,对暂时失去工作的人提供经济保障的一种社会保险制度。在市场经济条件下,由于经济波动、行业竞争、产业转型、劳动者之间的就业竞争等原因,人人都有失业风险。对于劳动者来说失业就失去经济来源,后果严重;对雇主来说,辞退雇员也要承受经济上和心理上的压力,常常造成劳资关系紧张。这就需要由政府负责建立一种制度,要求雇主与雇员共同出资缴费,建立一个基金,失业事件发生时,失业者就可以从中获得保险金,保障基本生活,并寻找工作,这种制度就是失业保险制度。

(二)失业保险的定义和特点

与其他险种相比,失业保险有如下特点:

第一,失业保险的对象是失去工作机会而没有丧失劳动能力,失业保险兼有保护失业者劳动能力的责任。养老、医疗、工伤和生育保险的对象都因为丧失劳动能力而失去工资收入,失业保险的对象是因为失去了工作机会而失去工资收入,而不是因为失去劳动能力。因此,养老、医疗、工伤和生育保险的获得者与在职职工没有竞争关系,而失业保险的获得者与在职职工之间依然有竞争关系。

第二,失业保险有支付期限。养老、医疗、工伤和生育等其他险种,只要受保原因没有消除(比如劳动能力没有恢复),保险就会延续。而对于失业保险来说,即使失业依旧,当初受保原因没有变化,只要支付期限已满,失业保险就会停止支付。

第三,失业保险一般完全由政府承办,没有商业保险公司参加。而养老、医疗、工伤等险种除了政府负责以外,往往还有企业和商业保险公司参与,补充政府的保险。

二、失业保险的意义

失业保险的意义主要有以下几方面:

第一,失业保险保障失业者的基本生活,维护社会稳定。失业是人生的挫折,失业者失去了赖以生存的工资收入,有失业保险金就能保障失业者的基本生活,使失业者免去一落千丈的恐惧,同时也避免一定的社会震荡。

第二,失业保险保护失业者的劳动能力。失业津贴水平一般高于最低社会保障金,这种设计的目的是为了让失业者在最低生活以外还可以有一定的经济能力寻找"合适"的工作,不至于为了生存而匆忙选择与自己劳动能力不符的工作。

第三,失业保险造就了剩余劳动力"水库",有利于劳动力重新配置。当经济不景气、劳动力过剩时,将剩余劳动力引入"劳动力水库",当经济复苏,劳动力水库再向市场供给劳动力;各类用人单位也可以利用"劳动力水库"来调整自己的劳动力结构。这是失业保险对劳动力市场产生的积极影响。当然,"劳动力水库"大小必须合适,也就是说失业率要控制在适当的范围内。

第四,失业保险有反经济景气消费的功能,一定程度上保持市场消费稳定。经济景气时,就业率高,上缴的失业保险费也多,这在一定程度上等于强制储蓄,抑制消费;但经济不景气时,失业增多,但由于有失业金发放,消费水平不至于波动太大。

失业保险让生活更有保障　　　　　　刘刚　绘

三、失业保险制度类型

世界各国失业保险制度不尽相同且各有特色。总体上来看,各国的失业保险制度可以分为三种类型:失业保险制度、失业救助制度、失业保险制度与失业救助制度并存。

(一)失业保险制度

失业保险制度是大多数国家实行的制度模式,在这种模式下,个人一般需要缴费,一旦失业发生,个人即可以兑现失业保险。

(二)失业救助制度

失业救助制度是由政府或雇主为雇员承担失业风险的制度,个人无须缴费,一旦失业发生,政府或雇主必须承担救助责任,根据各种规定,或者一次性支付失业保险金或解雇费,或根据失业者申请,经过家计调查,对符合救助条件者予以失业救助。实行失业救助的国家和地区有:澳大利亚、新西兰、中国香港等。

（三）失业保险制度与失业救助制度保存

失业保险制度与失业救助制度在一些国家并存,各司其职,互相补充。这些国家包括:法国、德国、英国、荷兰、西班牙等。比如在英国,失业救助用于那些虽然已经参加失业保险但还不够参保时间的人,或者用于那些虽然参加失业保险但没有按时足额缴纳失业保险金因此没有资格领取失业金的人。失业救助的对象主要是长期失业者,这项制度在英国两次世界大战之间扮演过重要角色。[①]

四、强制与非强制失业保险

在实行失业保险制度的国家,根据其是否强制性要求雇主、雇员参加保险,可以将失业保险制度分为强制性失业保险制度和非强制性失业保险制度。

（一）强制性失业保险制度

在这种失业保险制度下,凡在制度覆盖范围内的雇主雇员都被强制性地规定参加保险,其理由是互助共济。世界上第一个强制性失业保险制度是英国政府于1911年建立的,目前强制性失业保险成为世界失业保险制度的主流,美国、加拿大、比利时、意大利、俄罗斯、韩国等都实行强制性的失业保险制度。

（二）非强制性失业保险制度

在这种失业保险制度下,雇主和雇员可以根据自己的情况权衡利弊,自由选择参加或不参加失业保险。非强制性失业保险往往由工会主办,政府辅助,这种模式主要出现在北欧,比如丹麦、瑞典和芬兰等。法国1905年建立的世界上第一个失业保险制度就是非强制性失业保险制度。

五、失业保险简史

失业是工业社会和市场经济的产物,是产业工人很可能会遇到的问题。从微观上看,市场竞争推动科技发展,新材料、新工具和新设备不断出现,新的生产组织方式产生,会干扰和破坏原有劳动力与劳动对象的组合、人与人的组合,然后进行重组。在这个过程中就会有新的劳动力加入,原有劳动者被迫游离出生产领域,产生失业者队伍。在劳动就业历史上曾无数次发生工人砸坏机器的事件,工人将自己失业的命运归咎于机器,认为是机器砸了他们的饭碗,这就是所谓"技术性失业"。从宏观上来看,市场经济用"看不见的手"来调度安排全

---

①　丁建定、杨凤娟:《英国社会保障制度的发展》,中国社会保障出版社2004年版,第80页。

社会大生产,最初自由经济学家对"看不见的手"充满信心,后来的事实表明,"看不见的手"根本无法阻止周期性的经济危机发生,危机—萧条—复苏—高涨—危机,一旦经济危机来临,生产过剩、供求失衡、工厂倒闭、工人失业。无论从微观上还是宏观上,技术性失业和周期性失业在市场经济条件下是不可避免的。政府所能做的,一方面是预防失业,另一方面是给失业加上保险,减轻失业者的痛苦,缓和社会震荡。

失业保险也有一个发展过程,经历了从失业救济、失业互助到失业保险的不同阶段。16 世纪至 17 世纪,欧洲在进入工业社会以前,就有少数既没有土地也没有所属领主的流浪汉,工业社会初期也大量产生失去土地又找不到工作的"平民失业群",解救这些人最初的办法就是慈善救济。19 世纪,工业社会已经初步发展,工人中间已经有了自发的互助组织,比如法国的"互济会",德国的"劳动者福利中心",比利时和英国的工会也以互助的方式来缓解失业风险,[①]这些都发生在失业保险制度建立以前。

政府资助工会失业互助基金最早起源于比利时,在工会会员失业互助基础上,1901 年比利时根特市政府对工会失业互助实行政府补贴,使之成为一种失业保险制度,史称"根特制(Ghent System)"。它首先发生在 1901 年的比利时根特市,因此得名。具体做法是由政府对工会原有的失业互助基金给予一定的资金补贴,增加工会会员的失业津贴,非工会会员失业则由政府给予失业救济,救济金额为工会会员失业保险金的 60%。这一制度当时在根特市效果良好,以后就通行比利时全国。不仅如此,根特制的影响还扩散至比利时周边国家,至今还有比利时、丹麦、芬兰和瑞典实行"根特制"失业保险。实行根特制的国家,工会组织有较强的影响力和管理能力,不仅管理失业,还帮助失业者找工作。"根特制"是一种非强制性的失业保险制度。

法国是最早以国家立法的形式建立失业保险制度的国家(1905 年),挪威、丹麦两国也分别在 1906 年和 1907 年建立了类似于法国的失业保险制度。当时这三个国家实行的都是非强制性失业保险制度,即制度覆盖范围内的人员是否参加失业保险取决于个人意愿,政府不强迫扣除保险费,因此,世界上最初建立的失业保险制度是非强制性的。世界上第一个强制性失业保险制度是英国政府建立的,其标志是 1911 年 12 月颁布《国民保险法》。

经过 20 世纪 30 年代经济大危机中工人大失业的教训,各国政府普遍感到建立失业保险制度的重要性,30 至 60 年代,各国纷纷建立失业保险制度。

---

① 杨伟民、罗桂芬:《失业保险》,中国人民大学出版社 2000 年版。

在这一时期,国际劳工组织也制定了有关失业保险的公约和建议书:1934年《失业补贴公约》和《建议书》,1952年《社会保障(最低标准)公约》,1988年《促进就业和失业保护公约》和《建议书》。1934年通过的《失业补贴公约》和《建议书》针对当时工业化国家普遍存在的严重失业问题,要求各国建立一种对非自愿性失业者提供失业补贴的制度,这种制度可以采用强制保险的形式,也可以采取非强制的形式,或是采取强制与非强制两种方式混合的形式。

根据原劳动与社会保障部国际劳工研究所2001年发表的研究报告,1999年全世界共有69个国家建立了失业保险制度。与养老保险(167个国家)、工伤保险(164个国家)、医疗保险(112个国家)等相比,失业保险制度的建立和发展是比较缓慢的。

第二节 失业保险制度内容

失业保险制度与其他社会保险制度一样,由许多环节组成,其主要内容如下:

一、覆盖范围

任何一项社会保险制度都有其覆盖范围,失业保险也是如此。失业保险组织者比如政府或工会,首先要规定本保险覆盖哪些人群,然后才能对这些人群进行保险管理,比如收取保险费,对覆盖范围的人员承担责任。失业保险的覆盖范围有一个不断扩大的过程,最初是那些职业最不稳定的季节工临时工,以后逐渐扩大到部分行业雇员,再扩大到所有企业雇员,然后再扩大到教师和公务员等。每个国家失业保险的范围大同小异。"小异"是常有的,比如对于毕业后就找不到工作的大学毕业生,是否应该纳入失业保险的覆盖范围?各国失业保险的规定是不同的。1988年国际劳工大会通过《促进就业和失业保护公约》,要求有条件的国家应使参加失业保险的人数达到工资劳动者的85%,其他国家不应低于50%。

二、资金筹集

失业保险资金来源主要是政府、雇主和雇员。具体到一个国家,失业保险资金来源有所不同。有些国家(比如德国、英国、日本等),政府、雇主和雇员三方共同负担;有些国家(比如意大利)政府和雇主共同负担,个人不缴费;有些国家(法国)雇主和雇员共同缴费;有些国家(比如澳大利亚、新西兰、匈牙利)政府单独负担,这主要是那些实行失业救济模式的国家;还有雇主单独负担的,比如印度尼西亚。

失业保险费一般按缴费工资的一定比例缴纳,比如中国,雇主的缴费费率是2%,雇员缴费费率是1%。

三、资格条件

失业保险支付对象是"合格失业者",即领取失业津贴是需要满足一定条件的。各国失业津贴支付一般会要求以下这些条件:

第一,非自愿失业。如果自己不想工作自动离职,就不能领取失业津贴。

第二,非本人过错被解雇。解雇的发生完全是因为市场或企业的原因,如果因为个人品行不端,或参与非法罢工或反政府游行等被解雇,就不能领取失业津贴。

第三,参加了保险并满足最低缴费时限。没有参加保险或者参加了保险但还没有交够最低保费,也不能领取失业津贴。

第四,及时去社会保障经办部门办理失业登记手续。有的国家要求失业者每隔一段时间要重新声明自己仍处于失业状态。

第五,有劳动能力并在法定劳动年龄之内。如果没有劳动能力就不是失业保险所能关照的,应该由社会救助机构进行救助。即使有劳动能力如果不到劳动年龄或过了退休年龄,也不能领取失业津贴。

第六,有就业愿望。一般认为如果能积极寻找工作,参加政府有关部门组织的职业培训,接受劳动就业部门介绍的"合适工作",就表明有就业愿望。关于"合适工作",如果有以下情况之一,就不是"合适工作":距新工作单位太远;工作条件或工资报酬大不如失业前的工作;与失业者的能力专长不符;所介绍的工作是劳资纠纷空缺出来的,接受这份工作会产生人际矛盾。[①] 究竟什么是"合适工作"? 失业者与劳动就业部门往往会有分歧,这就需要有一个类似"陪审团"的独立机构来裁定。

第七,工作后失业。毕业后找不到工作不能成为"合格失业者",这一条规定使得许多找不到工作的中学和大学毕业生不能参加失业保险也不能享受失业保险,尽管他们都在法定劳动年龄之内,有劳动能力和就业愿望。

第八,失业期间有以下情况之一就不能继续领取失业金:骗取保险;重新就

---

① 侯文若:《现代社会保障学》,红旗出版社1993年版,第191页。

业;参军入伍;被判入监;移居境外;办理退休;当事人除家庭补助外得到了国家立法规定的别的收入补助,而且这种补助数额超过了失业津贴的数额,等等。

四、等待期

失业保险等待期是指合格失业者失业登记后并不能马上获得失业津贴,而是需要等待 7～10 天才开始领取失业津贴[①]。实际上各国等待期长短不一:瑞士 2 天,英国 3 天,芬兰 5 天,澳大利亚 7 天,加拿大 14 天,加纳 30 天,等等。等待期设置的理由是:等待期较短,一般不会影响失业者的基本生活;便于核实减少骗保可能;可以免去许多小额支付,节省管理成本,因为有许多失业者可能不到三天又重新找到工作。当然,有许多国家的失业保险制度不设等待期,比如丹麦、法国、德国、中国等,失业时间及津贴从登记之日开始算起。

五、支付水平

衡量失业津贴(失业保险金)水平的指标是"失业保险工资替代率",即失业金相当于失业前本人工资的百分比。从原则上说,失业保险金应该高于当地最低生活保障金,低于失业前本人工资。失业金高于当地最低生活水平的理由是保护失业者的人力资本投资,使失业者除了生活外还有资金承担寻找工作的成本,免于生活所迫接受不合适的工作。失业金也不能太高,太高有可能使失业者落入"失业陷阱",即鼓励了失业者故意延长失业时间,并且会导致在业雇员不珍惜手中的饭碗;由于失业人数增加和失业时间延长,反过来可能促使政府提高失业保险征缴率。目前,世界上许多国家的失业保险给付标准一般都在本人原工资收入的 40%～60%。国际劳工组织在 1988 年召开的第七十五届劳工大会发布报告,建议失业金数额不低于失业者原工资的 50%。有的国家在支付失业津贴时还要考虑失业者家庭生活情况,如果有需要抚养的未成年子女或有需要赡养的老人,失业津贴会酌情增加。

六、支付办法

失业保险的具体支付办法,各国差异很大。(1)有的国家按照"本人失业前工资"的一定比例支付;(2)有的按当地"社会平均工资"的一定比例支付;(3)有的按照当地"最低工资"的一定比例支付;(4)有的按照"最低生活保障金"的

---

① 国际劳工组织:《促进就业和失业保护公约》(1988 年国际劳工大会通过)。

一定比例支付;(5)有的国家为了突出平等,凡失业者不论其失业前工资水平高低,都支付同样的数额;(6)有的国家为了鼓励雇员及早参加失业保险,将失业保险金的高低与缴费时间(或工龄)长短挂钩,缴费时间(或工龄)越长,保险金占工资基数的比例就越高。

七、支付期限

为了避免"失业陷阱"(养懒汉),除了失业金水平限制外,还有失业保险支付期限的限制,如果无期限永远支付下去,那就一定会挫伤失业者寻找工作的积极性,因此失业制度都设有支付期限。当然,支付期短了也不行,一是有损于失业者的正当权益,二是失业者还未重新找到合适工作就可能没有失业津贴了,不利于劳动力资源的保护。国际劳工组织1934年通过的《失业补贴公约》(第44号)规定:支付期应为每年至少156个工作日,在任何情况下,也不能少于78个工作日。实际失业支付期限各国长短不一,有两个月的,也有两年的。有的国家将失业保险支付期限与个人缴费年限(或工龄)结合起来,缴费年限越长,失业后获得支付的期限就越长;有的国家将支付期限与经济景气度结合起来,景气度高支付期限就短,景气度低支付期限就长。

第三节　中国失业保险历史

失业治理是各国政府的责任,也是全社会的责任。为把失业问题造成的消极影响降到最低限度,针对不同时期的实际情况,中国政府曾先后实行了失业救济制度、国有企业待业保险和下岗职工基本生活保障等失业保障措施。

一、新中国成立初期的失业救济

(一)中央的相关政策

1949年以前,中国失业问题十分严重。据国际劳工组织中国分局的估计,1935年,河北、山东、河南、江苏、浙江和北平、上海等16个省、市及其他地区某些行业的失业人员数量达589万人[①]。此后10多年,中国民族资本主义工业遭遇严重的困难,大量停工、停产,甚至倒闭、破产,失业人数长期居高不下。在新中国成立前夕,城镇失业人员就有472万人,而当时全国的职工人数只有809

---

① 1936年《申报年鉴》。

万人、城镇个体劳动者 724 万人,失业率高达 23.6%。其中,尤以上海、南京、武汉、广州、重庆 5 个城市最为严重。

1949 年 3 月召开的中共七届二中全会上,毛泽东指出:"从我们接管城市的第一天起,我们的眼睛就要向着这个城市的生产事业的恢复和发展。务须避免盲目地乱抓乱碰,把中心任务忘记了,以至于占领一个城市好几个月,生产建设的工作还没上轨道,甚至许多工业陷于停顿状态,引起工人失业,工人生活降低,不满意共产党。这种状态是完全不能容许的。"1950 年 6 月 6 日至 9 日,在中共七届三中全会上,毛主席又说:"帝国主义和国民党反动派的长期统治,造成了社会经济的不正常状态,造成了广大的失业群。革命胜利以后,整个旧的社会经济结构在各种不同的程度上正在改组,失业人员又有增多。这是一件大事,人民政府业已开始着手采取救济和安置失业人员的办法,以期有步骤地解决这个问题。"①争取在 3 年左右时间内实现整个国家财政经济状况的根本好转,毛主席提出要做好八项工作,其中的一项就是"必须认真地进行对于失业工人和失业知识分子的救济工作,有步骤地帮助失业者就业。必须继续认真地进行对灾民的救济工作"。党和政府用了很大的力量解决了一大批失业人员的就业问题,但直至 1952 年,失业现象仍然很严重。1952 年 5 月 27 日,中央办公厅秘书室向毛泽东写了一份报告。其中说,1 月至 4 月共收到反映失业情况和要求就业的来信 645 件,其中 32% 是知识分子,24% 是工人、店员,20% 是遣散的国民党军政人员,10% 是城市贫民。毛泽东很重视这份报告,5 月 31 日就批给周恩来,批语写道:"失业问题仍颇严重,此件请一阅。似宜由中央劳动部或直接由政务院召开一次失业问题处理会议,由各大城市及各省派员参加,订出可行的处理办法,请酌定。"②

为处理当时的城市失业问题,党和人民政府采取了一系列重要举措。先后发布的相关文件主要有:1950 年 4 月 14 日,中共中央发出《关于举行全国救济失业工人运动和筹措失业工人基金办法的指示》;1950 年 6 月 17 日,周恩来总理签署《政务院关于救济失业工人的指示》,同日,经政务院批准,劳动部公布了《救济失业工人暂行办法》;1950 年 7 月 25 日,周恩来总理签署《政务院关于救济失业教师与处理学生失业问题的指示》;1950 年 11 月 21 日,中共中央发布《关于失业救济问题的总结及指示》;1951 年 1 月 12 日,周恩来总理签署《政务院关于处理失业知识分子的补充指示》;1952 年 7 月 25 日,政务院第 146 次政

---

① 1950 年 6 月 6 日至 9 日,毛泽东在中共七届三中全会作的《为争取国家财政经济状况的基本好转而斗争》书面报告。

② 游和平:《毛泽东与人民信访工作》,《党史博览》2009 年第 2 期。

务会议通过了《政务院关于劳动就业问题的决定》;1952 年 8 月 27 日,政务院批准劳动就业委员会《关于失业人员统一登记办法》;1952 年 10 月 31 日,政务院发出《关于处理失业工人办法》;1953 年 8 月 5 日,中共中央同意中央劳动就业委员会、内务部、劳动部《关于劳动就业工作的报告》,等等。

从当时工作重点的确定来看,首先是开展失业救济,以解燃眉之急。因为解决就业问题需要有一个过程,但失业工人每天要吃饭,这是不能等待的。1950 年第二季度即开始采取临时救济办法,4 月 20 日,中华全国总工会发出《告全国工人职员书》,号召全体在业工人和职员在 4 月底 5 月初做一天义务工,把所得工资捐为救济失业工人基金,或者各尽所能自动捐款,救援上海及其他地区的失业工人。① 6 月中旬,中央人民政府颁发救济失业工人的指示和办法,并从财政预备费中拨出 4 亿斤粮食作为救济失业人员基金。在解决失业问题的过程中,党和政府努力使治标与治本并举,除了抓好必要的救济外,还采取了以工代赈、生产自救、扩大生产、转岗培训、移民就业等措施增加就业,同时对企业解雇行为进行约束以减少失业,直至 1953 年 8 月,第一次明确提出了对失业人员要实行"介绍就业与自行就业相结合"的方针,敞开政府介绍就业和自行就业两扇门。②

(二) 关于《救济失业工人暂行办法》

建立失业救济的目的是为减轻失业工人生活困难,并帮助其逐渐就业、转业。救济采用以工代赈为主的方式,同时采取生产自救、转业训练、帮助回乡生产及发放救济金等办法。救济范围包括原在各国营、私营的工商企业与码头运输事业中工作的工人和职员,从事文化、艺术、教育事业的工作人员,以及新中国成立后失业、无工作或无其他收入的人员。后来范围扩大到所有登记的失业人员,其中有劳动能力的由劳动部门按失业救济办理;丧失劳动能力、不能重新就业的,由民政部门按照社会救济办法办理。

救济基金来源有三个方面:一是所有国营、私营的工厂、作坊、商店的行政方面或资方,均须按月缴纳所付实际工资总额的 1%;这些企业及码头运输等事业单位的在业工人和职员,亦应按月缴纳所得实际工资的 1%。二是中央人民政府与地方人民政府拨付的救济基金。三是各界自愿捐助的救济金。所有各项救济金,统一由当地人民银行代收并保管;政府拨付的救济粮,由当地粮食公

---

① 《上海市总工会网站大事记》,http://www. shzgh. org/renda/node5902/node6752/userobject1ai1267711. html。

② 《新中国成立初期和"一五"时期的就业政策》,http://job. workercn. cn/contentfile/2009/09/08/164055453982638. html。

司代为保管。

救济基金支出范围包括四项:一是工赈工程所需经费,其中工赈工资支出原则上不得少于全部工程费用的 80%;二是举办生产自救事业的补助资金;三是失业工人回乡生产,发给本人及其家属所需的旅费和作为生产资金的补助;四是救济金。

领取救济金的条件是:在救济范围内,且有一年半以上工龄,尚未参加以工代赈、生产自救工作的失业人员和职员。在被解雇时已经领取一定时期的解雇费,尚未满期的,本人或其家庭有其他收入能够维持生活的,已得到其他机关救济的,已经回乡生产的,已领退休金或残疾抚恤金的人员,不具备领取资格。已经就业或有机会就业而无故拒绝的,已经参加以工代赈、生产自救或有机会参加而无故拒绝或中途无故退出的,将失去领取资格。

失业救济金的标准为:每人每月发给当地主要食粮 45 斤~90 斤,并根据每个失业人员的具体情况评定;失业学徒每月发给 30 斤;半失业的工人、工资收入低于救济标准无法维持生活的,按实际情况酌量给予临时救济。中小城市根据当地生活水准酌量减低。对参加干部培训班学习的失业工人,由学校供给食宿,并根据个人情况酌量发给救济金。1952 年 9 月以后,长期救济标准改按货币计发。

关于失业救济工作的执行机构,规定凡举办失业工人救济的城市,应在市人民政府下设立失业工人救济委员会,负责计划和指导相关事宜,委员会由市政府指派劳动局、建设局或公务局、民政局、公安局、总工会、工商联合会及其他有关机关团体的代表组成,主任委员由市长或副市长兼任。委员会下设失业工人救济处为执行机构。

(三)失业救济制度调整

1954 年以后,由于失业现象明显好转,救济工作相应进行了调整。劳动部发出《关于对失业人员进行清理工作的指示》,针对失业登记人员的不同情况,提出了不同的处理意见:对确有就业条件和培养前途的,根据经济发展的需要逐步介绍就业,或在有出路的条件下,予以技术训练;对不适合厂矿需要及就业条件较差的,鼓励其自行就业或自谋生活出路;对老弱病残、长期患病无就业条件或有家庭拖累无法就业的,有生活出路或有子女抚养的注销登记,生活确实困难的移交民政部门给予社会救济;长期做临时工或找到长期生活出路的,视为就业。为此,内务部和劳动部对登记失业人员的救济分工作了调整:失业职工、失业知识分子由劳动部门救济,其他各类失业人员由民政部门救济;劳动部门根据划归民政部门救济人数所需经费,由失业救济费项下拨给民政部门。

1955 年下半年以后,社会主义工业建设、农业合作化与私营工商业社会主义改造加速,劳动就业与失业救济都有了新的发展和变化。经国务院批准,1956 年 5 月 9 日,劳动部、内务部联合发出通知,原由劳动部门管理的失业工人、失业知识分子救济工作,移交民政部门管理,失业救济基金停止征收,纳入社会救济,此后劳动部门主要负责失业人员的培训和就业等事宜。同时,要求移交工作在 6 月底前完成。[1] 至此,历时 6 年的失业救济制度画上了句号。

失业救济制度持续的时间不长,但从整个制度设计和实施来看,已经具备失业保险制度的构成要素,可以说这是新中国最早的失业保险制度:一是有明确的覆盖范围,所确定的范围在当时既有必要性,又有可操作性;二是有明确的资金筹集渠道,即由雇主雇员缴纳、政府财政提供、社会捐赠;三是有明确的基金支出项目以及具体的使用规定;四是有明确的享受、不能享受和停止享受救济金的条件;五是有明确的救济金标准,由于财力、物力有限,标准不高;六是有明确的基金保管、支配、使用规定,以及违法违规的处理办法;七是有明确的组织管理和执行的工作机构。

二、劳动制度改革时期的待业保险

(一)待业保险制度建立背景及意义

1. 待业保险制度建立的背景

1978 年 12 月,党的十一届三中全会召开,经济体制改革启动,从而带动了劳动就业制度改革,就业工作也进入了一个崭新的发展阶段。针对当时就业形势,国家提出"三结合"就业方针,即在国家统筹规划和指导下,实行劳动部门介绍就业、自愿组织起来就业与自谋职业相结合的方针。全国各地广开就业门路,发展城镇集体经济,大力兴办劳动服务公司,恢复和发展城镇个体经济,结合调整产业结构扩大就业容量。到 1982 年,长期积累的待业人员,其中主要是20 世纪 70 年代末集中返回城市等待安置就业的上山下乡知识青年,还有要求落实政策人员和其他城镇待业人员,大都得到安置,使历史上遗留下来的"老大难"问题基本得到解决,从而为进一步推进劳动制度改革提供了有利条件。

1979 年中央决定在广东省、福建省建立四个经济特区,特事特办,形成新的管理制度。20 世纪 80 年代初,劳动人事部在为特区招才纳贤的同时,专门组织一些专家赴特区帮其设计符合实际需要的企业用工制度,即劳动合同制度。随后,这一新的用工制度又在中央确定的 14 个对外开放的沿海城市推开。1983

---

① 劳动部、内务部:《失业工人救济工作由民政部门接管的联合通知》,1956 年 5 月 9 日发布。

年,劳动合同制的试行范围扩大到 9 省份的部分市县,劳动人事部在总结各地经验的基础上,下发了《关于积极试行劳动合同制的通知》,正式开始在国营企业进行劳动合同制的试点工作。1985 年,劳动合同制工人达到 300 多万人。试点的实践证明,实行劳动合同制是改革劳动用工制度的方向,符合我国经济体制改革的总目标。

2. 待业保险制度的建立

1986 年 7 月 12 日,国务院批准发布了改革劳动制度的四项规定,即《国营企业实行劳动合同制暂行规定》、《国营企业招用工人暂行规定》、《国营企业辞退违纪职工暂行规定》和《国营企业职工待业保险暂行规定》,并于当年 10 月 1 日起实行。四项改革的主要目标是逐步消除原有劳动制度中的弊端,打破"铁饭碗"、"终身制",建立一套能够适应社会主义计划经济发展的要求、责权利相统一、稳定性与灵活性相结合的新型劳动制度,做到统筹就业,择优录用,灵活调节,能进能出,有利于劳动力的合理使用和合理流动,逐步实现劳动力管理的社会化,从而充分调动企业和劳动者的积极性。

3. 待业保险制度建立的意义

四项规定相互衔接、相互配套,其中建立待业保险制度,就是实行劳动合同制度的一项重要配套措施,同时也是为了配合随后不久出台的《企业破产法(试行)》而采取的重要措施。实行劳动合同制度,自然会出现劳动合同的终止和解除,会出现失业,企业破产也会造成职工失业,为了保障劳动者在失业期间的基本生活并促进其尽快实现再就业,需要建立相应的保障制度。作为市场导向就业机制的一个重要环节,失业保险制度的建立,为劳动就业从计划经济到市场经济过渡创造了有利条件,同时,也填补了我国社会保障制度建设领域的一项空白,使之成为整个保障体系的重要组成部分,并为建立独立于企业之外的社会保障体系开了一个好头。在制度设计上,注意到保障基本生活的同时,帮助失业人员重新就业,符合国际失业保险发展的潮流。待业保险与业已开展的职业介绍、就业训练、生产自救四位一体,形成了就业服务体系的初步框架。

(二)关于《国营企业职工待业保险暂行规定》

《国营企业职工待业保险暂行规定》在法律上确定了待业保险制度的地位和作用,同时明确了相关政策。建立待业保险制度的目的,是为适应劳动制度改革的需要,促进劳动力合理流动,保障国营企业职工在待业期间的基本生活。

覆盖范围包括宣告破产企业的职工、濒临破产企业法定整顿期间被精简的职工、企业终止或解除劳动合同的工人和企业辞退的职工等四类人员。

基金来源有三个方面:企业按照其全部职工标准工资总额的 1% 缴纳,税前列支,由企业开户银行按月代为扣缴,个人不缴纳;基金存入银行获得的利息;基金不敷使用时,地方的财政补贴。基金实行省级统筹。

基金支出项目包括:宣告破产企业的职工和濒临破产企业法定整顿期间被精简的职工在待业期间的救济金、医疗费、死亡丧葬补助费、供养直系亲属抚恤费和救济费,以及符合条件的离退休职工的离退休金(仅适用于未实行退休金社会统筹地区);企业辞退的职工和终止解除劳动合同的工人在待业期间的救济金和医疗补助费、待业职工转业训练费、扶持待业职工的生产自救费、管理费。

待业救济金的发放期限按照工龄确定,工龄在 5 年及以上的最多 24 个月,不足 5 年的最多 12 个月。发放标准,以职工离开企业前两年内本人月平均标准工资为基数,按一定比例计发,对于领取 24 个月的,后半期要适当减少。对终止、解除劳动合同的工人,需扣除已发给本人生活补助费的月份。对领取期限已满、已重新就业、无正当理由两次不接受有关部门介绍就业,以及被劳动教养或判刑的,则停止发放。

待业保险工作由劳动行政部门所属的劳动服务公司负责。主要工作包括:待业职工的登记、建档、建卡、组织管理;基金管理与发放;就业指导、就业介绍;组织专业训练,扶持、指导生产自救和自谋职业。

(三)待业保险制度调整

1. 调整的原因

1992 年年初,在邓小平"南方谈话"后,我国的改革进程进一步加快,7 月 23 日,国务院颁布《全民所有制工业企业转换经营机制条例》,加大了落实国有企业经营和用人自主权的力度。10 月上旬,待业保险制度实施 6 年之际,劳动部向国务院报送了相关工作的情况报告。截至 1991 年年底,待业保险覆盖人数为 7123 万人,几年来累计向 41.5 万待业职工发放了救济金和医疗费,帮助 28 万人重新就业,并在治理整顿期间接济一批停工待业人员渡过了难关。同时,促使职工思想观念发生了变化,有了一定程度的风险意识。但是从整体看,待业保险的实施范围过窄且待业职工人数没有预计的多,制度的作用打了折扣。

2. 调整内容,去掉"暂行"

1993 年 4 月,国务院发布《国有企业职工待业保险规定》,对原来的"暂行规定"进行了部分政策调整,名称上去掉了"暂行"。主要变化有四点:一是扩大了保障范围,增加了按照国家有关规定被撤销、解散企业的职工和停产整顿企业被精简的职工,实行企业化管理的事业单位职工,以及依照法律、法规规定和省级人民政府规定的其他职工。二是明确规定了待业保险工作的指导思想,即与职业介绍、就业训练和生产自救等就业服务工作紧密结合,统筹安排。三是扩大了省级人民政府的权限,除保障范围外,除缴费费率、建立调剂金、基金支出项目、救济金发放标准、医疗费发放标准、转业训练费和生产自救费的安排、管理机构人员编制和管理费开支标准等,均授权省级人民政府规定。四是在具体规定上,将缴费基数由企业全部职工标准工资总额改为工资总额,将基金省级统筹改为市、县统筹,将救济金发放标准由按本人失业前两年月平均标准工资的一定比例改为按当地社会救济金额的一定比例,以及允许事先提取一定比例的转业训练费和生产自救费等。

(四)待业保险制度的成绩和困境

从 1986 年到 1998 年,待业保险制度走过了 12 年的发展历程,逐步成为实施重大改革举措的必不可少的配套环节,特别是后几年,作用开始显现。其作用主要表现为:一是大大减轻了推行劳动制度改革的风险和阻力,创造了有利的外部环境;二是对解决失业人员的生活困难起到了雪中送炭的效果,增强了他们的经济与心理承受能力;三是促进了就业,在失业治理方面进行了有益探索;四是加强了社会"安全网"建设,维护了社会稳定。

1991~1995 年是第八个五年计划时期,随着国企改革的深化和产业结构的调整,失业问题呈上升趋势。尤其是部分国有和城镇集体企业经营困难,出现程度不同的停产、半停产现象,全国城镇停产、半停产企业涉及职工经常保持在700 万人左右,部分职工放长假在家达 1 年以上。1993 年 11 月,党的十四届三中全会通过的《关于建立社会主义市场经济体制若干问题的决定》明确指出,继续深化企业改革,必须解决深层次矛盾,着力进行制度创新,转换经营机制。同时特别强调,建立现代企业制度是发展社会化大生产和市场经济的必然要求,是国有企业的改革方向。这标志着经济体制改革进入了全局性整体推进的攻坚阶段。为解决好企业富余人员和下岗职工这一多年积累的问题和深层次矛盾,1993 年开始加大工作力度,相继推出企业富余职工安置、国有企业解困、再就业工程等措施。

这一阶段,失业保险(1993 年后不再称为待业保险)被寄予厚望,但又难以承担更多的责任,无论是从制度规定,还是从基金承受能力上看,都显得力不从心。原有的待业保险制度毕竟是在特定的历史条件下出台并推行的,随着改革开放的深化,特别是社会主义市场经济体制的建立,就显示出对客观需要的不适应。一是覆盖范围窄,仅限于国有企业,作为就业重要渠道的非国有企业的从业人员有险无保。二是基金来源主要靠企业缴费,没有形成个人缴费机制,不利于劳动者失业风险和社会保险意识的培养。三是统筹层次低,调剂功能差。四是缺乏强制性征缴手段,效益好的企业认为没有回报,白作贡献;效益差的企业缴费困难,拖欠费现象突出。五是在基金支出结构、政策规定、经办管理、监督机制等方面有待于进一步完善。形势发展呼唤新的失业保险制度。

三、国有企业改革攻坚阶段的下岗职工基本生活保障

(一)下岗职工再就业工程

1993 年,当时的劳动部借鉴英国等国家运用"就业重振"项目推进工作的做法,提出了开展类似活动的设想,不久便正式推出"再就业工程"。这是一项综合运用政策扶持和多种就业服务手段,促使失业职工尽快实现再就业,帮助企业妥善安置和分流富余职工,推动企业转换经营机制的社会系统工程。

再就业工程的重点对象,是失业 6 个月以上有求职要求的失业人员和 6 个月以上基本生活无保障的企业富余职工。主要工作措施有 8 个方面:一是为失业人员提供职业信息、求职方法,指导和帮助其实现再就业的计划与措施。二是支持企业并动员社会力量开展培训活动,鼓励失业人员、富余职工积极参加转业训练和转岗培训,提高职业技能和就业能力。三是鼓励、扶持企业与社会对失业人员和富余职工进行开发性安置。四是鼓励用人单位招用失业人员和富余职工,支持企业组织富余职工到乡镇企业或其他联营企业从事生产经营和劳务活动。五是大力支持失业人员和富余职工组织起来就业的自谋职业。六是支持企业主管部门对富余职工进行行业、企业间的余缺调剂。七是用人单位招用富余职工可先进行试工。八是大力兴办劳工就业服务企业和生产自救基地。

1997 年 9 月,党的"十五大"和十五届一中全会明确提出,用 3 年左右时间,使大多数国有大中型亏损企业摆脱困境,力争在 20 世纪末使大多数国有大中型骨干企业逐步建立现代企业制度。按照这一部署,国有企业下岗职工基本生活保障和再就业工作被提升到更加重要的位置。

(二)下岗职工基本生活保障制度

暂时不能再就业的下岗职工需要有基本生活保障,1998 年 6 月 9 日,中共中央、国务院发出《关于切实做好国有企业下岗职工基本生活保障和再就业工作的通知》(中发〔1998〕10 号,以下简称《通知》),明确要求当前及今后一个时期,主要解决国有企业下岗职工基本生活保障和再就业问题,把保障他们的基本生活作为主要任务,并力争每年实现再就业人数大于当年新增下岗职工人

数,力争用 5 年左右时间,初步建立起适应社会主义市场经济体制要求的社会保障体系和就业机制。《通知》特别强调,建立再就业服务中心是保障国有企业下岗职工基本生活和促进再就业的有效措施,是当前一项具有中国特色的社会保障制度,规定凡是有下岗职工的国有企业,都要建立再就业服务中心或类似机构。

(三) 再就业服务中心

1. 再就业服务中心的建立

20 世纪 90 年代中期,经过采取多退少补劳动力、内部消化和企业间调剂富余人员的措施,国有企业职工人数已经减少。1978 年城镇新增就业的 72% 为国有单位吸收,到 1985 年这一比例下降到 61%,1996 年进一步下降为 34%;国有单位从业人员占城镇从业人员总数的比重已由 1978 年的 78% 下降到 1996 年的 64%,等于减少了 2500 万冗员。但是,富余人员仍在增多,下岗职工也大量增加,这是深化改革和经济发展中不可避免的。如果继续把富余职工留在企业,用较长时间慢慢消化,结构调整、资产流动和优化组合将难以推行;如果把他们推向社会,在劳动力市场不健全、社会保障水平较低、下岗职工对走向市场就业心存疑虑和技能水平还不相适应的情况下,会影响社会稳定和改革进程。因此,必须探索一条途径,既不让下岗职工长期滞留企业,又不简单地推向社会。化解"两难"的答案是再就业服务中心。

专 栏

上海市率先建立"再就业服务中心"

1996 年 7 月,上海市首先在下岗待业工人最多、职工分流难度最大的纺织控股(集团)公司和仪电控股(集团)公司挂牌成立了再就业服务中心,承担起保障职工基本生活与促进再就业的双重功能。后来,这一做法在全市普遍推开。中心的主要职责是:为破产、兼并、调整或转制企业的人员分流安置提供服务,包括组织培训教育、职业介绍、生产自救、劳务输出、代办社会保险、代发生活津贴等。中心运行成本由政府、社会和控股(集团)公司共同承担,主要用于职工获得最低待工收入、基本医疗费用以及个人缴纳的养老费,期限一般为两年。1997 年 1 月,国务院召开全国国有企业职工再就业会议,当时的国务院总理朱镕基指出:要大力推行再就业工程,对国有企业富余职工实行减员增效、下岗分流,解决人员过多的问题,这方面要推广上海、青岛等地搞好再就业工作的经验。

1996年3月2日,国务院发出《关于在若干城市试行国有企业兼并破产和职工再就业有关问题的补充通知》,其中提出明确要求:结合劳动就业、社会保障制度改革和当地的具体情况,建立再就业服务中心,积极开拓就业门路,关心破产企业职工生活,妥善安置破产企业职工,保持社会稳定。8月20日,劳动部、国家经贸委、财政部联合发出《关于在企业"优化资本结构"试点城市建立再就业服务中心的通知》,对相关的具体问题作出了规定。与此同时,国家经贸委、劳动部、财政部、中国人民银行还印发了上海市建立再就业服务中心经验的调查报告;国家经贸委、劳动部联合举办了111个优化资本结构试点城市市长培训班,介绍、交流经验,并实地考察有关情况。经过大力推动,各地在企业中陆续建立起再就业服务中心,再就业工程以"中心"为载体,进入了新的发展阶段。

2.再就业服务中心的职能

再就业服务中心的主要职能有三项:一是负责为进入中心的下岗职工发放基本生活费,具体标准原则上按略高于失业救济标准确定,并按适当比例逐年递减。二是为下岗职工缴纳养老、失业、医疗(或按规定报销医疗费用)等社会保险费用,养老、失业、医疗保险费用(包括个人缴费部分)以当地上年度职工平均工资的60%为缴费基数,按规定比例缴费,其中养老、医疗保险按规定计入个人账户。三是组织下岗职工参加职业指导和再就业培训,引导和帮助他们实现再就业。

3.再就业服务中心的对象

进入再就业服务中心的对象,主要是实行劳动合同制度以前参加工作的国有企业正式职工(不含从农村招收的临时合同工),以及实行劳动合同制度以后参加工作且合同期未满的职工,因企业生产经营等原因而下岗,但尚未与企业解除劳动关系、没有在社会上找到其他工作的人员。中心要与下岗职工签订基本生活保障和再就业协议,明确双方的责任、权利和义务,并借此变更劳动合同,替代劳动合同中的相关内容。协议期限原则上不超过3年。在协议期内被其他单位招聘或自谋职业,即解除协议,劳动合同相应解除,原来的社会保险缴费年限接着计算,并继续参加社会保险。协议期满仍未就业的,也要与企业解除劳动关系,并可申请领取失业保险待遇,最长期限为2年;期满后仍未就业的,停止领取失业保险金,符合条件的可申请城市居民最低生活保障待遇,期限没有限制。在下岗职工进中心期间、领取失业保险金期间,家庭人均收入达不到当地城市居民最低生活保障标准的,也可申请城市居民最低生活保障待遇,以补足差额。这样,下岗职工基本生活保障、失业保险、城市居民最低生活保障就形成了相互衔接、相互补充的三条保障线。

4. 再就业服务中心的资金来源

再就业服务中心的资金,原则上采取"三三制"的办法解决,即财政预算安排1/3、企业负担1/3、社会筹集(主要是从失业保险基金中调剂)1/3,具体比例由各地根据实际情况确定。财政承担的部分,中央企业由中央财政负担,地方企业由地方财政负担。企业、社会筹集不足的部分,财政给予保证。财政确有困难的地方,中央财政通过转移支付的办法给予一定支持。

授人以鱼不如授人以渔　　　　　　　刘刚　绘

四、国务院颁布了《失业保险条例》

(一)《失业保险条例》正式出台

1997年9月,党的"十五大"提出:"建立社会保障体系,实行社会统筹和个人账户相结合的养老、医疗保险制度,完善失业保险和社会救济制度,提供最基本的社会保障。"1998年年初,劳动和社会保障部成立后,在原有工作的基础上,与有关部门密切配合,加快了制定新的失业保险行政法规的节奏。经过广泛征求意见,反复研究论证,向国务院报送了《失业保险条例(草案)》。当年12月16日,朱镕基总理主持召开国务院第十一次常务会议,审议并原则通过了这个条例。1999年1月,国务院颁布了《失业保险条例》,中国的失业保险法规终于出台,这不仅在中国失业保险历史上,在中国社会保障历史上也是重要事件。

（二）《失业保险条例》的新变化

与 1993 年《国有企业职工待业保险规定》相比,《失业保险条例》有多项修改,主要体现在以下几个方面:第一,"失业保险"取代"待业保险"正式作为一项制度的名称,表明我国主流意识形态不再排斥"失业"的说法,而是实事求是地承认接受了"失业"现象,并决心加以治理。第二,失业保险覆盖范围从"七种人"扩大至城镇各类企事业单位的非自愿失业者。第三,职工个人也开始缴纳失业保险费,费率为本人工资的 1%。第四,调整了失业保险费费率,企业失业保险费费率由 1% 提高到 2%,企业与个人相加,失业保险费费率大约为工资总额的 3%。第五,重新规定失业保险金水平:失业保险金水平低于当地最低工资,高于当地城镇居民最低生活保障线。第六,对失业保险制度与城市居民最低生活保障制度的衔接作出原则规定(1999 年 9 月 28 日国务院发布了《城市居民最低生活保障条例》)。

五、下岗职工基本生活保障制度向失业保险制度并轨

《失业保险条例》实施后,国有企业下岗职工基本生活保障制度和失业保险制度双轨并行,共同发挥作用。在此基础上,劳动保障部于 1999 年 6 月在贵阳召开全国劳动力市场建设座谈会,提出了国有企业下岗失业人员通过三个阶段实现市场导向就业机制的"三步走"战略。第一阶段为"双轨"阶段。其特征是大量下岗职工进入中心,也有少部分失业人员进入劳动力市场,领取失业保险金,两种方式并存。同时,要积极创造条件开展下岗职工基本生活保障转向失业保险的试点工作。第二阶段为"转轨"阶段。即在计划经济体制遗留的国有企业富余人员问题基本解决之后,企业新的减员就不再下岗进中心,而是依法解除、终止劳动合同,进入失业保险,直接走向劳动力市场再就业。此前已进入再就业服务中心的下岗职工,仍维持原政策不变,直到其协议期满出中心。第三阶段为"并轨"阶段。在下岗职工全部出中心后,企业再就业服务中心就完成其历史使命。企业裁员从下岗、失业两种形态变为失业一种形态,再就业服务中心、失业保险和城市居民最低生活保障的三条保障线变为两条保障线,市场导向的就业机制也就真正形成了,企业雇员真正能够做到能进能出。

2007 年 3 月 5 日,温家宝总理在十届全国人大五次会议上作《政府工作报告》,宣布国有企业下岗职工基本生活保障向失业保险并轨基本完成。

2007 年 8 月 30 日第十届全国人民代表大会常务委员会第二十九次会议通过了《中华人民共和国就业促进法》,中国有关"失业补救"和"失业预防"的法律进一步完善。

第四节　中国失业保险制度

中国现行失业保险制度的法律依据主要是 1999 年 1 月 22 日国务院颁布的《失业保险条例》。根据该条例,中国失业保险制度的基本内容如下:

一、覆盖范围

失业保险制度的覆盖范围包括城镇企业事业单位和城镇企业事业单位职工。所谓城镇企事业单位是指国有企业、城镇集体企业、外商投资企业、城镇私营企业以及其他城镇企业。

二、资金来源

城镇企业事业单位按照本单位工资总额的 2% 缴纳失业保险费。城镇企业事业单位职工按照本人工资的 1% 缴纳失业保险费。城镇企业事业单位招用的农民合同制工人本人不缴纳失业保险费。

三、支付条件

第一,具备下列条件的失业人员,可以领取失业保险金:按照规定参加失业保险,所在单位和本人已按照规定履行缴费义务满 1 年的;非因本人意愿中断就业的;已办理失业登记,并有求职要求的。

第二,失业人员在领取失业保险金期间有下列情形之一的,停止领取失业保险金,并同时停止享受其他失业保险待遇:重新就业的;应征服兵役的;移居境外的;享受基本养老保险待遇的;被判刑收监执行或者被劳动教养的;无正当理由,拒不接受当地人民政府指定的部门或者机构介绍的工作的;有法律、行政法规规定的其他情形的。

四、保险支付与支付期限

对于城镇职工和农民合同制工人来说,保险支付与支付期限是不同的。

第一,对于城镇职工,失业保险支付期限长短与缴费时间长短挂钩,最长支付期限为 24 个月。失业人员失业前所在单位和本人按照规定累计缴费时间满 1 年不足 5 年的,领取失业保险金的期限最长为 12 个月;累计缴费时间满 5 年不足 10 年的,领取失业保险金的期限最长为 18 个月;累计缴费时间 10 年以上的,领取失业保险金的期限最长为 24 个月。重新就业后,再次失业的,缴费时间重新计算,领取失业保险金的期限可以与前次失业应领取而尚未领取的失业保险金的期限合并计算,但是最长不得超过 24 个月。

第二,对于单位招用的农民合同制工人,连续工作满 1 年,本单位并已缴纳失业保险费,劳动合同期满未续订或者提前解除劳动合同的,由社会保险经办机构根据其工作时间长短,对其支付一次性生活补助。

五、保险待遇

失业保险金的标准,按照低于当地最低工资标准、高于城市居民最低生活保障标准的水平,由省、自治区、直辖市人民政府确定。《中华人民共和国社会保险法》(2011 年 7 月 1 日施行)没有强调"低于当地最低工资标准"。

失业人员在领取失业保险金期间患病就医的,可以按照规定向社会保险经办机构申请领取医疗补助金。

失业人员在领取失业保险金期间死亡的,参照当地对在职职工的规定,对其家属一次性发给丧葬补助金和抚恤金。

六、失业保险与城市最低生活保障的衔接

失业保险支付期满,失业人员还没有找到工作,如果失业人员符合城市居民最低生活保障条件的,按照规定享受城市居民最低生活保障待遇。

第五节　失业预防与失业补救

最好的失业预防是不让失业发生,最好的失业补救是帮助失业者重新找到工作,通过失业预防和失业补救让失业保险失去意义——这当然是一种理想,因为在市场经济条件下,失业是不可避免的,失业保险是必要的。但是,通过失业预防和失业补救无疑能够在一定程度上缓解潜在失业者和失业者的紧张,并减轻失业保险的负担,政府、企业、个人都应该作出努力,让失业能不发生就不发生,不幸发生了就让失业者尽快重新就业或有其他补救措施。失业预防、失业保险和失业补救构成就业保障制度。[1]

---

① 孙光德、董克用:《社会保障概论》,中国人民大学出版社 2000 年版,第 167 页。

一、失业预防

失业预防的措施主要有职业培训和对企业解雇的约束两种。

(一)职业培训

职业培训能让员工不断更新知识,不断调整和增进他们适应社会,适应市场的素质,否则很容易跟不上市场的发展变化,遭新人排挤而被淘汰;企业如果不重视职业培训,企业也可能在与同行的竞争中处于劣势,缩小市场份额,进而导致削减员工。

(二)对企业解雇的约束

为了减少失业,政府通过界定劳动者的就业权,防止企业随意解雇工人,许多国家制定了相应的法律。比如劳动法,约束企业的解雇行为,规定解雇必须有正当理由,必须事先通知政府有关部门、法院、工人代表或被解雇者本人,必须征得政府有关部门或工人代表的同意,必须支付一定数额的解雇费,等等。企业解雇约束分"单项解雇约束"和"集体解雇约束"。单项解雇即解雇个别员工,集体解雇即同时解雇多人。法规对集体解雇的约束高于对单项解雇的约束。

除了有关劳动法规,劳资协议对雇主解雇也有约束。劳资协议是工会与雇主签订的,协议内容更加具体,劳资协议对雇主解雇的约束至少达到劳动法的水平,但可以更加严格。2004 年,德国共有 6.1 万多个劳资协议,分为地区性行业协议 3.4 万个、企业单独劳资协议 2.74 万个、在全国具有普遍约束力的劳资协议 476 个。3/4 的德国企业受劳资协议约束。

劳资协议主要包括有效期较长、不经常改变的法律内容,如工作时间、解雇条件、休假权、调解事宜等。①

二、失业补救

失业发生后,除了失业保险,各项失业补救措施也是帮助失业者的重要方面。1988 年国际劳工大会通过《促进就业和失业保护公约》与《建议书》,可以被看做在失业保险和失业补救方面具有划时代意义的国际劳动立法,因为帮助失业者的理念和原则发生了变化。以前的相关标准只强调为失业者提供生活保障,而新的标准则倡导把失业保护措施同促进就业结合起来。

---

① 吴芹:《欧盟失业问题研究》,复旦大学博士论文,2007 年。

各国失业补救的办法大概有以下几种:第一,鼓励失业者创办企业。第二,组织失业者从事社区服务。第三,开辟家政服务员就业领域。第四,鼓励失业者流动到劳动力短缺的地区。第五,采用特种雇用计划。第六,实施职业轮换制度。第七,建立和完善就业信息网络。第八,做好转业培训。

三、中国的失业预防和补救

(一)失业预防

中国的"失业预防"主要体现在《中华人民共和国劳动合同法实施条例》(国务院 2008 年 9 月 18 日)中,用人单位不能随意解除劳动合同。除非有劳动合同法规定的下列情形之一的,用人单位可以与劳动者解除无固定期限劳动合同:

1. 用人单位与劳动者协商一致的;

2. 劳动者在试用期间被证明不符合录用条件的;

3. 劳动者严重违反用人单位的规章制度的;

4. 劳动者严重失职,营私舞弊,给用人单位造成重大损害的;

5. 劳动者同时与其他用人单位建立劳动关系,对完成本单位的工作任务造成严重影响,或者经用人单位提出,拒不改正的;

6. 劳动者以欺诈、胁迫的手段或者乘人之危,使用人单位在违背真实意思的情况下订立或者变更劳动合同的;

7. 劳动者被依法追究刑事责任的;

8. 劳动者患病或者非因工负伤,在规定的医疗期满后不能从事原工作,也不能从事由用人单位另行安排的工作的;

9. 劳动者不能胜任工作,经过培训或者调整工作岗位,仍不能胜任工作的;

10. 劳动合同订立时所依据的客观情况发生重大变化,致使劳动合同无法履行,经用人单位与劳动者协商,未能就变更劳动合同内容达成协议的;

11. 用人单位依照企业破产法规定进行重整的;

12. 用人单位生产经营发生严重困难的;

13. 企业转产、重大技术革新或者经营方式调整,经变更劳动合同后,仍需裁减人员的;

14. 其他因劳动合同订立时所依据的客观经济情况发生重大变化,致使劳动合同无法履行的。

(二)失业补救

中国的"失业补救"作为失业治理的综合政策措施始终在发挥作用,比如在下岗职工再就业工程中(见本章第三节中"实施再就业工程的具体措施"的相关内容)。2007年8月30日第十届全国人民代表大会常务委员会第二十九次会议通过的《中华人民共和国就业促进法》使"失业补救"和"失业预防"成为法规。《中华人民共和国就业促进法》(2008年1月1日起施行)共九章六十九条,其中第四章《就业服务和管理》、第五章《职业教育和培训》和第六章《就业援助》集中体现了我国当前的失业补救政策。主要内容包括:

1. 县级以上人民政府建立健全公共就业服务体系,设立公共就业服务机构,为劳动者免费提供就业政策法规咨询、职业供求信息、职业指导和职业介绍。

2. 国家采取措施建立健全劳动预备制度,县级以上地方人民政府对有就业要求的初高中毕业生实行一定期限的职业教育和培训,使其取得相应的职业资格或者掌握一定的职业技能。

3. 地方各级人民政府鼓励和支持开展就业培训,帮助失业人员提高职业技能,增强其就业能力和创业能力。失业人员参加就业培训的,按照有关规定享受政府培训补贴。

4. 地方各级人民政府采取有效措施,组织和引导进城就业的农村劳动者参加技能培训,鼓励各类培训机构为进城就业的农村劳动者提供技能培训,增强其就业能力和创业能力。

5. 政府投资开发的公益性岗位,应当优先安排符合岗位要求的就业困难人员。被安排在公益性岗位工作的,按照国家规定给予岗位补贴。

6. 各级人民政府采取特别扶助措施,促进残疾人就业。

7. 县级以上地方人民政府采取多种就业形式,拓宽公益性岗位范围,开发就业岗位,确保城市有就业需求的家庭至少有一人实现就业。

8. 国家鼓励资源开采型城市和独立工矿区发展与市场需求相适应的产业,引导劳动者转移就业。对因资源枯竭或者经济结构调整等原因造成就业困难人员集中的地区,上级人民政府应当给予必要的扶持和帮助。

第六节　问题与前景

《失业保险条例》实施以来发挥了很大的作用,但在实践中也存在很多问题,需要进一步完善。

一、失业保险制度存在的问题

（一）保障范围小

2008年年底，城镇就业人员为30210万人，而失业保险参保人数仅为12400万人，不足城镇就业人数的一半。这既有制度设计方面的不足，也有制度实施方面的问题。比如，在乡镇企业就业的人员还没有被纳入政策范围，在城镇就业的农村劳动者进入保障范围的人数还比较有限。

（二）保障水平低

按照现行规定，失业保险金水平通常在最低工资的60%～80%，根据物价水平相应调整的机制还没有完全建立，还不能更好地保障失业者本人及其家庭成员的生活需要。

（三）促进就业功能弱

现行制度出台时，基于当时大规模下岗失业的特殊背景，将失业保险的主要功能定位在保障生活上，对促进就业作了严格限制，只有职业培训和职业介绍两项补贴，促进就业的资金支出非常有限，作用不大。

（四）预防失业功能弱

为积极应对国际金融危机，经国务院同意，人力资源和社会保障部、财政部、国家税务总局3个部门于2008年12月联合发文，降低失业保险费率、缓缴失业保险费、运用失业保险基金为困难企业提供两项补贴的政策，但仍有不足。从企业和地方需求看，支持的项目还偏少，如企业特别欢迎和需要的在岗培训还没有纳入其中。另外，对于那些生产经营状况较好、长期不参保缴费不裁员的企业如何给予失业保险支持，也是需要解决的问题。

（五）难以适应地区间差异

现行制度采取政府集中制定政策，具体业务分散管理的方式，对地方的差异性考虑不足。各地经济发展水平差别较大，失业保险基金管理方面实行地方管理，经济较发达地区基金大量结余，但在费率调整和基金使用项目上又没有足够的自主权。

二、失业保险制度的前景

（一）完善失业保险制度

1. 扩大失业保险覆盖范围

要改进失业保险主要以就业相对稳定和以工资为主要收入来源的劳动者为对象的做法，从我国当前实际情况出发，逐步扩大失业保险范围，将所有企业就业人员全部纳入保障范围。另外，授权地方决定是否将其他群体纳入保障范围。

2. 合理确定待遇水平和期限

一是完善失业保险金调整办法。研究改变目前与最低工资标准挂钩，在一个地区内实行统一标准的做法，实行按失业人员缴费工资一定比例确定其失业保险金标准，提高失业保险金总体水平，以更好地体现权利与义务相对应的原则。

二是对特殊失业群体给予必要支持。主要是对年龄较大、享受失业保险待遇期满且难以就业的失业人员，继续为其提供失业保险，直到其退休进入养老保险。这些人通常是长期失业者，年龄大、技能低，就业非常困难，为他们提供更长时间的保障是必要的。

三是建立应急机制。当出现全国性或区域性重大事件，造成就业压力加大，失业人员明显增加时，采取相应的对策措施。如延长失业保险待遇期限，提高待遇标准，为失业者提供更高标准、更长时间的保障。

3. 提高统筹层次

近期目标是全面实行市级统筹。长远目标是逐步实现失业保险省级统筹。分期目标是：第一阶段，实行市级统筹和实际调剂；第二阶段，实行市级统筹，部分省级统筹；第三阶段，全面实行省级统筹。充分发挥失业保险制度功能，是确定失业保险基金统筹层次的出发点，同时也要考虑与财政管理体制的关系，以及地方的需求和可操作性。鉴于目前市级统筹尚不普遍，下一步主要是推行和完善市级统筹政策措施，逐步向省级统筹发展。在提高统筹层次的同时，健全省级调剂金制度。未实行省级统筹的地区，必须建立失业保险调剂金，并明确征收比例和使用办法，解决目前少数地方省级调剂金作用有限的问题，增强保障能力。

4. 实行更灵活的费率政策

可以根据失业保险市级统筹地区失业人数和失业保险基金收支，在1%～3%之间选择本地区适用的失业保险费率，并报省级有关部门批准后执行。低于 1% 或超过 3% 的,报国务院有关部门批准后执行。

(二)健全失业保险功能

从单一的生活保障向促进就业和预防失业功能拓展,既是国际失业保险制度的发展方向,也是新形势对我国失业保险制度的必然要求。

失业保险金助就业①

1. 促进失业人员再就业方面

一是增加失业保险促进就业支出项目。即按照《就业促进法》的政策规定,为失业人员提供职业培训补贴、职业介绍补贴、社会保险补贴、公益型岗位补贴等,帮助他们提高就业能力,促使其实现再就业。二是鼓励失业人员尽快就业。对创业的,可以将其没有领取的失业保险金一次性支付,使其有更多资金投入创业,既解决自己的就业问题,也可以为其他劳动者提供就业机会。如果失业人员通过其他形式就业的,可以保留其失业保险金领取时间,维护其权利。

2. 发挥失业保险稳定就业方面

国家有关部门可以制定减轻企业负担稳定就业局势的相关政策,对于曾经临时应用且比较有效的措施,可以在进一步实验的基础上使之制度化、规范化。

(三)提高失业保险管理和服务水平

1. 建立完善失业保险与促进就业的联动机制

加强对失业人员的动态管理与就业服务,实现失业保险经办机构与公共就

---

① 图片来源:大河网,《河南日报》,王伟宾绘,2009 年 11 月 6 日,http://www.dahe.cn/xwzx/dhfd/xwsd/t20091106_1687486.htm。

业服务机构一体化运作,积极促进失业人员再就业。其一,加强失业人员登记管理。按照失业人员求职、培训、自谋职业和暂不要求就业等意向,进行分类管理、重点服务,告知政策和培训、就业岗位信息,并及时了解和掌握失业人员求职、培训、重新就业等实际情况,为失业人员提供及时、有效、针对性强的就业服务。其二,建立完善失业人员就业报告制度。失业人员需定期向街道、乡镇劳动保障工作机构报告求职和参加职业培训等情况。

2.完善失业保险管理体制

按照高效、精干、统一的原则,自上而下理顺关系,建立起职能明确、职责清晰、统一规范、人员编制和经费保障与承担任务相匹配的失业保险管理机构。

3.加强失业保险经办能力建设

首先,要建立健全经办机构各项规章制度,强化对重点工作环节的监督。其次,要优化业务流程,改善工作手段,逐步实现失业保险业务的全程信息化。再次,失业保险管理和服务要纳入劳动力市场系统,实现资源共享。最后,切实加强以提高工作人员政治素质、业务素质和转变工作作风为主要内容的能力建设,提高服务意识和工作效率。

本章小结

失业保险是国家根据一定的法规,对暂时失去工作的劳动者提供经济保障的一种社会保险制度。

政府资助失业保险最早起源于比利时(1901年),法国是最早以国家立法的形式建立失业保险制度的国家(1905年),挪威、丹麦两国也分别在1906年和1907年建立了类似于法国的失业保险制度。

失业保险制度结构和内容由以下各项组成:覆盖范围、资金筹集、资格条件、等待期、支付水平、支付办法、支付期限。

新中国成立初期实行失业救济,1986年,国务院颁布了《国营企业职工待业保险暂行规定》(1986年7月12日),是新中国建立后第一个正式的失业保险制度,虽然其名称是"待业保险",但从立法原则到框架设计为中国以后的失业保险制度奠定了基础。

1999年1月,国务院颁布了《失业保险条例》,这不仅在新中国失业保险历史上,在新中国社会保障历史上也是重要事件。

下岗职工再就业工程是一项具有中国特色的集失业预防、失业保险和失业补救为一体的综合性的就业保障工程。

中国现行失业保险制度的法律依据是1999年1月22日国务院颁布的《失

业保险条例》。

失业预防、失业保险和失业补救构成就业保障制度。中国失业预防和失业补救政策的集中体现是《中华人民共和国就业促进法》(2007年8月30日第十届全国人民代表大会常务委员会第二十九次会议通过,2008年1月1日起施行)。

我国现行失业保险制度存在的问题是:保障范围小、保障水平低、促进就业功能弱、预防失业功能弱和难以适应地区间差异。因此需要完善失业保险制度,健全失业保险功能,提高失业保险管理和服务水平。

关键概念

失业　失业率　失业保险　失业预防　失业补救　"根特制"　等待期　支付期限　下岗职工再就业工程

复习思考题

1. 什么是失业保险,其特点是什么?
2. 最早以国家立法的形式建立失业保险制度的国家是哪一个,哪一年?
3. 简述失业保险的结构和内容。
4. 在什么样的条件下失业者不能领取失业保险金?
5. 失业保险制度设置"等待期"的意义是什么?
6. 为什么失业保险要规定最高支付期限?
7. 简述我国《失业保险条例》的出台过程。
8. 简述中国"下岗职工再就业工程"。
9. 我国现行失业保险制度规定的失业保险费率是多少?
10. 我国现行失业保险制度规定的失业保险水平在什么区间内?
11. 分别叙述失业预防和失业补救的措施。
12. 你认为我国现行失业保险制度的主要问题是什么?

失业了,你会失去领失业保险金吗?

某知名门户网站开展"每月才几百块 你会不会去领失业保险?"的调查,在一周左右的时间里,有12000多名网友参与了此项调查,结果如下表:

投票结果

你会领取失业保险吗?（得票数：12345）	百分比	票　数
我不会，因为我压根就没有失业保险	15.59%	▨▨ 1925票
我不会，因为我不知道在哪里领，怎么领	16.42%	▨▨ 2027票
我不会，才几百块没啥用，再说多丢脸	4.38%	▨ 541票
我不会，手续太烦琐了，麻烦死了	21.26%	▨▨▨ 2625票
我不会，担心计入档案对我以后再就业不好	5.3%	▨ 654票
我会，即使麻烦也是钱啊，好歹能撑俩月	37.05%	▨▨▨▨ 4573票
投票起止时间：2008年12月12日至2008年12月19日		

请你根据以上调查结果进行分析评论：

1. "没有失业保险"是怎么造成的，应该怎么解决？

2. "不知道在哪里领，怎么领"的问题如何解决？

3. 领取失业保险"丢脸"吗？

4. "手续太烦琐"，谁有责任改进？

5. 领取失业保险会影响以后就业吗？

6. 只有37%的人会在失业后去领失业保险金，对此你有什么看法？

第八章　工伤保险

 学习目标

通过本章学习,要掌握工伤保险的基本概念、特点和制度结构,尤其是要掌握现行中国工伤保险制度的内容。还要了解工伤保险制度的发展历史、中国工伤保险制度的发展历史、工伤预防和工伤康复的一般内容,认识中国工伤保险制度现存的问题。

工伤保险,人道关怀①

---

① 图片来源:《工伤无人管社保基金先行支付》,《法制日报》,谢正军绘,http://epaper.legaldaily.com.cn/fzrb/content/20110624/Articel03007GN.htm。

第一节　工伤保险概述

一、工伤保险的定义

工伤保险是参保人因工伤或者职业病而丧失劳动能力时,本人或其遗属从国家和社会得到物质补偿的一种社会制度安排。

工伤是因工作和与工作相关的人身伤害,也称为职业伤害。工伤包括因工伤亡和职业病两种形式,前者表现为身体创伤,后者表现为生理疾病。区分工伤和非工伤(非工作原因患病、负伤、致残或致死)对工伤保险来说很重要,前者可以获得工伤保险待遇,后者不能,或者只能按照一般疾病、伤残和死亡来对待。

二、工伤保险的特点

与其他险种相比,工伤保险有以下特点:

(一)补偿不究过失

补偿不究过失原则又称无过失补偿,指在劳动者负伤后,不管过失是雇主还是雇员本人,工伤者均可获得收入补偿。工伤者已经是受害人,往往还是弱势一方,如果按照民事程序来对待工伤事故的补偿问题,不人道,还费时费力,对保护劳动者的合法权益也非常不利。此外,让雇主承担更多责任,既考虑了他们能力所及,也有助于企业做好事故预防工作。当然,"补偿不究过失"并不意味着不追究工伤事故的责任。一旦发生工伤事故,各方还是要根据自己在事故当中的过失承担相应的责任,只是这种责任追究不影响遭遇工伤的劳动者获得法定工伤待遇。

(二)个人不缴费

世界上绝大多数国家的工伤保险费由企业或雇主缴纳,劳动者个人不缴费。有一种主流观点认为,在生产过程中,劳动者和机器、设备一样都属于生产要素。机器损坏后雇主要出资维修,劳动者因工作原因劳动能力受到损害,雇主当然也要承担维护的责任,这是雇主维持生产必要的管理支出,要求劳动者承担或分担这笔费用都是不合理的。

(三)待遇较高

工伤保险不要求个人缴费,但在待遇上却要比其他社会保险项目都要优厚一些。比如,工伤保险患者免费医疗,而普通的疾病患者自己要承担一定比例的费用。再比如,职工因工致残,退出工作岗位,除享受一次性伤残补助金外还按月享受伤残津贴,这要远远高于失业保险和养老保险待遇水平。所以,工伤职工达到退休年龄并办理退休手续后,如果领取的养老保险待遇低于伤残津贴,仍由工伤保险基金补足差额。

(四)差别费率和浮动费率

与其他社会保险项目不同,工伤保险制度实行差别费率和浮动费率。

差别费率是指根据不同行业工伤风险程度确定行业的基准费率,风险程度较高的行业适用较高的基准费率,风险程度较低的行业适用较低的基准费率;然后根据工伤保险基金使用、工伤发生率等情况再在每个行业内确定若干费率档次。

浮动费率是指在差别费率的基础上,国家根据企业在一定时期内的安全生产状况和工伤保险费用支出情况,使企业费率上下浮动。让安全生产状况好的企业下浮费率,安全生产状况差的企业上浮费率,促使企业积极采取预防措施抓好安全生产、减少工伤事故的发生。

三、工伤保险的意义

工伤保险的意义主要有以下几个方面。

(一)有利于保障职工权益,体现社会公正

劳动者一旦遭遇工伤,不仅收入中断,还要为救治身体伤害和职业病付出额外的医疗成本;不仅受伤个人要承受身体和精神上的巨大痛苦,其家庭也因此而背上沉重的包袱。所以,建立工伤保险制度,为遭遇工伤的劳动者提供医疗救治、物质补偿以及康复服务体现了社会应有的公平正义,是保护劳动者合法权益、让劳动者能够安心工作所必需的。

(二)有利于分散单个企业的工伤风险,保障正常的生产经营秩序

工伤事故不仅给劳动者带来巨大的伤害,对企业来说通常也意味着不小的损失。由于不同的行业和企业发生工伤事故的概率不同,那些从事危险行业生产的企业,其工伤事故和职业病发生的机会就多。在非投保制的雇主责任制下,这些企业对工伤事故进行赔付的负担很重。特别是在法律不健全的情况下,工伤职工和企业之间经常发生纠纷,严重影响企业正常的生产经营秩序。所以,建立工伤保险制度,通过社会统筹的机制由不同的企业共担工伤风险,并明确雇主在工伤赔付中的责任边界,有利于保障企业生产经营活动的持续性。

（三）有利于促进安全生产，降低职业病和事故率，保护和发展生产力

工伤保险通过实行浮动费率机制对那些工伤事故发生率下降的企业降低其缴费率，对那些工伤事故发生率上升的企业则提高其缴费率，借助利益杠杆机制促使企业主动地加强工伤预防，降低职业病和事故率。另外，作为工伤保险的管理机构，人力资源和社会保障行政部门也会借助政府的强制力要求、督促和检查企业的安全生产。可以说，工伤保险和安全生产是一体两翼的关系，二者缺一不可。此外，工伤保险通过赔付和补偿使工伤患者及时得到治疗和康复，尽可能恢复劳动能力，保护人力资源。

（四）有利于缓解社会矛盾，维护社会稳定

工伤事故发生后如果不能及时进行妥善地处理，很容易引发劳动者和企业之间的矛盾和冲突。如果工伤患者伤病不能得到及时治疗和康复，生活没有保障，他们对社会就会充满怨恨，形成潜在的社会不稳定因素。所以，通过工伤保险制度保障工伤劳动者的基本生活和合法权益，对于社会稳定同样有着非常重要的意义。

四、工伤保险制度的形成与发展

工业化之前，劳动者主要靠体力与手工从事经济活动，很少发生因工负伤、致残的情况。工业化之后，因机器的广泛使用劳动者遭遇职业伤害的情况大大增加，而且伤害程度也要比工业化之前严重得多。但是，在工业革命的早期，资本主义国家和企业并没有立即为劳动者提供有效的保障。一般认为，工伤保险制度的建立经历了以下三个阶段：

（一）工伤自理阶段

在工业化初期，工伤一般由工人自己承担后果。当时盛行的是英国著名经济学家亚当·斯密所提出的"风险承担理论"。这一理论认为，给工人规定的工资标准中，已包含了对工作岗位危险性的补偿，雇主所支付的补偿性工资高低是根据风险大小而定的，工人既然自愿与雇主签订了合同，那就意味着他们是自愿接受了风险。除非能证明雇主有错，无须给予受害雇员额外补偿。在一些国家，若能证明雇主有责，可以要求得到赔偿，但劳动者负有举证责任。由于劳动者同雇主相比处于绝对劣势地位，不了解工作流程，很难取得物证和人证，所以能够通过民事程序获得工伤赔偿的非常少。

（二）雇主责任阶段

在这个阶段工伤赔付责任转移到了雇主身上，即无论事故具体责任在谁，

雇主都要全部承担责任,即所谓"补偿不究过失"。19世纪八九十年代,法国、德国和英国等西方国家普遍开始接受"职业风险"原则,并根据这一原则建立了雇主责任保险制度。"职业风险"原则包括以下几个方面的内容:(1)凡是利用机器或雇员体力从事经济活动的雇主或机构就有可能造成雇员受到职业方面的伤害;(2)意外事故无论是由于雇主的疏忽还是受害人同事的粗心大意甚至根本不存在有什么过失,雇主也应该进行赔偿;(3)雇主支付职业伤害的赔偿费是一笔日常开支,就像是修理和维护设备的保养费、给职工工资一样;(4)赔偿金应该是企业所承担的一部分管理费用①。根据这一原则,工伤事故赔付就从民法中独立出来,进入了雇主责任阶段。

(三)工伤社会保险阶段

为了克服雇主责任制的弊端,政府建立工伤社会保险制度成为客观需要。1884年,德国颁布了《劳工伤害保险法》,这是世界上第一部工伤保险法。此后,各国纷纷效仿,工伤保险成为世界上历史最悠久、实施范围最广的社会保障制度。

工伤保险由政府举办,雇主向社会保险机构投保,后者向遭遇工伤事故的劳动者依法给予赔付。工伤社会保险克服了雇主责任保险制的弊端,成为当今最普遍的工伤保障形式。

五、工伤保险模式

世界各国的工伤保险制度大体上可以分为以下两种类型:雇主责任制模式和社会保险模式。总体上来说,社会保险模式在逐渐取代雇主责任模式,但目前世界上依然有许多国家和企业选择实行工伤雇主责任制。20世纪80年代,在建立工伤保险的140个国家和地区中,大约40个国家通过雇主责任制来对劳动者提供工伤保险。20世纪90年代后,全世界有156个国家和地区建立了工伤保险,约30个国家和地区实行雇主责任制。

(一)雇主责任制模式

工伤雇主责任制是指国家立法强制雇主对工伤受害人实行赔偿的制度。

1. 雇主责任制有两种形式:雇主自理风险和向保险公司投保

自理风险是雇主不向保险公司为工伤事故投保,当劳动者遭遇职业伤害时由雇主直接给予赔付。如果在赔付过程中出现争议,可以申请法院或国家有关

---

① 陈刚:《工伤保险》,中国劳动社会保障出版社2005年版,第6页。

机构裁决。另外一种形式是雇主为雇员的职业伤害向私营保险公司投保,保险公司根据各企业或行业发生工伤事故的概率核定保费水平,工伤事故发生后由保险公司代替雇主赔付。

2. 雇主责任制利弊

雇主责任制仍存在着很多弊端。如果采取雇主风险自理的形式,那些工伤事故频发或者遭遇重大工伤事故的企业往往承受不起巨大的工伤赔偿责任,特别是那些资金不足的小企业甚至因此而破产倒闭;对于劳动者而言,雇主赔付费时费力,劳动者在遭受身体伤害的同时还要遭受心理上的折磨,赔付大多是一次性的,那些永久丧失劳动能力的人的长期生活缺少保障,一旦企业破产,遭遇工伤的劳动者甚至有可能得不到任何赔偿。即使采取商业保险的形式,商业信誉度也不能与政府信誉度相比。

雇主责任制也有好处,比如企业可根据自己行业的性质自由选择,对那些比较安全、较少发生工伤事故的企业来说可以节约工伤保险缴费成本。

（二）社会保险制模式

社会保险模式有利于避免个别企业因为工伤事故而受到过大的冲击,有利于受伤害职工得到可靠的保险待遇,减少工伤争议的发生,还形成规模效应,减少管理费用。

实行社会保险制工伤保险的国家也大致可以分为以下三种类型:（1）工伤保险作为一项独立的制度存在,在基金和管理方面与其他社会保险项目相对分离,如德国、意大利和日本等。（2）工伤保险在基金方面是独立的,在行政管理方面却是与其他社会保险项目一起由同一机构来管理,如法国和奥地利。（3）工伤及其他意外事故包括在整个社会保险制度之中,如阿尔及利亚和巴拿马。

第二节　工伤保险制度内容

一、覆盖范围

在工伤保险制度实施初期通常都是先把正规企业及其雇员覆盖进来,随着经济发展、工人斗争和相关技术的不断成熟,工伤保险的覆盖范围也不断扩大。除雇员外,现在发达国家一般还将自我雇佣者和学徒也覆盖进来,公务员和军人则通常由其他保险制度来覆盖。

二、基金筹集

（一）基金来源

工伤保险资金主要有三个来源，即用人单位缴纳的工伤保险费、工伤保险基金的利息以及依法纳入工伤保险基金的其他资金，其中用人单位缴纳的工伤保险费是最主要的来源。

劳动者个人不用缴费。

（二）工伤保险费率

工伤保险费率即工伤保险费与缴费工资总额的一定比率。工伤保险一般实行差别费率和浮动费率，即工伤保险费率高低与行业风险高低相关，这是为了体现工伤保险费负担上的公平性；同时为了激励企业主动地采取措施加强安全生产，大多数国家还实行浮动费率制，对同一行业的不同企业进行奖罚。也有一些国家采用统一费率制。

为了实行差别费率制，各国一般都要进行行业工伤风险评级，制定各行各业的工伤风险等级标准。

三、资格条件

获得工伤保险的条件主要有两个：第一，参加保险；第二，因工伤残、死亡和职业病。

因此，对工伤和职业病的认定是一项非常重要的工作，这项工作通常是由权威机构和权威专家来完成。

四、保险待遇

（一）工伤保险待遇构成

工伤保险待遇由下列项目组成：

1. 治疗工伤的医疗费用和康复费用；

2. 住院伙食补助费；

3. 就医交通食宿费；

4. 伤残辅助器具安装配置费用；

5. 生活不能自理者的生活护理费；

6. 一次性伤残补助金和按月领取的伤残津贴；

7. 因工死亡的,其遗属领取的丧葬补助金、供养亲属抚恤金和因工死亡补助金;

8. 劳动能力鉴定费;

9. 治疗工伤期间的工资福利;

10. 伤残职工按月领取的伤残津贴,等等。

(二)待遇水平

工伤保险待遇与以下两项挂钩:第一,与工资水平相关。待遇所依据的工资可能是本人工资,也可能是社会平均工资。工资水平越高,待遇水平就越高。第二,与工伤程度相关。伤残等级越高,待遇水平就越高。

因此,工伤等级或劳动能力鉴定是一项非常重要的工作,这项工作通常是由国家权威机构和专家来完成。

第三节　中国工伤保险历史

中国工伤保险制度始建于 20 世纪 50 年代。此后,适应经济社会发展和经济体制、社会结构变迁的需要,中国工伤保险制度经历了逐步发展和改革的过程,大致可以分为以下四个阶段:

一、工伤保险制度建立

1951 年 2 月中央人民政府政务院颁布《劳动保险条例》,该条例第十二条对因工负伤、残废的待遇作出了明确规定,由此标志着新中国工伤保险制度的建立。1953 年政务院颁布修正后的《劳动保险条例》以及《中华人民共和国劳动保险条例实施细则修正草案》,进一步明确了工伤保险的基本原则、实施范围、工伤范围以及工伤待遇等。

此后,中国工伤保险制度不断调整,主要包括以下几个方面:

(一)从广覆盖到单一覆盖

根据 1953 年《劳动保险条例》,工伤保险的适用范围具有不分所有制与用工形式的广泛性。既包括国营企业,也包括公私合营、私营及合作社经营的企业;既包括正式职工,也包括学徒、临时工、季节工及试用人员。据统计,1956 年享受劳动保险待遇的职工人数相当于当年国营、公私合营、私营企业职工总数的 94%。① 但随着以后中国所有制结构发生重大变化,除国营企业和集体企业以外的所有制形式基本消失,工伤保险事实上只在国营企业实行,集体企业参照执行。

(二)工伤范围不断扩大

1964 年 4 月《工伤事故问题解答》将工伤的范围从原来的三项扩大到七项。1957 年 2 月,卫生部制定并颁布了《职业病范围和职业病患者处理办法的规定》,首次将 14 种职业病列入工伤保险的保障范围,1987 年《职业病范围和职业病患者处理办法的规定》进一步将职业病的范围扩大到 99 种。

(三)工伤保险待遇不断提高

1958 年 2 月《关于工人、职员退休处理的暂行规定》对工伤保险待遇作了调整,实际上是提高了保险待遇;1978 年 5 月《关于安置工人退休、退职的暂行办法》再次提高了工伤保险的待遇。经过数次调整,工伤保险成为计划经济时期劳动保险制度中待遇最为优厚的项目。

二、从社会保险到雇主责任(单位保险)

根据《劳动保险条例》,企业缴纳的劳动保险金中的 30% 要上缴中华全国总工会,作为劳动保险统筹基金,在全国范围内统筹使用。由于受到"文化大革命"的冲击,1969 年以后,国营企业停止提取劳动保险金,工伤保险待遇改在营业外列支。工伤保险演变为事实上的工伤雇主责任制,各单位各自负责职工的工伤赔付。

三、重归社会保险

随着经济体制改革的不断深化,计划经济时期建立起来的工伤保险制度越来越不能适应时代的要求,突出表现在覆盖范围窄、待遇水平低、统筹层次低、劳动争议多等若干方面。为此,1996 年原劳动部颁发《企业职工工伤保险试行办法》,于同年 10 月 1 日在全国试行。《企业职工工伤保险试行办法》,重新回到社会保险,并首次把工伤预防、工伤康复和工伤补偿三项工伤保险的任务结合起来,明确了工伤社会保险制度的基本内容:

(1)实行社会统筹,变"企业保险"为社会保险。企业统一向社保机构缴纳工伤保险费,形成工伤保险基金,由基金按规定的标准向工伤职工支付待遇。

---

① 严忠勤:《当代中国的职工工资福利和社会保险》,中国社会科学出版社 1987 年版,第 307 页。

社会统筹有利于分散企业工伤事故风险,同时保障企业职工的工伤保险权益。

(2)扩大覆盖范围,把工伤保险覆盖面扩大到各类企业及全体职工。

(3)规范待遇项目和标准,使工伤处理有所遵循,维护有关各方当事人的权益,减少工伤争议。

(4)实行工伤保险与安全生产相结合的原则,建立工伤预防机制,其中最重要的手段是实行行业差别费率和企业浮动费率。

《企业职工工伤保险试行办法》是中国第一部关于工伤保险的专项立法,有力地推动了中国工伤保险制度的改革。

四、新工伤保险制度确立

2003 年 4 月 27 日,国务院颁布《工伤保险条例》,并于 2004 年 1 月 1 日起实施。《工伤保险条例》是中国第一部专门的工伤保险行政法规,它提高了工伤保险的立法层次,增强了强制力和约束力;扩大了适用范围,将境内各类企业和有雇工的个体工商户纳入其中;把以往一些行之有效的政策措施以法规的形式固定下来;明确了用人单位和职工的责任,科学地规范了相关的标准和工作程序。因此,《工伤保险条例》的颁布标志着中国新工伤保险制度的基本确立。

2010 年 12 月 8 日国务院第一百三十六次常务会议通过了《国务院关于修改〈工伤保险条例〉的决定》,并自 2011 年 1 月 1 日起施行。新修改的《工伤保险条例》主要有以下改变:一是扩大了工伤保险的适用范围;二是调整了工伤认定范围;三是简化了工伤认定、鉴定和争议处理程序;四是提高了部分工伤待遇标准;五是减少了由用人单位支付的待遇项目,增加了由工伤保险基金支付的待遇项目等。

2011 年 7 月 1 日起施行的《中华人民共和国社会保险法》为工伤保险增加了"代位补偿"的新内容,规定由第三人责任发生的工伤,工伤保险基金可以先期赔付。

第四节　中国工伤保险制度

我国现行的工伤保险制度主要是以《国务院关于修改〈工伤保险条例〉的决定》(2011 年 1 月 1 日起施行)和《中华人民共和国社会保险法》(2011 年 7 月 1 日起施行)为法律依据。内容有如下几个方面:

一、覆盖范围

中华人民共和国境内的企业、事业单位、社会团体、民办非企业单位、基金会、律师事务所、会计师事务所等组织和有雇工的个体工商户(以下称用人单位)应当依照本条例规定参加工伤保险,为本单位全部职工或者雇工(以下称职工)缴纳工伤保险费。

中华人民共和国境内的企业、事业单位、社会团体、民办非企业单位、基金会、律师事务所、会计师事务所等组织的职工和个体工商户的雇工,均有依照本条例的规定享受工伤保险待遇的权利。

二、资金来源

(一)缴费

用人单位根据规定费率缴纳工伤保险费,职工个人不缴纳工伤保险费。

(二)费率

我国实行差别费率和浮动费率,国家根据不同行业的工伤风险程度确定行业的差别费率,并根据工伤保险费使用、工伤发生率等情况在每个行业内确定若干费率档次。

1. 差别费率

根据 2003 年《关于工伤保险费率问题的通知》(劳社部〔2003〕29 号),我国目前将行业划分为三个层级:一类为风险较小的行业(如银行业、软件业等),二类为中等风险行业(如房地产业、纺织业等),三类为风险较高的行业(如石油加工业、煤炭开采业等)。在将总体平均缴费率控制在职工工资总额 1% 左右的基础上,上述三类行业的基准费率分别控制在 0.5%、1% 和 2% 左右,具体由各统筹地区根据工伤事故发生次数、因工负伤总人数、因工伤残死亡总人次数、工伤事故频率以及工伤死亡率等五个指标决定(见表 8-1)。

2. 浮动费率

在我国,用人单位属一类行业的,按行业基准费率缴费,不实行费率浮动。用人单位属二、三类行业的,费率实行浮动。用人单位的初次缴费费率,按行业基准费率确定,以后由统筹地区社会保险经办机构根据用人单位工伤保险费使用、工伤发生率、职业病危害程度等因素,一至三年浮动一次。在行业基准费率的基础上,可上下各浮动两档:上浮第一档到本行业基准费率的 120%,上浮第二档到本行业基准费率的 150%,下浮第一档到本行业基准费率的 80%,下浮第二档到本行业基准费率的 50%。

表 8 - 1　　中国工伤保险行业风险评级及缴费率

类别	行业	费率(%)
一	银行业,证券业,保险业,其他金融活动业,居民服务业,其他服务业,租赁业,商务服务业,住宿业,餐饮业,批发业,零售业,仓储业,邮政业,电信和其他传输服务业,计算机服务业,软件业,卫生,社会保障业,社会福利业,新闻出版业,广播、电视、电影和音像业,文化艺术业,教育,研究与试验发展,专业技术业,科技交流和推广服务业,城市公共交通业。	0.5
二	房地产业,体育,娱乐业,水利管理业,环境管理业,公共设施管理业,农副食品加工业,食品制造业,饮料制造业,烟草制品业,纺织业,纺织服装、鞋、帽制造业,皮革、毛皮、羽绒及其制品业,林业,农业,畜牧业,渔业,农、林、牧、渔服务业,木材加工及木、竹、藤、草制品业,家具制造业,造纸及纸制品业,印刷业和记录媒介的复制,文教体育用品制造业,化学纤维制造业,医药制造业,通用机械制造业,专用机械制造业,交通运输设备制造业,电气机械及器材制造业,仪器仪表及文化、办公用机械制造业,非金属矿物制品业,金属制品业,橡胶制品业,塑料制品业,通信设备、计算机及其他电子设备制造业,工艺品及其他制造业,废弃资源和废旧材料回收加工业,电力、热力的生产和供应业,燃气生产和供应业,水的生产和供应业,房屋和土木工程建筑业,建筑安装业,建筑装饰业,其他建筑业,地质勘察业,铁路运输业,道路运输业,水上运输业,航空运输业,管道运输业,装卸搬运和其他运输服务业。	1.0
三	石油加工,炼焦及核心燃料加工业,化学原料及化学制品制造业,黑色金属冶炼及压延加工业,有色金属冶炼及压延加工业,石油和天然气开采业,黑色金属矿采选业,有色金属矿采选业,非金属矿采选业,煤炭开采和洗选业,其他采矿业。	2.0

资料来源:劳社部发〔2003〕29 号《关于工伤保险费率问题的通知》及附件《工伤保险行业风险分类表》。

三、缴费公式

用人单位缴纳工伤保险费的公式为:本单位职工工资总额 ×单位缴费费率。

用人单位上年度月平均工资低于统筹地区上年度社会月平均工资的 60% 时,"社会月平均工资的 60%"就是用人单位本年度的缴费工资;当用人单位上年度月平均工资高于统筹地区上年度社会月平均工资的 300% 时,"月平均工资的 300%"就是用人单位本年度的缴费工资。

四、资格条件

(一)两个条件

获得工伤保险的条件主要有两个,即所在单位参保缴费和被认定为工伤。

(二)三种情形

根据我国《工伤保险条例》(修改版)(国务院 2010 年 12 月 8 日通过)工伤认定分为:应当认定为工伤,视同工伤,不得认定为工伤或视同工伤三种情形。

1.应当认定为工伤的情形

(1)在工作时间和工作场所内,因工作原因受到事故伤害的。

(2)工作时间前后在工作场所内,从事与工作有关的预备性或者收尾性工作受到事故伤害的。

(3)在工作时间和工作场所内,因履行工作职责受到暴力等意外伤害的。

(4)患职业病的。职业病是指企业、事业单位和个体经济组织的劳动者在职业活动中,因接触粉尘、放射性物质和其他有毒、有害物质等因素而引发的疾病。国家一般都有《职业病目录》,只有目录所列的职业病才被认可。

(5)因工外出期间,由于工作原因受到伤害或者发生事故下落不明的。与上述第三种情形类似,只要没有证据否定职工因工外出期间受到的伤害与工作之间的必然联系的,在排除其他非工作原因后,应当认定为工作原因。

(6)在上下班途中,受到非本人主要责任的交通事故或者城市轨道交通、客运轮渡、火车事故伤害的。

(7)法律规定应当认定为工伤的其他情形。

2.视同工伤的情形

在有些情形下,职工受伤或死亡与工作没有直接或间接的关系,但或者后果特别严重,或者为国家和社会作出了突出贡献,对于这样的情形可以视同工伤。视同工伤在待遇上与应当认定为工伤的基本一致。视同工伤的情形有以下三种:

(1)在工作时间和工作岗位,突发疾病死亡或者在 48 小时之内经抢救无效死亡的;

(2)在抢险救灾等维护国家利益、公共利益活动中受到伤害的;

(3)职工原在军队服役,因战、因公负伤致残,已取得革命伤残军人证,到用人单位后旧伤复发的。

3.不得认定工伤或者视同工伤

有下列情形之一的,不得认定工伤或者视同工伤:

(1)因犯罪或者违反治安管理伤亡的。工伤保险在性质上是对工伤职工为企业和社会所做牺牲的肯定,所以,因犯罪或者违反治安管理伤亡的,即使是在工作时间、工作地点发生的,也不得按工伤对待。

(2)醉酒导致死亡的。醉酒是一种个人行为,与工作没有必然联系。因此,当事人在工作时因醉酒导致行为失控而对自己造成的伤害,不属于工伤。

（3）自残或者自杀的。因自残或自杀导致死伤的,当事人具有主观故意,按照保险的基本原则不能予以赔付。否则,就有可能出现工伤保险诱导自残或自杀的情形。

职工发生事故伤害或者按照职业病防治法规定被诊断、鉴定为职业病,所在单位应当自事故伤害发生之日或者被诊断、鉴定为职业病之日起 30 日内,向统筹地区劳动保障行政部门提出工伤认定申请。遇有特殊情况,经报劳动保障行政部门同意,申请时限可以适当延长。用人单位未在规定的时限内提交工伤认定申请的,工伤职工或者其直系亲属、工会组织在事故伤害发生之日或者被诊断、鉴定为职业病之日起 1 年内,可以直接向用人单位所在地统筹地区劳动保障行政部门提出工伤认定申请,在此期间发生符合规定的工伤待遇等有关费用由该用人单位负担。

五、保险待遇及其水平

在我国,工伤保险待遇主要包括:工伤医疗待遇、工伤停工期内工资福利待遇、因工致残待遇和因工死亡待遇四个部分,为了更清楚地了解工伤保险待遇支付和支付水平,下面分七个方面进行说明。

（一）工伤医疗待遇

职工因工负伤或者患职业病进行治疗时必要的费用开支,如挂号费、诊疗费、治疗费、医药费、住院费等符合规定的应当给予全额报销,具体而言:

1. 治疗工伤所需费用,符合工伤保险诊疗项目目录、工伤保险药品目录、工伤保险住院服务标准的,从工伤保险基金支出;

2. 职工住院治疗工伤的,由工伤保险基金提供住院伙食补助费;经过规定手续到统筹地区以外就医的,由工伤保险基金提供交通、食宿费用（《工伤保险条例》修改前由所在单位支付）;

3. 工伤职工到签订服务协议的医疗机构进行康复性治疗的费用,从工伤保险基金支付;

4. 工伤职工治疗非工伤引发的疾病,不享受工伤医疗待遇;

5. 工伤职工因日常生活或者就业需要,经劳动能力鉴定委员会确认,可以安装假肢、矫形器、假眼、假牙和配置轮椅等辅助器具,所需费用按照国家规定的标准从工伤保险基金支付。

（二）停工留薪期内工资福利待遇

职工因工作遭受事故伤害或者患职业病需要暂停工作接受工伤医疗的,在停工留薪期内,原工资福利待遇不变,由所在单位按月支付;停工留薪期一般不超过 12 个月,病情严重或情况特殊可适当延长,但延长期不得超过 12 个月。生活不能自理的工伤职工在停工留薪期间需要生活护理的,由所在单位负责。

(三)因工致残待遇

工伤残疾程度共分为十级,一级最高,十级最低。不同的伤残等级有不同的待遇,伤残等级越高待遇越高。

伤残等级由劳动功能障碍程度和生活自理障碍程度来决定。当前我国确定伤残等级的主要依据是 2006 年 11 月发布、2007 年 5 月 1 日正式实施的《劳动能力鉴定——职工工伤与职业病致残等级分级》。该标准依据工伤者的器官损伤、功能障碍及其对医疗与护理的依赖程度,适当考虑由于伤残引起的社会心理因素影响,对伤残程度进行综合判定评级。其中,劳动功能障碍分为十个伤残等级:一级至四级为全部丧失劳动能力,五级至六级为大部分丧失劳动能力,七级至十级为部分丧失劳动能力。生活自理障碍分为三个等级:生活完全不能自理、生活大部分不能自理和生活部分不能自理(见表 8 -2)。

表 8 -2　职工工伤与职业病致残等级

等级	分级原则
一级	器官缺失或功能完全丧失,其他器官不能代偿,存在特殊医疗依赖,或完全或大部分护理依赖。
二级	器官严重缺损或畸形,有严重功能障碍或并发症,存在特殊医疗依赖,或大部分护理依赖。
三级	器官严重缺损或畸形,有严重功能障碍或并发症,存在特殊医疗依赖,或部分护理依赖。
四级	器官严重缺损或畸形,有严重功能障碍或并发症,存在特殊医疗依赖,或部分护理依赖或无护理依赖。
五级	器官大部缺损或明显畸形,有较重功能障碍或并发症,存在一般医疗依赖,无护理依赖。
六级	器官大部缺损或明显畸形,有中等功能障碍或并发症,存在一般医疗依赖,无护理依赖。
七级	器官大部分缺损或畸形,有轻度功能障碍或并发症,存在一般医疗依赖,无护理依赖。
八级	器官部分缺损,形态异常,轻度功能障碍,存在一般医疗依赖,无护理依赖。
九级	器官部分缺损,形态异常,轻度功能障碍,无医疗依赖或者存在一般医疗依赖,无护理依赖。
十级	器官部分缺损,形态异常,无功能障碍,无医疗依赖或者存在一般医疗依赖,无护理依赖。

资料来源:2006 年发布的中华人民共和国国家标准《劳动能力鉴定——职工工伤与职业病致残等级分级》(GB/T 16180 -2006)。

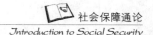
伤残等级鉴定由用人单位、工伤职工或者其直系亲属向设区的市级劳动能力鉴定委员会提出申请,设区的市级劳动能力鉴定委员会负责鉴定。根据鉴定意见,由设区的市级劳动能力鉴定委员会再作出劳动能力鉴定结论。

1. 一级至四级伤残待遇

职工因工致残被鉴定为一级至四级伤残的,保留劳动关系,退出工作岗位,享受以下待遇:

从工伤保险基金按伤残等级支付一次性伤残补助金,标准为:一级伤残为27个月的本人工资,二级伤残为25个月的本人工资,三级伤残为23个月的本人工资,四级伤残为21个月的本人工资。

从工伤保险基金按月支付伤残津贴,标准为:一级伤残为本人工资的90%,二级伤残为本人工资的85%,三级伤残为本人工资的80%,四级伤残为本人工资的75%。伤残津贴实际金额低于当地最低工资标准的,由工伤保险基金补足差额。

工伤职工达到退休年龄并办理退休手续后,停发伤残津贴,享受基本养老保险待遇。

由用人单位和职工个人以伤残津贴为基数,缴纳基本医疗保险费。

2. 五级至六级伤残待遇

职工因工致残被鉴定为五级、六级伤残的,享受以下待遇:

从工伤保险基金按伤残等级支付一次性伤残补助金,标准为:五级伤残为18个月的本人工资,六级伤残为16个月的本人工资。

保留与用人单位的劳动关系,由用人单位安排适当工作。难以安排工作的,由用人单位按月发给伤残津贴,标准为:五级伤残为本人工资的70%,六级伤残为本人工资的60%,并由用人单位按照规定为其缴纳应缴纳的各项社会保险费。伤残津贴实际金额低于当地最低工资标准的,由用人单位补足差额。经工伤职工本人提出,该职工可以与用人单位解除或者终止劳动关系,由用人单位支付一次性工伤医疗补助金和伤残就业补助金。

3. 七级至十级伤残待遇

从工伤保险基金按伤残等级支付一次性伤残补助金,标准为:七级伤残为13个月的本人工资,八级伤残为11个月的本人工资,九级伤残为9个月的本人工资,十级伤残为7个月的本人工资。

劳动合同期满终止,或者职工本人提出解除劳动合同的,由用人单位支付一次性工伤医疗补助金和伤残就业补助金。

4. 生活护理费

工伤职工已经评定伤残等级并经劳动能力鉴定委员会确认需要生活护理的,从工伤保险基金按月支付生活护理费。生活护理费按照生活完全不能自理,生活大部分不能自理或者生活部分不能自理分三个等级,支付标准分别为统筹地区上年度职工月平均工资的50%、40%、30%。

（四）因工死亡待遇

职工因工死亡,其直系亲属按规定从工伤保险基金领取丧葬补助金、供养亲属抚恤金和一次性工亡补助金。

1. 丧葬补助金

职工因事故或职业中毒在发生伤害时抢救无效直接死亡、因事故伤害或患职业病在停工留薪期内还未进行伤残等级鉴定就死亡,或者工伤职工鉴定伤残为一级至四级后死亡的,其遗属都享受丧葬补助金。丧葬补助金的标准为统筹地区上年度6个月的职工月平均工资。

2. 一次性工亡补助金

一次性工亡补助金标准为上一年度全国城镇居民人均可支配收入的20倍。

3. 供养亲属抚恤金

供养亲属抚恤金按照职工本人工资的一定比例发给由因工死亡职工生前提供主要生活来源、无劳动能力的亲属。标准为:配偶每月40%,其他亲属每人每月30%,孤寡老人或者孤儿每人在上述标准的基础上增加10%。核定的各供养亲属的抚恤金之和不应高于死亡职工生前的工资。为了能够保持供养亲属的基本生活水平,供养亲属抚恤金要根据统筹地区在职职工的平均工资和生活费用变化的情况适时调整。

另外,职工因工外出期间发生事故或者在抢险救灾中下落不明的,从事故发生当月起3个月内照发工资,从第4个月起停发工资,由工伤保险基金支付供养亲属抚恤金。生活确有困难的,可以预支一次性工亡补助金的50%。职工被人民法院宣告死亡的,按照职工因工死亡的规定处理。

（五）特殊情况待遇支付

1. 再次发生工伤者待遇支付

职工再次发生工伤,根据规定应当享受伤残津贴的,按照新认定的伤残等级享受伤残津贴待遇。

2. 工伤保险责任变更待遇支付

用人单位分立、合并、转让的,承继单位应当承担原用人单位的工伤保险责任;

用人单位实行承包经营的,工伤保险责任由职工劳动关系所在单位承担;

职工被借调期间受到工伤事故伤害的,由原用人单位承担工伤保险责任,但原用人单位与借调单位可以约定补偿办法;

企业破产的,在破产清算时,优先支付依法应由单位支付的工伤保险待遇费用。

3. 在两个以上(含两个)用人单位同时就业发生工伤事故

根据 2011 年 5 月 12 日《实施〈中华人民共和国社会保险法〉若干规定》(征求意见稿)职工(包括非全日制从业人员)在两个或者两个以上用人单位同时就业的,依法应当由用人单位承担的工伤保险待遇,由发生工伤事故时工作的单位支付;发生工伤事故时工作单位不确定的,由各工作单位共同分担。

4. 非法雇佣情形的待遇支付

无营业执照或者未经依法登记、备案的单位以及被依法吊销营业执照或者撤销登记、备案的单位的职工受到事故伤害或者患职业病的,由该单位向伤残职工或者死亡职工的直系亲属给予一次性赔偿,赔偿标准不得低于《工伤保险条例》规定的工伤保险待遇;用人单位不得使用童工,用人单位使用童工造成童工伤残、死亡的,由该单位向童工或者童工的直系亲属给予一次性赔偿,赔偿标准不得低于《工伤保险条例》规定的工伤保险待遇。

5. 在境外工作者待遇支付

职工被派遣出境工作,依据前往国家或者地区的法律应当参加当地工伤保险的,参加当地工伤保险,在被派往境外工作期间发生工伤的在国外享受工伤保险待遇;不能参加当地工伤保险的,其国内工伤保险关系不中止,在被派往境外工作期间发生工伤的回国后享受工伤保险待遇,但在境外发生的工伤医疗费用由用人单位负责处理。

6. 商业保险者待遇支付

如果用人单位既为职工缴纳了工伤保险费,又为职工缴纳了意外事故商业保险,当职工发生工伤后,对于工伤医疗费用,只能在社会保险或商业保险一方报销,不能重复支付;但对于工伤职工的其他待遇,只有意外伤害险的赔付是可以兼得的。①

(六)代位补偿

《中华人民共和国社会保险法》四十一条规定:职工所在用人单位未依法缴纳工伤保险费,发生工伤事故的,由用人单位支付工伤保险待遇。用人单位不

---

① 陈刚:《工伤保险》,中国劳动社会保障出版社 2005 年版,第 128 页。

支付的,从工伤保险基金中先行支付。从工伤保险基金中先行支付的工伤保险待遇应当由用人单位偿还。用人单位不偿还的,社会保险经办机构可以依法追偿。第四十二条规定:由于第三人的原因造成工伤,第三人不支付工伤医疗费用或者无法确定第三人的,由工伤保险基金先行支付。工伤保险基金先行支付后,有权向第三人追偿。

工伤无人管,社保基金可先行支付①

(七)停止享受工伤保险待遇

工伤职工有下列情形之一,停止享受工伤保险待遇:

1.丧失享受待遇条件的

比如工伤职工的伤情治愈,也就不能再享受工伤医疗待遇了;供养子女年满18周岁且未就学,也不能再继续享受供养亲属抚恤金待遇了。

2.拒不接受劳动能力鉴定的

只有进行劳动能力鉴定,才能判断职工伤残等级和生活自理能力,才能够确定职工应享受的工伤待遇。如果拒不接受劳动能力鉴定,也就无法向其支付工伤待遇。特别是,在劳动能力鉴定后,如果伤情逐渐减轻,也应当再次进行劳动能力鉴定,按照新的鉴定结论确定职工的伤残等级和应享受的工伤待遇标准。有些职工担心再次鉴定,自己的利益会受到损害而拒绝接受有关部门所要求的鉴定,这时候也要停止其享受工伤保险待遇。

3.拒绝治疗的

---

① 厦门网:《工伤保险适用对象范围扩大,上下班途中遇交通事故算工伤》,黄嵘绘,http://news.xmnn.cn/xmxw/201101/t20110102_1668361.htm。

工伤事故发生后,有个别职工会因各种原因拒绝接受医疗机构对其受伤部位实施的治疗方案。这时候,一方面相关人员要做好工伤职工的思想工作,解除其顾虑和误会;另一方面对于那些无正当理由拒绝接受治疗的也要停止支付工伤保险待遇,鼓励工伤职工积极地面对生活。

4. 被判刑正在收监执行的

这是因为,工伤职工被判刑收监执行,监狱里设立了医疗机构和生活卫生设施,同时建立了犯罪生活、卫生制度,劳改人员在改造期间的基本生活是能够得到国家保障的,所以不应当再享受工伤保险待遇。

第五节　工伤预防与工伤康复

由于各种条件的限制,杜绝工伤事故是很难的,但可以采取各种措施、制定各种政策减少工伤事故发生的几率,这就需要加强工伤预防;既然工伤悲剧总要发生,发生后让受害者早日康复也不失为人道实现,这就需要重视工伤康复。因此实现工伤预防、工伤保险和工伤康复三位一体是完善制度体系的目标。

一、工伤预防

工伤预防是指采取积极的措施事先防范职业伤亡事故以及职业病的发生,减少事故及职业病的隐患,改善和创造有利于健康的、安全的生产环境和工作条件,保护劳动者在生产、工作环境中的安全和健康。如果说工伤救治、工伤补偿和工伤康复都属于善后工作的话,工伤预防就是防患于未然。1912 年美国马萨诸塞州制定工人工伤补偿立法,确立伤亡事故预防是工伤补偿基金支出的一部分,工伤保险预防作为工伤保险的组成部分首次以立法形式得到规范。到 20 世纪 50 年代,大部分工业化国家已将预防作为工伤保险的当然职责与应有内容。国际劳工组织 1964 年《工伤事故和职业病公约》要求每个成员国应在规定条件下采取针对工伤事故和职业病的预防措施。

(一)工伤预防的作用

1. 降低事故和职业病的发生率

第十九届世界职业安全健康大会上国际劳工组织发布了《职业安全与健康面临的全球趋势与挑战》报告。报告指出,与工作相关的致死性事故和疾病的总体数字从 2003 年到 2008 年呈上升趋势。与此同时,报告也指出,致死性事故的发生由 35.8 万件下降至 32.1 万件,但是致死性疾病的数字在同一时期则由195万件升至202万件。这等同于平均每天有超过6,300多个与工作相关的死亡事件,每年有约31,700万工人在工作事故中受伤,平均每天约85万受伤者。①生命无价,劳动者在为人类创造财富的同时也经常处于各种风险之中,社会有责任预先把这些风险降到最低,这是对劳动者最基本的尊重,也是社会发展的需要。

专 栏1

世界职业安全卫生大会

"世界职业安全卫生大会"是职业安全卫生领域规模最大最重要的国际性论坛。由世界各国的主办方与国际劳工组织(ILO)、国际社会保障协会(ISSA)每3年联合举办一次。它致力于为职业健康安全科研人员、从业者、政府机关、立法者、社会保障机构、雇主组织和工人组织提供交流职业安全知识和技术的平台,以更好地预防职业事故和疾病,保护工人健康。

首届大会于1955年在罗马举行。第十九届世界职业安全卫生大会于2011年9月在土耳其伊斯坦布尔举行。

2. 减少社会经济损失和工伤保险费用支出

据国际劳工专家估计,工伤致残和患职业病丧失劳动能力所造成的经济损失、职业病治疗的医药费和抚恤费用的总和,超过了全世界平均国内生产总值的4%。因职业伤亡事故和职业病所造成的经济损失,已超过了相当于整个非洲国家、阿拉伯国家和南亚国家国内生产总值的总和,同时,也超过了工业发达国家向发展中国家的政府援助资金的总和②。各国的经验表明,如果采取积极的工伤预防措施,虽然初期投入较大,但却可以节约更多经济支出,实现更高的综合经济效益。国外有关专家曾对职业病预防的经济学进行过研究,得出著名的"7:4:1"法则:从总体上看,如果企业发生职业病和职业性人身伤亡事故造成的经济损失是7的话,那么在发生这些事件之前采取对生产环境尘毒危害的防护措施和相应的技术改造,所需的经济投资只有4;如果企业在初建时就能考虑

---

① 姬佳:《创造健康安全未来,构建全球预防文化——介绍第十九届世界职业安全与健康大会》,《中国个体防护装备》2011年第5期。

② 《全世界每年发生工伤事故和经济损失情况》,湖北安全生产信息网,http://www.hbsafety.cn/article/12/240/22/200708/30408.shtml。

到未来可能产生的职业危害隐患,将防护措施与整个项目的设计、建造统筹考虑,其投资仅为1。

3.有利于企业发展和促进社会稳定

工伤事故频发,不仅给劳动者带来沉重的打击,企业往往也会因此受到极大的影响。首先,企业向工伤职工提供工伤保险待遇是一笔不小的支出;其次,工伤职工如果认为没有得到应有的赔付就有可能和企业方面发生冲突,会影响企业正常的生产经营秩序;最后,恶性工伤维权事件严重破坏了企业的安全形象,而这种影响很可能是长期性的。工伤事故发生后如不能及时得到妥善的处理就有可能演化为恶性事件,影响社会稳定。近年来发生的湖南百名"尘肺"农民工维权事件、四川仁寿王成章要求"开胸验肺"以证明患有职业病事件、深圳百余农民工疑似患有尘肺病事件,都说明了这一点。所以,加强工伤预防工作,减少工伤事故发生率,降低其破坏程度,对于企业发展和社会稳定都具有非常重要的意义。

4.有利于减轻雇主的道德风险

工伤社会保险有一个副功能,即雇主在参加了工伤社会保险之后因赔付责任的转嫁而有可能忽视安全生产,导致更多工伤事故的发生,这就是工伤保险中所谓的道德风险。建立工伤预防制度就是要在工伤保险条件下,通过制度设计激励雇主主动地采取措施加强工伤预防,尽量减轻雇主的道德风险。

(二)工伤预防与工伤保险相结合

工伤保险制度针对的主要是受到职业伤害的劳动者的医疗救治和物质补偿问题。随着时间的推移,现在各国越来越认识到:单纯的工伤保险补偿不足以为劳动者提供充分的保护,它必须和工伤预防结合起来才能真正发挥"治标又治本"的作用。工伤保险和工伤预防可以通过以下方式有机地结合起来:

1.立法保证

要实现工伤预防和工伤保险补偿的有机结合,首先就要通过立法对此作出明确规定。立法要明确企业在工伤预防方面的责任,也要明确工伤保险管理机构在这方面的职责。1912年,马萨诸塞州在工人补偿金立法《关于就业过程中伤亡职工的工资问题及伤亡事故的预防》中,最早将事故预防与工伤保险补偿联系在一起,在事故预防中增加工伤保险计划的干预作用。根据1975年颁布的《社会法典》,德国专门的工伤保险经办机构——同业公会,以"预防措施、医疗康复、职业康复、社会康复和经济补偿"为工作目标,以"先预防,后康复;先康复,后赔偿"为行事原则,与其下属企业合作开展工伤预防工作。

2.机构合作

通常情况下,各国工伤保险和安全生产会隶属于两个不同的部门,这样两个机构之间的合作就非常重要。德国各工伤保险同业公会在全国自上而下设立安全技术监察部门,配备专职的安全监督员,一直深入到厂矿密集的工业区,形成能够对每个企业进行有效监督检查的管理网络体系。日本则建立集工伤保险与安全生产监督为一体的管理机构,由同一部门兼负工伤保险与安全生产监督管理职责:第一级是厚生劳动省劳动基准局;第二级是各都道府县的劳动基准局,其性质为劳动基准局的派出机构;第三级是厂矿区劳动基准监督署,为全国劳动部门最基层单位。

3. 服务与培训

工伤保险机构不仅要发挥对安全生产的监督职能,还要主动地为企业提供安全教育培训以及咨询和劳动医疗服务。很多企业搞不好安全生产并非完全是资金的问题,而往往是因为缺乏必要的意识和技术。在澳大利亚,有很多保险机构雇用检查员及安全调研员,他们的任务是为工伤预防提供建议,并模拟危险实例教育雇主。工伤保险机构必须为雇主、雇员及其他相关机构提供咨询,并与雇主通力合作加强工伤预防工作,或组织安全教育工作[1]。

4. 资金支持

简单要求企业加强安全生产而忽视其实际生产经营状况是不够的。对于那些生产经营困难的企业,再要求他们额外拿出资金加强工伤预防是非常困难的,而工伤事故也大多发生在这样的企业中。所以,在对企业财务状况进行评估的基础上,从工伤保险基金中按照一定比例提取事故预防专项经费,用于特种安全设备检测检验补贴,开展重大事故隐患的调查、评估以及工伤与职业病预防科学研究,组织企业法人代表、安技干部、特种作业人员安全技术培训等是非常必要的。德国工伤保险同业工会每年从工伤保险基金中提取大约5%的资金用于工伤预防工作,就取得了很好的经济效益和社会效益[2]。

5. 经济杠杆

要真正实现安全生产,降低工伤事故发生率,最终还是要依靠雇主自觉自愿地采取措施。运用经济杠杆机制,对安全生产搞得好的企业给予奖励,对搞得不好的企业给予处罚,是强化企业安全生产动力的最重要的手段。浮动费率制就是这样一种经济杠杆机制。日本的工伤保险费率每3年调整1次,根据企业的收支比例计算,上下浮动幅度最高达40%;德国也根据企业的安全生产状况上下幅度费率,浮动幅度最高达30%。建立工伤预防基金,对没有发生重大

① 陈刚:《工伤保险》,中国劳动社会保障出版社2005年版,第46页。
② 同上书,第44页。

伤亡事故的企业给予基金调剂返还,对工伤事故恶化的企业给予处罚,则是另外一种经济杠杆机制,其效果会更加明显,但力度需掌握得当。

二、工伤康复

劳动者受到职业伤害,帮助他们尽快恢复劳动能力和生活自理能力,帮助他们尽可能无障碍地回归社会,是工伤保险的最高目标。这一目标的实现离不开工伤康复,工伤预防、工伤补偿和工伤康复是工伤保险的三大支柱。所谓工伤康复是指综合运用现代医学、教育、职业、社会等一切措施,对工伤职工进行治疗、训练、教育,并以辅助手段尽可能地补偿、恢复工伤职工丧失或削弱的功能,使一个工伤职工恢复正常人具备的工作能力,从事适合其身体状况的劳动,并最终无障碍地融入社会。工伤康复主要包括以下工作内容:

(一)医疗康复

工伤医疗康复是指利用各种临床治疗和康复治疗的手段,改善和提高工伤职工的身体功能和生活自理能力的过程。医疗康复应该在治疗过程的最早阶段就要考虑,并在病人病情许可的情况下尽早开始。改革传统的“静态”治疗方法,把所有有利于早期康复的各种基本因素都包含进来,是医疗康复的内在要求。医疗康复通常要用到各种专门的技术、设备和人员,需要不断地评估,并在评估的基础上设计和调整康复方案。

(二)职业康复

职业康复是指通过各种方式使工伤职工保持并获得适当的职业,从而促进他们参与或重新参与社会。职业康复对于工伤职工恢复就业能力,获取就业机会进而能够自食其力具有重要意义。职业康复具体又包括职业评定、职业培训、职业咨询、职业指导和职业适应等若干方面。此外,帮助工伤职工解决其面临的实际困难,如缺乏生产工具和场地,让他们首先有机会从事现实的工作,在工作过程中不断提高职业能力,是现在职业康复的发展趋势。

(三)心理康复

对工伤职工进行心理干预,消除其因工伤造成的心理障碍,对于他们更好地配合医疗康复和职业康复,乐观地回归家庭和社会具有重要意义。心理康复是一个持续的过程,单纯依靠心理医生的治疗往往不能从根本上解决问题,而是要依靠伤残职工本人、家庭、社区、用人单位和康复人员的共同努力方可见效。

(四)社会康复

根据国际卫生组织的界定,康复不仅指训练残疾人使其适应周围的环境,而且也指调整残疾人周围的环境和社会条件以利于他们重返社会。可见,在对工伤职工进行康复训练的同时,为其创造一个安全的社会环境条件也是非常重要的。这个社会环境包括了文化、经济、社会生活及法律等一系列方面,使工伤职工能与健全人获得平等的权利和尊重。

第六节　问题与前景

一、存在的问题

(一)工伤保险制度覆盖程度较低

随着《工伤保险条例》的修订和《中华人民共和国社会保险法》的出台,事业单位职工被纳入了工伤保险范围,使得制度的覆盖范围进一步扩大。但是我国工伤保险覆盖率低的问题并没有从根本上得到解决。(1)大批农民工仍游离在制度之外。数据显示,2010年参加工伤保险的农民工人数为6300万人,而当年全国农民工总量为24223万人①,仍有半数以上的农民工未参加工伤保险。(2)部分安全生产相对薄弱的中小企业、乡镇企业、私营企业参加工伤保险的意识淡薄,特别是危险性较大的企业(如煤矿、建筑企业、运输企业等)覆盖率较低,以致一些非公有制企业发生事故后,因无力赔偿,不得不由政府承担无限责任②。(3)公务员和参照公务员法管理的工作人员仍未被纳入工伤保险。(4)"老工伤"人员的待遇问题有待于最终解决。

【名词解释】

"老工伤"人员:所谓"老工伤"人员,是指1996年劳动部颁发《企业职工工伤保险试行办法》实行以前积累下来的发生工伤的职工。"老"与"新"的根本不同在于:"老工伤"人员的伤残津贴等未纳入工伤保险基金统筹管理,工伤待遇仍由用人单位支付,一旦企业关闭或改制后工伤医疗费难以报销,待遇难以得到保障。"老工伤"人员是我国社会保障制度转轨过程中形成的特殊群体,目前大多数"老工伤"人员集中在原计划经济时期的国有大中型企业,特别是一些高风险行业中。

---

① 数据来源:人力资源和社会保障部:《2010年度人力资源和社会保障事业发展统计公报》。

② 孙祁祥、郑伟:《中国社会保障制度研究——社会保险改革与商业保险发展》,中国金融出版社2005年版,第103页。

　　在计划经济时代,我国的工伤保险事实上是一种"企业保险",即单位实行自我保障,工伤待遇由职工所在企业负责。随着市场经济的来临,计划经济时期建立起来的工伤保险制度越来越不能适应时代的要求,突出表现在覆盖范围窄、待遇水平低、统筹层次低、劳动争议多等方面。为此,1996年劳动部颁发《企业职工工伤保险试行办法》,明确规定新型工伤保险制度实行社会统筹。这样一来,原国有或集体企业的职工就可能因为所在企业未参加新型工伤保险,导致在发生工伤或者罹患职业病时,无法从工伤保险中获得相应待遇。特别是一些困难企业的"老工伤"人员,他们既不能从单位获得工伤待遇,又无法从新型工伤保险制度中获得补偿。

　　为解决"老工伤"人员的待遇问题,体现制度的公正,人力资源和社会保障部于2009年发布了《关于做好老工伤人员纳入工伤保险统筹管理工作的通知》(人社发〔2009〕40号),明确要求将"老工伤"人员纳入工伤保险统筹管理。截至2011年底,我国已将312万名企业"老工伤"人员和工亡职工供养亲属纳入工伤保险统筹管理①。需注意的是,在各省市的具体规定中,对"老工伤"人员的界定可能存在区别。

(二)费率机制缺乏科学设计

　　第一,差别费率的档次设置过于简单,未能充分体现行业间的风险差别。目前我国费率的确定是以企业的经济活动性质为依据,而不是以风险水平划分。这种划分难以体现低风险行业与高风险行业间的差别,降低了低风险企业参保的积极性。在日本,工伤保险费按行业差别共分为8大产业53个行业,最高费率14.8%,最低0.5%,行业之间差别费率达25倍;在德国,根据行业的不同特点设立了35个同业公会,平均费率最低为0.71%,最高为14.58%,相差18倍。② 相比之下,我国的差别费率在科学设计上仍然有改进的空间。

　　第二,浮动费率机制还处于探索阶段,浮动范围和评价指标尚未形成比较科学的模式,缺乏量化测算的支持。按照我国的规定,只有二、三类行业费率实行浮动(基准费率分别为1%、2%),且上下浮动也只有两档,在基准费率差异不明显的情况下,这种费率浮动难以有效发挥浮动费率对事故预防的激励机制。

　　总之,由于费率机制缺乏科学设计,使得工伤保险在工伤预防、促进安全生产上的经济杠杆作用没有得到充分发挥,既不利于调动风险较小的行业和企业的投保积极性,也不能对风险大的企业起到应有的警示和制约作用。

(三)工伤认定有困难

　　工伤认定一直是工伤保险制度实施过程中的难点之一,具体表现在以下几

---

① 温家宝:《政府工作报告》,第十一届全国人民代表大会第五次会议,2012年3月5日。
② 周慧文:《欧洲国家工伤保险费率管理实践及其对我国的启示》,《中国安全科学学报》2004年第4期。

个方面：

1. 工伤认定标准划分较为粗略

《工伤保险条例》仅罗列了7种认定为工伤、3种视同为工伤和3种不得认定为工伤的类型，却没有规定具体细则，使得工伤认定存在模糊和出现偏差的可能，劳动者的工伤保险权益难以得到应有的保障。

2. 工伤认定时效不合理

根据《工伤保险条例》的规定，我国工伤认定采取的是"主动申请"规则，并规定了申请期限。[①] 但从理论上来说，用人单位提出工伤认定申请是其应尽的义务和责任，由于时效过期而导致的后果理应由用人单位来承担，或者由工伤保险相关机构协助承担解决。如果仅仅因为时效问题导致劳动者不能进行工伤认定，显然有悖于工伤保险维护劳动者合法权益的初衷。

3. 工伤认定取证困难

按照规定，职工在申请工伤认定时需提交与用人单位存在劳动关系的证明材料，由于我国劳动力市场复杂，无劳动合同的用工现象比较普遍，尤其对于农民工群体来说，劳动关系的证明成为他们申请工伤认定最大的障碍之一。即便能够证明劳动关系存在，部分企业还故意利用法律赋予的权利，滥用行政复议和行政诉讼权提供的条件，试图以此来拖延时间和推卸责任。

（四）工伤预防和康复工作难以落实

在工伤保险工作中，存在重工伤认定和待遇支付、轻工伤预防和工伤康复的问题，工伤预防和康复工作难以落实。首先，《中华人民共和国社会保险法》和《工伤保险条例》对于工伤事故预防和康复等费用的列支，以及有关工伤事故预防和康复的具体内容未作明确的规定，从而导致这两项工作的开展缺乏法律法规的有力保障。其次，由于我国安全生产管理和工伤保险管理缺乏协调机制，导致管理权限不统一，既不能实现生产管理与工伤保险管理部门的信息反馈、有效整合工伤预防资源，也无法利用工伤保险的资金优势进行安全投资[②]。再次，对康复工作的认识严重不足，尤其没有相关法律法规的支持，实际工作很难展开。

---

① 根据《工伤保险条例》的规定，工伤认定需要职工所在单位、职工本人及近亲属或者工会组织主动申请，单位申请的期限为自事故伤害发生之日或者被诊断、鉴定为职业病之日起30日内，如用人单位未在上述期限内提出申请，职工或者其直系亲属、工会组织在事故伤害发生之日或者被诊断、鉴定为职业病之日起1年内，可以直接提出工伤认定申请。

② 乔庆梅：《基于工伤预防的工伤保险制度构建》，《中国劳动》，2010年6月，第20页。

（五）基金管理模式欠妥导致支出结构不合理

一方面,从总体上看,目前我国工伤保险基金结余过高,且呈现逐年递增的趋势(图8-1),到2010年底,工伤保险基金结余高达479亿元人民币[①]。基金过量结余反映出制度并未给有需要的人提供充分、全面保障的现实,进一步说明了工伤预防和康复工作执行不力和待遇支付偏低的问题。另外,基金结余过高也有悖于《工伤保险条例》提出的"以支定收,收支平衡"的原则,从一个侧面说明了制度设计存在的缺陷和问题。

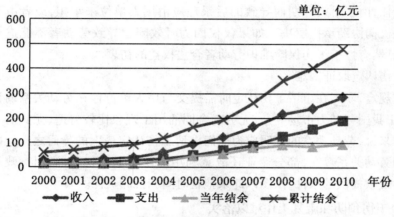

图8-1　工伤保险基金历年结余情况(2000~2010年)
数据来源:历年人力资源和社会保障事业发展统计公报。

另一方面,我国工伤保险制度规定因工负伤所发生的医疗费用全额报销,由此引发的医疗资源浪费和工伤保险基金流失一直是一个严重的问题,部分地区工伤保险基金的入不敷出与工伤医疗费用难以控制有着直接的关系。

二、未来发展前景

《工伤保险条例》设置了我国工伤保险的最终目标与政策取向——建立统一、健全的工伤社会保险体系。就目前来看,为了达到这个目标,还需要从以下几个方面对工伤保险制度进行完善。

（一）扩大覆盖面,建立面向所有职工的工伤保险制度

在全面推行工伤保险制度的同时,结合雇主责任险,对于一些规模小、人员

---

① 　数据来源:人力资源和社会保障部:《2010年人力资源和社会保障事业发展统计公报》。

流动频繁的私营企业和乡镇企业,可以强制其向商业保险投保团体人身意外伤害保险或雇主责任保险,并对其投保的情况进行监督。待未来时机成熟,再在所有企事业单位推行工伤保险制度,实现一元型的工伤保险制度。在"扩面"的同时,还应该将工伤保险扩展到公务员和参照公务员法管理的事业单位工作人员,根据不同部门的风险水平,确定合适的缴费率,实现更大范围的互助互济、分担风险,建立全社会统一的工伤保险基金,实现对所有职工的有效保障。另外,要进一步落实"老工伤"人员的工伤待遇,体现制度的公正。

(二)健全和完善差别费率和浮动费率机制

首先,一套完整的指标统计体系必不可少,这是量化风险评估的前提;其次,应建立与风险相关联的费率机制,细化行业差别费率;再次,要加大浮动费率调整的力度,切实体现浮动费率的作用。只有这样,才能促进企业改善劳动条件,减少或降低工伤事故与职业病的发生,保护职工身体安全、健康。

(三)尽快确立雇主对雇员提供工作安全保障的法律责任

工作安全保障的法律责任包括经济赔偿责任与法律责任,现阶段尤其需要体现出对遭受伤害的雇员的经济赔偿责任,且这种赔偿不得替代雇主应当承担的刑事责任。此外,针对雇主、同一企业的雇员以及第三人对工伤事故的发生负有责任应该承担民事赔偿责任的情况,还可以考虑通过将民事赔偿与工伤保险相结合的方式,保障受害职工的合法权益。但是按照同一事故不能获取双份赔偿的原则,赔偿的金额应该扣除已得的工伤保险待遇。

(四)提高违法成本

政府安全生产监督管理部门与劳动监察机构应当抓安全生产中的"重灾区",将三资企业、私营企业以及煤炭行业、各类小企业列为重点监督对象。在实施细则中加大对不遵守规定的企业,特别是企业法人的经济处罚力度,应以严格的惩处措施来制止忽视安全、轻视劳工生命的现象。

(五)优化工伤保险基金的支出结构,提高基金使用效率

工伤保险基金的收支应当遵循"以支定收、收支平衡"的原则,合理提高工伤保险的待遇,避免基金过度结余。同时,应尽量杜绝因工伤保险而引起的医疗资源浪费的现象,在医疗保险制度改革的同时,对工伤医疗的有关定点医院、用药目录等有关规定加以完善,提供完善高效的工伤医疗服务才能更好地保障工伤职工的权益。

(六)强化工伤预防和工伤康复的作用

首先必须明确《工伤保险条例》第十二条对于工伤保险基金中工伤预防费

用的提取比例,保证资金来源。国外工伤预防状况较好的国家,法律对工伤预防资金的提取都有明确的规定,如韩国规定的比例为5%、德国为7%[①]。其次,要理顺工伤预防的管理体制,目前按照政府职能划分的、人为将风险割裂开来的体制,实际上造成了管理缺位,并不能有效遏制风险,从长远来看,让工伤预防回归劳动保障部门负责是比较理想的制度选择。另外,要重视工伤康复的实际效果,促进工伤职工重返岗位,可利用康复工作与补偿挂钩、康复工作与再就业挂钩的机制推动工伤康复的发展。

(七)统一各地政策

各地政策千差万别,赔偿项目、计算基数和计发标准等均没有统一的规定,这种混乱的局面并没有真正反映出各地经济水平的真实差距。事实上,经济水平的差距必然体现在职工本人工资、职工社会平均工资等参数上,因此全国以统一的项目、统一的基数和统一的标准来制定工伤保险待遇才能真正保障待遇水平与各地经济水平的适应性。

本章小结

中国工伤保险当前施行的法规是:《国务院关于修改〈工伤保险条例〉的决定》(2011年1月1日起施行)和《中华人民共和国社会保险法》(2011年7月1日起施行)。

工伤保险是参保人因工伤或者职业病而丧失劳动能力时,本人或其遗属从国家和社会得到物质补偿的一种社会制度安排。

工伤保险的特点是:补偿不究过失、个人不缴费、待遇较高、差别费率和浮动费率。

工伤保险制度的形成与发展先后经历了工伤自理阶段、雇主责任阶段和工伤社会保险阶段。当前世界各国工伤保险制度可以分为雇主责任制模式和社会保险制模式两种模式。大多数国家采取社会保险模式。

中国的工伤保险制度始建于1951年,以《劳动保险条例》的颁布为标志,发展历史大致可以分为以下四个阶段:工伤保险制度建立、从社会保险到雇主责任(单位保险)、重归社会保险、新工伤保险制度确立。

我国现行工伤保险制度结构包括:覆盖范围、资金来源、缴费公式、资格条件、保险待遇及其水平。

---

① 乔庆梅:《基于工伤预防的工伤保险制度构建》,《中国劳动》,2010年6月,第20页。

在我国,工伤保险待遇包括工伤医疗待遇、工伤停工期内工资福利待遇、因工致残待遇和因工死亡待遇四个部分。

工伤认定结果有三种:应当认定为工伤、视同工伤和不得认定为工伤或视同工伤。

工伤等级分为十级,一级最重,十级最轻。确定工伤等级依据劳动功能障碍和生活自理障碍程度。

工伤预防是指采取积极的措施事先防范职业伤亡事故和职业病的发生;工伤康复是对工伤职工进行治疗、训练、教育,使工伤职工恢复正常,并最终无障碍地融入社会。

中国工伤保险制度存在的问题主要有:工伤保险制度覆盖程度较低,费率设计不够精细,工伤认定机制问题较多,工伤预防和康复工作难以落实,基金管理模式欠妥导致支出结构不合理等。

关键概念

工伤 工伤保险 雇主责任制 "补偿不究过失"原则 差别费率 浮动费率 工伤认定 代位补偿 工伤预防 工伤康复

复习思考题

1. 工伤保险的内涵是什么?

2. 世界工伤保险制度经历了哪几个发展阶段?

3. 简述工伤保险模式。

4. 工伤保险要遵循哪些普遍原则?

5. 建立工伤保险制度有何意义?

6. 工伤保险的覆盖范围是什么?

7. 简述应当认定工伤、视同工伤和不得认定为工伤的具体情形。

8. 我国劳动能力鉴定结果分为哪几级?

9. 我国工伤职工可以享受哪些待遇?具体规定如何?

10. 如何实现工伤预防和工伤保险补偿之间的有机结合?

11. 工伤康复包括哪些内容?

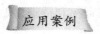

退休后受聘在工作中受伤算不算工伤？①

已过退休年龄的高女士受聘于一家福利院，工作期间不慎受伤。之后，高女士与福利院为工伤待遇问题产生分歧。因协商未果，高女士诉诸法律。近日，崇明县法院一审判决支持高女士的大部分诉求。

2001年7月，年过55岁的高女士经人介绍，到一家福利院从事护理工作。2007年7月28日，高女士在当班看护过程中不慎摔倒，造成右桡骨远端骨折。2008年3月，高女士向有关部门申请工伤认定，结论为因工致残程度九级，但未能享受全部工伤待遇。同年年底，仲裁裁决单位一次性支付高女士伤残补偿金和停工留薪期工资，但否决了高女士对一次性伤残医疗补助金和就业补助金的请求。

高女士不服仲裁裁决，2009年1月一纸诉状告至法院，要求福利院支付一次性伤残补助金、一次性工伤医疗补助金和伤残就业补助金等，共计4.9万余元。

法院审理后认为，劳动者因工负伤后，依法享有的相关权利受法律保护。高女士在年满退休年龄后被福利院聘用，双方形成特殊的劳动关系。根据《上海市工伤保险实施办法》规定，法院一审判决被告给付原告4.7万余元。判决后，被告不服一审判决，提起上诉。

案例思考题
1. 退休后受聘在工作中发生伤害事故是否构成工伤？
2. 高女士工伤九级，该得到多少工伤赔付？

---

① 来源：新华网，http://news.xinhuanet.com/employment/2009-03/16/content_11020358.htm。

第九章　生育保险

 学习目标

　　掌握生育保险的定义和生育保险制度的主要内容,尤其是现行中国生育保险制度。还要熟悉中国生育保险制度的历史演变,理解生育保险的意义,理解中国生育保险现存问题。

生育保险,母婴健康①

第一节　生育保险概述

一、生育保险定义及其特点

　　生育保险制度一般是由政府发起的,在女性生育期间对生育责任承担者给

---

　　① 《经济日报》,2011 年 8 月 18 日,http://paper. ce. cn/jjrb/html/2011 - 08/18/content_164439. htm。

予收入补偿、医疗服务和生育休假的制度安排。

与其他保险项目相比,生育保险的特点主要有:

第一,保险对象以女性为主。虽然男性也是生育保险对象,但享受保险的绝大多数是女性。其他保险项目没有性别之分。因此生育保险更多关系到女性权益和性别公正。

第二,享受保险的时间短且固定,时间一般为 12 周~14 周。

第三,生育过程类似医疗过程,生育费用类似医疗费用,因此许多国家将生育保险与医疗保险合并;生育津贴(产假工资)类似失业津贴,都是向已经不在岗的投保人短期发放保险金,因此少数国家将生育保险并入失业保险。

专　栏 1

生育保险制度与女工劳动保护制度的区别

女工劳动保护制度包括对普通女工的保护,生育保险制度没有对普通女工的保护只有对孕产妇的保障。女工劳动保护经费由各企业自己负担,生育保险费用由各企业分担。

女工劳动保护制度与生育保险制度都有对孕产妇的保障。中国女工劳动保护制度对孕产妇的保护内容有:产前产后工时减免,如女工孕期检查、产后哺乳时间计作劳动时间;孕期工作量减免,如不上夜班、减轻工作量不减工资等;母婴保护设施,如哺乳室;还有女性就业保障,即保障女工不会因为怀孕生育而遭受解雇。

这些项目可以包括在广义的生育保障制度之内。但由于实施产前检查时间津贴、产后哺乳时间津贴、哺乳室建设费用等并不由"生育保险基金"支付,而是由企业支付,被看做企业女职工福利,因此将它们列入"女工劳动保护制度"。"产前检查费"由"生育保险基金"支付,因此归入"生育保险制度"。

二、生育保险的意义

生育保险的意义主要表现在以下几个方面:

(一)生育保险保障母婴健康

生育关系到人类自身繁衍,母亲在此承担主要角色。生育往往给母婴健康甚至生命造成损害,妇女可能死于生产过程或分娩并发症。享受生育保险,由社会保险机构支付生产就医费用,使得妇女能毫无顾虑地到正规医院生产,不会因为生育费用而土法接生或找街头游医,从而大大降低产妇和婴儿死亡率;同时也能使妇女能够足时休养,不会因为经济原因产后提早寻找工作,影响身体健康。

(二)生育保险保护女性劳动力

保障产妇健康也是保障女性劳动力的恢复与再生,从历史上看,建立生育保险是因为越来越多的女性成为产业工人。如今,随着劳动工具和劳动环境的改善,随着产业结构的变化,第三产业的崛起,女性劳动力早已成为世界经济发展中不可缺少的人力资源。

(三)生育保险保障家庭正常生活水平

妇女自己承担生育责任会导致本人及其家庭生活水平的突然下降。本来添丁加口就会加重全家经济负担,如果没有生育保险,还要减少原来的经济收入,贫困家庭就会增多。由于女性已经大规模地参与经济活动,女工的经济收入对于大多数家庭来说已经不再是无足轻重。比如中国,过去长期实行男女平均工资,目前男女工资差距也是世界上最小的国家之一,女性工资收入是家庭总收入中不可缺少的一部分。

(四)生育保险实现生育社会补偿,保证性别公正

女性生育不仅是家庭的私事,也是关乎人类永续的公事。如果女性为承担人类永续责任却要自己承担休假的经济损失,有悖于社会公正。生育保险实现生育休假损失社会补偿,保证了社会公平。

(五)生育保险保障妇女公平就业权利

这一条是相对于"企业生育保险"(雇主责任制)而言的。有了生育保险,企业就不必担心本企业女职工生育带来"性别亏损",同时也减少求业女性和在业女工对怀孕生育的担心:担心就业难,担心被解雇。有了生育保险,企业就能排除女工生育因素,更准确地评价男女雇员的劳动能力,男女就业机会更加平等。生育保险是劳动力市场上男女公平竞争的平台,国际劳工公约 103 号《生育保护公约》第四条约定:"对于提供生育津贴的强制社会保险计划,其所应缴纳的任何保险费和为提供此种津贴而设立的根据工资总额征收的任何税,不论由雇主和雇员共同缴纳或由雇主缴纳,均应不分性别,按有关企业所雇男子和妇女总数予以缴纳。在任何情况下,不应责成雇主个人对其所雇用的妇女承担此种津贴的费用。"

（六）生育保险配合国家人口政策实施

我国为控制人口实行计划生育政策,对符合计划生育的家庭发放"独生子女保健费"。农村实行生产责任制的地区和单位,独生子女家庭包产可以低一些,或多承包责任田。而另一些国家则配合鼓励生育的政策,多生孩子多补助。

三、生育保险简史

生育保险制度的建立,是由于资本主义机械化大生产需要大量劳动力,越来越多的年轻未婚妇女走出家门,参与有工薪的劳动。1883 年《德国劳工基本保险法》中就已经有关于生育保险的内容。1919 年第一届国际劳工大会上通过了《妇女产前产后就业公约》(第 3 号公约),对生育待遇作出建议,当时只有 9 个国家建立了生育保险。该公约在 1952 年进行了修订,产生了《保护生育公约》(第 103 号公约),有生育保险的国家增加到 40 个。公约对产假时间、产假津贴等提出了具体标准。1952 年制定的《社会保障最低标准公约》(第 102 号公约)也有关于生育保险的规定。2000 年国际劳工大会第八十八届年会又修改了《保护生育公约》(第 183 号),以 304 票赞成、22 票反对、116 票弃权通过了新的规定,将产假标准从原来 12 周增加到了 14 周。

由于各国在社会制度、经济发展水平和民族文化方面的不同,生育保险条款被纳入社会保险法规的时间或单独设立生育保险制度的时间也有所不同。由于工业革命和妇女成为市场劳动力首先发生在欧洲,因此欧洲国家一般设立生育保险较早。亚洲国家除了日本,建立生育保险项目一般在 20 世纪三四十年代以后。

专　栏 2

世界部分国家首次立法时间

19 世纪末至 20 世纪初,有生育保险方面立法的国家有奥地利、比利时、丹麦、德国、瑞典等;20 世纪初至 20 世纪 30 年代,有卢森堡、英国、爱尔兰、意大利、希腊、法国等;20 世纪 30 至 60 年代,有荷兰、葡萄牙和芬兰等。

日本于 1922 年有了生育保险方面的立法,其他亚洲国家生育和疾病保险的立法都相对较晚,如印度(1948 年)、中国(1951 年)、马来西亚(1951 年)、菲律宾(1954 年)、印度尼西亚(1957 年)、巴基斯坦

(1962 年)、韩国(1963 年)、新加坡(1968 年)、泰国(1990 年)。许多国家对生育保险制度的法律进行过多次修订。

第二节　生育保险制度内容

生育保险制度主要由以下内容构成:覆盖范围、资金来源、支付条件、保险待遇、保险管理等。

一、覆盖范围

(一)按性别,保险对象包括男人和女人

男人也是生育保险的对象。生育保险覆盖对象按性别可以分为:男人和女人。传统上都认为,生育保险的对象是女人,是生育妇女,其实男人也是生育保险的对象,理由如下:首先,生育保险费由男女共同承担,用人单位需要按照本单位工资总额的一定比例缴纳生育保险费。"工资总额"就包括了全部男女职工。其次,男性休父育假(Paternity Leave)。全世界规定"父亲育儿假"(父育假)的国家越来越多。目前约有 40 个国家规定了父亲育儿假,主要是欧洲、美国等发达工业国家。我国为了鼓励晚婚晚育,对晚育的"男方"也实行为期 7 天左右的带薪休假。再次,男职工接受节育手术享受生育保险。在中国,男职工与女职工一样,实施计划生育手术,符合规定的医疗费用,由生育保险基金支付。

(二)按就业性质,保险对象包括正规就业者和非正规就业者

在我国,"职工生育保险"的对象主要是"城镇女职工",但仍有千千万万的城镇女工不能享受生育保险。她们虽然也是工作在城镇的劳动者,但她们主要在"非正规部门"工作,或者以"非正规方式"就业,一般还不能参加生育保险。在世界其他国家,"职工生育保险"的对象也主要是在"正规部门"、以"正规方式"就业的女工,"非正规部门"或者以"非正规方式"就业的女工也往往被排除在外,这些女工主要是:个体户、家庭保姆、钟点工、临时工、非全日工和在自己家里包活干的人①。从女性利益的角度来看,由于"非正规部门"的女工比例要高于"正规部门"的女工比例,比如,1996 年,在非全日制就业的劳动者中,女性

---

① 指计件工人或手艺人,从老板那里分来工作,自己本身不属于哪个单位,是自由工作者。

占80%以上的国家就有德国（1995年）、英国和法国等，70%以上的国家就有捷克、匈牙利和西班牙等，[①]因此，非正规部门缺少社会保险，对女性更加不利。

（三）按身份，保险对象包括在业女工、未就业配偶和女性国民

生育保险主要受益者是在业女工，覆盖面再放宽一点，受益者也包括男性雇员未就业配偶；少数国家覆盖全民，全体女性国民都是受益者。在覆盖全民的情况下，所有居民都可享受生育补助及医疗待遇，只是要求居民在本国有一定居住期限。如芬兰规定入境移民满180天的等待期就有资格获得"生育现金补助"。韩国生育保险覆盖范围为"除了受医疗援助项目覆盖的低收入者，所有居民，包括长期居住在韩国的非本国居民"。我国也正开始扩大生育保险受益者范围，未就业配偶、城镇非就业女性甚至农村妇女都将纳入各种生育保险的覆盖范围之内。

二、资金来源

世界上大多数国家没有单列"生育保险"，在管理上往往都将生育保险与医疗保险等融为一体，合并收费，只有少数国家，比如中国有单独的生育保险缴费，因此，这里所说的生育保险资金来源，一般是指包括生育保险缴费的多险种合并缴费。基金来源主要有如下几种组合：

由受保人、雇主和政府三方共同负担。欧亚大多数国家都采用这种方式，如欧洲的奥地利、比利时、芬兰、法国、德国、希腊、爱尔兰、卢森堡、荷兰和西班牙等国家，亚洲的印度、日本、韩国和泰国等国家。

由受保人和雇主共同负担，如巴基斯坦。

由雇主全部负担，如瑞典、印度尼西亚、新加坡等国家。

由雇主和政府负担，如丹麦、意大利、英国、菲律宾等国家。

三、支付条件

支付条件一般有：参保缴费、缴费时间（或者在业及在业时间）、居住年限、是否符合本国的人口出生政策等。

有的国家要求怀孕和生育事先告知，比如，澳大利亚要求女工至少在产前10周将自己怀孕的事实告知雇主；奥地利要求女工一旦知道自己怀孕就要及时报告，并在产前4周再次通知雇主；爱尔兰和英国也要求女工事先通知。

————————
　　①　国际劳工局：《世界就业报告（1998～1999年）》，中国劳动社会保障出版社2000年版，第119页。

保险支付条件,不同的国家有不同的规定,见表9-1。

表9-1　世界部分国家生育保险支付条件

国　家	支付条件
瑞　典	所有公民都有资格得到法定的基本生育补助。如果产前至少已投保240天,父母每方都有资格得到生育现金补助。
荷　兰	年收入低于32600欧元的工薪雇员可以得到医疗补助,所有居民都有特殊医疗费用补偿,所有工资收入者和薪金雇员都有现金补助。
芬　兰	对于入境移民,规定享受生育现金补助必须满180天的等待期。
日　本	规定只要在受保职业工作就可以享受待遇。如果受保人离职,只要在其离职前12个月内是受保者,就可以得到待遇。
丹　麦	规定休产假前8周内有74小时的工作记录。
法　国	规定最近3个月内须受雇200小时。
印　度	规定享受生育现金补助者在指定的6个月内,必须参保满78天;产前一年为雇主工作满80天。
新加坡	要求享受生育现金补助者在生育前至少有180天的就业期。
葡萄牙	享受生育保险待遇要在预产期前连续缴费6个月。
比利时	规定享受生育保险待遇须在预产期前连续缴费6个月。
希　腊	规定受保妇女最近两年缴费200天。
卢森堡	享受生育现金补助的人员在生育前或收养子女当年的前1年内已参加生育保险6个月。
西班牙	子女出生之前或正式收养子女之日起,最近5年缴费180天。
巴基斯坦	享受生育现金补助的条件是最近12个月缴费180天。
菲律宾	要求在生产或流产前的12个月内缴费3个月。
泰　国	享受生育与医疗现金补助者在治疗前15个月内缴费7个月。
中　国	符合参保缴费等条件,且符合计划生育政策。

四、保险待遇

(一)产假津贴

产假津贴即在法定的生育休假期间对保险人的工资收入损失给予经济补偿,俗称"产假工资"。生育津贴还包括家属生育津贴,即对生育保险对象没有工作的家属(如妻子)的生育费用给予补贴。

（二）医疗护理

医疗护理即承担与生育有关的医护费用,包括住院费、接生费、产前检查费等。

（三）生育补助

生育补助,比如"婴儿补助"和"保姆补助"等。

（四）育儿假

"育儿假(Parental Leave)"包括母亲育儿假(Maternity Leave)和父亲育儿假(Paternity Leave),领养婴儿在有些国家也享受休假。"父育假"是母亲产假期间的父亲育儿假,有津贴的"父育假"一般为 3 ~ 10 天,津贴相当于原工资的100%。在有津贴的"育儿假"休满之后,在许多国家还有无津贴的"育儿假",往往可以由父亲和母亲共同享有,父母双方可以商定由某一方休假或同时休假照顾婴儿。荷兰的产假(母育假)为 16 周,津贴为原工资的 100%;无津贴的育儿假(父母共享)为 26 周。

父育假的目的是要改变由母亲单方面休假抚育婴儿的传统做法,让父亲也承担一份养育婴儿的责任,享受一份做父亲的天伦之乐。"父亲休假"的产生与妇女越来越多地介入社会经济生活、就业比例不断上升、工资收入不断提高有关,也是男女公平就业价值观的体现。

（五）其他

比如工作岗位保留,即产后有权重新回到原单位工作岗位上去。

五、保险水平

（一）产假津贴

国际劳工组织规定的最低标准为本人原工资的 67%,即原工资的 2/3(国际劳工公约 103 号《生育保护公约》)。各国水平有所不同,有的为原工资的100%,有的低于 100%,有的没有津贴,比如美国。

（二）幼儿补助

幼儿补助一般根据一个国家的福利水平、是否鼓励生育等政策而定。瑞典规定育儿夫妇的现金补助为:在 390 天假期内,补助额为其替代收入的 80%(法定标准为每天 180 克朗),额外的 90 天以每天 60 克朗的基本标准支付。父母联合领取的总补助为每一子女支付 480 天,直到子女年满 8 岁。390 天期间最高日补助限额为 646 克朗。芬兰在 20 世纪 90 年代,无论是在业女性还是无业女性,生儿育女都有生育津贴和孩子津贴。在业女性的生育津贴按产假前工资收入的80%领取,无业女性每月可获得大约2000芬兰马克的生育津贴。孩子津贴为:第一个孩子每月570马克;第二个孩子每月720马克;第三个孩子每月910马克;第四个孩子每月1030马克;第五个孩子以后,每生育一个孩子每月1220马克,直至孩子年满17周岁。

(三)医疗费用

有关生产、住院、医疗等费用,有的国家规定实报实销,有的规定一个固定金额。

(四)休假天数

2000年国际劳工大会第八十八届年会再次修改《保护生育公约》,将最低产假标准从1952年的12周增加到了14周。在实际操作上,各国的待遇标准各有差别,比如:丹麦规定女性雇员最多可享受52周的产假,同时其丈夫可以有两周假期。在第14周之后,夫妇双方可以分享一个38周的假期,假期可以分开享受,也可以推迟,但必须在孩子9岁生日前使用完。若领养子女,自领养之日起支付46周的带薪假,同样,在第14周之后,父母双方可以分享一个34周的假期,这个期限可以分开享受,也可以推迟,但必须在孩子9岁生日前使用完。

生育保险待遇在不同的国家是不同的,有的国家有这项待遇,有的国家没有这项待遇;同样有这项待遇的不同国家,其待遇水平可能不一样。

六、保险管理

生育保险从资金收支上来看是一个相对较小的社会保险险种,在管理上常常与其他险种合并收费。各国管理方式不同,生育保险基金来源也有所不同:有的国家将生育保险基金与另一险种结合,如与养老、医疗、失业或工伤保险结合;有的国家将所有的保险项目放在一起管理,向雇主、雇员征收单一的保险费等。管理方式大致有如下几种情况:(1)将生育保险与养老、医疗、工伤、失业补助基金一起合并管理,如爱尔兰、英国、西班牙、葡萄牙等国。(2)将生育保险与医疗保险合并管理,如比利时、意大利、卢森堡、德国、芬兰、丹麦、奥地利、希腊、瑞典等国。(3)将生育保险与医疗工伤(残疾)保险合并管理,如法国、巴基斯坦、泰国、新加坡等国。(4)将生育保险与医疗失业保险合并管理,如荷兰。(5)将生育保险与失业保险合一,如加拿大和南非。

第三节　中国生育保险历史

中国生育保险制度的建立和发展大致可以分段为:新中国成立初期生育保险,"文化大革命"时期生育保险,经济转轨时期生育保险,全民生育保险阶段。

一、新中国成立初期生育保险(新中国成立至"文革"前)——职工生育保险制度建立

(一)新中国成立初期生育保险的特点

我国新中国成立初期到"文革"之前,职工生育保险覆盖面广,职工、职工配偶、临时工等都包含其中;内容全面,支付慷慨,产假津贴为休假前工资的100%,其基本框架和项目沿用至今,还实行全国互济,保险费用30%由全国总工会掌握。

(二)新中国成立初期生育保险的内容

我国生育保险制度在新中国成立初期就已经建立,其标志是新中国第一部全国统一的社会保障法规——《中华人民共和国劳动保险条例》(1951年2月23日政务院第七十三次政务会议通过)及其修正版《中华人民共和国劳动保险条例(修正草案)》(政务院1953年1月2日〔53〕政财申字11号命令)。我国生育保险制度的内容如下:

1.覆盖对象:"甲、雇用工人与职员人数在一百人以上的国营、公私合营、私营及合作社经营的工厂、矿场及其附属单位与业务管理机关。乙、铁路、航运、邮电的各企业单位及附属单位。"(第二条)《中华人民共和国劳动保险条例(修正草案)》中增加了"丙、工、矿、交通事业的基本建设单位;丁、国营建筑公司。"(第二条)

2.保险基金:生育保险金包括在劳动保险金之中,实行全国统筹与企业留存相结合的基金管理制度。劳动保险金由企业行政或资方按工资总额的3%提留,其中30%上缴中华全国总工会,70%存于该企业工会基层委员会户内。(第八、九条)《中华人民共和国劳动保险条例(修正草案)》第五章"劳动保险金的支配"对保险金的使用有更详细的规定。

3.生育休假及生育津贴:"女工人与女职员生育,产前产后共给假五十六日,产假期间,工资照发。"(第十六条)

4.生育补助:"女工人与女职员或男工人与男职员的配偶生育时,由劳动保

险基金项下付给生育补助费,其数额为五市尺红布,按当地零售价付给之。"(第十六条)《中华人民共和国劳动保险条例实施细则草案》(1951 年 3 月 24 日劳动部公布试行)四十三条又规定:"如系双生或多生,其生育补助费应按所生子女数加倍发给(每人发给十市尺红布)。"以后,《中华人民共和国劳动保险条例》(修正草案)(政务院 1953 年 1 月 2 日〔53〕政财申字 11 号命令)第十六条规定:"生育补助"由现金四元取代"五市尺红布",多生子女补助费加倍发给的政策不变。此外,劳动保险基金对经济确有困难者在企业托儿所的婴儿给予伙食费补助。(《中华人民共和国劳动保险条例实施细则草案》〔劳动部 1951 年 3 月 24 日〕第六十一条)

5. 医疗服务:"女工人与女职员怀孕,在该企业医疗所、医院或特约医院检查或分娩时,其检查费与接生费由企业行政方面或资方负担。"〔《中华人民共和国劳动保险条例(修正草案)》,政务院 1953 年 1 月 2 日〔53〕政财申字 11 号命令)第十六条〕

6. 女性临时工、季节工及试用工的生育保险:《中华人民共和国劳动保险条例实施细则修正草案》(劳动部 1953 年 1 月 26 日)第三十六条规定:"怀孕及生育的女工人女职员,其怀孕检查费、接生费、生育补助费及生育假期与一般女工人女职员同;产假期间由企业行政方面或资方发给产假工资,其数额为本人工资的 60%。"

7. 其他:关于小产、难产和多胎的保险规定。

二、"文化大革命"时期生育保险(20 世纪 60 年代中～20 世纪 70 年代末)——社会保险变为企业保险

"文化大革命"时期我国生育保险制度发生了一些变化,社会保险变成了企业保险,每个企业只对本企业职工负责,原来的统筹互济机制取消了。

20 世纪 60 年代初,中国已完成了对私营经济的"社会主义改造",私营经济和公私合营经济都转制成了国营经济,"市场经济"转变成了"计划经济",劳动者"单位所有制"逐步形成。"文化大革命"使这种变化得到了加强。1969 年 2 月,财政部颁发了《关于国营企业财务工作中几项制度的改革意见(草稿)》,规定:"国营企业一律停止提取工会经费和劳动保险金","企业的退休职工、长期病号工资和其他劳保开支,改在企业营业外列支"。从此,我国社会保险的统筹制度中断了,生育保险制度随之也发生了变化:生育保险的国家统筹消失,企业生育保险形成,各企业只对本企业的女工负责;随着"临时工"实际上都成了"固定工",生育保险从适合多种用工制度变化成了只适合单一的用工制度。这

些变化使生育保险制度从"社会"走向"企业",它的多层次与"灵活性"也消失了,在以后的经济体制改革中这种"企业生育保险"成为影响女性公平就业的障碍。

三、经济转轨时期的生育保险(20 世纪 80 年代～2009 年)——生育保险统筹制度建立

生育保险制度为适应政企分开的现实进行了制度重建,从试点到最终建立大约经过了 20 年。

(一)《女职工劳动保护规定》颁布

1988 年,国务院颁布《女职工劳动保护规定》(1988 年 7 月 21 日),女职工产假由原来的 56 天增加至 90 天(其中产前 15 天)。1953 年的《中华人民共和国劳动保险条例(修正草案)》中有关女工人女职员生育待遇的规定和 1955 年 4 月 26 日《国务院关于女工作人员生产假期的通知》同时废止。(第十九条)

1988 年我国关于生育保险的规定有三点作用:一是增加了产假天数(从 56 天增加到 90 天),二是对 60 年代初至 70 年代末形成的"企业生育保险制度"由默认到正式承认,三是宣布废除 1953 年 1 月 2 日政务院修正发布的《中华人民共和国劳动保险条例》中有关女工人、女职员生育待遇的规定。

(二)生育保险制度改革试点

随着计划经济逐步向社会主义市场经济转型,政企分开,企业自负盈亏独立核算的原则已有共识,企业用人制度和用工制度的改革也已经有了新的气象,但是生育保险成本依然由企业各自负担。为避免更多的"性别亏损",追求利润最大化,企业或者减少使用女工,或者在落实企业生育保险规定时打折扣,妇女公平就业的权利受到损害。为了不让招收女工较多的企业在就业竞争中吃亏,为了不让妇女因生育原因而影响就业,变"企业生育保险"为"社会生育保险"就成了我国生育保险制度改革的方向。

原有的生育保险制度已经与市场经济条件下的企业制度不相适应,国家还没有制定统一的新政策,当时医疗保险制度和养老保险制度的改革试点正在全国许多省市进行,各地的生育保险制度改革也就各显神通。1988 年至 1994 年,各地改革措施归纳起来主要有两种:

1. 生育保险基金社会统筹

1988 年 9 月 1 日,江苏省南通市开始实行《南通市全民、大集体企业生养基金统筹暂行办法》,企业按男女全部职工人数每年一次性向社会统筹机构上缴一定数额的资金,建立女职工生养基金。统筹企业中有女职工生育,其生育医疗费和生育津贴由社会统筹机构负责支付。湖南省株洲市在 1988 年也试行生育保险基金社会统筹。企业按工资总额的一定比例上缴生育保险费,通过银行划归劳动部门统筹。生育女工凭企业证明按月从当地劳动部门领取生育津贴。在这段时间里,试行生育保险基金社会统筹的地区还有昆明、曲阜、绍兴、宁波、德州等几十个市县。

2. 夫妇双方所在企业平均分担生育保险费用

1988 年,辽宁省鞍山市实行《鞍山市保护老人、妇女、儿童合法权益的规定》,该规定要求:生育津贴由夫妻双方所在企业各自承担 50%,若男方在部队、外地或机关工作,由女方单位全部承担(第三章第八条)。实行类似规定的还有苏州等市县。

生育保险基金社会统筹或生育保险费用分担在很大程度上减轻了试行企业生育保险费用的压力,对妇女就业产生了积极作用。但由于地方法规的非权威性、各地操作管理上的复杂性,基金的收缴有一定的困难,尤其是对于男职工较多的企业。各地办法不统一,也增加了管理与监督上的难度。因此很需要有全国统一的法规出台。

(三)《企业职工生育保险试行办法》颁布

1994 年 12 月劳动部发布《企业职工生育保险试行办法》(1995 年 1 月 1 日起试行),全国有了统一的生育保险基金统筹办法,生育保险从企业保险开始走向社会保险。

《企业职工生育保险试行办法》的新内容有:(1)目的是"维护企业女职工的合法权益,保障她们在生育期间得到必要的经济补偿和医疗保健,均衡企业间生育保险费用的负担"(第一条);(2)企业按不超过工资总额 1% 的资金向劳动部门所属的社会保险经办机构缴纳生育保险费(职工个人不缴纳生育保险费),社会保险经办机构负责生育保险基金的收缴、支付和管理(第四、八条);(3)生育保险基金支付项目有生育津贴、与生育有关的医护费用和管理费,其中,生育津贴按本企业上年度职工月平均工资计发(第五、六条)。

四、全民生育保险阶段(2009 年至今)——城镇非就业女性纳入生育保险

2009 年 9 月 10 日人力资源与社会保障部发出《关于确定城镇居民生育保障试点城市的通知》,我国开始城镇居民生育保障试点工作。

2010 年 10 月 28 日,第十一届全国人民代表大会常务委员会第十七次会议

通过《中华人民共和国社会保险法》(2011 年 7 月 1 日施行)，重新明确"职工未就业配偶"享受生育保险。

2012 年 5 月 7 日，国务院发布《女职工劳动保护特别规定》，将我国的产假提高至 98 天，达到国际劳工组织《保护生育公约》(第一百八十三号)的标准。

第四节　中国生育保险制度

新中国的生育保险是职工生育保险，覆盖对象是城镇就业职工及男职工未就业配偶，其他未就业者不在覆盖之列。新中国成立初期，生育保险覆盖职工未就业配偶，"文革"后期曾一度不置可否，现在已经明确恢复；中国生育保险是一项独立的险种，在管理上不与其他险种混合。

目前，中国城镇生育保险主要包括三项制度：第一是企业职工生育保险制度，第二是城镇居民生育保险制度，第三是计划生育保障制度。

一、企业职工生育保险制度

现行生育保险的法律依据是 1995 年 1 月 1 日起试行的《企业职工生育保险试行办法》、2011 年 7 月 1 日施行的《中华人民共和国社会保险法》和国务院《女职工劳动保护特别规定》(2012 年 5 月 7 日起施行)。主要内容如下：

(一)覆盖范围

覆盖范围是城镇企业及其职工、职工未就业配偶。《中华人民共和国社会保险法》重新明确"职工未就业配偶"享受生育保险。新中国成立初期生育保险曾覆盖"未就业配偶"。"文革"时期城镇女性普遍就业，都是"双职工"家庭，这条规定就不再被强调。经济改革时期生育保险模式有所转变，有关规定多次更新，但都没有对配偶生育保险的条款有所强调，因此全国各省市各自为政、自行决定。2010 年 10 月人大通过的《中华人民共和国社会保险法》已经重新明确"职工未就业配偶"享受生育保险。第五十四条规定："职工未就业配偶按照国家规定享受生育医疗费用待遇。所需资金从生育保险基金中支付。"未就业配偶失业津贴支付标准尚待统一。

(二)资金筹集

企业按不超过工资总额 1% 向社会保险经办机构缴纳，职工个人不交费。

(三)支付项目

生育保险基金支付项目有生育津贴、与生育有关的医护费用(如检查费、接生费、手术费、住院费和药费等）和管理费。

超出规定的医疗服务费和药费（含自费药品和营养药品的药费）由职工个人负担。女职工生育出院后，由生育引起疾病的医疗费，由生育保险基金支付；其他疾病的医疗费，按照医疗保险待遇的规定办理。女职工产假期满后，因病需要休息治疗的，按照有关病假待遇和医疗保险待遇规定办理；女职工生育或流产后，由本人或所在企业持当地计划生育部门签发的计划生育证明，婴儿出生、死亡或流产证明，到当地社会保险经办机构办理手续，领取生育津贴和报销生育医疗费。

（四）资格条件

企业参保缴费且职工遵守计划生育规定。女职工违反国家有关计划生育规定的，应当按照国家有关计划生育规定办理，不享受上述各项待遇。

（五）保险水平

1. 产假 98 天，其中产前休假 15 天，难产增加 15 天。多胞胎生育的，每多生育一个婴儿，增加产假 15 天。女职工怀孕未满 4 个月流产的，享受 15 天产假；怀孕满 4 个月流产的，享受 42 天产假。

2. 产假期间的生育津贴：对已经参加生育保险的，按照用人单位上年度职工月平均工资的标准由生育保险基金支付；对未参加生育保险的，按照女职工产假前工资的标准由用人单位支付。生育或者流产的医疗费用，按照生育保险规定的项目和标准支付。对已经参加生育保险的，由生育保险基金支付；对未参加生育保险的，由用人单位支付。

职工生育保险制度基本上已经实现了从"企业保险"到"社会保险"的转变。国务院发布《中国妇女发展纲要（1995～2000 年）》写上了生育保险上的目标：20 世纪末，"在全国城市基本实现女职工生育费用的社会统筹"。劳动部于 1995 年发布的"关于贯彻实施《中国妇女发展纲要》的通知"要求："全国 80% 左右的县（市），到本世纪末实现生育保险社会统筹，"并将保险覆盖面扩大到城镇各类企业。实际上，生育保险扩大覆盖面的目标在 2000 年远远没有达到，1999 年全国统筹覆盖率只有 28%。《中国妇女发展纲要（2001～2010 年）》（国务院 2001 年 5 月 22 日发布）承诺："妇女享有与男子平等的社会保障权利，城镇职工生育保险覆盖面达到 90% 以上。"原劳动和社会保障部办公厅在《关于进一步加强生育保险工作的指导意见》（2004 年 9 月 8 日）中要求："各地要按照《中国妇女发展纲要（2001～2010 年）》提出的 2010 年城镇职工生育保险覆盖面达到 90% 的目标要求，制定发展规划，积极扩大参保范围。"据劳动与社会

保障部资料,2006 年底生育保险覆盖率达 52%[①],2010 年覆盖面已达 90%[②]。

二、城镇居民生育保险

城镇居民生育保险也是近年来我国社会保险制度的新项目,是在城镇居民医疗保险的基础上发展起来的,目前尚处于试点阶段。

2009 年 7 月 31 日,人力资源和社会保障部办公厅发布《关于妥善解决城镇居民生育医疗费用的通知》(人社厅发〔2009〕97 号)要求:各地要将城镇居民基本医疗保险参保人员住院分娩发生的符合规定的医疗费用纳入城镇居民基本医疗保险基金支付范围。开展门诊统筹的地区,可将参保居民符合规定的产前检查费用纳入基金支付范围。

2009 年 9 月 10 日人力资源和社会保障部发出《关于确定城镇居民生育保障试点城市的通知》(人社厅函〔2009〕355 号,以下简称《通知》),我国城镇居民生育保障试点工作开始。其宗旨是为了贯彻落实中共"十七大"提出的加快建立统筹城乡社会保障制度的要求,解决城镇居民的生育保障问题。人力资源和社会保障部确定吉林省长春市、江苏省南通市、安徽省马鞍山市、湖南省常德市、广东省惠州市、四川省成都市、陕西省铜川市等 7 个城市作为城镇居民生育保障试点城市。"城镇居民"是指城镇非就业居民。以前的生育保险只覆盖城镇就业居民(即企事业单位的职工),《通知》发布以后,城镇非就业居民也将纳入生育保险范围。已经开展城镇居民基本医疗保险的地区,可以将参保居民符合规定的产前检查、住院分娩费用纳入基金支付范围。

三、计划生育保障制度

计划生育或鼓励生育,都会体现在生育保障政策之中。我国的政策是计划生育,计划生育制度与生育保险制度密切相关,虽然两者在覆盖范围、资金来源、管理机构等方面都有所不同,但与生育保险许多事项有重合,比如,实施节育(包括绝育)措施的各项费用、独生子女费、女性休假、独生子女母亲延长的产假、晚婚晚育父亲护理假以及各项休假津贴等。将人口政策与生育保险相联系是世界许多国家的通用做法。一些鼓励增加人口的国家往往在生育保障中奖励多子女家庭,如法国、加拿大等;而中国为了控制人口,则采取奖励独生子女

① 《劳动保障部公布近年来我国社会保险事业基本情况》,中央政府网站,http://www.gov.cn/gzdt/2007-11/29/content_820307.htm,2007 年 11 月 29 日。

② 《中国医疗保险》2011 年第 4 期。

家庭的政策。

我国在 20 世纪 80 年代前后确立计划生育政策。1980 年 9 月 25 日,中共中央发出《关于控制我国人口增长问题致全体共产党员、共青团员的公开信》,要求全体共产党员、共青团员响应"一对夫妇只生育一个孩子"的号召。1982 年,中共"十二大"报告正式提出:"实行计划生育,是中国的一项基本国策。"

计划生育保障制度主要是通过各项生育保障措施来配合"基本国策"的实现,这些措施有:发放独生子女费、父育假(父亲护理假)等。

《中华人民共和国人口与计划生育法》(2001 年 12 月 29 日第九届全国人民代表大会常务委员会第二十五次会议通过)规定,国家对实行计划生育的夫妻给予奖励。比如公民晚婚晚育,可以获得延长婚假、生育假的奖励或者其他福利待遇;公民实行计划生育手术,享受国家规定的休假;地方人民政府可以给予奖励;自愿终身只生育一个子女的夫妻,国家发给《独生子女父母光荣证》;获得《独生子女父母光荣证》的夫妻,按照国家和省、自治区、直辖市有关规定享受独生子女父母奖励;地方各级人民政府对农村实行计划生育的家庭发展经济,给予资金、技术、培训等方面的支持、优惠;对实行计划生育的贫困家庭,在扶贫贷款、以工代赈、扶贫项目和社会救济等方面给予优先照顾。

有些省市(如上海、四川等地)对符合计划生育的家庭还给予 3～7 天的父亲护理假。独生子女本人的托幼管理费和医药费等均可以按规定报销。对违反计划生育的家庭则给予相应的处罚。

老婆生育老公有休假①

① 图片来源:东亚经贸新闻,葛思彤绘,2007 年 7 月 14 日,http://dnews.dyxw.com/html/2007－07/14/content_6211.htm。

专 栏 3

我国计划生育保障费用如何开支?

从历史上看,实施计划生育所发生的费用属于医疗保险费用,都在"劳动保险金"项下开支,依据可见《国务院关于职工绝育、因病施行人工流产的医药费和休息期间工资待遇问题的通知》(1957 年 10 月 12 日)。以后《国务院批转卫生部、财政部关于计划生育工作经费开支问题的规定》(1964 年 4 月 4 日),将计划生育各项费用纳入"计划生育经费"、"医药卫生补助费"或"公费医疗经费"之中,根据〔1983〕国计生委字第六号文件,"独生子女保健费"在企业的"职工福利基金"项下开支。在各地改革试点中,计划生育费用又开始与生育保险基金相关联,根据《关于妥善解决城镇职工计划生育手术费用问题的通知》(劳社部发〔1999〕32 号),计划生育手术费用有的地方可以纳入"医疗保险统筹基金"支付范围,有的地方已经纳入"生育保险基金"支付范围。

第五节　问题与前景

一、生育保险制度存在的问题

(一)制度法规层面上

第一,现行生育保险规定不是由国务院颁发的,因此需要提高制度权威。生育保险长期以 1994 年原劳动部颁布的《企业职工生育保险试行办法》为政策依据,是五大险种中唯一不是国务院颁发的制度规定,权威性不高。在立法层次上应该与其他四个险种看齐。

第二,现行生育保险规定已略显陈旧,需要更新。在《中华人民共和国社会保险法》颁布实施以后,《企业职工生育保险试行办法》内容已显陈旧,应该及时更新。比如关于"未就业配偶"的生育保险应该增补。

第三,现行生育保险制度规定比较笼统,使各省市生育保险规定出入较大。

由于现行生育保险规定在许多细节上没有具体规定,致使各省市在具体操作时无所适从,在落实过程中自行规定,因而在"覆盖范围"、"计发标准"、"保险待遇"等方面各不相同。

下面是各省市生育保险的具体规定,供参考。

表 9 - 2　我国 30 个省(市、自治区)生育保险法规

法规名称	颁发日期	覆盖范围	提取比例(%)	产假(天)	生育津贴计发基数	医疗费(元)
湖北省企业职工生育保险制度改革试行意见的通知	1995 年8 月	除乡镇企业外的各种所有制企业	0.5～1	90～105	企业上年度职工月平均工资计发	实报实销
福建省企业职工生育保险规定	1996 年7 月	国有、股份制、城镇集体、私营、外资企业	0.7	90～135	上年度本企业职工月人均缴费工资计发	实报实销
浙江省企业职工生育保险暂行办法	1997 年4 月	所有企业和职工	0.5～1		按社会保险缴费工资计发	各地市统一测算后决定
四川省企业职工生育保险试行办法	1997 年6 月	国有、集体、股份制、联营、私营、外商投资企业	不超过1%	90～110	当地职工平均工资的若干个月的标准支付	
辽宁省城镇企业职工生育保险规定	1997 年6 月	城镇各类企业及其职工	1.0	90～134	上年度市社会月平均工资计发	实报实销
甘肃省企业职工生育保险试行办法	1997 年9 月	各类城镇企业(包括铁路、邮电、电力、水利单位等)及其职工	0.7～0.9	90～140	本人上年度月平均工资计发	正常产 400难产 1000流产 100～300
云南省人民政府办公厅转发省劳动厅关于云南企业职工工伤保险暂行办法和云南省企业职工生育保险暂行办法的通知	1997 年9 月	省行政区域内的企业以及与之形成劳动关系的劳动者	工资的1%	90～150	本人上一年度缴纳基本养老保险费的月平均工资支付	包干使用
黑龙江省企业职工生育保险暂行办法	1997 年12 月	各类企业及其职工	0.6～1	90～180	本企业职工上年度月平均工资计算成日工资再乘以产假天数计发	正常产500～700难产 800～1200剖宫产1000～2500流产 500～700

续表

法规名称	颁发日期	覆盖范围	提取比例(%)	产假(天)	生育津贴计发基数	医疗费(元)
内蒙古自治区企业职工生育保险试行办法	1997年12月	各类企业、个体经济组织及其劳动者	0.6～0.8	90～140	上年度职工本人月平均工资计发	正常产700～1000难产1400～1800封顶3000流产200～600
江西省企业职工生育费用社会统筹业务管理暂行办法	1997年12月	城镇企业（含中央部属企业）、企业化管理事业单位及职工	0.6～1	90～120	职工本人上年度月平均缴费工资标准计发	限额实报实销
江苏省城镇企业职工生育保险规定	1999年9月	省行政区内的城镇各类企业和与之形成劳动关系的劳动者	0.6～0.8	90～120	按照本人原工资发放	规定项目实报实销
陕西省职工生育保险暂行办法	2001年6月	城镇各类企业、事业单位、社会团体、民办非企业单位	0.6～1	90～135	按照本人当年社会保险个人缴费基数计发	实报实销
海南省城镇从业人员生育保险办法	2001年9月	机关、事业单位、企业、社会团体、民办非企业单位及其全部从业人员	0.5	80%,本人自负20%		基金支付80%,本人自负20%
上海市城镇生育保险办法	2001年10月	具有本市城镇户籍并参加本市城镇社会保险的从业或者失业生育妇女	0.8	90	本人生产或者流产当月城镇养老保险缴费基数	
湖南省城镇职工生育保险办法	2003年11月	省行政区域内的机关和城镇各类企业单位、事业单位、社会团体、民办非企业单位、有雇工的个体工商户	不超过0.7	90天以上	每天生育津贴标准为上年度本单位职工月平均工资除以30(天)	

续表

法规名称	颁发日期	覆盖范围	提取比例(%)	产假(天)	生育津贴计发基数	医疗费(元)
新疆维吾尔自治区城镇职工生育保险办法	2004年2月	适用于自治区行政区域内国家机关和城镇企业、事业单位、社会团体、民办非企业单位、有雇工的个体工商户(以下统称用人单位)及其职工或者雇工	0.5~1	90天以上	按照其生育前一个月生育保险缴费工资基数,从生育保险基金中全额计发	
贵州省生育保险条例	2004年	覆盖所有城镇从业人员	0.5		所在单位按照职工本人缴费基数乘以所享受假期天数(金额)支付	按比例报销和向生育职工定额支付生育医疗费等方式
吉林省城镇职工生育保险办法	2004年12月	本省行政区域内的城镇各类企业和机关、事业单位、社会团体、民办非企业单位、有雇工的个体工商户	不超过0.7	90天以上	按照女职工所在用人单位上年度职工月平均工资(有雇工的个体工商户按照所在统筹地区上年度职工月平均工资)计发	定额补贴
北京市企业职工生育保险规定	2005年1月	适用于本市行政区域内的城镇各类企业和与之形成劳动关系的具有本市常住户口的职工	0.8	90天以上	按照女职工本人生育当月的缴费基数除以30再乘以产假天数计算	
重庆市职工生育保险暂行办法	2005年7月	本市行政区域内的企业、企业化管理的事业单位、民办非企业单位、社会团体和有雇工的城镇个体工商户	0.7	90天以上	生育上年本人月平均工资÷30天×产假天数	符合本市城镇职工基本医疗保险药品目录、医疗服务项目目录等规定的,由生育基金支付

续表

法规名称	颁发日期	覆盖范围	提取比例(%)	产假（天）	生育津贴计发基数	医疗费（元）
天津市城镇职工生育保险规定	2005年8月	适用于本市行政区域内的城镇各类企业及其职工。国家机关、事业单位、社会团体、民办非企业单位和其他城镇社会组织及其职工依照本规定执行	0.8			按照本市城镇职工基本医疗保险规定
安徽省职工生育保险暂行规定	2006年11月	适用于本省行政区域内的国家机关、社会团体、企业事业单位、民办非企业单位、有雇工的个体工商户及其职（雇）工	0.4~1		女职工生育或者流产、引产前12个月的平均缴费工资额。缴费不足12个月的，按实际缴费月的平均缴费工资额计算	按照"医疗保险"的各项规定确定范围
山西省城镇职工生育保险办法	2006年11月	省境内的城镇所有用人单位，包括各类所有制企业、机关、事业单位、社会团体、民办非企业单位及其职工，以及城镇个体经济组织业主及其从业人员	0.5~1	90~180	按照女职工本人生育（流产）前一个月的缴费工资除以30再乘以本办法规定的产假天数计发	符合省基本医疗保险药品目录、诊疗项目目录、医疗服务设施范围和支付标准规定的生育和计划生育手术费用，由生育保险基金支付
西藏自治区城镇职工生育保险办法	2007年1月	适用于自治区行政区域内的城镇各类企业（含自收自支或者实行企业化管理的事业单位，下同）、国家机关、事业单位、社会团体、民办非企业单位（以下简称用人单位）及与之形成劳动关系、具有我区常住城镇户口的职工	0.4~0.5		按照本人生育（或者流产）前一个月生育保险个人缴费工资基数除以30天，再乘以应享有的产假天数计算，一次性从生育保险基金中全额计发	

续表

法规名称	颁发日期	覆盖范围	提取比例(%)	产假(天)	生育津贴计发基数	医疗费(元)
山东省企业职工生育保险规定	2007年4月	省行政区域内的企业	不超过1%	90天以上	本人上年度月平均缴费工资除以30天乘以产假天数	女职工因生育引起疾病的医疗费,由生育保险基金支付;其他疾病的医疗费,按照基本医疗保险的有关规定办理
河北省城镇职工生育保险暂行办法	2007年4月	本省行政区域内的城镇各类企业和机关、事业单位、社会团体、民办非企业单位、有雇工的个体工商户(以下简称用人单位),按照本办法参加生育保险,为职工、雇工(以下简称职工)缴纳生育保险费	0.4~1	90天以上	以本单位上年度职工工资总额(有雇工的个体工商户以所在统筹地上年度在岗职工平均工资)作为缴费基数,按照女职工本人生育当月的缴费基数除以30再乘以产假天数计算	定额补贴
宁夏回族自治区职工生育保险办法	2007年7月	本自治区行政区域内的各类企业、国家机关、事业单位、社会团体、民办非企业单位	0.4~1	90天以上	按照女职工本人生育保险月缴费基数除以30再乘以产假天数计算	
广东省职工生育保险规定	2008年4月	行政区域内的企业、个体经济组织、民办非企业单位等组织和与之形成劳动关系的劳动者。国家机关、事业单位、社会团体和与其建立劳动合同关系的劳动者的生育保险,按本规定执行	不超过1%			

续表

法规名称	颁发日期	覆盖范围	提取比例(%)	产假(天)	生育津贴计发基数	医疗费(元)
河南省职工生育保险办法	2008年7月	省行政区域内的各类企业和国家机关、事业单位、社会团体、民办非企业单位、有雇工的个体工商户	0.5～1		日标准按照女职工所在用人单位上年度职工月平均工资除以30计发	符合本省基本医疗保险药品目录、诊疗项目和医疗服务设施项目规定的,从生育保险基金中支付
浙江省生育保险条例(取代1997年的暂行办法)	2009年	本省行政区域内的各类企业、自收自支或企业化管理事业单位以及民办非企业单位(以下简称用人单位)及其职工。有条件的地方可将所有事业单位、国家机关、社会团体以及有雇工的城镇个体工商户及其职工、雇工纳入	0.5～1		女职工生育津贴以本人生产或者流产上月养老保险月缴费工资为基数计发。女职工尚未参加养老保险的,以女职工生产或者流产前12个月月平均工资为基数计发	由统筹地区劳动保障、财政、卫生部门共同制定
湖北省职工生育保险办法(征求意见稿)	2011年	本省行政区域内各类企业、事业单位、国家机关、社会团体、民办非企业单位、有雇工的个体工商户和其他社会组织	0.5～1	90天以上	以产、休假天数为基数,按日计算。支付标准按照用人单位上年度职工月平均工资计发	各统筹区根据医疗消费水平及基金支撑能力确定或按基本医疗保险规定处理

资料来源:各省省级生育保险法规的具体规定(广西壮族自治区尚未出台关于生育保险的省级法规),本表由郭磊整理。

(二)生育保险覆盖面还不够宽,需要进一步扩大

目前农村妇女、进城务工女职工和非正规就业女职工等人群实际上大多还不能享受生育保险,不利于母婴保护,生育保险制度的公正性也受到质疑。应

该在条件许可的情况下及时扩大制度覆盖面,并且能让上述女性实际享有生育保险。

(三)男性职工的生育保险权益不够明确

《企业职工生育保险试行办法》和《中华人民共和国社会保险法》均未对正常婚育中的"父亲育儿假"等作出明确规定。虽然近年来我国有些地区的改革实践中涉及此问题,如广州、上海等地制定了类似的"配偶假"或"男性职工生育假"[①],但全国大部分城市还没有这方面的规定,而且现有地区制定这些政策或规定的出发点也是为了鼓励晚婚晚育,而不是保障男性职工的生育保险权益。

(四)失业女性的生育保险权益没有保障

目前中国只有部分省市在其《失业保险条例》或《生育保险条例》中明确保证了失业女工的生育保险权益(包括:上海市、黑龙江省、北京市、福建省、辽宁省、天津市、四川省、吉林省、陕西省、山东省、浙江省、江苏省和湖南省等),大多数省市还未明确保证,不利于维护失业女工的生育保险权益。如果失业女工不能享受生育保险,意味着在失业后生活水平下降的同时,生育费用还要由失业女工自理,这对于妇女和儿童的生活与保健都会产生很大的负面影响。[②]

二、我国生育保险制度展望——走向全民生育保障

全民生育保障就是社会保障覆盖全体国民,人人享有生育保险或生育福利。

从2000年起,卫生部开始实施"降低孕产妇死亡率"项目、"新农合"在中国农村普遍展开、"城镇居民基本医疗保险"暨生育保障试点,加上原有的"职工生育保险",中国开启了全民生育保障的时代。全民生育保障制度雏形初现,有待发展完善。在此,我们有如下两种设想:

(一)通过职工生育保险、城镇居民医疗保险和新型农村医疗保险覆盖全民

全体国民可以分为城镇职工、城镇未就业居民和农村居民。以职工生育保险制度覆盖城镇职工、以城镇居民医疗保险制度覆盖城镇未就业居民、以新型

---

① 例如《广州市企业职工生育保险实施细则(试行)》规定,男配偶假期为10至15天;《上海市计划生育条例实施细则》规定,符合晚婚年龄的夫妻,女方增加产假15天,男方给予假期3天。享受3天假期的男方必须是初婚者或者未生育过孩子的再婚者。女方15天假期应当在规定的产假后连续使用。男方3天假期应当在女方产假期间使用。

② 潘锦棠:《维护失业女工的生育保险权益——各省市〈失业保险条例〉和〈生育保险条例〉研究》,《妇女研究论丛》2008年第5期。

农村医疗保险制度覆盖农村居民,实现生育保险全民覆盖。

1.职工生育保险

职工生育保险制度覆盖城镇在业职工。新中国生育保险制度是1951年建立的,法规条例见《中华人民共和国劳动保险条例》(实施日期:1951年2月26日,政务院颁布)。现行职工生育保险制度是1994年12月劳动部发布的《企业职工生育保险试行办法》(1995年1月1日起试行)。生育保险制度传统上覆盖城镇全体企业和机关事业单位职工。

2.城镇居民基本医疗保险

2007年7月国务院出台了《关于开展城镇居民基本医疗保险试点的指导意见》(国发〔2007〕20号),决定开展城镇居民基本医疗保险试点工作。至2008年12月底,参加城镇居民基本医疗保险的人数已经达到11826万人。2008年,国务院新增229个试点城市,江苏、浙江、安徽、福建、江西、河南、湖北、湖南、广东、海南、西藏、陕西、甘肃、青海和宁夏等15个省(区)全部地(市)纳入试点。"城镇居民基本医疗保险"是一项全新的保险制度,它不同于已经运行近60年的"职工医疗保险",它要覆盖的人群是原来不享受职工医疗保险的城镇居民。

2009年7月31日,人力资源和社会保障部发布《关于妥善解决城镇居民生育医疗费用的通知》(人社厅发〔2009〕97号),通知要求:"各地要将城镇居民基本医疗保险参保人员住院分娩发生的符合规定的医疗费用纳入城镇居民基本医疗保险基金支付范围。开展门诊统筹的地区,可将参保居民符合规定的产前检查费用纳入基金支付范围。"

2009年9月10日,人力资源与社会保障部发布《关于确定城镇居民生育保障试点城市的通知》(人社厅函〔2009〕355号,以下简称《通知》)。《通知》指出,各地要将城镇居民基本医疗保险参保人员住院分娩发生的符合规定的医疗费用纳入城镇居民基本医疗保险基金支付范围。确定吉林省长春市、江苏省南通市、安徽省马鞍山市、湖南省常德市、广东省惠州市、四川省成都市、陕西省铜川市等7个城市作为城镇居民生育保障试点城市。

3.新型农村合作医疗制度与农村孕产妇住院分娩补助政策

新型农村合作医疗制度2002年正式提出,于2003年启动,在建立"新农合"过程中生育补助被逐渐纳入。2002年10月19日,《中共中央、国务院关于进一步加强农村卫生工作的决定》指出:要"逐步建立新型农村合作医疗制度……到2010年,新型农村合作医疗制度要基本覆盖农村居民。……制定有效措施,加强农村孕产妇和儿童保健工作,提高住院分娩率"。2003年1月16日《关于建立新型农村合作医疗制度的意见》(卫生部、财政部、农业部)经国务院同意向全国转发,从此,新农合制度在中国农村开始建立。截至 2008 年 9 月底,全国开展新型农村合作医疗的县(市、区)达 2729 个,参加新农合人口 8.14 亿人,参合率达 91.5%。根据卫生部公布的《2008 年我国卫生改革与发展情况》,截至 2008 年 9 月底,全国新农合本年度已筹资 710.0 亿元,其中:中央财政补助资金 246.1 亿元,地方财政补助资金 340.7 亿元,农民个人缴费 118.3 亿元。前 3 季度全国新农合基金支出总额为 429.1 亿元,累计受益 3.7 亿人次。在国务院及有关部委引导下,部分农村开始将生育补助纳入"新农合"。

关于农村孕产妇住院分娩补助政策。"产妇住院分娩率"一直是《中国妇女发展纲要》关注的目标。《中国妇女发展纲要(2001~2010 年)》要求:"加强产科建设,创造住院分娩条件,使全国孕产妇死亡率以 2000 年为基数下降 1/4。农村孕产妇住院分娩率达到 65%,高危孕产妇住院分娩率达到 90% 以上。住院分娩确有困难的边远地区,消毒接生率达到 95% 以上。"

卫生部"降低孕产妇死亡率"项目始于 21 世纪初。2000~2001 年,项目把内蒙、江西、湖南、重庆、四川、贵州、云南、西藏、甘肃、青海、宁夏、新疆(西部地区 10 个省份,占 83%)等 12 个孕产妇死亡率在 80/10 万以上的省份作为重点,从其中 378 个国家级贫困县开始实施。2007 年中央财政对农村孕产妇住院分娩补助政策在中西部 1200 个县已经落实。据央视记者报道:中央财政从 2008 年起对中西部地区 22 个省的所有县(市)的 814 万农村孕产妇住院分娩给予补助,其中对西部地区按每人 400 元补助,对中部地区按每人 300 元补助,2008 年中央财政投入 19.04 亿元。2009~2010 年中央财政将继续实施农村孕产妇住院分娩补助项目,并将范围扩展到全国,其中 2009 年中央财政投入 30.6191 亿元。[①]2008 年,温家宝总理在《政府工作报告》中明确指出:做好妇幼保健工作,在中西部地区农村实施住院分娩补助政策。

2009 年 1 月 20 日,卫生部和财政部发布《关于印发〈关于进一步加强农村孕产妇住院分娩工作的指导意见〉的通知》(卫妇社发〔2009〕12 号)。对于农村生育保障制度而言,这是一份很重要的文件。第一,确立了"工作目标":"到 2015 年,东、中、西部地区各省(区、市)农村孕产妇住院分娩率分别达到 95%、85% 和 80% 以上,农村高危孕产妇住院分娩率达到 95% 以上,实现我国政府承诺的'联合国千年发展目标'。到 2020 年,东、中、西部各省(区、市)农村孕产妇住院分娩率分别达到 98%、95% 和 90% 以上;农村高危孕产妇住院分娩率达到 98% 以上;孕产妇死亡率和婴儿死亡率达到中等发达国家水平。"第二,对"国家

---

① 卫生部:《西部地区妇幼卫生相关项目取得明显成效》,http://finance.cctv.com/20091127/103468.shtml。

专项补助"与"新农合"责任分担予以政策性指导:"参加新型农村合作医疗的农村孕产妇在财政补助之外的住院分娩费用,可按当地新型农村合作医疗制度的规定给予补偿。"即:农村孕产妇住院分娩,先由国家专项经费补助,剩余部分中的医药费用再按新农合规定给予补偿。第三,制定了"住院分娩基本服务项目"目录。

农村孕产妇住院分娩补助政策起到了立竿见影的效果,但从长远来看应该纳入"新农合",纳入新农合才是可持续的。

4.利弊评估

"城镇居民生育保障"和"农村生育保障"是中国生育保障制度的最新发展,是中国生育保障范围第一次扩展到"城镇非就业居民"和"农民"。在此以前,我国只有"职工生育保险"制度,它所覆盖的是城镇职工,只是中国全部人口的十分之一。如果"城镇居民"和"农民"的概念中包括了按政策可以结婚生育的"城镇灵活就业者"、"农民工"、"职工未就业配偶"和"在校大学生"那么加上原有的"职工生育保险"(城镇灵活就业者和农民工或者可以包括在"职工"的概念中),就立法或制度层面而言,全体中国人都有了生育保障。这一种思路,可以尽可能避免碎片化,但落实保障则有待时日。

(二)为三类人员设立生育保险(保障)

在"职工生育保险"、"居民医疗保险"和"新农合"的基础上,再为"城镇灵活就业者"、"城市农民工"、"职工未就业配偶"和"在校大学生"分别设立生育保险(保障)。

如果上述"第一种思路"能实现全民覆盖最好,但是企望职工生育保险、城镇居民生育保障和农村生育保障能使"城镇灵活就业者"、"职工未就业配偶"、"在校大学生"和"农民工"得到保障,可谓路途漫漫。比如:"城镇灵活就业者"和"职工未就业配偶"在许多省市尚不能享受生育补助;城市农民工、在校大学生(研究生)等还基本上被排斥在生育保障制度之外,即使农民工在家乡参加了新农合,也并非所有"新农合"都包括生育保险,等等。因此,为了尽快实现全民生育保险,可以选择"第二种"思路:为这些群体单独设立生育保险。事实上,单独险种已经开始。

1.城镇灵活就业人员生育保险

"城镇个体工商户和灵活就业人员"被纳入社会保险覆盖范围是从养老保险开始的。国务院《关于完善企业职工基本养老保险制度的决定》(国发〔2005〕38号)颁布,为城镇个体工商户和灵活就业人员加入社会保险(包括生育保险)打开了通道。内蒙古包头、江苏太仓、湖南长沙等地已经出台规定,比如,根据《太仓市灵活就业人员参加生育保险实施意见》(太人社规字〔2010〕5号)文件规定,自2010年4月1日起,灵活就业人员也可享受生育保险待遇,凡是符合国家计划生育政策规定和法定生育条件,参加生育保险并正常连续缴费满10个月以上的灵活就业人员,都可以享受生育医疗费、一次性营养费和计划生育待遇。女性灵活就业人员的生育费用最高可报销近5000元;参加生育保险的男性灵活就业人员,其配偶顺产可报销1100元,难产或多胞胎生育可报销1750元。

2. 职工未就业配偶生育保险

《中华人民共和国社会保险法》已经肯定了对未就业配偶的生育保险,规定:"用人单位已经缴纳生育保险费的,其职工和未就业的配偶享受生育保险待遇。所需资金从生育保险基金中支付。"

3. 建立在校大学生生育保险(补助)制度

2007年7月9日,国家计生委、教育部、公安部三部委联合发布《关于高等学校在校学生计划生育问题的意见》,"为保障母婴健康,保持学校正常教学科研秩序,建议已婚女学生生育期间办理休学手续。对于已婚学生合法的生育,学校不得以其生育为由予以退学。已婚学生的计划生育技术服务,属于国家规定的免费基本项目的,其费用由高校统筹解决。已婚女学生妊娠检查、分娩等费用按学校有关规定执行"。大学生结婚生子已经得到国家政策的认可,那么生育保险(或补助)政策应该配套跟上。目前,个别高校已经为在校女博士提供生育补助。

4. 农民工生育保险

根据国家统计局农民工统计监测调查,截至2008年12月31日,全国农民工总量为22542万人。其中本乡镇以外就业的外出农民工数量为14041万人,占农民工总量的62.3%;本乡镇以内就业的本地农民工数量为8501万人,占农民工总量的37.7%。

14000万进城农民工已经相当于我国"城镇职工"的总数。2004年中央1号文件明确指出:"进城就业的农民工已经是产业工人的重要组成部分。"因此,即使尚不能将农民工纳入"职工社会保险",为农民工单独建立养老、医疗、失业、工伤和生育保险也是一种选择。目前部分省市已经为农民工单独设保,做的比较好的是农民工工伤、养老和失业保险,农民工医疗保险在部分城市和行业自主进行,农民工生育保险基本没有。

5. 利弊评估

第二种思路的优点是:承认城镇灵活就业人员、职工未就业配偶、农民工和在校大学生的独立身份,分别为他们建立生育保险,使他们能较快地成为生育保险的实际受益者,促成全民生育保险的早日实现。比如,"职工未就业配偶"生育保险是我国的传统,归属职工生育保险,全面恢复比较容易。

第二种思路的缺点是:首先,身份重合,管理困难。农民工与"农民"身份经常转换,农民工没了工作就是农民,他们是参加新农合还是参加农民工生育保险,还是两项同时参加?同时参加如何支付保险?大学生、农民工和农民都可能是"职工未就业配偶",支付保险的优先顺序怎样设定,等等。身份重合问题在"农民工养老保险"和"新农保","农民工医疗保险"和"新农合"制度中就已经出现,应该可以参照解决。其次,制度碎片化。制度碎片化一方面使得参保者流动(或身份转变)困难,在碎片化制度之间建立衔接通道势必增加设计成本和管理难度,另一方面也为今后制度整合造成障碍。

本章小结

生育保险制度是在女性生育期间对生育责任承担者给予收入补偿、医疗服务和生育休假的社会保障制度。生育保险所承担的责任(待遇)主要包括:生育津贴、医疗护理、生育补助和生育休假。

生育保险的意义主要有:保障母婴健康,保护女性劳动力,保障家庭正常生活水平,通过生育社会补偿实现性别公正,保障妇女公平就业的权利,配合国家人口政策实施,保障"未就业配偶"基本生活,承认其家务劳动的社会贡献。

生育保险制度结构和内容一般包括:覆盖对象、资金来源、保险待遇和水平、支付条件、基金管理等。

中国生育保险制度的建立和发展大致可以分段为:新中国成立初期生育保险,"文化大革命"时期生育保险,经济转轨时期生育保险,全民生育保险阶段。

中国现行生育保险的法律依据主要是原劳动部《企业职工生育保险试行办法》、国务院《女职工劳动保护特别规定》和《中华人民共和国社会保险法》。

中国城镇生育保险制度体系包括:企业职工生育保险、城镇居民生育保险和计划生育保障。

生育保险制度存在的问题:现行生育保险规定不是由国务院颁发,需要提高制度权威;现行生育保险规定已略显陈旧,需要更新;现行生育保险制度规定过于笼统,导致各省市生育保险规定并不统一;生育保险覆盖面还不够宽,需要进一步扩大;男性职工的生育保险权益不够明确;失业女性的生育保险权益没有保障。等等。

全民生育保障是发展方向。

关键概念

生育保险　育儿假　母育假　父育假　《生育保护公约》　未就业配偶
城镇居民生育保险　计划生育保障

复习思考题

1．生育保险的定义是什么？

2．生育保险的主要意义是什么？

3．生育保险的对象为什么也包括男性？

4．生育保险惠及职工"未就业配偶"的意义何在？

5．生育保险制度由哪几个部分组成？

6．中国现行职工生育保险制度的内容是什么？所依据的是哪些法规？

7．简述城镇居民生育保险制度。

8．计划生育制度有哪些内容与职工生育保险制度重合？

9．国际劳工组织第一个有关生育保险的公约是什么名称？哪一年通过的？

10．我国生育保险制度存在的问题是什么？

11．谈谈我国生育保险制度的发展方向。

应用案例

未婚生育能享受生育保险待遇吗？[①]

案情简介

贾某 2004 年 6 月成为某酒店员工，与该酒店签订了三年劳动合同，试用期三个月。2004 年 8 月，未婚的贾某发现自己怀孕了，经慎重考虑她打算生下这个孩子。2004 年，贾某向酒店申请产假时人力资源部负责人认为她从未交过生育保险费，不能享受生育保险待遇；同时认为贾某未婚先孕，不符合酒店关于生育女职工可以获得 1200 元的生育津贴包干制度的规定。因此贾某被告知，可以休产假，但产假期间酒店将不支付工资，也不能享受任何与生育相关的待遇。贾某不服，将该酒店诉至劳动争议仲裁委员会，请求裁决该酒店支付其休产假期间的工资及相关的生育保险待遇。

———————————

① 案例来源：http://club.hr.com.cn/bbs/archiver/? tid－47477. html。

仲裁结果

劳动争议仲裁委员会经审理后,驳回贾某相关申诉,同时责令酒店撤销生育费用包干做法。

专家点评

问题一:未婚而育是否可以休产假?

《中华人民共和国妇女权益保障法》第二十五条明确规定:"任何单位均应根据妇女的特点,依法保护妇女在工作和劳动时的安全和健康,不得安排不适合妇女从事的工作和劳动。妇女在经期、孕期、产期、哺乳期受特殊保护。"可见妇女生育期间的产假是法定的,不管其生育是否符合计划生育政策,员工提出休产假要求时企业都应当无条件地批准。国家规定 90 天产假,目的是为了能够保障产妇有足够的时间恢复身体健康,享受产假不以是否符合计划生育政策为前提条件,只要有生育的事实,就应当享受 90 天的合法产假。

可见本案例中该酒店批准贾某法定产假的做法是正确的。

问题二:未婚生育是否可以享受生育保险待遇?

《中华人民共和国人口与计划生育法》第十八条中规定"国家稳定现行生育政策,鼓励公民晚婚晚育,提倡一对夫妻生育一个子女",第四十一条中又规定"不符合本法第十八条规定生育子女的公民,应当依法缴纳社会抚养费"。而且在《中华人民共和国人口与计划生育法》第二十四条中明确规定:"国家建立、健全基本养老保险、基本医疗保险、生育保险和社会福利等社会保障制度,促进计划生育。"说明生育保险的设立是为了保障计划生育政策的顺利贯彻,违反计划生育政策者是不能享受相关保险待遇的。

我国生育保险要求享受对象必须是合法婚姻者,即必须符合法定结婚年龄、按婚姻法规定办理了合法手续,并符合国家计划生育政策等的公民,而像本案中贾某的未婚生育是违反《中华人民共和国人口与计划生育法》的。

并且,《女职工劳动保护规定》第十五条规定:"女职工违反国家有关计划生育规定的,其劳动保护应当按照国家有关计划生育规定办理,不适用本规定。"因此,贾某不仅不能够享受产假期间的包括检查费、接生费、手术费、住院费、药费以及工资等在内的相关生育保险待遇,而且应依法缴纳社会抚养费。

问题三:职工未缴纳生育保险费,是否可以享受生育保险待遇?

假设贾某先婚后育,如果她未缴生育保险费,是否就不能享受生育保险待遇呢?

1994 年 12 月 14 日劳动部发布的《企业职工生育保险试行办法》第四条中明确规定,生育保险由企业按照其工资总额的一定比例向社会保险经办机构缴纳生育保险费,建立生育保险基金。生育保险费的提取比例由当地人民政府根据计划内生育人数和生育津贴、生育医疗费等项费用确定,并可根据费用支出情况适时调整,但最高不得超过工资总额的1/100。企业缴纳的生育保险费作为期间费用处理,列入企业管理费用。职工个人不缴纳生育保险。

可见,是否享受生育保险待遇与职工个人是否缴纳生育保险费无关,只要符合计划生育政策和生育保险的相关规定,就可以享受生育保险待遇。因此,如果贾某婚后生育,酒店是不能以其未缴纳生育保险费为由,拒不给予贾某生育保险待遇的。

问题四:生育津贴可否以包干的形式发放?

《女职工劳动保护规定》第四条规定:"不得在女职工怀孕期、产期、哺乳期降低其基本工资,或者解除劳动合同。"《企业职工生育保险试行办法》第五条规定:"女职工生育按照法律、法规的规定享受产假。产假期间的生育津贴按照本企业上年度职工月平均工资计发,由生育保险基金支付。"

可见,生育津贴不能采取包干的办法,而必须按照企业职工相关工资水平来发放。该酒店的做法是不符合国家相关法规的。如果本案中贾某先婚后育,该酒店应当根据上述法规,按照酒店上年度职工月平均工资发给贾某生育津贴。

案例思考题

1. 未婚生育是否可以享受生育保险待遇?
2. 职工未缴纳生育保险,是否可以享受生育保险待遇?
3. 生育津贴可否以包干的形式发放?

第十章　社会救助

 学习目标

　　通过本章的学习,掌握社会救助的概念以及社会救助的功能、特征和类型,领会中国社会救助制度中最低生活保障制度的主要内容、成效和未来发展方向,了解农村扶贫开发的对象、目标和未来发展,掌握廉租住房制度、医疗救助制度、农村五保制度等救助制度的主要内容。

社会救助是最后的社会安全网①

第一节　社会救助概述

　　现代社会救助制度源于历史上的慈善事业,不过,它已不同于历史上具有浓厚的恩赐、怜悯色彩的慈善救济活动,而是一种通过立法规范并制度化的社会政策,与其他社会保障制度一样,都是立足于社会公平基础之上并以保障国

---

　　① 玉溪新闻网:2012 年 2 月 8 日,http://www. yuxinews. com/xw/xwmt/wx0/1216151. shtml。

民生活权益、促进社会和谐发展为宗旨的制度安排。

社会救助制度可以追溯到 17 世纪英国的济贫制度,现代社会救助制度则产生于 20 世纪 30 年代。当时,欧美各国爆发了严重的经济危机,从而导致大量贫困群体的出现。在传统的济贫手段和社会保险都不足以解决问题的前提下,各国政府不得不尝试建立社会救助制度,以弥补社会保险制度的不足。美国于 1935 年通过了社会保障法案,开始实施包括社会救助在内的社会保障政策。20 世纪 40 年代,贝弗里奇提出了著名的《贝弗里奇报告——社会保险及相关服务》。该报告书拟定了一个社会救助方案,对社会保险未能完成保护的人给予各项救助。英国国会参照该报告书通过了各种有关法案,其中《国民救助法》在 1946 年通过,从而废止了实施 300 年的济贫法,建立了正式的社会救助制度。此后,各国的社会救助制度大多由慈善恩惠的观念,变为国民权利与政府责任的观念;由教会、个人或地方政府办理的事务,转变为各级政府的重要职能。

一、社会救助的含义

社会救助(social assistance),是指国家与社会面向贫困人口与不幸者提供款物接济和生活扶助的制度安排。它通常被视为政府的责任或义务,目的是帮助贫困者及其他社会弱势群体摆脱生存危机,进而维护社会秩序的稳定。社会救助的外延,包括贫困救助、灾害救助及其他针对社会弱势群体的扶助措施。

社会救助的含义可分为广义和狭义两种。广义的社会救助是指对于生活困难者,以国家和社会力量共同保障其经济上的生活,含有共同救贫的意义。狭义的社会救助专指国家依据法律,解决国民贫困,以国家财政给予经济性保护,使其满足最低生活水准的需要,它是社会保障制度的一个环节,又称公共救助(public assistance)①。不管是广义的社会救助,还是狭义的公共救助,二者基本的含义都包括以下几层意思:

第一,社会救助是一种以政府为主的行为。作为政府行为,它表现为政府在相应的立法规范下,通过实施社会救助政策为社会成员提供起码生活保障,政府不仅对这一政策的实施负有直接的财政责任,亦负有直接的管理与实施社会救助的责任。作为政府行为的一种辅助,社会行为表现为民间或社会组织对救助对象的自发性救助,主要以自发性的募捐和其他慈善性活动的形式来实现,带有自发性、随机性和选择性的特点。

---

① 　江亮演:《社会救助的理论与实务》,台湾桂冠图书股份有限公司 1990 年版,第 2 页。

第二,社会救助的对象,是容易遭遇生活困境的社会弱势群体。所谓社会弱势群体(social vulnerable group),是指依靠自身能力难以摆脱生活困境的社会成员,包括收入水平低于贫困线的贫困人口、就业市场竞争中的失败者、遭遇天灾人祸难以自拔者,以及因身体原因、年龄原因乃至政策歧视原因等而在生活及就业中处于显著不利地位的社会成员。因为他们不能依靠自己的力量维持基本的生活水平,而需要国家和社会的扶助。

第三,社会救助的目标,是满足社会成员的基本生活需要。它是为生活在贫困线之下的社会成员提供物质及其他方面救助的社会保障制度,目标是避免社会成员陷入生存危机,确保满足社会成员的基本生活需求,维护法律赋予公民的基本生存权利。需要说明的是,贫困线是一个动态的概念,通常低于社会平均收入水平及相应的社会平均消费水平。

二、社会救助与社会保险

社会保险是伴随着工业文明而产生的社会保障制度,它保障基本生活水平,社会救助则是保障贫困人员的起码生活水平。在对象上,社会保险的对象主要是缴纳了保险费并符合法律规定的劳动者,社会救助的对象则是实际生活水平低于基本生活水平的贫困居民(它要求符合法定贫困线的规定)。在保障方式上,社会保险根据人们可能遭遇的各种生活风险征收保险费、发放保险金,社会救助通过现金、实物和提供服务等多种方式进行。在保障主体方面,社会保险从根本上讲是缴纳保险费的国家、单位、个人共同参与,但在形式上却表现为操作保险事务的国家机关或保险机构;社会救助则以国家为主,政府举办,社会共同参与。在管理实施方面,社会救助需要严密的、自上而下的政府机构或资助的管理和服务网络,而社会保险却也可以采用自治性质或市场化运作方式。

社会救助和社会保险都作为社会保障体系的有机组成部分,前者是基础,后者是主干,两者之间不是相互取代、互相排斥的关系,而是互为补充、相互联动的关系,在不同时期和阶段,两者之间的功能、作用是不大一样的,但目标是一致的。社会救助作为"最后的安全网",没有强大的覆盖全民的社会保险,其力量是有限的,也不可能获得发展。而社会保险不能覆盖的人群,或者虽有社会保险仍陷入贫困状态的人群,仍然需要社会救助加以解决。[1]

需要指出的是,社会保险为社会保障制度中主要的一环,具有国民生活风

---

[1] 李彦昌主编:《城市贫困与社会救助研究》,北京大学出版社 2004 年版,第 180 页。

险分担及财富重新分配、国民储蓄培养以及家庭生活保障等重要功能,所以现代国家多以社会保险作为推行社会保障制度的主体,强制受雇劳动者参与,并鼓励具有经济能力者加入,对于那些不能工作、没有收入来源、又没有亲属帮助的人,则采取社会救助的方式予以援助,来补充社会保险制度的不足。因此,社会救助与社会保险在保障全体国民生活的方法上互为补充,但是社会保险的主要财源是靠被保险者及其雇主所缴的保险费,而社会救助(公共救助)的财源大部分是由政府税收而来。因此,社会保险的给付可视为"集体的互助"与"工资的延续",而社会救助的给付则被视为"国家的责任"与"贫穷的救济"。

三、社会救助体系

社会救助体系是支撑社会救助制度并确保其有效运行,以满足救助对象需求的一整套相互联系的政策主张和资金、资源、组织、人员、程序、技术安排,它包含各项具体的社会救助制度,又不仅仅是这些制度的简单总和。社会救助体系实际上是由一系列关键环节组合而成的一个整体系统:首先,是一个社会对于贫穷观念的理解,不同的观念会导致对于穷人的不同态度以及不同的救助制度安排。其次,是对于贫困的监测和贫困需求的评估,没有这个环节,实际上很难建立起有效的社会救助制度。因为缺失这个环节,就不能了解究竟需要多少资源才能有效满足救助对象的需求,实际工作中就有可能造成资源浪费或者资源不足。再次,是建立有效的资源筹措机制,考虑从政府和社会获得可能的资源筹措途径,特别是要解决钱从哪里出的问题。第四是制度设计,这个环节是一个核心环节,完善的社会救助体系在这个环节需要考虑统一立法,并针对实际需求设计出多方面、多层次的合理的制度安排。第五是管理协调机制设计,没有有效的管理协调机制,很难做到各项救助制度和救助工作的统筹。第六是组织设计,要考虑救助资源的传递机制或者组织依托问题,只有作出合理的组织设计,包括发挥民间组织的作用,才能使社会救助落到实处。第七是人员配置,要考虑培训、遴选具有资格的、敬业的救助工作人员。第八是工作程序,要根据相关制度设计,作出细致的、合理的、适用的程序安排,保证救助的公正性、有效性,并提高工作效率。第九是技术采用,要考虑采用可用的各种技术,确保救助工作的完善、周密、高效。第十是救助效果的评估,没有有效的评估,就无从判断救助工作的效益以及救助制度设计、组织设计、程序设计以及人员配置等的合理性,因而也就无从改进救助工作。[1]

---

[1]　洪大用:《转型时期中国社会救助》,辽宁教育出版社 2004 年版,第 10～11 页。

　　在实践中,社会救助一方面依然保留并将继续保留救灾、济贫等传统项目;另一方面也在根据社会经济发展的需要,不断增加新的救助项目,其内容在不断丰富和完善。从各国的社会救助实践来看,其社会救助体系结构并不相同。发达国家的社会救助项目齐全,保障全面,水平也相对较高,已经超过了早期社会救助提供最低食物保障的阶段。而发展中国家则大多停留在食物保障阶段,但也在不断扩展。

　　在英国,从1601年颁布济贫法,到20世纪四五十年代确立新型的国民救助制度,再到1986年对贫困救助作较大改革,经过历年的补充完善,亦形成了健全的社会救助体系,主要包括低收入家庭救助、老龄救助、儿童救助、失业救助及疾病救助等内容。在美国,社会救助体系健全,其救助项目包括低收入家庭能源补助、强制性儿童补助、特困人员收入补助、抚养子女补助、就业与劳动技能援助、食品券补助、医疗补助、住房补助、额外津贴等。另外,还有失业救济,但其经费主要来源于失业保险。在德国,社会救助大体分为两大类:一类是特殊困难的救助,一类是一般低收入家庭的救助。特殊困难的救助包括残疾人救助、老人救助,以及病人救助、孕妇救助和产妇救助、在国外的德国人的救助等。一般低收入家庭社会救助面向全社会,低于政府规定最低生活费标准的家庭都可申请社会救助,救助的内容包括食品费、生活费、燃料费以及杂费等日常生活费。此外,还有家属津贴,只要有一个子女的家庭都可以申请,子女越多得到的家庭津贴也越多。在日本,公共救助和社会救济共同构成了社会救助制度。其公共救助制度包括生活保护和灾害救助;而社会救济主要由生活救济、义务教育、住宅、医疗、生育、立业和丧葬等七项救济制度组成,是为保证所有贫困国民的最低生活并促进其生活自立而设立的。此外,有的国家的社会救助制度不仅包括了生活补助、医疗补助、灾害救济等,还包括对残废军人的补助。

　　在中国,现行的社会救助体系主要由最低生活保障制度、农村扶贫开发、农村五保制度、灾害救助以及对特殊对象的救助等组成。近年来,开始建立住房救助、医疗救助、教育救助等。此外,国家民政部门对孤寡病残老年人与儿童的救助,一直是新中国成立后社会救助的重点。

四、社会救助的功能

　　历史上的慈善活动及早期的社会救助,均是临时应急措施,功能也较单一。现代社会救助制度,在缓解贫困、维护社会稳定等方面具有多方面的功能。

(一)社会救助的直接功能

　　第一,社会救助可以直接达到保护国民生活的目的。社会救助通过济贫、救急等方式,保障国民基本生活需要。从济贫的角度说,社会救助对于无力自谋生活者,予以适当救助,使其维持健康(物质)和文明(精神)的生活水准,使其成为对社会、国家有贡献的人,这可以说是化无用为有用,变消费为生产,化贫穷为富有的一种措施。从救急的角度说,社会救助使遭遇灾害、急难而难以维持生活者都能渡过难关,化病弱为健康,达到老而不衰、壮而有用、少而有教、幼而有育、残而不废的大同理想社会。

第二,社会救助可以促进经济、社会的繁荣。从消极的救助到积极的自力更生,使贫者变富,使残者能自食其力,使病者能健康而可自谋生计,使失业者有工作机会等,促进经济繁荣发展,达到和谐社会。

第三,社会救助可以安定社会秩序。社会救助通过扶贫济弱、救残扶伤、解救急难,可以实现解除困难群体生存危机的目的,在一定程度上控制贫富差距,进而有助于消除贫富对抗及化解社会矛盾,促进社会秩序安定。

第四,社会救助可以补充社会保险的不足。不能参加社会保险或参加社会保险后仍然贫穷者,经当事人之申请,再经家庭经济状况调查而符合社会救助条件者,可给予救助,以弥补社会保险制度之不足而达到社会安全之目的。

(二)社会救助的间接功能

第一,完备的社会救助体系是现代国家的象征。越民主、越发达的国家,其社会救助制度就越进步,不但救助范围大,种类多,而且救助条件宽,给付标准也高,并且以平等无差别待遇及补足到维持最基本生活标准,使每位国民都能健康而快乐地生活。

第二,社会救助可以缩小贫富差距。社会救助由政府主办,其经费来源于税收,这些税收大部分是直接税,尤其是所得税,所得税通常采用累进方式计征,所得越高征税就越高。所以,高收入者贡献越大,而低收入者则可以通过社会救助制度安排而获益,如此一减一增,可以缓和贫富差距,达到收入再分配的目的。

第三,社会救助可以提高国民生活质量。每一个国民都能维持起码生活水准,即没有担心生存条件的缺乏,可有余力学习技艺或受教育,不致形成贫穷文化的循环,而是可增强其谋生能力,改善生活状况,增进休闲娱乐机会,提高国民生活质量。

第二节　社会救助的特征和类型

一、社会救助的基本特征

在现代社会保障体系中,社会救助虽然只覆盖贫困人口与不幸者,保障待遇也较其他社会保障系统低,但却是最基本的和不可或缺的。

(一)最低保障性

从现代社会保障体系来看,社会保险、社会福利与军人社会保障等均是水平较高的社会保障制度,它们解决的不仅是社会成员的生存问题,而且也包括保障社会成员一定的生活质量乃至个人发展问题。只有社会救助面对的是陷入生存困境并迫切需要国家或社会援助的社会成员,其救助(待遇)水平通常以维持社会成员的最低生活需要为标准,因而它是整个社会保障体系中待遇最低的制度安排。这一特征使社会救助成为整个社会保障制度或社会稳定系统的第一道防线,被称为最低保障制度。

(二)以家庭经济状况调查(means-tested)为基础

社会救助以确定的贫困线或救助标准为依据,只有生活陷入困境或者遇到特殊困难的社会成员才有资格申请社会救助,并通过家庭经济状况调查对受助对象进行资格审核。很多国家都有严格而详尽的家庭经济状况调查。例如,日本的经济状况调查大体包含了三个层面的内容:一是通过金融信用和税收体制核查个人收入情况;二是调查其住房情况,如果是私有住房且住房面积高于享受救助的标准,则取消救助资格;三是根据日常消费和支出状况进行生活方式调查。近年来,也有一些国家已经不再对申请者申报的家庭财产状况进行核实,而是根据要求和标准发放救助金,从而避免了对受益者人格和心理上的伤害,但这种方式的前提是国家能够监控居民的收入财产状况。

(三)权利义务相对单向性

与社会保险相比,社会救助体现了权利义务相对单向性的特征,即享受社会救助的社会成员只要符合救助的条件,就有权利申请得到救助。对受助者而言,其享受的是单纯的法定权利,没有缴费义务,而提供社会救助则成了国家与社会的职责和法定义务,当需要社会救助而不能提供或提供救助不足或不及时,便可以视为政府的失职或未尽到应尽的义务。

二、社会救助的类型

(一)依据救助的方式,社会救助可以分为院内救助与院外救助

1. 院内救助

所谓院内救助,是指把需要救助者收容在救助机构内安养,也就是对于无法自力谋生的国民予以生活上的照顾,一般是通过机构如安老、育幼、教养、疗养等有关院所予以收容,也称院内服务或院内救济。院内救助可以救助无依无靠、无谋生能力的孤独老弱幼小贫困者,可以照顾被收容者日常所需要的衣、食、住、行、医疗、康乐等,可以解决部分的社会问题。但是,院内救助的收容人数有限,而且,被收容者因其日常生活所必需的物质性、精神性的东西均由院方提供,容易养成依赖或自卑的心理,院民与外界(一般社会)容易产生社会隔离,也容易引起院民与院方的摩擦或冲突。

2. 院外救助

所谓院外救助,是指对于无法自力谋生的国民,不分男女老幼,无须强迫送至安老、育幼、教养、疗养等有关院所收容,而留在自己家里或由亲人照顾,由政府予以现金的家庭补助或提供食物及其他用品,或者提供必要的服务,使贫困无依老人、儿童或残障者等,均能获得正常化的家庭生活,也称为院外服务或院外救济。院外救助可作大规模的收容,受救助的人数多而普遍,无须机构的设备及管理的工作人员,可节省设备费及人力费,被救助者除了政府的家庭补助与服务外,有很多日常活动仍须由自己去动手维持,所以不会养成依赖或自卑心理,不会产生社会隔离。但是,由于各地方政府财力不一,救助标准各异,所以救助绩效不同,有失公平合理原则。同时,被救助者日常所需的衣、食、住、行、医疗、娱乐等并非完全靠政府提供,有很多需自己去想办法或自己动手,所以会给一些人的生活带来困扰与不便。

(二)依据救助的内容,社会救助可分为生活救助、灾害救助、失业救助、住房救助、医疗救助、教育救助、法律援助、农村扶贫开发等

1. 生活救助

是指对家庭人均收入低于贫困线或当地最低生活保障标准的贫困人口实行差额补助的一种社会救助。中国的最低生活保障制度即是一种生活救助,其最显著的特点就是解决保障对象的最低生活保障问题,而不是改善其生活质量。

2. 灾害救助

是指当社会成员遭受自然灾害袭击而造成生活困难时,由国家和社会紧急提供援助的一种社会救助,目的在于帮助社会成员渡过灾害发生带来的生活困境。如地震救助、洪水救助等。灾害救助包括现金救助、实物救助以及以工代赈等。

3. 失业救助

失业救助是与失业保险制度相配套的制度安排,其救助对象是因失业救济金低下无法维持基本生活或失业保险期满仍未找到工作,生活陷入困境者。其特点是不受时间限制,在失业者重新找到工作之前可以长期享受。

4. 住房救助

住房救助是指政府向低收入家庭和其他需要保障的特殊家庭提供住房租金补贴或以低廉租金配租住房的一种社会救助。其实质就是由政府承担住房市场费用与居民支付能力之间的差额,解决部分居民因住房支付能力不足而居无定所的问题。中国的廉租房政策实际上就是一种住房救助政策。

5. 医疗救助

医疗救助是指对贫困人口中因病而无经济能力进行治疗的人实施专项帮助和支持的一种社会救助。其特点是在政府主导下,社会广泛参与,通过医疗机构实施,旨在恢复救助对象的身体健康。

6. 教育救助

教育救助是国家和社会为保障适龄人口获得接受教育的公平机会而对贫困地区和贫困家庭子女提供物质援助的一种社会救助。其特点是通过减免学杂费用、资助学杂费等方式帮助贫困人口完成相关阶段的学业,以提高其文化技能。

7. 法律援助

法律援助是指国家在司法制度运行中对因贫困及其他原因而导致的难以通过一般意义上的法律手段保障自身基本社会权利的社会成员,通过减免收费、提供法律帮助等实现其司法权益的一项社会救助。与其他社会救助项目不同的是,法律援助是以司法救济的形式出现的,其直接目的是为了实现司法公正与正义。法律援助的主要内容包括诉讼费减免、免费提供律师、公证和法律咨询服务等。

8. 农村扶贫开发

农村扶贫开发即对农村中有一定生产经营能力的贫困人口,从政策、观念、资金、物资、技术、信息等方面给予扶持,使其通过生产经营劳动摆脱贫困的社会救助项目。虽然它与其他社会救助相比,主要是面向区域而不是直接面向贫困家庭与个人,但追求的仍然是社会救助要达到的目标,并且同样需要运用政府的公共权力与公共资源,从而仍然可以纳入现代社会救助制度中来。

法律援助是社会救助的内容之一①

(三)依据救助的手段,社会救助可分为现金救助、实物救助、生活照料等

1. 现金救助

现金救助是指以发放现金的形式为救助对象提供帮助的社会救助形式,费用的减免或核销其实也是现金救助,它是现代社会救助的主要形式。现金救助的优点是受助者可以根据自己的需要将其转换为各种物质或服务,从而更有利于按需保障。在社会救助中,现金救助的形式最为广泛。

2. 实物救助

实物救助是指以发放物资的形式为救助对象提供帮助的社会救助形式,它是一种传统的救助形式。实物救助的优点是所发的物资可以直接消费,救助的效果比较快捷,在现代社会主要在灾害救助中被经常采用。不过,实物救助需要讲究针对性,并非任何救助项目均可以采用。

3. 生活照料

生活照料是指对特殊的救助对象提供生活照顾和护理等服务。主要包括对高龄老人的护理服务、对孤儿的关爱和照顾等。

实际上,许多救助项目在实践中并不限于使用上述一种手段,而是可能同时采用多种救助手段,如灾害救助就几乎包括了上述三种救助手段。

(四)依据救助的时间,社会救助可分为定期救助、临时救助和急难救助

1. 定期救助

定期救助是指在时间上具有连续性的社会救助,它一般表现为在相对较长

---

① 首都政法网:《积极开展法律援助,彰显社会公平正义》,2009 年 3 月 13 日,http://www.bj148.org/fzxc/pfgj/fzmh/201106/t20110613_146118.html。

的一段时间里,社会救助管理机构按规定连续地、定时地为救助对象提供援助。如对孤寡老人、孤残儿童以及长期生活在贫困线或最低生活保障线之下的社会成员的救助等,均采取定期救助。

2. 临时救助

临时救助是指在时间上没有连续性,或者救助时间比较短的社会救助,它是为解决社会成员临时的生活困难而进行的社会救助。这种救助的条件往往是短期的或者临时的,因此,当救助条件消失后,救助的必要性也就不复存在。临时救助主要包括各种灾害救助和失业救助等,其特征是短期性和非连续性。

3. 急难救助

急难救助是指社会成员在遭受灾害、意外等情况下,对其生活困难进行的社会救助。它是临时救助的一种突发形式。

第三节　中国社会救助制度

一、最低生活保障制度

贫困问题是一个世界性的难题,中国也不例外。实行改革开放政策以来,中国的经济获得了迅速的发展,人民群众的生活水平和生活质量都有了很大的提高。但在城市面貌持续改善的同时,城市贫困问题也相当突出地摆在中国政府面前。造成城市贫困的原因是多方面的,既有身体残疾、年老体弱、缺乏工作能力等个人原因;也有就业岗位不足、社会排斥、结构性失业等社会原因。

最低生活保障暖人心①

---

① 新华网:漫画:《暖人心》,2007 年 1 月 4 日,http://news. xinhuanet. com/society/2007 - 01/04/content_5564059. htm。

中国政府高度重视解决城市贫困问题。20 世纪 90 年代以来,一直在努力建立并逐步完善社会保障制度,试图通过制度化的政策构建,履行政府责任,保障城市贫困人口的基本生活。城市居民最低生活保障制度就是中国政府所构筑的社会保障体系中专门针对城市贫困问题的一项最重要的制度安排。为了加快这项制度的实施力度,中国政府于 1999 年 9 月 28 日颁布了《城市居民最低生活保障条例》,并于当年 10 月 1 日正式实施。目前,中国所有城市都建立了城市居民最低生活保障制度。凡持有城市户口的居民,如果其家庭成员的平均收入低于当地城市居民最低生活保障标准,就有权向当地政府申请资助。民政部门代表当地政府对其家庭收入进行核查属实后,以现金方式按最低生活保障标准进行差额救助。近些年的实践证明,城市居民最低生活保障制度在维护居民生活权益、保障其基本生活安全、遏制城市贫困规模的继续扩大等方面发挥了相当重要的作用。据统计,2000 年年底城市居民最低生活保障制度仅覆盖400 多万人;2002 年年底,城市低保对象人数就激增到 2200 多万人。2007 年 7月 11 日,国务院发布《关于在全国建立农村最低生活保障制度的通知》,开始建立农村居民最低生活保障制度。目前,城市低保对象基本维持在 2200 万 ~2400 万人,农村低保对象在 4500 万 ~5500 万人。可以说,居民最低生活保障制度已经成为中国政府最为重要的社会救助制度。

（一）最低生活保障制度的基本内容

1. 保障对象

保障对象是凡共同生活的家庭成员年人均收入低于户籍所在地最低生活保障线的贫困人口。城市低保对象包括:(1)传统的"三无对象"(无固定收入、无劳动能力、无法定赡养人或抚养人);(2)失业保险期满未能重新就业、家庭人均收入低于最低生活保障标准的居民;(3)家庭有人在职,但在领取工资或最低工资、退休金后,家庭人均收入仍低于当地最低生活标准的居民;(4)因天灾人祸造成暂时生活困难的居民。农村低保对象主要是农村贫困人口。此外,还有一些国家政策规定的特殊保障对象。在职人员由单位补至最低生活保障线;无职业人员符合条件的,由地方财政拨款,民政部门补至最低生活保障线。

2. 救助标准

国家的援助使救助对象的收入水平达到当地的最低生活保障线。居民最低生活保障标准,按照维持居民基本生活所必需的衣、食、住费用,并适当考虑水电燃煤(燃气)费用以及未成年人的义务教育费用确定。

3. 经费基础

财政拨款,包括中央财政与地方财政拨款。最低生活保障制度建立之初,各地大多都采用了市、区(县级市)两级分级负担的方法。市、区分担的比例从7∶3(如大连市)到3∶7(如青岛市)的都有,在武汉市、重庆市,市、区分担的比例是5∶5。上海市的做法是,1999年以前由民政部门负责救助的最低生活保障对象(约1万多人)的救助资金全部由区级财政负担,市级财政给予适当补贴;1999年以后的由企业转来的最低生活保障对象(预计有5万多人)由市、区各负担50%。还有更复杂的,如兰州:(1)中央直属单位,省财政补助15%、市财政补助15%、区财政补助70%;省属单位,省财政补助70%,市财政补助10%、区财政补助20%;(2)市属单位,省财政补助10%、市财政补助80%、区财政补助10%;(3)区属单位和三无人员,省财政补助10%、市财政补助15%、区财政补助75%。①

4.管理体制和运行机制

居民最低生活保障制度实行地方人民政府负责制。地、市民政局负责本行政区域内居民最低生活保障的管理工作;财政部门按照规定落实居民最低生活保障资金;统计、物价、审计、劳动保障和人事等部门分工负责,在职责范围内负责居民最低生活保障的有关工作。民政部门以及街道办事处和镇人民政府负责居民最低生活保障制度的具体管理审批工作。街道(乡镇)社会保障所设有低保工作人员,从事低保事务性工作。

5.申请程序

一般而言,社会成员申请最低生活保障金需要经过如下程序:(1)申请。即社会成员根据先行法规、政策规定的最低生活保障标准,评估自己及共同生活的家庭成员的人均平均收入。如果低于法定标准并需要通过这一制度提供援助时,应当填写并向社会救助机构提交申请书,申请书应当填写清楚家庭人口、无劳动能力人口、工作人口及家庭收入和支出状况,以作为申请救助的依据。(2)调查。社会救助机构在接到申请后,应当派工作人员,向申请家庭及其所在地区和申请者所在单位进行详细调查,以核实申请者的家庭情况和收入情况。(3)审核与批准。根据调查结果和核实后的情况,社会救助专门机构确定是否批准其申请报告。(4)发放保障金。经过社会救助机构批准后,向申请者发放最低生活保障金。

(二)制度实施以来取得的成效

居民最低生活保障制度自实施以来,取得了积极的政策效果。总体来说,表现在以下几个方面。

---

① 唐钧、王璐等:《城市"低保"存在的问题与对策》,《民政论坛》2000年第4期。

第一,基本满足了贫困者及其家庭的生存需要。最低生活保障制度化解了贫困人口的生存危机,让一个个贫困者及其家庭有了起码的生活保障,重燃了他们生活的希望。最低生活保障制度使家庭生活得以维持,每个贫困家庭的成员都能从中获得基本物质条件的满足,减少了因贫困而带来的家庭冲突和矛盾,使很多辛苦经营起来的家没有因为贫困而破散,有助于社会和谐与稳定。

第二,促进了社会公平。最大限度地实现社会公平,不仅是人类社会追求的目标,也是中国社会发展进步的重要标志。贫困问题凸显、贫富差距迅速拉大的现象,显然与社会公平相背离,也不利于中国社会健康、持续发展。促进社会公平,就必须重视困难群体和低收入群体,通过健全制度保障其权益。最低生活保障制度的建立和实施,可以调整国民收入的再分配,弥补由初次分配带来的社会不公,从而有力地促进社会公平。

第三,满足了市场经济改革的需要。最低生活保障制度的救助对象中,有很大一部分人是经济体制改革过程中的城市下岗失业人员,他们构成新的城市贫困层。很多下岗失业人员容易产生"相对剥夺感"和不满情绪,而贫困也容易导致其对前途黯淡的恐惧感和一种被时代抛弃的焦虑感。最低生活保障制度体现了政府和社会的关爱,让贫困者不至于感到被社会所伤害、或是被社会和时代所抛弃,这种关爱的感染又进而形成一种积极良好的社会心理,并增强贫困者的社会责任感,促使其以实际行动回馈社会。居民最低生活保障制度的制定和实施,客观上保证了国有企业改革的顺利进行。同时,建立独立于企业之外的国民救助制度,也可以让企业摆脱计划经济体制下"单位制"的影响,按照市场的逻辑来合理配置劳动力资源。

实践证明,建立最低生活保障制度是市场经济条件下政府消除贫困的重大举措,是国家积极承担救助责任、关注民生、以人为本的具体体现。低保制度的建立和完善,也是我国社会保障制度变迁进程中重要的里程碑,是社会发展和文明进步的产物,它维护了社会公平正义,让贫困人口享受社会发展成果,促进了全体社会成员的和谐共享。

(三)最低生活保障制度的未来发展

1.规范以家庭经济状况调查为核心的资格审核制度

我国低保制度实施以来,在国家没有形成统一的收入核查实施细则的前提下,各地都结合实际情况对低保对象的收入核查标准进行了很多探索,包括对消费形态的控制,如有的地方禁止城市低保户使用空调、禁止养宠物,农村集体"选穷"等。有时虽然刻板僵化,有损伤受助者尊严的不良影响,但对低保对象的甄别和监督还是起到了一定的积极作用。规范以家庭经济状况调查为核心

的资格审核制度,是完善制度促进公平的必要手段。一是借助现有的信息网络平台,包括利用银行、证券、税务、劳动保障、工商行政管理等部门的信息系统,依法获取申请者和受助者的家庭财产和收入状况,明确各个机构和个人在低保资格评估中的职责和义务:如劳动保障部门对有工作但其实际收入在最低工资以下的进行仲裁或给予证明,并优先对有劳动能力的无业低保人员进行技能培训和职业介绍;工商管理部门对个体工商户的收入进行证明;税务部门应根据其交税情况,提供其收入证明;银行、证券部门应积极配合民政部门进行存款、证券交易等情况的调查等。二是出台家庭经济状况调查的实施细则。从收入核查和消费支出两个方面,结合个人收入、家庭财产、消费支出来界定低保对象。要完善收入申报与监控体系,确保家庭收入核算的规范化;同时,对于各地采用的其他变通标准如家庭财产、高消费倾向等,也应逐步统一规范。

2. 建立与促进就业相关联的动态调整机制

我国现行的最低生活保障制度有一个重要原则就是动态管理原则,即当家庭收入低于当地最低生活保障线时,将其纳入低保群体,提供相应的低保待遇;当家庭收入变化时,相应地调整收入补贴额;当家庭收入高于当地最低生活保障线时,应让其退出低保制度。从实际情况来看,前者尚能保证,但收入增加后,不符低保标准的对象退出低保制度却很难实现。当低保工作无法有效实现动态调整的时候,整个制度的公平与效率也会大大降低。国家应该努力促进低保救助对象的再就业,尤其是那些身体健康的人员,这不仅可以减少国家的低保支出,还可以促进社会财富的增长。同时,在促进就业方面,制度上也应该有一些激励措施,如家庭平均收入超过低保标准但是在一定标准以下,可以保留低保相关的配套优惠措施等。

3. 强化以惩戒为基础的法律规范

目前我国低保制度的立法层次较低,应出台专门的《社会救助法》,并制定相应的行政法规、实施细则以及部门规章,从法律上规范低保制度,完善惩罚机制。目前低保制度中的监督条款形同虚设,低保工作人员弄虚作假,低保对象瞒报收入、骗保后,受不到应有的惩戒,不仅损害了应保对象的合法利益,也造成国家和社会资源的浪费。法律法规中罚则要明确化、操作化,对以各种手段欺骗社会、违规操作、造成低保金损失的居民、低保管理人员及相关单位的有关人员,其处罚手段都要作出详细而明确的规定,从法律上杜绝此类行为的发生。另外,银行、证券、税务、工商、劳动保障等部门,应有明确的配合调查取证的责任,对不履行责任的行为主体应当追究其法律责任。

4. 构建以社会救助体系为目标的配套制度

目前我国的低保制度正在演变成一种综合性的救助制度,承载了过多救助功能。因此,要在低保制度之外健全配套制度,如住房救助、教育救助、医疗救助、就业促进等。最低生活保障制度的基本目标是解除贫困家庭的生活困境,不可能指望所有的问题都靠一个低保制度一揽子解决,其他的问题要靠整个社会保障制度安排甚或其他社会政策、经济政策来解决。社会保障制度要形成真正的"安全网络",靠单一的制度设计不仅不能实现,还会带来一些负面作用,例如,形成贫困陷阱和福利依赖,扩大贫富差距、固化社会阶层,妨碍个体自由和社会流动,等等。

二、农村扶贫开发

(一)农村扶贫开发的含义

农村扶贫开发可以从广义和狭义两个角度来理解。广义的农村扶贫开发是指一切以使农村中的贫困人口摆脱贫困为目的的社会救助项目,基本上包括救济式扶贫和开发式扶贫两种。狭义的农村扶贫开发仅指开发式扶贫,即对农村中有一定生产经营能力的贫困人口,从政策、观念、资金、物资、技术、信息等方面给予扶持,使其通过生产经营劳动摆脱贫困的社会救助项目。

救济式扶贫可以缓解一时的生活困难,但不能使贫困者真正摆脱贫困。单纯的生活救济容易诱发受救济者对国家救助的依赖心理,结果往往是年年救济年年穷。开发式扶贫则强调帮助贫困地区改善基本生产条件,依靠科技和教育,不断提高贫困地区资源开发的水平和效益,增强贫困人口的自我积累、自我发展能力。与单纯的救济式扶贫相比,开发式扶贫的手段和措施是多方面的,包括:开发贫困地区的自然资源;加强水利、交通、电力、通信等基础设施建设;发展科技、教育、卫生、文化事业,加强基础教育、职业技术培训和实用技术推广;推进医疗卫生和疾病防治工作。

(二)农村扶贫开发的对象

1.扶贫对象

在扶贫标准以下具备劳动能力的农村人口为扶贫工作主要对象。

2.连片特困地区

目前包括:六盘山区、秦巴山区、武陵山区、乌蒙山区、滇桂黔石漠化区、滇西边境山区、大兴安岭南麓山区、燕山—太行山区、吕梁山区、大别山区、罗霄山区等区域的连片特困地区和已明确实施特殊政策的西藏、四省藏区、新疆南疆三地州。

3.重点县和贫困村

1981年,农业部原人民公社管理局首次提出了以人均集体年收入40元和50元作为划分贫困县的标准。1986年和1994年,国家分两次确定了国家级贫困县331个和592个。1986年确定国家重点贫困县的标准是:以县为单位,1985年年人均收入低于150元的县,对少数民族自治县标准有所放宽。1994年基本上延续了这个标准,1992年,年人均纯收入超过700元的,一律退出国家级贫困县;低于400元的县,全部纳入国家级贫困县。国家根据经济社会发展水平的提高和物价指数的变化,农村扶贫标准从2000年的865元人民币逐步提高到2010年的1274元人民币。经国务院批准,国家在中西部21个省(区、市)的少数民族地区、革命老区、边疆地区和特困地区确定了592个县,作为新阶段国家扶贫开发工作重点县。

(三)农村扶贫开发的成就

我国农村扶贫开发工作极大地改变了贫困地区的面貌,增进了贫困人口的福祉,并且进一步探索和拓宽了适合我国国情的扶贫开发道路,取得了巨大成就。

第一,农村贫困人口数量持续下降,农民生活水平稳步提高。农村扶贫开发作为我国的国家战略和政府职责,经过多年的不懈努力,农村绝对贫困的状况已经得到了根本缓解。有关数据显示,《中国农村扶贫开发纲要(2001~2010年)》实施以来,我国农村贫困人口数量从9422万减少到2688万,贫困率从10.2%下降到2.8%,重点县农民人均纯收入从1305元增至3273元,农民生活水平有了明显提高。

第二,贫困地区的基础设施和公共服务明显改善。农村贫困地区的农田水利建设、道路交通、电网改造、环境综合整治等基础设施建设有了明显改善;农村义务教育质量和办学条件明显提高,职业教育和成人教育发展迅速;农村医疗卫生状况有了明显好转,大多数贫困地区乡镇卫生院得到改造或重新建设,缺医少药的状况得到了缓解;农村各项社会保障制度逐步完善;农民的文化生活得到改善,精神面貌发生了很大变化。

第三,区域性贫困得到根本缓解。通过整村推进、产业化扶贫、易地扶贫搬迁等措施,我国沂蒙山区、井冈山区、大别山区、闽西南地区等革命老区贫困人口的温饱问题已经基本解决。一些偏远山区和少数民族地区,贫困面貌也有了很大的改变,区域性贫困得到了根本缓解。

(四)农村扶贫开发的未来发展

我国农村扶贫工作已有了一个较好的基础:经济结构调整有助于贫困地区

的发展,西部大开发战略的实施有利于扶贫,对进一步降低贫困发生率将产生深远的影响。但是,我国农村扶贫也存在一些难点与问题:虽然贫困人口的收入水平明显提高,但目前农村扶贫的标准是低水平的;由于受自然条件恶劣、社会保障制度不完善和自身综合能力差等因素的掣肘,目前已经解决温饱问题的贫困人口还存在很大的脆弱性,容易重新返回到贫困状态,贫困地区社会、经济、文化落后的状况还没有根本改观。

我国农村扶贫未来发展的主要任务是:深入推进开发式扶贫,逐步提高扶贫标准,加大扶贫投入,加快解决集中连片特殊困难地区的贫困问题,有序开展移民扶贫,实现农村最低生活保障制度与扶贫开发政策的有效衔接。

《中国农村扶贫开发纲要(2010~2020年)》为今后我国扶贫工作描绘了美好远景:到2020年,稳定实现扶贫对象不愁吃、不愁穿,保障其义务教育、基本医疗和住房。贫困地区农民人均纯收入增长幅度高于全国平均水平,基本公共服务主要领域指标接近全国平均水平,扭转发展差距扩大趋势。

三、其他专项救助制度

(一)廉租住房制度

廉租住房,是指政府向最低收入家庭和其他需保障的特殊家庭,提供租金补贴或以低廉租金配租的具有社会救助性质的普通住房。城镇廉租住房政策,一方面,作为住房供应体系的重要组成部分,它是深化城镇住房制度改革的重要内容,是建立住房新体制的重要环节;另一方面,作为具有社会保障性质的住房供应,它又是一种重要的社会救助制度,是城镇反贫困的重要内容。

目前,我国各地的城镇廉租住房制度虽然在具体的做法上有所侧重,存在一些差别,但基本内容大同小异,主要包括救助对象、救助方式、救助原则、资金渠道、申请登记、手续办理、退出机制等方面。

1. 救助对象

目前,对廉租住房救助对象的确定,绝大多数地方实行"双困"标准:第一,领取城市最低生活保障金的家庭(简称为低保对象);第二,人均居住面积在当地住房困难标准以下的家庭;第三,有的地方,再加上一些特殊对象,如重点优抚对象家庭。

2. 救助方式

一般来说,采取租金补贴、实物配租和租金减免三种方式。第一,租金补贴,是指政府对符合条件的救助对象按市场平均租金水平与廉租住房租金标准的差额发放房租补贴,由救助对象家庭到市场上自行租赁房屋,廉租住房管理

部门也可提供部分合适的房源供其选择租赁;第二,实物配租,是指政府对符合条件的救助对象按廉租住房标准直接提供普通住房;第三,租金减免,是指对符合条件的救助对象现已承租的公有住房,按廉租住房租金标准给予租金核减,并且把企事业单位向最低生活保障家庭提供的租金减免纳入廉租住房范围,逐步过渡到政府保障。

3. 救助原则

救助水平应与当地经济和社会发展水平和居住水平相适应,满足救助对象基本生活需要。与此相关的住房困难标准、租金补贴的面积标准、补贴标准和廉租住房租金标准以及租金减免的具体方式,由当地人民政府结合实际情况制定。

4. 资金渠道

以各级政府财政监督安排的资金为主,其他来源为补充,多渠道筹措。主要包括:第一,政府财政拨付的专项资金,住房公积金增值收益中提取的廉租住房补充资金,公房售房款中按一定比例提取的资金。第二,将廉租住房纳入社会保障体系,从社会福利奖券的筹集款中适当提取一定比例,专项用于廉租住房。第三,接受社会捐赠的资金。第四,通过其他渠道筹集的资金。廉租住房的资金必须纳入住房保障基金,由廉租住房行政管理部门委托银行管理,用于廉租住房的筹集、补贴的发放及廉租住房维修、管理费用的补贴。

5. 申请登记

廉租住房有严格、规范的准入制度。申请人持最低家庭收入证明、住房情况证明以及省、自治区、直辖市人民政府或其建设行政主管部门、房地产行政主管部门规定的其他证明文件,向市、县人民政府房地产行政主管部门提出申请;市、县人民政府房地产行政主管部门对申请人的证明文件进行审核,并在适当的范围内公告,无异议的,予以登记;已登记者按照住房困难程度和登记顺序等条件,经综合平衡后轮候配租。

6. 退出机制

廉租住房行政管理部门会同民政、公安以及街道等部门,定期对已配租廉租住房家庭的收入、人口、住房状况等基本情况进行复核,廉租对象收入提高后或人口、住房等情况发生变化超过规定标准后,不符合廉租住房救助条件的家庭,应退出廉租住房,停发租金补贴,停止租金减免。[①]

我国廉租住房制度是针对城市贫困群体的一项重要社会政策,其社会意义

①　时正新主编:《中国社会救助体系研究》,中国社会科学出版社 2002 年版,第 112～114 页。

远大于经济意义。廉租房制度作为一项社会政策,在未来的发展过程中应注意以下几点:

首先,要加强政策信息反馈。作为政策的制定者和管理者,要注意加强与各地政策执行机构的信息沟通。对廉租住房的制定标准、经费来源、房源情况,以及政策执行过程中出现的一些问题,应及时进行信息反馈,保证这项政策真正落到实处。

其次,要完善受益对象的遴选和退出机制。在廉租住房制度的实施过程中,尤其重要的是,应对受助对象进行严格的资格审查,建立和完善进出机制。一方面,政府应根据经济发展水平和城镇低收入家庭构成的变化,调整最低收入家庭的申请标准,并定期向社会公布;另一方面,应当建立和完善定期跟踪审核制度,例如每隔五年或稍长时间对原保障对象重新进行资格认定,只有符合条件的方可继续享受廉租住房。

再次,要加强政策的配套化与协调性。住房救助要与最低生活保障制度、经济适用房制度等项政策配套管理、协调发展。从配套化上来说,要尽量避免机构和人员的重复,避免互相扯皮,使有限的资源得到有效使用;从协调性上来说,要尽量避免政策间的冲突,使资源得到有效配置,扩大政策的受益面。这就要求我们在制定政策时要有前瞻性,对于政策实施以后出现的不协调问题要及时解决。

(二)医疗救助制度

医疗救助作为城市最低生活保障的配套措施,主要是针对城市贫困家庭的医疗健康和疾病诊治进行救助。例如,北京市在 2001 年颁布《北京市城市特困人员医疗救助暂行办法》,2002 年颁布《关于实施北京市城市特困人员医疗救助暂行办法的意见》,对医疗救助对象、救助标准、救助方式、筹资渠道等分别作了规定:

1. 救助对象

下岗职工、失业人员等特殊群体、生活在最低生活保障线以下的残疾人员、体弱多病鳏寡孤独等老年弱势群体、其他特殊情形下需医疗救助的弱势群体等都应该是医疗救助的对象。归纳起来,享受医疗救助的有:民政部门给予定期定量救济的"三无"人员和其他特殊救济对象中的患病者;因自然灾害而受伤或患病的农村灾民;享受居民最低生活保障家庭中本人有医疗保险待遇的人员,具体指因患大病重病在享受基本医疗保险和有关其他补助后,个人负担医疗费用仍有困难的人员;享受城市居民最低生活保障家庭中丧失劳动能力的无业人员病患者;年满 60 周岁的无业老人和年龄在 16 周岁以下的未成年人中的病患

者;伤残军人、孤老复员军人及孤老烈属等重点优抚对象中的病患者;因患大病重病,经各种互助救助帮困措施后,个人支付医疗费仍有困难且影响家庭基本生活的低收入家庭中特困人员。

2. 救助标准

北京市医疗救助暂行办法规定,凡具有本市正式户口、家庭月人均收入低于本市当年低保标准的特困户以及"五保户",凭有关证件,可享受减免普通住院床位费50%、基本手术费20%、CT及核磁共振大型设备检查费20%的优惠。低保对象就诊时,减收基本手术费和CT、核磁共振大型设备检查费20%,减收普通住院床位费50%。在患危重病期间所发生的医疗费用,全年个人负担累计超过1000元以上,可申请享受50%的医疗救助,医疗救助金额每人原则上不超过1万元。

3. 救助方式

医疗减免是医疗救助中的基本形式或常规形式,就是对医疗救助对象因病支出的医疗费用实行减收或免收,由财政支付;或者规定医疗机构在挂号费、治疗费、药费、住院费等费用实行一定比例的减收或者全部免收。二是规定卫生医疗机构对优抚对象的减免政策。优抚对象持医疗减免证到指定医疗机构就医,基本手续费、CT、核磁共振等检查费、普通住院床位费均按规定比例减收。

4. 筹资渠道

医疗救助主要有以下筹资渠道:一是政府财政支持。各级财政部门应根据统筹兼顾以及现实需要和可能,编制医疗救助的经费预算,保证医疗救助必要的资金。二是接受社会捐助。社会捐助是医疗救助的主要经费来源之一。三是其他渠道筹集。①

专 栏

重特大疾病医疗救助试点②

民政部、财政部、人力资源和社会保障部、卫生部近日联合下发《关于开展重特大疾病医疗救助试点工作的意见》(以下简称《意见》)。因患重特大疾病致贫,难以自付医疗费用的中国公民,有望在基本医保外,再享受所在地方政府的专项医疗救助。从2012年开始,

---

① 参见李彦昌主编:《.城市贫困与社会救助研究》,北京大学出版社2004年版,第123~125页。
② 《新京报》,2012年3月12日,记者魏铭言。

各省(区、市)将选择部分县(市、区)开展重特大疾病医疗救助试点。

救助对象:重特大疾病医疗救助对象,是患重特大疾病的低保家庭成员、五保户、低收入老年人、重度残疾人以及其他因患重特大疾病难以自付医疗费用且家庭贫困的人员。具体条件由地方政府确定。

大病病重:按照四部门《意见》,重特大疾病的政府医疗救助,将先从医疗费用高、社会影响大的病种起步。民政部相关负责人举例说,儿童急性白血病和先天性心脏病、妇女宫颈癌、乳腺癌、重度精神疾病等病种,将优先纳入救助范围。重特大疾病患者应当在居民医保和新农合定点医疗机构诊治,以方便获得医疗救助经办机构提供的"一站式"服务。

北京已建立对低保特困群众的大病医疗救助制度,大病救助一年最高8万。北京市民政局相关负责人介绍,2012年1月1日起,民政部门对城乡特困人员的重大疾病医疗救助再次提高标准,自付部分的救助比例由目前的60%提高到70%,全年累计救助总额由3万元提高到8万元。四类人员可享受这一救助:城市"三无"人员、农村五保供养人员、享受城乡居民最低生活保障和生活困难补助人员、享受城乡低收入救助人员。市民政局统计,全市四类人员总数约50万人。北京重大疾病救助的病种目前包括9类:恶性肿瘤、终末期肾病、白血病、重要器官移植等。此外,北京市慈善医疗救助基金有望2012年4月前后启动,将成为北京大病医疗救助制度的补充,并首次对非京籍居民的重特大病应急救助开放申请。

(三)农村五保制度

所谓五保制度,是针对农村中缺乏或丧失劳动能力、无依无靠、没有生活来源的老、弱、孤、寡、残疾人员,由乡、村两级组织负责向其提供保吃、保穿、保住、保医、保葬或保教等五个方面援助的一种社会救助制度。农村五保制度,是有中国特色的社会救助制度,它面向乡村孤寡老人及孤儿等,是中国农村自新中国成立以来坚持至今并较为规范化的一种社会救助制度安排。

五保制度是20世纪50年代中期开始形成的。20世纪80年代初期,随着农村土地承包责任制的推行,农村五保制度曾经受到一些影响。过去五保户参与集体分配,因为农村集体经济被承包责任制所替代,土地承包到个人,承包责任制度后因五保政策未及时调整,部分地区出现了损害五保户权益的现象。为了做好新时期的农村五保工作,1994年1月,国务院颁布《农村五保供养工作条

例》(以下简称《五保条例》),首次以法规的形式对农村五保供养进行了规范。现行农村五保制度的主要内容包括:

1. 五保供养的对象

五保供养的对象指农村居民中无法定扶养义务人或者虽有法定扶养义务人但扶养义务人无扶养能力的、无劳动能力的、无生活来源的老年人、残疾人和未成年人。五保对象的确定由村民本人申请或者由村民小组提名,经村民委员会审核,报乡、民族乡、镇人民政府批准,发给《五保供养证书》。五保对象具有下列情形之一的,经村民委员会审核,报乡、民族乡、镇人民政府批准,停止其五保供养,收回《五保供养证书》:有了法定扶养义务人且法定扶养义务人具有扶养能力的,重新获得生活来源的,已满16周岁且具有劳动能力的。

2. 五保供养的内容

五保供养包括:一是供给粮油和燃料;二是供给服装、被褥等用品和零用钱;三是提供符合基本条件的住房;四是及时治疗疾病,对生活不能自理者安排人员照料;五是妥善办理丧葬事宜。对于五保对象是未成年人的,保障他们依法接受义务教育。五保供养的实际标准不应低于当地村民的一般生活水平,具体标准由乡、民族乡、镇人民政府规定。

3. 五保供养所需经费和实物来源

从村提留或者乡统筹费中列支,不得重复列支;在有集体经营项目的地方,可以从集体经营的收入、集体企业上交的利润中列支。灾区和贫困地区的各级人民政府在安排救灾救济款物时,应当优先照顾五保对象,保障他们的生活。实行农村税费改革后,农村五保供养资金发生了变化,除保留原由集体经营收入开支的以外,从农业税附加收入中列支,村级开支确有困难的,乡镇财政给予适当补助;免征、减征农业税及其附加后,原从农业税附加中列支的五保供养资金,列入县乡财政预算。在列入县级财政预算后,集中供养经费可由县级财政部门根据县级民政部门提出的用款计划直接拨付敬老院;分散供养经费可由县级财政部门根据县级民政部门提出的用款计划,通过银行直接发放到户。

4. 五保供养的形式

对五保对象可以根据当地的经济条件,实行集中供养或者分散供养。具备条件的乡、民族乡、镇人民政府应当兴办敬老院,集中供养五保对象,五保对象入院自愿、出院自由。实行分散供养的,应当由乡、民族乡、镇人民政府或者农村集体经济组织、受委托的扶养人和五保对象三方签订五保供养协议。

需要指出的是,随着农村税费改革和取消农业税等政策的全面实施,农村五保制度面临着新的挑战。从发达地区的实践来看,政府正在发挥着日益重要

的作用,这一传统的乡村集体救助与福利混合型制度,正在向以国家财政为经济后盾的混合型福利保障制度发展,一些地区的五保户被集中收养在政府主办的敬老院或者老年福利院,即表明了它具有国家福利的特色。

本章小结

社会救助是指国家与社会面向贫困人口与不幸者提供款物接济和生活扶助的制度安排。社会救助可分为广义和狭义两种。广义的社会救助是指对于生活困难者,以国家和社会力量共同保障其经济上的生活,含有共同救贫的意义。狭义的社会救助专指国家依据法律,解决国民贫困,以国家财政给予经济性保护,使其满足最低生活水准的需要,它是社会保障制度的一个环节,又称公共救助。

社会救助的基本特征有最低保障性、以家庭经济状况调查为基础、权利义务相对单向性。社会救助的类型主要包括:依据救助的方式,社会救助可以分为院内救助与院外救助;依据救助的内容,社会救助可分为生活救助、灾害救助、失业救助、住房救助、医疗救助、教育救助、法律援助、农村扶贫开发等;依据救助的手段,社会救助可分为现金救助、实物救助、生活照料等;依据救助的时间,社会救助可分为定期救助、临时救助和急难救助。

中国社会救助的主体制度是最低生活保障制度。低保制度基本满足了贫困者及其家庭的生存需要,促进了社会公平,满足了市场经济改革的需要。今后,中国最低生活保障制度的发展方向包括:规范以家庭经济状况调查为核心的资格审核制度,建立与促进就业相关联的动态调整机制,强化以惩戒为基础的法律规范,构建以社会救助体系为目标的配套制度。

农村扶贫开发是指一切以使农村中的贫困人口摆脱贫困为目的的社会救助项目,基本上包括救济式扶贫和开发式扶贫两种。农村扶贫开发的对象主要包括扶贫对象、连片特困地区、重点县和贫困村。我国农村扶贫未来发展的主要任务是:深入推进开发式扶贫,逐步提高扶贫标准,加大扶贫投入,加快解决集中连片特殊困难地区的贫困问题,有序开展移民扶贫,实现农村最低生活保障制度与扶贫开发政策的有效衔接。

廉租住房制度是政府向最低收入家庭和其他需保障的特殊家庭,提供租金补贴或以低廉租金配租的具有社会救助性质的普通住房。我国廉租住房制度是针对城市贫困群体的一项重要社会救助政策,其社会意义远大于经济意义。

医疗救助作为城市最低生活保障的配套措施,主要是针对城市贫困家庭的医疗健康和疾病诊治进行救助。

农村五保制度,是有中国特色的一项社会救助制度,它面向乡村孤寡老人及孤儿等,是中国农村自新中国成立以来坚持至今并较为规范化的一种社会救助制度安排。

关键概念

社会救助　社会救济　最低生活保障制度　农村扶贫开发　廉租住房制度　医疗救助　农村五保制度

复习思考题

1. 如何理解社会救助的概念。
2. 社会救助体系包含哪些关键环节?
3. 社会救助的功能有哪些?
4. 社会救助的基本特征是什么?
5. 中国廉租住房制度的主要内容是什么?
6. 中国农村五保制度的主要内容是什么?
7. 试述中国最低生活保障制度的主要内容、问题和发展方向。
8. 试述中国农村扶贫开发的对象和目标。

应用案例

【案例1】　全省城市低保对象进行全面复核,清退 20 多万人①

2006 年 3 月开始,某省对全省城市低保对象进行全面复核认定,在这场"复核认定风暴"中,20 多万人被取消了低保资格。

某县一位老板在县城的一条繁华的大街拥有 2 间不小的店面、雇有四五个女营业员的经营红火的服装店生意,还有一座两层小楼,却靠欺骗享受城市低保。

这个姓楚的老板今年 50 多岁,是一个残疾人。2004 年,他向居委会申请低保。他在申请中称,他是一位残疾人,老伴身体也不好,家庭生活非常困难。骗过居委会的信任之后,在县民政局工作人员入户调查时,他又将调查人员领到别人家里,两间破旧砖瓦房,墙壁斑驳,地面铺的是凹凸不平的红砖,家中的东西也相当寒酸:除了一台过时的黑白电视机外,剩下的只有几个破旧的桌凳。

---

① 来源:《大河报》,2006 年 8 月 15 日。

在这次低保复核中,监察人员发现了这个老板的真实情况。复核风暴让该老板的"如意梦"破灭了,民政部门撤销了他享受低保的资格。

【案例2】 双份低保者不乏其人①

某社区,领取低保的有 1 342 户,但其中却有 493 户已不符合领取低保标准。

一居民说:"有人在这个社区办一个低保,又在另一个社区办一份,吃着双份低保,发国家财。"

李某,原系某村社区低保户,此次社区换届任治保主任,有收入 500 元,一家三口有 3 处住房,2 处出租。家中有商店,店中有赌博机,其妻又申请并享有低保,一家三人重复在两个社区吃低保,收入远远超过低保线。李某的《申请(审批)表》显示,李家的低保金为 150 元,在"妻子"的备注中他填写的是"半边户"。据一居民说,他的妻子在詹家墩的表格中将李某也填为"半边户"。为了多吃点低保,一个屋的人进行了分户。

【案例3】 利用职务之便为亲人假办低保②

身为民政干部,在掌管城镇低保金方面本应认真履行职责、拯救城镇贫困职工于水火之中,然而她却利用职务便利,违规为其母办理城镇低保,并虚报低保人员骗领低保金。2000 年 4 月,某市民政局救灾低保科科长张某利用自身职权,将内容不实的申请表、审批表交由该区某街道办事处负责低保的工作人员报批,违规为其母王某办理了享受城镇低保待遇的手续。从 2000 年 5 月至2006 年 2 月,王某名下的低保金共被领取 20 980 元。

2004 年 3 月,张某利用职务之便,虚报享受低保人员名单,在该区某街道办事处所报的享受低保人员名单中擅自加入 11 人假办低保,通过私刻印章等手段,自 2004 年 3 月至 2005 年 9 月共骗领低保金 37 435 元,据为己有。

案例思考题

1. 如何有效做好低保对象的资格审查?

2. 如何杜绝"人情保"、"关系保"?

---

① 来源:《长江商报》,2006 年 10 月 9 日。
② 来源:大河网,2006 年 10 月 9 日。

第十一章　社会福利

 学习目标

通过本章的学习,掌握社会福利的概念及与社会救助概念的关系,领会老年人福利、残疾人福利、儿童福利、住房福利、教育福利的主要内容,了解中国社会福利制度中老年人福利、残疾人福利、儿童福利、住房福利、教育福利的有关政策法规,目前存在的主要问题以及未来发展走向。

第一节　社会福利概述

一、社会福利的概念

本章所讨论的社会福利是狭义的社会福利概念,与社会保险、社会救助和社会优抚并列,是社会保障的一部分。它是指国家通过货币津贴、实物供给和社会服务等手段,提升生活质量的一种制度安排。如果说社会救助是“雪中送炭”,那么社会福利则是正常生活水平条件下的“锦上添花”。

社会福利与社会救助均是社会保障制度中的两个子项目,二者的不同点在于:第一,在保障对象方面,社会救助的对象是所有实际生活水平低于基本生活水平的贫苦者和其他社会弱势群体,需要通过家计调查;社会福利的对象则是具有特殊需要的普通国民,无须经过家计调查。第二,在保障水平方面,社会救助以保障贫困者基本生活为目的,具有“生存性”功能;社会福利则以提高生活水平和生活质量为目的,有一定的“享受性”功能。第三,在保障的提供方式上,社会救助通常以现金、实物为主实施救助;而社会福利则以提供各种服务和照料为主。第四,在保障主体方面,社会救助以政府为主体,社会可以参与;社会福利的保障主体更为多元化,可以是政府、社区、组织、家庭和个人。

需要注意的是,社会福利概念与社会救助概念很多时候交叉在一起使用,社会福利很多时候成为社会救助的代名词,如老年人福利院、儿童福利院实际上是社会救助的机构。

二、社会福利的分类

划分标准不同,社会福利的内容也不尽相同。一般来说,我们习惯上按照社会福利对象的群体特征,分为老年人福利、残疾人福利、儿童福利等内容。除此之外,根据福利资源的类别,还可以分为住房福利和教育福利。

第二节　社会福利制度内容

一、老年人福利

(一)老年人福利的含义

老年人福利是指国家和社会通过福利设施、福利津贴和社会服务,满足老年人的生活照料需求并促使其生活质量不断得到改善的一种制度安排。

(二)老年人的福利需求

从老年人的生活出发,老年人的福利需求可以归纳为以下几个方面:

第一,老年人的经济需求。由于身体机能衰退,人进入老年后,必然退出劳动领域,其收入由此中断,而生活仍需继续。因此,老年人面临的最基本的问题还是收入中断所带来的经济问题,从而使经济保障成为老年人安度晚年的必要条件。在各国,老年人的经济保障除来源于家庭或自己的积蓄外,主要来源于养老金、老年津贴等。

第二,老年人的健康需求。从生命周期看,人生进入老年阶段后,抗御疾病的能力下降,患病的概率增加,影响人的行动能力和独立生活能力。因此,老年人对健康保障的需求尤显迫切。

第三,老年人的情感需求。减少或失去收入、减少参与社会活动、社会地位降低等,都可能导致情感空虚,尤其是家庭空巢化已经成为现代社会不可逆转的趋势,许多老人的子女不在身边,更容易产生孤独感。因此,老年人需要转换角色,同时也需要相应的情感慰藉。

第四,老年人的生活照料需求。随着年龄的增加,老年人的自我照料能力也会持续下降,从而特别需要有相应的生活照料服务等。如果子女不在身边,这种需求会表现得更加突出。

第五,老年人的其他需求。现代社会老年人对技能培训和文化教育也会有新的需要。同时,在脱离原有的工作环境后,老年人亦需要参与娱乐及其他社会活动。

老年人社会保障比促使儿女"常回家看看"更保险① 刘刚 绘

(三)老年人福利的主要内容

1. 老年收入保障

老年收入保障是指对退出劳动领域或无劳动能力的老年人实行的社会保护措施,包括住房、医疗、教育等方面的经济保护,以及养老金、老年福利津贴或高龄津贴等。

2. 老年生活照料

老年生活照料是对于因年事已高而在生活中存在困难的老年人所进行的生活上的照顾,包括吃、穿、住、行等具体方面,以及医疗保健方面的照顾。老年生活照料可以分为三种形式:家庭照料、机构照料和社区照料。②

(1)家庭照料

家庭照料是指将需要照顾的老年人留在家中或让其待在自己熟悉的环境里得到生活上的照顾,主要有以下几种形式:(1)家庭寄养:为了使一些孤单老人可以享受家庭生活而不必被送到养老院,社会服务机构就会征募一些愿意收养老年人的家庭。英国对这些老年人寄养家庭每个星期都发给照顾老年人所

① 图片来源:中国广播网:老年人社会保障比促使儿女"常回家看看"更为重要,漫画/唐春成,2011年1月6日,http://www.cnr.cn/china/gdgg/201101/t20110106_507553469.html。

② 参见李迎生主编:《社会工作概论》,中国人民大学出版社2004年版,第276~278页。

需费用、津贴。(2)家庭助理:在许多国家,如丹麦,在地方上由政府负责对老年人家庭提供家政服务。在美国,也有针对那些需要照顾的老年人家庭所提供的家庭健康服务、饮食服务计划以及家事管理员服务等措施。

(2)机构照料

机构照料就是在一定的专门机构内为老年人提供护理、食宿、生活服务的照顾。进行老年人照顾的机构根据其收住对象的不同,提供的服务分为以下几种:①安老院(residential homes):主要是针对那些没有亲属并且也没有了工作能力的老年人,所提供的服务主要是住宿与饮食,以及一些像协助穿衣等非医疗性的服务。②疗养院(nursing homes)或者护理中心(nursing care centers):提供全天候的专业护理以及医疗服务。住在疗养院的费用会随着所提供的医疗服务的专业性和密集性的不同而有所不同。③日间照顾中心(day care centers):有些老年人虽然住在家中,但由于自己家人忙于工作难以对老年人照顾周全,因此也需要机构提供某些服务。日间照顾中心就是针对这类老年人,在白天为老年人提供保护性的环境以及情绪上的支持。老年人在这里可以享受到生活上、医疗上的帮助以及精神上的支持。④身心障碍中心:针对具有身心障碍老人的需要,除了特别的医疗照顾外,还需要一些医疗设备。在丹麦,每一郡都设有残障中心,来帮助有此需要的老年人。服务的项目包括提供外科的整形、假肢、绷带、特别椅、床垫、浴室设备、助听器和室内外的轮椅等。购买和修复假肢的费用也可以申请政府帮助。

(3)社区照料

社区照料是让那些需要照顾的老年人住在自己的家中或者尽可能地在靠近他们的社区的机构中接受照料。社区照料建立在老年人自立、与社会保持接触和常态生活的基础之上的,其目的是帮助老年人体现出作为社区成员的角色,尽可能地让他们生活在一个“常态”的社会环境中。社区照料的服务项目包括:①解决老年人的住房安置;②提供家庭之外的医疗卫生服务,从基本护理到技术性较强的专业护理,这些服务由不同行政结构的组织者提供。

3.老年社会服务

(1)心理和社交服务

一是个人的协助。主要是减轻老年人生活压力,改善家庭关系或社会关系,提供老年人福利咨询,解决老年人各种困难等。二是团体活动。主要是促进团体成员之间相互认识了解,改进老年人的观念或态度,增加老年人生活知识等。三是社区交流。主要是为了促进老年人与社区居民交流,参与社区中各种活动等。四是促进老人人际关系。主要是了解妨碍老年人人际关系的各种因素,如过敏或迟钝的性格、不良嗜好、喜欢争吵、不顾他人立场、不愿与他人互动,以及不主动与他人来往的消极思想和态度等,通过正式或非正式团体推动老年人积极参与社会活动,改变不良习惯和原有的消极态度。五是老年人活动中心等,充实老年人生活,增进老年人之间的交流。

(2)教育服务

可以通过多种途径为老年人提供教育服务,例如通过兴办老年大学,为全社会老年人传授知识和进行技能培训。通过老年大学的教学活动,不但为老年人的晚年生活增加丰富的活动内容和生活情趣,更能使老年人获得许多保健知识。另外,对老年人免费开放图书馆、博物馆及艺术馆等。老年人退休后有较多的空闲,但有时因行动不便,无法自行充分利用许多公共的设施。例如,瑞典的图书馆就提供了专门职员来为老年人服务,老年人可以通过电话借书在家中阅读。至于博物馆和艺术馆等机构,除了对老年人予以优惠或免费外,还设立了老年人休息的坐椅。除此之外,还可以通过举办老年人职业学校、老年人讲座或补习教育、老年人学习性俱乐部等方式,为老年人提供教育等方面的服务。

(3)就业服务

在退休后,许多老年人都有着再就业的想法。虽然社会普遍重视的是年轻人的就业问题,但老年人就业也是"老有所为"的体现,而一些学历高、身体健康的老年人,具有丰富的实践经验,他们继续在各行业中发挥作用,对社会经济发展是十分有利的。老年人就业服务还包括退休者再雇用训练与辅导、退休制度的改进研究、老年人创业或老年人就业专项计划等。

二、残疾人福利

(一)残疾人的界定

残疾人包括视力残疾、听力残疾、言语残疾、肢体残疾、智力残疾、精神残疾、多重残疾和其他残疾等多种类型,是一个特殊的社会群体。

在国际上,对残疾人的定义并不完全统一。如国际公约《残疾人职业康复和就业公约》第159号中就这样定义:残疾人是指因经正式承认的身体或精神损伤在适当职业的获得、保持和提升方面的前景大受影响的个人。《残疾人权利宣言》中则认为,残疾人是指任何由于先天性或非先天性的身心缺陷而不能保证自己可以取得正常的个人生活和社会生活中一切或部分必需品的人。《关于残疾人的世界行动纲领》中又将残疾人定义为不是一个单一性质的群体,它包括精神病者,智力迟钝者,视觉、听觉和言语方面受损者,行动能力受限者和

"内科残疾"者等。① 1980 年,世界卫生组织首次编写出版了一本关于残疾的国际分类手册,精细地区分了疾病引起的不同后果。根据这本手册,残疾具有三方面的含义:(1)身体或心理方面的缺点或限制,通常以损害(impairment)来表示;(2)这些损害必定会导致身体功能丧失或减少,通常以失能(disability)来表示;(3)这些失能者,倘若遭受社会的歧视或环境的限制,就会形成障碍,使其无法发展潜能或独立生活,这就成为残疾。② 我们认为,残疾人主要是指因病伤造成身体缺损或生理功能障碍,在心理适应和社会适应方面出现问题,影响正常生活的人。

(二)残疾人福利的含义

残疾人福利是指国家保证有残疾的公民在年老、疾病、缺乏劳动能力及退休、失业、失学等情况下获得基本的物质帮助,并根据社会的经济、文化发展水平,给予残疾人相应的康复、医疗、教育、劳动就业、文化生活、社会环境等方面权益保障的制度安排。

它既包括为保障残疾人在衰老、疾病、缺乏劳动能力及退休、待业、失学等情况下,从国家和社会获得足够的物质帮助而建立起来的特定保护法的援助制度,同时也包括国家和社会团体等针对残疾人兴办的各种社会福利事业、福利设施和福利服务等。

(三)残疾人福利的主要内容

虽然世界各国残疾人福利的内容存在一定的差异,但总的来说,残疾人福利的基本内容是一致的。按残疾人福利的内容来分,一般包括残疾预防、残疾康复、残疾人教育、残疾人就业、残疾人文化教育和无障碍环境建设。

1. 残疾预防

残疾预防是指采取一些行动来避免社会成员出现生理、智力、精神或感官上的缺陷(初级预防)或防止缺陷出现后造成永久性功能限制或残疾(二级预防)。残疾预防可包括许多类别的行动,如产前产后的幼儿保健、营养学教育、传染病免疫运动、防治地方病的措施、安全条例、在不同环境中防止发生事故的方案,包括改造工作场所以防止职业残疾和疾病,预防由于环境污染或武装冲突而造成残疾。简单地说,残疾预防是指在了解致残原因的基础上,利用现有的卫生医疗技术等手段,积极采取各种有效措施和途径,防止、控制或延迟残疾的发生。

---

① 参见郑功成主编:《社会保障学》,中央广播电视大学出版社 2004 年版,第 334 页。

② World Health Organization. International Classification of Impairments, Disability and Handicaps. 1980;李迎生主编:《社会工作概论》,中国人民大学出版社 2004 年版,第 315 页。

2. 残疾康复

残疾康复是指旨在使残疾人达到和保持生理、感官、智力、精神和（或）社交功能上的最佳水平，通过专业化的程序和技术，对生理的、心理的、行为的残疾人实施再教育和再塑造，增强他们适应社会的能力，以便进入正常的社会生活。它具体包括医疗康复、心理康复、教育康复、职业康复、社区康复、社会康复等，其目的在于通过各种康复手段，使残疾人回归社会。

3. 残疾人教育

残疾人教育是国家提供给患有残疾的儿童、青年和成年人享有平等教育机会的一种制度安排，它由政府财政扶持，是现代国民教育系统的一个有机组成部分。它包括学前教育、基础教育、高等教育、职业技术教育和成人教育等。特殊教育是对有特殊需求的残疾人实施的教育，在教育过程中，需要有特殊的教具、学具和特殊的教学方式。

4. 残疾人就业

与残疾人教育一样，残疾人就业也是残疾人福利的重要内容之一。残疾人福利重视残疾人自身的发展，倡导残疾人自立，其中一个重要表现就是采取各种措施保障残疾人就业。保障残疾人就业的福利措施一般包括两个方面：第一，利用法律或政策手段保护残疾人的就业机会。例如世界各国都有相应的法律明确规定企业有义务雇用一定比例的残疾人。第二，开展残疾人职业康复，提供残疾人职业咨询、职业评估、职业治疗、职业培训等福利服务。

残疾人就业享受优惠政策①

———————————

① 图片来源：《厦门日报》，《全景解读厦门市残疾人就业优惠政策》，黄嵘绘，2010 年 4 月 5 日，http://www.admaimai.com/NewsPaper/NewsletterUrl.aspx? id＝594。

5.残疾人文化体育

早期的残疾人福利一般比较注重残疾人物质生活方面需要的满足,随着残疾人福利的不断发展,残疾人文化体育活动开始活跃,并丰富了残疾人的精神生活。残疾人体育就是其中影响深远的内容之一。现在许多国家都把残疾人体育的发展视为本国体育发展、经济发展水平与文明程度的标志,并予以高度重视。

6.无障碍环境建设

无障碍环境包括物质环境、信息和交流的无障碍。物质环境无障碍要求城市道路、公共建筑物和居住区的规划、设计、建设应方便残疾人通行和使用,如城市道路应满足坐轮椅者、挂拐杖者通行和方便视力残疾者通行,建筑物应考虑在出入口、地面、电梯、扶手、厕所、房间、柜台等处设置残疾人可使用的相应设施,方便残疾人通行等。信息和交流的无障碍要求大众传媒应使听力、言语和视力残疾者能够无障碍地获得信息,进行交流,如影视作品、电视节目可配备字幕和解说,运用电视手语;出版盲人有声读物等。在物质环境无障碍建设上,世界各国都制定了相应的法律、法规,并在实际的建筑设计中实施,为残疾人创造了开放、方便、安全的行动空间。在信息和交流的无障碍环境上,网络信息技术的发展也对无障碍环境建设提出了新的要求。这包括两个方面:一是残疾人获取信息的机会权利;另一个是残疾人使用网络的无障碍,包括计算机硬件辅助的问题及计算机软件的设计问题等。

三、儿童福利

(一)儿童福利的含义

儿童福利,也叫未成年人福利。未成年人由于身体、心理均在发育成长过程中,他们对自身的保护能力和对社会的适应能力还未形成,从而特别需要家庭和社会的关心、帮助和教化。儿童福利是指政府和社会为所有儿童提供健康的生存环境和接受教育的机会,保护其合法权益,向其提供个人成长所必需的各种保护性措施和社会服务的制度安排。

(二)儿童福利的内容

儿童福利主要包括如下一些内容:

1.儿童医疗健康

例如,对儿童实行预防接种制度,积极防治儿童常见病、多发病,提供必要的卫生保健条件,做好预防疾病工作。兴办专为儿童医疗保健服务的儿童医

院,或者在全科医院中设立儿科;开展儿童保健工作,定期进行儿童健康检查、预防接种、防治常见病、多发病,使儿童健康成长。在实施上述项目中,一般由国家财政提供专门拨款,用以补贴。

2.儿童文化娱乐

建立和完善适合未成年人文化生活需要的场所和设施,同时,鼓励社会团体、企事业单位和其他社会组织、公民个人,参与未成年人福利事业。在具体内容方面,主要是建立和普及托儿所、幼儿园,为婴、幼儿提供良好的活动、生活条件和保育服务;建立儿童活动中心、少年之家、少年宫、少年活动站以及儿童公园、儿童乐园等儿童活动、学习场所。

3.义务教育

普及义务教育保障每一位学龄儿童有受到教育的机会,对接受义务教育的儿童免收学费,等等。

4.孤残儿童福利事业

对于孤残儿童,建立相应的福利机构来集中收养,或者在财政补贴下通过家庭领养、代养、收养的方式提供保障。如儿童福利院是政府部门在城市举办的以孤儿为主要收养对象的社会福利事业单位,其主要任务是收养城市中无家可归、无生活来源、无法定义务抚养人的孤儿和收养家庭无力看管的残疾儿童。此外,还有 SOS 儿童村等。此外,为减轻残疾儿童的残障程度、恢复其自理生活和从事劳动的能力,建立残疾儿童康复中心,专门为残疾儿童提供门诊和家庭咨询,开展各种功能训练和医疗、教育、职业培训,等等。

四、住房福利

(一)住房福利的含义

所谓住房福利,是指中央政府和地方政府解决国民住房问题的社会福利措施和手段。在现代社会,随着经济的发展,人们的住房条件在总体上不断改善,但住房需求得不到满足的情况也大量存在,即使在经济最发达的国家中也有很多无家可归者和住房拥挤、贫民窟现象。这些情况说明,仅靠市场机制难以完全解决国民住房问题。为此,各国普遍采用政府干预的方式来弥补市场机制在满足住房需要方面的不足。各国的实践证明,住房福利的发展,不仅需要市场机制的完善,而且需要政府的行政干预。由于各个国家的国情不同,住房福利的方式也多种多样。但是,无论是什么样的国情,经济的发展、市场的有效运行和政府的干预,都是决定各国住房福利的重要因素。

(二)住房福利的主要内容

概括而言,住房福利一般包括如下内容:

1. 公共房屋

即由政府直接建造大量低租房屋供社会中下阶层居住。譬如,新加坡为了保障社会稳定,并通过发展建筑业吸纳更多的劳动力就业以带动国民经济全面发展,进行了大规模的住房建设,这种住房建设以市场机制为基础,但政府对房地产市场进行了有效的干预控制。在中国的香港地区,政府举办的公共房屋迄今仍然是许多香港居民解决住房问题的基本途径。

2. 住房财政补贴

这种方式通常有两种做法:一是用来补贴购买自住住房者的免税和减税。例如,英国的住房福利规定,买者可在贷款利息、保障金及住房维护等方面享受一定的优惠。管理部门对申请人的收入水平、存款、家庭成员和住房条件等进行全面审查,获得批准的公民可享受政府提供的优惠条件和住房补助。二是用来补贴租房者的现金补贴。例如,荷兰从 1967 年开始逐步减少政府对住房建设的贴息,同时,为抵消以相等的比率提高房租对低收入家庭的冲击,政府引入房租补贴政策。瑞典在 1968 年将政府建房抵押贷款的利率提高到市场水平,同时扩大对各类困难人员的房租补贴。联邦德国于 1956 年开始实行有限度的房租补贴,1970 年通过立法扩大到所有家庭,补足每个家庭实际应付房租与家庭能够承受的房租支出之间的差距。

3. 住房金融政策

住房金融政策也是政府介入住房领域的一个重要手段。常见的住房金融政策有:

(1)私营机构住房抵押贷款。这种模式以美国为代表。其基本特征是:首先,经办房地产金融业务的机构中私营金融机构占主体地位,大多数美国人能通过私人金融机构的住房抵押贷款来解决住房问题;其次,联邦政府的住房金融管理机构对住房金融市场进行有效的调控,包括成立初级市场的政府担保机构、建立联邦住房贷款银行系统、建立全国性的二级抵押市场、组建经营机构证券的政府机构等方式;再次,在政府实施有效调控的同时,也重视发挥私人资本的作用,私人资本活动与政府调节高度融合。

(2)公私机构互为补充的购建房贷款。该模式以日本为代表。住房金融公司是日本政府为了向国民提供购建房贷款而成立的公营住房金融机构,它行使政府住房金融职能,融通长期低息资金,依照日本政府的住房福利对购建住房者提供长期低息贷款。

（3）住房公积金。该模式以新加坡最为典型。新加坡自1965年独立以来推行中央公积金制度，雇员可以用公积金购房。购房的款项，包括首期付款和从银行得到的贷款，都可以用公积金储蓄偿还，但不可用公积金支付房租。①

五、教育福利

（一）教育福利的含义

所谓教育福利，是指国家和社会保障国民中适龄成员享受平等的教育机会，并为受教育者提供免费或低费教育的制度安排。教育福利与教育救助的不同是，教育福利是面向全体适龄社会成员的一种制度安排，而教育救助是国家和社会为保障适龄人口获得接受教育的公平机会而对贫困地区和贫困家庭子女提供物质援助的一种制度安排，因而后者带有明显的选择性。

（二）教育福利的主要内容

现代教育体系从层次上看，包括初级教育、中等教育和高等教育；从内容上看，包括普通教育、职业教育、成人教育和特殊教育；从教育场所看，包括校内教育和校外教育；从正规化程度上看，又包括正规教育和非正规教育。一般来说，教育福利的内容主要包括以下几个方面：

1. 教育基础设施和师资队伍

由国家为主体负责建设教育机构，包括投入教育事业的基础设施、设备和建设教师队伍，政府直接管理教育机构，或者指导教育机构的运行。世界各国都通过兴办教育基础设施，培训合格的教师员工队伍，并对教育机构进行管理和监督。

2. 免费或低费教育制度

当今世界各国在巨大的公共教育体系的支撑下，基本上解决了义务教育阶段的教育需要，特别是在发达国家中，几乎所有青少年都能获得法律所规定的义务教育，并且在公共教育机构中的义务教育阶段一般都是由公共资金支持，而个人受教育是免费的。

3. 奖贷学金政策

例如国家奖学金、助学金制度、国家助学贷款政策，在农村地区、贫困地区、少数民族地区等实行对教育的特殊投入，通过政策干预保证社会各阶层平等获取教育资源等。

---

① 参见关信平主编：《社会政策概论》，高等教育出版社2004年版，第284～285页。

第三节　中国社会福利制度

中国社会福利在计划经济时代形成了以职工福利为核心的国家负责、城乡分割、板块结构式的制度安排,几乎涉及城镇居民生活的各个方面。20 世纪 80 年代以后,中国的社会福利制度进入转型时期,形成了老年人福利、残疾人福利、儿童福利、住房福利和教育福利的基本制度框架。

一、中国老年人福利

(一)中国老年人福利的发展

新中国成立以来,国家颁布了一系列包括老年人收入保障、老年人福利服务、老年人医疗健康、老年人文化教育和体育、老年人权益保障以及老龄产业等多方面内容的法律法规和政策,初步形成以《中华人民共和国宪法》为基础,《中华人民共和国老年人权益保障法》为主体,包括有关法律、行政法规、地方性法规、国务院部门规章、地方政府规章和有关政策在内的老年人福利的政策体系。

改革开放以来,随着经济社会的发展,尤其是人口老龄化速度的加快,面向老年人的福利事业也得到了一定程度的发展。中国老年人福利的主要内容,可以概括为如下几类:

1. 日常生活照料

为老年人提供日常生活照料,是中国老年人福利事业的主体内容。在这方面,尽管各地不一,但大都是建立福利院、敬老院、老年公寓等,收养没有生活保障的老年人,并扩大到对社会上一般老人的收养安置,为老年人解决生活照料以及精神上的孤独问题。

2. 医疗健康服务

老年人身体功能衰退、疾病增加,因此老年人的医疗保健亦构成了老年人福利的一项重要内容。在这方面,城镇享受离退休待遇的老年人,通常继续享受原有的医疗保险待遇。其他老年人的医疗保健问题,虽然未有全国性的统一政策规范,但许多地方正在尝试相应的办法。如在某些有条件的地方,由所在单位或社区组织老年人开展定期的身体检查;在大多数医疗机构设立老年病科,开展老年病的治疗工作,大多数医院都有老年人挂号、看病、取药"三优先"公约。此外,国家还组织和提供资金,或者由社区建立老年康复疗养机构,使老年人的健康问题得到解决。

3.其他社会服务

除了生活照料和医疗健康外,老年人的精神文化需求也是一个不可忽视的方面。因此,在城市,政府重视支持社区建立专门的老年人休闲娱乐的活动场所,如老年人活动站、老年活动中心等,为老年人提供文化、教育、娱乐、体育活动设施,对老年人优惠服务,解决老年人的精神文化需要;有的还建立了"老年人婚姻介绍所"、"老年人再就业介绍所"、"家政服务站"等。在老年人文化教育方面,国家在大中城市逐步建立设施完备、功能齐全的综合性老年活动中心,在县(市、区、旗)建立老年文化活动中心,乡(镇)、街道设立老年活动站(点),基层村(社区)开设老年活动室。国家财政支持的图书馆、文化馆、美术馆、博物馆、科技馆等公共文化服务设施,以及公园、园林、旅游景点等公共文化场所向老年人免费或优惠开放。

(二)现阶段中国老年人福利面临的问题

人口老龄化对中国养老服务和老年人福利制度建设提出了新的要求。目前,中国老年人福利面临着家庭养老功能弱化、机构养老供给不足、护理服务亟须发展等困境。

1.家庭养老功能弱化

家庭养老的独特作用不可替代。家庭养老主要有三个方面的独特作用:一是物质生活得到保障。由于老年人退出生产领域后,自身的劳动能力已经减弱或者丧失,许多人基本不再创造物质财富,没有养老金的老年人,只能从子女那里获得吃、穿、住、用等经济支持。二是日常生活得到照料。由于老年人生理机能老化、体质减弱,常有疾病缠身,有的行动不便,有的生活不能自理,老年人在家中养老便于子女的精心敬养和护理。三是精神生活得到慰藉。由于老年人长期同子女们朝夕相处,建立了深厚的感情,家庭养老可以使老人享受到儿孙绕膝之乐,减少晚年的孤独和寂寞。

当前,受人口政策和社会流动加剧的影响,代际间的空间距离不断扩大。家庭结构的小型化导致家庭权力由集中型向分散型发展,传统的养老观念面临多种社会因素和价值取向的挑战,家庭护理服务的压力越来越大,传统家庭的多重性功能发生了变化,家庭的养老功能出现了弱化的趋势。

2.机构养老供给不足

机构养老是老年人福利体系的重要组成部分。计划经济体制下,城市机构养老主要面向无依无靠的孤寡老人。近年来,随着养老问题的凸显,机构养老供给不足的困境也日益突出。这主要表现在:第一,养老设施严重不足。2004年9月7日《中国的社会保障状况和政策》白皮书公布,目前,中国共有各类老年人社会福利机构 3.8 万个,床位数 112.9 万张,平均每千名 60 岁以上的老年人拥有床位 8.4 张,仅占老龄人口总数的 0.84%。① 截至 2010 年底,全国各类老年福利机构 3.99 万个,床位 314.9 万张,年末收养老年人 242.6 万人。② 目前,虽然老年人福利机构和床位数均有所增加,但是供求矛盾仍然十分突出。第二,养老机构的服务水平参差不齐。服务水平较高的养老机构,医疗设施配备完善,拥有专业的医护人员,有的还有附属医院,能够处理紧急情况;一般的养老机构,有基本的医疗设施和少量的医护人员,服务水平也处于中等,比如一些社区和街道养老院;服务水平较低的养老机构大多是个人办的,这类养老院一般规模较小,几间房子,几个护理员,设施简陋,也没有专业护理,服务水平相当低下,让老人望而生畏。③ 第三,政府包办,社会化程度较低。中国的老年福利机构多属民政部门"直属、直办、直管",社会力量兴办的老年福利机构刚刚起步,规模较小。主要原因有两个方面:一方面,老年福利事业资金不足,发展缓慢;另一方面,由于缺乏竞争,福利机构的管理体制和运行机制不能适应市场经济体制和社会发展的要求。④ 第四,养老机构标准化管理不到位。例如养老机构的设置门类不够齐全,如老年公寓没有单元式(或复合单元式)住房、小厨房、应急呼叫系统设备较少、未能做到无障碍设计,养老院收费标准不统一、部分养老院收费标准偏高、养老院工作人员的专业化水平不高等。

3. 护理服务亟须发展

中国老年人护理服务发展仍然比较滞后。随着老年人口数量的增加,特别是高龄老年人口数量的增加,解决老年人护理问题已经成为一个重要的社会问题,但是我国老年人护理制度还很不完善,无法适应老年人的需要。因此,建立完整、完善的老年人护理服务制度已经成为当务之急。

目前,我国老年人的机构护理也存在着很多问题。一是机构设施不足。目前老年人照料和护理设施的发展相当滞后,供需矛盾很尖锐。二是服务质量不尽如人意。护理机构提供的服务在许多方面尚不能满足广大消费者的需求。同时,在机构的分布和可及性、机构内的配套设备、居住环境、服务内容和质量以及管理水平等方面也不尽人意。三是资金压力巨大。政府对老年人长期护

---

① 《全国老龄办常务副主任李本公在全国养老服务社会化经验交流会议上的讲话》,2006 年 7 月 14 日,全国老龄协会网站,http://www.cnca.org.cn。

② 国家民政部:《2010 年社会服务发展统计报告》,来源:民政部门户网站(http://www.mca.gov.cn/article/zwgk/mzyw/201106/20110600161364.shtml),上网时间:2012 年 3 月 2 日。

③ 肖向华:《多元化,社区养老的发展模式》,《老年人》2004 年第 9 期。

④ 窦玉沛:《应对人口老龄化的挑战,加快老年社会福利事业的发展》,《理论前沿》2000 年第 24 期。

理服务的投入十分有限,设施建设、护理保险及人员培训,均受到资金短缺的限制。四是管理体制存在的问题。目前社会化长期护理工作基本上涉及三个部门:卫生部门主要通过医疗机构负责老年人护理工作,如护理院、老年病院,同时负责社区卫生工作;民政部门主要通过设立养老机构负责向一部分特殊群体老年人(主要是"三无"老人)提供生活照料服务;劳动和社会保障部门负责企业职工的医疗保险。由于无专门负责长期护理工作的机构,所以很难解决老年人护理发展中的结构性和操作性的问题。五是专业护理人员短缺。绝大多数护理机构及社区中专业护理人员非常少,文化素质普遍较低,多是没有经过专业培训的退休职工、临时打工者。他们缺乏老年人护理的基本知识,仅能做家政服务或简单的康复护理。此外,老年人长期护理工作强度大、劳动报酬低的现状也影响了护理队伍的招募与稳定。

(三)中国老年人福利的发展方向

毫无疑问,老年人福利的制度设计一定要和本国的历史文化传统相结合,任何脱离历史文化传统的制度设计都是无本之木。为此,必须在完善基本社会养老保险制度的基础上,形成以居家养老为主体、以机构养老为补充、以社区养老服务为依托的社会福利体系。

首先,要突出居家养老在老年人福利中的主体作用。简言之,居家养老是以家庭为养老居所的养老方式。家庭养老在我国有着深厚的思想基础,"老吾老以及人之老,幼吾幼以及人之幼"。尊老爱幼是中华民族的传统美德,"养儿防老"等传统观念更是深入人心。居家养老与家庭养老的不同在于,居家养老将家庭养老的责任主体由个人和家庭过渡为家庭、企业、社区、国家共同承担。在现代社会,居家养老既符合中国传统文化的要求,又尊重老年人长期在家庭中形成的生活习惯,避免机构养老带来的重新社会化和环境疏离等问题,通过发展社会化的养老服务体系,使老年人安度晚年。

其次,要发展和规范机构养老。在各类老年福利机构中,公办养老福利机构主要面向传统"三无"对象和优抚对象,国家承担了更多的管理责任和财政责任;而民办养老机构主要面向自费养老对象,应有更大的发展空间。我们认为,要大力发展民办养老机构,实现其养老服务的市场化运作。

再次,积极发展城市社区养老服务体系。目前,中国城市社区养老服务不仅面临缺少社区养老机构的困境,还普遍缺少专业护理员队伍、缺少专业社会工作人员、缺少医疗卫生保健设施。要发挥居家养老的主体作用,应当健全以社会化和市场化为主导的养老服务体系,培养具有专业资格的养老护理员队伍,建立社区老年人的医疗卫生网络和家庭医生联系制度,保证在社区内满足老年人居家养老面临的吃饭、照料、看病等基本需求。

二、中国残疾人福利

(一)中国残疾人福利的发展

根据 2006 年第二次全国抽样调查数据,中国有 8296 万残疾人,占全国总人口的比例为 6.34%。其中,视力残疾 1233 万人,占 14.86%;听力残疾 2004 万人,占 24.16%;言语残疾 127 万人,占 1.53%;肢体残疾 2412 万人,占 29.07%;智力残疾 554 万人,占 6.68%;精神残疾 614 万人,占 7.40%;多重残疾 1352 万人,占 16.30%。[①]

新中国成立后,残疾人福利事业获得了长足发展。1951 年,中国政府颁布《劳动保险条例》,并陆续开办了一些聋哑学校、社会福利机构以及社会福利企业。目前,国家已颁布了多部与残疾人福利有关的法律、法规,如《中华人民共和国残疾人保障法》等。中国残疾人福利事业取得了一定的成就,主要表现在残疾人就业、残疾人教育、残疾人康复、残疾人文化体育和无障碍设施建设等方面。此外,《教育法》、《义务教育法》、《高等教育法》以及《职业教育法》当中都有残疾人教育的相关内容,1994 年颁布了专门针对残疾人的《残疾人教育条例》(国务院第一百六十一号令)。截至 2010 年底,全国民政部门管理的智障和精神疾病服务机构共有 251 个。其中社会福利医院(精神病院)157 个,床位数 3.8 万张,年末收养各类人员 3.4 万人;复退军人精神病院 94 个,床位数 2.3 万张,年末收养各类人员 1.9 万人。[②] 此外,中国的残疾人文化体育和无障碍设施建设都取得了一定的成绩。

(二)中国残疾人福利面临的问题

中国残疾人福利主要面临以下几个方面的问题:一是残疾人群体规模庞大,基本生活和日常照料缺乏有效的制度保障;二是残疾人福利事业推进过程中,残疾人组织与政府管理部门的功能定位不清;三是残疾人犯罪问题,特别是残疾人儿童和青少年由于教育福利缺失引发的犯罪现象突出;四是农村残疾人弱势特征明显,目前所实际享受到的政府优惠政策及其政策效果有限,其生活来源主要是靠家庭其他成员供养。

---

① 第二次全国残疾人抽样调查办公室:《第二次全国残疾人抽样调查主要数据手册》,华夏出版社 2007 年版,第 2 页。

② 国家民政部:《2010 年社会服务发展统计报告》,来源:民政部门户网站(http://www.mca.gov.cn/article/zwgk/mzyw/201106/20110600161364.shtml),上网时间:2012 年 3 月 2 日。

（三）中国残疾人福利的发展方向

中国残疾人福利的发展方向及途径主要包括：

第一，落实残疾人的生活保障制度。一方面，最低生活保障制度为残疾人基本生活需要的满足提供了基本的制度保证；另一方面，应当将残疾人的专项救助纳入法律规范，做好残疾人生活保障制度与其他制度的配套衔接，确保残疾人的生活得到保障。

第二，促进残疾人的就业福利。首先，要通过促进残疾人就业推进残疾人参加社会保险等法定福利；其次，国家要有意识地扶持和发展社会福利企业，通过税收优惠、资金、技术、设备的扶持和产品收购，突出残疾人福利企业的公益性质，增进福利企业的残疾人社会保障功能；再次，发挥残疾人组织的就业培训、就业支持功能。

第三，强化残疾人康复服务。一方面，要大力发展残疾人康复事业，通过残疾预防、医疗康复、社区康复等多种形式，使残疾人平等地融入社会生活；另一方面，要做好残疾人的康复服务和工伤保险制度的有机结合。

第四，发展残疾儿童教育福利。一方面，对于非智力残疾儿童，要保证他们公平甚至优先获得教育机会；另一方面，对于智障儿童要通过特殊教育增进其生活自理的能力。发展残疾儿童教育福利，首先要明确政府责任，加大财政投入，拓宽筹资渠道；其次应当推动相关立法，提供残疾儿童教育福利的法律支持，提高法制化水平；同时，要改善残疾儿童教育机构条件，提高师资水平，以及优化社会环境，实现残疾儿童教育与就业的有机关联。

三、中国儿童福利

国际社会对保护未成年人非常重视。如1920年第二届国际劳工大会就通过了《最低年龄（海上）公约》，规定禁止14岁以下儿童在海上工作；1921年第三届国际劳工大会通过的《最低年龄（扒炭工和司炉工）公约》，将禁止未成年人就业的领域扩展到扒炭工与司炉工等工业领域；1937年第二十三届国际劳工大会通过的《最低年龄（工业）公约》，全面规定禁止15岁以下儿童受雇工业企业；1999年第八十七届国际劳工大会通过的《最有害童工形式公约》，更明确规定在全世界范围内有效禁止童工受雇。上述国际公约为各国保护未成年人提供了国际性的法律依据。

（一）中国儿童福利的发展

在中国，国家高度重视未成年人的成长。《中华人民共和国宪法》规定，儿童受国家保护,父母有抚养教育未成年子女的义务,禁止虐待儿童。《中华人民共和国婚姻法》规定,父母有管教和保护未成年子女的权利和义务;禁止溺婴和其他残害儿童的行为;非婚生子女、养子女和受继父、继母抚养的子女,享有与婚生子女同等的权利。在刑法中,中国政府对各种侵害儿童合法权益的违法犯罪行为依法予以制裁。《中华人民共和国义务教育法》则对儿童享受国家义务教育的权利和禁止使用童工作了一系列规定。1991年9月4日,全国人大常委会还专门通过了《中华人民共和国未成年人保护法》,对如何保护未成年人作出了系统的法律规范。可以说,中国未成年人保护法已经较为全面,为保护未成年人提供了较充分的法律依据。

(二)中国儿童福利存在的问题和走向

改革开放以来,中国儿童福利发展过程中存在家庭保护过度、学前教育和福利设施过度市场化的趋向。为此,应当明确国家在儿童福利中承担主要责任。同时,儿童福利的目标取向应从过分注重思想道德教育和意识形态化向人性化和社会化过渡。在儿童福利的发展理念上,应当尽快实现从主要面向孤残儿童的救助性福利向面向全体儿童的普惠性福利过渡。在实现方式上,儿童福利应向服务主体多元化发展,特别是要发挥民间组织的积极作用。

四、中国城镇住房福利

总体来说,中国实行城镇住房制度改革以来,国民基本告别了住房短缺的时代,人均住宅建筑面积有了显著增加。但是,仍处于起步阶段的中国住房福利制度建设,与经济社会发展还不相适应,中低收入阶层的住房需求仍难以满足,不足以充分发挥其应有的保障作用。

(一)中国城镇住房福利的发展

由于长期以来的城乡二元结构性特征,中国的住房福利主要面向城镇居民。中国改革前的住房福利,主要是面向城镇居民的福利分房。福利分房是新中国成立初期对消费资料实行供给制的结果,也是高度集中的计划经济体制的产物。福利分房带有浓厚的供给制和福利性的特点,完全排除了商品化因素。在社会结构高度同质化的背景下,福利分房由国家和单位统包住房建设投资,对职工实行实物分配、低租金使用,实施行政性住房管理,住房福利制度具有明显的国家保障特征。

市场经济改革以来,特别是20世纪90年代以后,中国商品化住房和房地产业快速发展,住房的商品属性和投资属性日益凸显,不同于计划经济体制时

期的住房福利制度也逐步建立和完善起来。中国城镇住房制度改革大大推进了住房商品化的进程。但是,住房制度改革本身的推进也引起了新老制度之间的不公平,房价虚高、中低收入阶层无法满足住房需求等问题。此后,国家多次提出,要更加注重社会建设,着力保障和改善民生,抓紧建立住房保障体系。目前,已经基本构建起以经济适用房制度、住房公积金制度和公共租赁房制度为主体的住房福利框架。

(二)中国城镇住房福利的主要问题

1.中下阶层社会成员的住房需求保障不足

从现有住房福利实施的实际状况看,住房福利受益对象覆盖面过于狭窄,住房需求与短缺的房源供给的矛盾比较突出,建房资金来源渠道单一,过分强调市场的作用,政府在住房福利建设中的责任模糊、职能缺位。在目前中国的住房福利制度中,现行的经济适用房制度以及住房公积金制度,覆盖范围有限,不仅不能满足政策受益对象的需求,而且出现了制度无法顾及同时又有住房困难的"夹心层"。

2.受益对象的选择机制有待完善

当前中国城镇住房福利制度存在的另外一个问题,就是住房福利的选择和退出机制有待完善。通过住房福利选择机制的建立和完善,可以使不同收入水平的城镇居民都能找到与其收入水平相适应的住房福利供应渠道,有利于把各项住房福利制度紧密衔接,建立不同层次福利保障的递接机制,更大限度地促进社会公正。

3.住房福利在不同社会群体中的配置有失公平

中国的住房福利政策在实际运行中存在严重的福利功能错位现象。例如,经济适用房政策本来是为解决中低收入家庭住房问题而设定的,而大量的中低收入住房困难户却因经济适用房的面积过大、房价过高而"望楼兴叹",而部分高收入者却通过权力寻租将经济适用房作为二次置业的首选。住房公积金本来也是为中低收入家庭增加购房的资金积累和提供购房贷款支持而设立的,目的是有房者支持无房者、富裕者支持贫困者,但其实际运行的结果是大量低收入住房家庭因收入较低,单位和国家补贴公积金很少或根本没有,而高收入者因工资高,国家和单位的补贴更高,低收入者更穷,下岗职工甚至根本没有补贴。由于大量低收入者无力购房,自然也享受不了低息贷款的好处,因此公积金运行的结果是富者越富,穷者越穷。①

同时,随着中国工业化、城市化进程的不断加快,大规模的人口流动正在持续加速,城市流动人口已经构成了中国一个规模庞大、构成复杂的社会群体,但由于目前中国依然处于城乡二元分割体制和以户籍制度为代表的社会管理模式之中,特别是在经济体制市场化改革进程和传统计划体制管理模式并存的今天,这一群体就不可避免地成为社会改革、体制转轨过程中出现的各种社会风险的直接面对者。城市流动人口在住房福利领域面临的最基本问题是,长期以来形成的城镇住房福利制度针对的主要对象是城镇固定居民,城镇住房制度改革的目标群体也主要是城镇固定居民,从住房福利制度改革的设计角度讲,城市流动群体属于"体制外"人群,绝大多数城市流动人口的住房问题基本上是要靠市场手段来解决。现行的城市住房福利制度,无论是针对城镇最低收入家庭的廉租房制度,还是针对城镇中低收入家庭的经济适用房制度,最基本的制度进入门槛就是本地城市户口。现存的户籍制度和建立在户籍之上的城镇住房福利制度,构成了流动人口融入城市社会的制度性障碍,制度上的限制和排斥阻碍了流动人口从"体制外"进入"体制内"的路径。

(三)中国城镇住房福利的未来发展

当前,中国住房福利建设的难点是如何妥善处理好政府与市场的关系问题,尤其是在发展"商品房"+"福利房"的二元住房制度体系中,厘清和强化政府责任。综合来看,促进中国城镇住房福利有效实施的措施有以下几个方面:

首先,住房福利应有明确的目标群体定位。住房福利的目标群体要有明确严格的阶层定位,做到有的放矢。发达国家的经验显示,在住房短缺时期,住房福利制度的目标群体几乎涵盖高、中、低收入阶层;随着住房短缺问题的逐步解决,住房福利制度目标群体的范围逐渐转向中、低收入阶层;而随着住房条件的进一步改善和住房发展阶段的进一步升级,目前,发达国家住房福利制度的目标群体完全锁定在低收入阶层。改革开放以来,随着我国经济的持续增长,居民收入不断提高,大部分高、中收入阶层能够通过市场解决住房问题,但目前仍存在政府投入不足、低收入阶层的住房短缺等现实情况,因此住房福利制度应锁定在低收入家庭,首先满足贫困家庭等特殊群体在居住方面的基本需要,同时对部分能力有限的中等收入家庭提供适当的福利补助措施。

其次,要完善受益对象的遴选和退出机制。在住房福利制度的实施过程

---

① 王培刚、胡峰:《当前我国城镇低收入家庭住房福利政策的问题与对策探讨》,《经济体制改革》2007 年第 3 期。

中,尤其重要的是,应对住房福利的对象进行严格的资格审查,建立和完善住房福利制度的进出机制。一方面,政府应根据经济发展水平和城镇低收入家庭构成的变化,调整最低收入家庭的申请标准,并定期向社会公布;另一方面,应当建立和完善定期跟踪审核制度,例如每隔五年或稍长时间对原保障对象重新进行资格认定,只有符合条件的方可继续享受保障住房。

再次,要注意解决好城市流动人口的住房问题。近年来,随着城市流动人口住房问题的不断凸显,特别是随着全社会对农民工问题的日益重视,解决城市流动人口的住房福利已经进入政府的议事日程,不少地方就此问题进行了很多有益的探索。公租房制度就是政府在解决这一社会问题时作出的有益尝试,还有一些地方在企业相对集中的地方兴建外来务工人员公寓,由政府规划,私人企业投资建设。从长远角度讲,解决城市流动人口的住房福利问题,需要的是制度化和体制性的保障。如何把城市流动人口纳入现有的城市住房福利体系中,并结合其特定的住房需求和经济状况,制定相应的法律、法规和政策来建立健全城市流动人口住房福利制度,是一项十分必要而急迫的社会任务。考虑到城市流动人口的工作流动特性,在具体设计城市流动人口住房福利制度时,要在坚持国民待遇原则的基础上,遵循统一住房福利制度设计、推进分类分层保障、提供基本需求保障和操作简便易行的原则来进行。

五、中国教育福利

(一)中国教育福利的发展

新中国成立以来,国家十分重视发展教育事业,制定了多部法律,从不同角度保障人人受教育的权利,其中特别强调少数民族、儿童、妇女和残疾人接受教育的权利,教育事业取得了长足进步。大体来说,新中国成立以来中国的教育福利经历了计划经济体制和市场经济体制两个大的发展阶段。

在计划经济体制下,中国教育福利建设方面的成绩是突出的,实行了几乎全免费的教育政策:基础教育是免交学费,只收少量杂费;高等教育不仅是免交学费,而且免交杂费;师范生教育不仅免交学杂费,而且还有一定的生活补助。当时,尽管因存在某些特权或地区差异而产生享受福利上的不平等与不平衡,但整个国民还是得到了较好的教育保障。这一时期,中央政府对教育投入采取了统一财政、分级管理的方式。全国各类高等院校和普通中小学的经费开支都按照其行政隶属关系给予财政拨款,主要是财政部按照定员定额的核算方法拨给地方,由各地方结合自己的财力、物力进行统筹安排,国家预算分为中央和地方两级,实行分级管理,即"条块结合、块块为主"的体制,这种体制一直维持到

"文化大革命"结束。

改革开放以来尤其是 20 世纪 90 年代以来,中国单纯的福利教育制度日渐转向混合型的多元教育体系。一方面,市场经济改革促使国民对教育的需求持续快速增长;另一方面,国民对教育的需求日益呈现出不同层次性,除正规普通学历教育外,非正规的学历教育与各种非学历教育也因需求高涨而获得前所未有的发展。

(二)中国教育福利发展过程中的问题

1. 义务教育发展不均衡

当前,中国教育福利在发展过程中存在着教育资源配置不均衡、农村义务教育经费投入不足、高中阶段教育社会救助机制不完善等问题。主要表现为:由于社会、经济发展不平衡所造成的地区差别,由于城市和农村巨大的发展差异造成的城乡差别,由于贫富差距和家庭、社会、文化背景不同所形成的阶层差异,由于历史和文化传统造成的男女性之间在教育上的性别差别,汉族和少数民族之间存在的民族差别等。

2. 教育资源分布不合理

一方面,公共教育资源的分配极不公平。这主要是指国家财政性教育经费的投入,长期以来都是城镇重于乡村、重点学校重于非重点学校、学历教育重于非学历教育、知识教育重于技能教育。公共教育资源分配的不公,已经造成了一些不良的后果。另一方面,国民受教育权(机会)亦存在着不公平现象。一是长期以来形成的城市人的受教育机会多于农村人的不公平现象。1995 年,农村义务教育适龄儿童占全国适龄儿童总数的 80% 以上,而在校生占全体总数的比例,小学在校生占 70.5%,初中在校生占 57.1%。以 1998 年我国城乡普通中学的状况看,农村学生拥有初中教育份额约一半强,但在高中阶段在校生仅占一成四。城乡之间的差距,就高中教育而言,1998 年比 1995 年上升了近 4 个百分点。[①] 即使是在统一的高考制度和各类升学考试面前,城市青少年的升学机会也要远远多于农村青少年的升学机会;城市劳动者有接受继续教育与技能培训的机会,农村劳动者则没有这样的机会;等等。此外,伴随着大规模的农民工群体的出现,流动人口与固定户籍人口之间亦存在着明显的教育不公平现象。全国因此而受影响的民工子女以百万计,流动状态的民工亦不能接受专门面向城市人的技能培训等。

3. 教育产业化的畸形发展

---

① 杨东平:《对我国教育公平问题的认识和思考》,《教育发展研究》2000 年第 8 期。

市场经济改革带给中国教育界的一个直接效应,就是教育产业化因为缺乏相应的政策规范而发展到了令人忧虑的地步。狭义的理解,教育产业化主要指在学校举办企业(科技类和服务类的校办产业)。[1] 广义的理解,教育产业化泛指利用市场手段扩大教育资源、利用市场机制"经营"教育的各种举措。就国内的实际发展而言,教育产业化的表现主要为高校实行收费,教育经费的来源更为多样化;学校举办公司、企业等商业活动;学校通过"转制"来扩大教育资源,提高经济效益。[2] 其中最突出的是多种渠道筹集教育经费和缴费上大学。1997年中国高校实现"公费生"和"自费生"并轨收费,高校学费标准从1998年的平均1000余元快速攀升到4000元～5000元以上,加上其他各种费用和生活费,高等教育阶段实际支出的费用很高,大约相当于一个城市职工一年的收入或两个农村劳动力一年的收入。由此,导致大学出现约占学生总数20%的"贫困生"阶层,甚至出现因缴不起学费而自杀的悲剧。

(三)中国教育福利的未来发展

教育福利是国民最大的福利,强化教育福利是体现社会公平的必然要求,是需要政府考虑的重大课题。根据中国国情,目前中国教育福利应该按照这样一个思路发展:即坚持基础教育和师范教育的免费性,保证高等教育的低费性,保持社会教育的开放性和公益性,加大教育投入,逐步实现惠及全民的教育福利制度。

1.确立教育福利在现代社会中的重要地位

教育涉及千家万户,惠及子孙后代,是体现发展为了人民、发展依靠人民、发展成果由人民共享的重要方面。基本的受教育权利是受国际性公约认可保障的基本权利,更是中国《宪法》、《教育法》赋予公民的基本权利,也是作为人之为民的基本人权,是人的发展的必要的最低的权利。教育福利是面向全体社会成员的一种制度安排,它既包括国家和社会为适龄儿童获得接受教育的公平机会而对贫困地区和贫困家庭子女提供物质援助的教育救助,也包括面向全体社会成员的免费或低费教育福利体系,还包括国家和社会针对残疾儿童兴办的特殊教育体系。同时,教育福利有助于推动国民经济和社会发展,事实上,世界上许多国家都因采取教育优先与发展教育福利的战略而获得了快速、持续的发展。

2.明确政府在教育福利中的主体责任

---

① 杨东平:《辨析"教育产业化"》,《教育发展研究》2004年第12期。

② 杨东平:《中国教育政策述评》,载李楯编:《中国社会政策》,知识产权出版社2008年版,第39页。

国家必须高度重视对教育投入的加强。公共教育投入缺位,是一个国家最不明智的选择。众所周知,日本在明治维新后,迅速从险被瓜分的弱国成为与西方列强并肩的工业化国家,其主要根源之一,就是重视教育。而与中国同样是发展中国家的印度,因在高等教育方面采取了福利化政策,使其迅速造就了一大批科技人才,有力地促进了信息产业的高速发展,在很大程度上推动了社会经济的发展。整体国民素质的提高,是科技进步、提高国力的必然要求。对国民教育的重视,是对国民最大的福利保障,这是不争的事实。

3. 促进教育福利的公平性和普惠性

教育作为社会系统中的重要组成部分,涉及民众的切身利益和社会发展的各个方面,历来被看做个人发展提高、缩小社会差别的重要手段,在社会系统中起着先导性、全局性、基础性的作用。因此,促进教育福利的公平分配,坚持教育福利的普惠性原则,保障每个阶层的民众都有享受良好教育的机会,对促进社会公平、构建社会主义和谐社会具有重要意义。从个人发展的角度看,更应当维护教育福利的公平性与普惠性。教育作为一种人力资本投资具有特殊性,其收益的滞后性决定了国家应当主导教育事业的发展,而确保每个国民能够平等地享有受教育的机会又是国家保护国民人权的重要体现。只有在教育福利公平、普惠的前提下,才能将个人潜能最大限度地激发出来。

本章小结

本章所讨论的社会福利概念是指国家通过货币津贴、实物供给和社会服务等手段,针对社会特殊群体的生活需要提升其生活质量的一种制度安排。按照社会福利对象的群体特征,分为老年人福利、残疾人福利、儿童福利等内容;根据福利资源的类别,还可以分为住房福利和教育福利。

老年人福利是指国家和社会通过福利设施、福利津贴和社会服务,满足老年人生活照料需求并促使其生活质量不断得到改善的一种制度安排。老年人福利的主要内容包括老年收入保障、老年生活照料、老年社会服务三个方面。

残疾人主要是指因病伤造成身体缺损或生理功能障碍,在心理适应和社会适应方面出现问题,影响正常生活的人。残疾人福利是指国家保证有残疾的公民在年老、疾病、缺乏劳动能力及退休、失业、失学等情况下获得基本的物质帮助,并根据社会的经济、文化发展水平,给予残疾人相应的康复、医疗、教育、劳动就业、文化生活、社会环境等方面的权益保障的制度安排。残疾人福利的主要内容有残疾预防、残疾康复、残疾人教育、残疾人就业、残疾人文化体育、无障碍环境建设等六个方面。

儿童福利,也叫未成年人福利,是指政府和社会为所有儿童提供健康的生存环境和接受教育的机会,保护其合法权益,向其提供个人成长所必需的各种保护性措施和社会服务的制度安排。儿童福利主要包括儿童医疗健康、儿童文化娱乐、义务教育、孤残儿童福利事业等四个方面。

住房福利是指中央政府和地方政府解决国民住房问题的社会福利措施和手段。概括而言,住房福利一般包括公共房屋、住房财政补贴、住房金融政策等三个方面。

教育福利是指国家和社会保障国民中适龄成员享受平等的教育机会,并为受教育者提供免费或低费教育的制度安排。一般来说,教育福利的内容主要包括教育基础设施和师资队伍、免费或低费教育制度、奖贷学金政策等三个方面。

中国老年人福利目前面临着家庭养老功能弱化、机构养老供给不足、护理服务亟须发展等困境。为此,应在完善基本社会养老保险制度的基础上,形成以居家养老为主体、机构养老为补充,社区养老服务为依托的社会福利体系。

中国残疾人福利主要面临以下几个方面的问题:一是残疾人群体规模庞大,基本生活和日常照料缺乏有效的制度保障;二是残疾人福利事业推进过程中,残疾人组织与政府管理部门的功能定位不清;三是残疾人犯罪问题,特别是残疾人儿童和青少年由于教育福利缺失引发的犯罪现象突出;四是农村残疾人弱势特征明显,目前所实际享受到的政府优惠政策及其政策效果有限,其生活来源主要是靠家庭其他成员供养。中国残疾人福利发展的方向及途径主要包括:一是落实残疾人的生活保障制度,二是促进残疾人的就业福利,三是强化残疾人康复服务,四是发展残疾儿童教育福利。

中国儿童福利发展过程中存在家庭保护过度、学前教育和福利设施过度市场化的趋向。为此,应当明确国家在儿童福利中承担主要责任。同时,儿童福利的目标取向应从过分注重思想道德教育和意识形态化向人性化和社会化过渡;在儿童福利的发展理念上,应当尽快实现从主要面向孤残儿童的救助性福利向面向全体儿童的普惠性福利过渡;在实现方式上,儿童福利应向服务主体多元化发展,特别是要发挥民间组织的积极作用。

中国的住房福利主要面向城镇居民。市场经济改革以来,中国城镇住房制度改革大大推进了住房商品化的进程。但是,住房制度改革本身的推进也出现了新老制度之间不公平,并带来房价虚高、中低收入阶层无法满足住房需求等问题。目前,中国城镇住房福利的有效实施要从以下几个方面做起:首先,住房福利应有明确的目标群体定位。其次,要完善受益对象的遴选和退出机制。再次,要注意解决好城市流动人口的住房问题。

中国教育福利在计划经济体制下实行了几乎全免费的教育政策,改革开放以来中国单纯的福利教育制度日渐转向混合型的多元教育体系。中国教育福利发展过程中的问题包括义务教育发展不均衡、教育资源分布不合理、教育产业化的畸形发展等。中国教育福利的未来发展,要确立教育福利在现代社会中的重要地位、明确政府在教育福利中的主体责任、促进教育福利的公平性和普惠性。

关键概念

社会福利　老年人福利　残疾人福利　儿童福利　住房福利　教育福利

复习思考题

1. 何谓社会福利? 它与社会救助的关系是什么?
2. 简述老年人福利的含义和内容。
3. 简述残疾人福利的含义和内容。
4. 简述儿童福利的含义和内容。
5. 试述中国老年人福利的成就、问题和发展方向。
6. 试述中国残疾人福利的成就、问题和发展方向。
7. 试述中国住房福利的问题和发展方向。
8. 试述中国教育福利的成就、问题和发展方向。

应用案例

【案例1】　独居老人去世无人知晓,"空巢老人"亟须关爱①

长春市的某社区居住着81岁的王一本老人和他患有脑血栓瘫痪的女儿王敏燕。某天,邻居发现了从家中一点一点爬出来求救的王敏燕后,方知王一本老人已经死亡4天。由于气温高,门窗密封,老人面部已经腐烂。4天来王敏燕靠一盒饼干维持生命,险些被饿死。据了解,王一本生前是一名离休干部,性格内向,虽然在本地居住了几十年,但很少与邻居往来。他的老伴已去世多年,他与离异的女儿一起生活。自从两个月前女儿患脑血栓后,老人的生活起居就没人照顾,而且自己还要照看重病的女儿。

另一则事例则是一家金属厂的退休工人卢某,和妻子离婚后一直独居,膝

---

① 来源:新华网吉林、黑龙江、广东频道,2005年9月27日。

下儿女双全。当接到居民区保洁员的报警后,警察强行打开卢某居住的房门,发现房主遗体面部朝下卧倒在地面上,已高度腐烂。警方认定排除机械性暴力致死,非他杀,怀疑患疾病猝死,属于自然死亡,死亡时间有半年左右。

在广州,也发生了一起老人辞世四五天才被儿子发现的惨剧。一位70多岁的钟姓婆婆已辞世四五天后,才被前来探望的儿子发现,老人尸体已经开始腐烂。警方接到钟婆婆儿子的报警电话后,对现场进行了勘察。现场发现,钟婆婆是背部朝上蜷缩着倒在地上的,地上有暗红色的血水痕迹,她身边有一张木凳子。据推断,可能是老人睡觉前锁门,不小心失足摔倒头磕到凳子角致死。

【案例2】 陕西学生考上复旦交不起学费,父亲跳楼自杀①

参加高考的宝鸡市学生小丁,考上了梦寐以求的复旦大学,然而,他接到录取通知书刚10天,父亲却因他的学费问题一时想不开,在8月25日晚留下一封遗书,从7楼自家窗户跳下身亡。

小丁家住宝鸡市某小区,父亲给某运输个体户开货车,家庭经济十分拮据。但小丁在逆境中没有沉沦,从小学到高中,他的学习成绩一直名列前茅。记者在小丁的房间里看到桌子抽屉里是厚厚的小说文稿。高考前夕,小丁将这些作品寄给清华、北大等一些高校,反响很好。清华大学有关人员还曾通过陕西省教育厅询问小丁的情况。

8月16日,小丁收到大学录取通知书,母亲打电话将喜讯告诉在外地的小丁父亲,但父亲却为儿子的学费犯了愁,他试图向车主借2000元但未能如愿。小丁母亲悲痛地说,本来小丁的父亲很开朗,而最近两个月,雇主不发工资,小丁的父亲心急如焚。8月25日,小丁父亲回到家,什么话也不愿意说,心情沉重,茶饭不思,晚上就发生了那令人悲痛的一幕。

小丁母亲说,儿子特别懂事,学习从没有让家里人操过心。知道家里困难,他从不乱花钱。说起小丁的学费,小丁母亲十分忧愁,按照学校的要求,8月28日就应给学校汇去7000多元钱,可眼下这部分钱还有一半没着落。望着给儿子准备好的行李,母亲发愁地说:孩子十年寒窗为的就是这一天,可现在……

【案例3】 聋哑人犯罪团伙作恶,专抢单身驾车女性②

某天傍晚,合肥市110民警接到群众举报,称有一伙人常在十字路口采用一人扒车门、一人抢车内副驾驶座位上东西的手段抢劫。

当晚,该伙人又出现了。此后,110民警在桐城路桥附近抓获两名聋哑嫌疑

---

① 来源:《华商报》,2002年8月29日。

② 来源:合肥报业网,2005年3月22日。

人。在庐阳公安分局刑警大队、刑警 3 队的配合下,民警将涉案的另 11 名聋哑嫌疑人全部抓获。

据审查,该团伙共有成员 13 名,分别来自江苏、黑龙江及河南,数月前流窜来肥。经查实,该团伙在肥作案近 10 起,涉案价值 10 余万元。

案例思考题

1. 如何解决空巢老人的家庭照料问题?

2. "学费杀人"现象说明了什么?

3 残疾人犯罪与残疾人福利有什么关系?

第十二章　社会优抚

 学习目标

　　社会优抚是以军人等特殊社会群体为保障对象的一项专门社会保障制度,具有很强的政策性。通过本章的学习,要全面掌握社会优抚的基本概念、功能和基本内容,掌握我国有关社会优抚的具体政策,重点掌握有关残疾抚恤和退役军人安置方面的政策。能够在评定优抚对象的保障待遇标准、安置复员退伍军人的实务过程中熟练地应用相关法律法规,了解我国现行社会优抚保障面临的挑战,并能提出有针对性的对策建议。

第一节　社会优抚概述

一、社会优抚的含义

　　社会优抚是国家专门为伤亡的军人、人民警察和国家机关工作人员提供抚恤,为军人和人民警察及其家庭提供优待,为退出现役的军人予以生活安置和就业安排而建立的社会保障制度。社会优抚是一种按照人群划分的社会保障制度,它与通常按照项目划分的社会保障存在很多交叉。社会优抚中的抚恤属于社会保险中的伤残保险(disability pension)和遗属保险(survivor pension),社会优抚中的安置属于就业社会保障,社会优抚中的优待则具有社会福利的性质。我国之所以将军人、人民警察及其家属的社会保障单独立法而不是相应地纳入统一的社会保险和社会福利制度之中,关键在于保障对象具有特殊性。社会优抚对象的工作具有以下显著特点:(1)公共性,他们的工作是为全体国民服务;(2)光荣性,他们为社会主义革命和建设的胜利作出了巨大的牺牲;(3)重要性,"谁要夺取国家政权,并想保持它,谁就应有强大的军队";(4)分离性,军人服现役的地点一般与其家庭分离,而且他们大多属于家庭中主要的劳动力,所以他们服役对家庭经济有重大影响;(5)危险性,出现伤残和死亡的比例特别高;(6)过渡性,我国实行义务兵役制,士兵服役期满就要退役,重新回到正常的工作生活当中。

社会优抚是一个与军人社会保障密切相关但又有所区别的概念。所谓军人社会保障,是指国家和社会根据一定的法律和规定以及军人应享有的权利与应履行的义务相统一的原则,通过立法程序作出相应的制度安排,对国民收入进行再分配,以保障军人及其家庭成员的基本生活需要,解除军人的后顾之忧,稳定军心,保证国家安全和社会稳定的社会事业。军人社会保障的外延则包括军人社会保险、军人退役安置、军人社会福利、军人社会优抚和军人社会救助。[①]可见,社会优抚是一个与军人社会保障相互交叉的概念,社会优抚中军人以及可以视同军人的人民警察的优待、抚恤以及安置属于军人社会保障的重要组成部分,军人社会保障除此之外还包括现役军人的社会保险、社会福利等内容,社会优抚中为国家机关工作人员死亡后的遗属提供的遗属抚恤则不属于军人社会保障的范畴。

二、社会优抚体系

社会优抚是一项综合性的社会保障制度,具体包括优待、抚恤和安置三类项目。

(一)优待

从字面含义上讲,优待就是给予比一般人更好的待遇。优待在这里专指给予社会优抚对象在政治、经济上比一般社会大众更优厚的待遇,以褒扬他们为社会所作出的特殊贡献和牺牲。

(二)抚恤

抚恤相当于社会保险中的年金,是指定期或一次性向社会优抚对象发放的现金待遇。在我国,抚恤特指国家对伤残人员和牺牲、病故人员家属所采取的物质抚慰形式,分伤残抚恤和死亡抚恤两类。国外退役军官一般都可以领取到退役金,这就是我国通常所谓的抚恤金。我国除伤残军人和死亡军人遗属可以领取到抚恤金外,退役军官只有达到退休条件才可以领取退休金,我国退休军官所领取的退休金也可以理解为是支付给他们的抚恤金。

(三)安置

安置通常是指对复员退伍军人、军队离退休干部及其随军家属、无军籍退

---

① 张东江、聂和兴:《当代军人社会保障制度》,法律出版社 2001 年版,第 21～27 页。

休退职职工在从军队回到地方后的生活和就业安排。就业安置是安置工作中非常重要的一个组成部分，但安置并非局限于就业安置，解决住房、医疗和就学等方面的生活问题也都是安置的重要内容。

对优待、抚恤和安置这三个概念的理解在理论上和实践中会有一定的出入。从理论上讲，参军作为一个职业，从业者在因从业期满、残疾、退休、病故等原因离开这个职业时，可以领取职业年金，这份职业年金就是抚恤金；劳动者参军意味着原来工作和生活的中断，所以现役军人回到地方应该给予安置；参军又是一个光荣的职业，社会应该给予优于一般劳动者的待遇，即优待。在我国实践中，社会优抚的概念是从革命战争年代发展过来的。当时，革命军人、人民警察、国家机关工作人员等都被视为国家公务人员，国家公务人员因残疾不能继续从事原工作或者死亡，国家给予一定的抚恤。所以，我国通常所理解的社会优抚中的抚恤仅局限于伤残抚恤和死亡抚恤，而不是所有的现金待遇。军人复员退伍或者退休回到地方，就要在生活上给予安排，有的还需要安排就业，这就是安置。退休老军人所领取的退休金也被视为安置的一项内容。在一般意义上，抚恤和安置都可以视为对优抚对象的优待，但我国社会优抚工作中的优待主要是从参军光荣和拥军优属的角度来界定的，通常特指对现役军人家庭给予的优待和对复员退伍军人所给予的非现金项目的照顾。

参军报国，全家光荣　刘刚　绘

三、社会优抚的功能

作为我国社会保障制度的重要组成部分,社会优抚对于保障社会优抚对象的基本生活、加强国防和军队现代化建设、维护社会稳定具有十分重要的作用。具体而言,社会优抚的功能主要体现在以下几个方面:

(一)收入损失补偿的功能

军人因服现役而不能从事正常的工作和劳动,而我国实行的又是义务兵役制,军人在服现役期间没有工资收入,军人又是一个高危险的职业,发生残疾甚至死亡的概率比较大,一旦出现残疾或者死亡,也就意味着军人的劳动能力受到损害甚至永久丧失,军人未来预期收入显著减少。为此,国家需要对他们因此而发生的收入损失予以合理补偿。社会优抚这个方面的功能与社会保险项目是相同的。

(二)褒扬奖励的功能

军人和人民警察是两个特殊的职业,具有公共性、光荣性、重要性和危险性等特点。这些特点决定了对军人的保障就应该不仅仅局限于收入损失补偿,而应该体现出褒扬奖励的特点。因此,各国都给予军人以特别优厚的保障待遇,我国更是明确规定:"保障抚恤优待对象的生活不低于当地的平均生活水平。"

(三)满足社会优抚对象实际需要的功能

除了收入之外,社会优抚对象常常会面临许多实际困难,比如复员退伍军人的就业和住房问题、军人在服现役期间家中老人照料和子女教育问题、残疾军人的医疗问题等。社会优待和安置的主要目标就是满足社会优抚对象的这些实际困难和需要。

(四)激励功能

社会优抚的激励功能主要体现在两个方面:一是吸引更多的有志青年投身国防事业;二是解决现役军人的后顾之忧,激发军人的献身精神,有利于增强全民国防意识和部队凝聚力,促进国防和军队现代化建设。

(五)社会稳定的功能

这也可以通过两个方面来理解:一是强大的军队和警察部队可以更好地保家卫国,保护人民生命、财产安全;二是完善的保障制度可以为退役士兵作出妥善安置,避免社会不稳定因素的产生。

四、社会优抚的历史

有战争就会有伤亡，有伤亡就需要抚恤。可以说，社会优抚是伴随着军队的产生而逐步形成的。在古巴比伦王国，国王汉谟拉比实行份地与军事义务相关联的兵役制度，王室为所有服兵役之人提供相应的土地（包括田园、房屋等），军人的财产受到保护。在古罗马，城邦的市政府当局也曾经用公款和捐款购买谷物，用以无偿地分发给阵亡将士的遗属。

社会优抚在我国有着悠久的历史。早在西周时期，姜子牙辅佐周武王治军就曾经提出："凡行军吏士有伤亡者，给其丧具，使归而葬，此坚军全国之道也。军人被创即给医药，使谨视之。"意思是说，凡是战死的军士，要发给葬具使其安葬，对受伤的战士要妥善照顾，这是稳定军心保全国家的方法。这些重要的优抚思想，奠定了社会优抚工作的发展基础。在元代，朝廷对于军人及其家属，不但发放粮饷、衣物，荒年时还对其家属提供必要的救济。在明朝，阵亡的将士均可享有一石米的丧葬补助，如果死者没有子女但有父母或妻子，由政府给其家属连续三年支付全额薪俸，三年后减半发放，直至终身；对于在军营中病故的官兵，无子女但有父母或妻子者，给家属发放半俸终身。清朝顺治初年则规定，八旗军兵士作战受伤，头等伤给银五十两，二等伤给银四十两，三等伤给银三十两，四等二十两，五等十两。八旗官兵因伤病退役后，凡年纪在五十以上者，无论其有无房产，有无子孙赡养，都由政府每月给银一两、米一斛，以终养余年。

中国共产党在创建人民军队之初，就十分重视对军人的社会优抚工作。1931 年 11 月，中华苏维埃工农兵第一次全国代表大会就颁布了《中华工农红军优待条例》。新中国成立以后，党和国家对优抚工作给予了高度重视，针对革命军人及其家属制定了一系列的优抚条例。1954 年，我国第一部《中华人民共和国宪法》中明确提出了国家保障残疾军人的生活、优待革命烈士家属、优待革命军人家属的条款。此后，国务院先后于 1955 年、1958 年颁布了《关于安置复员建设军人工作的决议》和《关于处理义务兵退伍的暂行规定》。国务院、中央军委 2004 年公布，并于 2011 年修订的《军人抚恤优待条例》，国务院 1987 年发布的《退伍义务兵安置条例》，国务院、中央军委 1999 年发布的《中国人民解放军士官退出现役安置暂行办法》以及国务院 2011 年颁布的《烈士褒扬条例》等，初步形成了与社会主义市场经济体制相适应的优抚政策法规体系。

第二节 社会优抚制度内容

一、覆盖范围

一般来讲,社会优抚的覆盖范围是军人及其家属,但对军人的范围以及对家属的界定各国还是有所不同。美国规定,除名誉退伍军人外的所有退伍军人、作为特别预备军荣誉服务 6 个月以上者、预备军服务者以及国防部认可的第二次世界大战等特别时期存在的 30 个团体都属于社会优抚的对象;加拿大则规定,第一次、第二次世界大战及朝鲜战争时期的退伍军人、战争期间为军队服务的特殊平民、加拿大军队人员(包括执行特殊任务者)及加拿大皇家骑警、军队及为军队服务的特殊平民的遗孀和家属为社会优抚的对象。对家属,日本规定领取遗属年金或遗属抚恤金的范围为:死亡当时的配偶、子孙、父母、祖父母。

除军人及其家属外,社会优抚的对象有时也会将公务员纳入其中。比如,在日本,实施共济制度前退休的公务员及其遗孀也是优抚的对象。有的国家甚至将社会优抚的对象扩及对社会有特殊贡献的人。比如,中国就规定见义勇为牺牲者享受社会优抚待遇。

二、资金来源

社会优抚的资金来源包括中央和地方财政、军费划拨、社会募集等。一般而言,中央和地方财政是各国社会优抚事业资金来源的主渠道,军费划拨的比例则因各国的国情和优抚的项目而有较大的差异,社会募集通常处于补充地位。在美国,作为政府第十四个部门的退伍军人事务部是负责全面管理社会优抚事务的政府部门。2001 年,该部预算总额为 470 多亿元,其中用于优抚事业 248 亿美元,用于医疗事业 213 亿美元,还有 9 亿用于其他。

政府用于社会优抚的财政支出一般通过预算的形式来实现。政府首先会根据当年的社会优抚受益人数、受益项目、受益标准等因素确定全年的社会优抚预算,然后提交国会讨论通过。政府在执行预算时要严格按项目执行,一般不得随意变动。

三、受益条件

社会优抚的受益条件因项目不同而不同。

(一)优待

优待的项目种类繁多,不同项目优待的资格条件也不一样。一般来说,一般性的优待,如表彰、安放公墓等具有普惠的性质,但满足特殊需要的优待和具有奖励性质的优待则对资格条件有着严格的规定。在美国,服役伤残等级为30%以上的退伍军人可以享受交通补贴,丧失或无法使用两条腿的可以为其变更住房,丧失或永远无法使用一只手、脚的退伍军人可以享受汽车补助等。俄罗斯军队规定,服役25年以上的将军和校官,有权保留现有的住房面积,需要更换住地时,有权获得同样面积的新住房。将、校军官去世后,其家属可享受原住房待遇。

(二)抚恤

年金抚恤通常要求军人服役达到一定年限以上,伤残抚恤金的标准因伤残者的伤残程度而定,遗属抚恤则强调死亡是因公务关系造成的。表12-1为日本社会优抚的种类及对象:

表 12 -1　日本社会优抚的种类及对象

种　类			对　象
对本人的抚恤		普通抚恤	在职时间超过最短年限后退休者
	伤病抚恤	增加抚恤	因公务伤病有重度残疾者(不管在职年限,但必须是普通抚恤领取者)
		伤病年金	因公务伤病有轻度残疾者
		特别伤病年金	1941年12月8日以上在本土等地负有与职务有关的伤病或残疾的军人
对遗族的优抚		普通扶助金	普通抚恤领取者遗族
	公务关系扶助金	公务扶助金	因公务伤病死亡的人的遗属(战死者遗属)
		增加非公死亡扶助金	因公务以外原因死亡的领取增加抚恤者遗属
		特别扶助金	1941年12月8日以上在本土等地因职务有关的伤病死亡的军人等遗属
	伤病者遗属特别年金		非公务死亡的领取伤病年金或特别伤病的优抚对象遗属

资料来源:邹军誉、王建军:《国外优抚安置制度精选》,中国社会出版社2003年版,第180页。

(三)安置

安置的资格条件主要包括资历和需要两个方面。像离退休军人的安置就主要考虑其资历,根据其身份享受不同的政治、经济待遇;残疾军人的安置则应主要考虑其需要,根据其康复需要和就业需要确定不同的安置方案;身体健康的复员退伍军人的安置,应着重考虑其能力特点给予就业安置。当然,资历和需要两个方面往往是要同时考虑的,比如离退休军人的安置也要考虑其生活需要,复员退伍军人的安置因其资历不同而获得不同的安置待遇。

四、待遇

(一)优待

外国军官退役后,政治待遇普遍比较高。比如美国,退役军官仍分别列入各种军官名册,作为军队的正式成员。在俄罗斯,退役军官可以保持原军衔称号,日本军官可以带衔退役,并终身享受其军衔礼遇,还可以予以特别晋级等。

前苏联等许多实行义务兵役制的国家通过给现役军人的配偶和子女发放补助金、安排工作、资助入学等形式来优待军人;英、美、日等实行募兵制的国家则会通过向军人发放军饷来保障其家属的生活;在澳大利亚、加拿大,政府特别褒扬参战勇士,社会经常邀请退伍军人代表佩戴勋章出席各类纪念、庆祝活动;在美国,退伍军人去世后可以安葬在国立公墓,享受特殊礼遇。

东欧一些国家退役并退休的军官的住房,基本上由军队负责解决或者由国家负责提供,如果自建住房,划拨给建房用地,并提供建房贷款。美国等一些西方国家,退休军官则需自觅住处,军队仅发给搬家费。

美国军官退役后,本人及家属仍可享受军队医院的免费治疗,住院时只交少量生活费;德国军官退休后,医疗方面的所有问题均由国家统一包起来;俄罗斯军官退休后,军龄在25年以上的将、校级军官及其家属,有权在军队医院、国防部疗养院和休养所治病疗养。

(二)抚恤

美国政府给退伍伤残军人发放赡养家属补贴,补贴额度根据赡养家属人数和伤残等级决定。政府还设立有退伍军人特别寿险基金、特别治疗及重新恢复功能活动基金、再就业偿还基金、伤残退伍军人保险基金等各种基金。澳大利亚、加拿大政府为伤残退伍军人提供免税年薪,年薪额度根据疾病和负伤程度的不同而不同。[①]

除伤残抚恤和死亡抚恤外,国外还普遍实行退役金制度和退役救助制度。

---

① 邹军誉、王建军:《国外优抚安置制度精选》,中国社会出版社2003年版,第3~4页。

退役金相当于给予职业军人的年金,即年金抚恤。外军军官退役金普遍实行工资关联制,其占原薪金比例的高低,主要取决于军龄的长短。军官退役金分为"退役年薪"和"一次退役金"两种,不同服役年限的军官,在计发退役金时的比例不同,服役年限越长,比例越高。德国实行类似的做法,退役军官每月可领取到原薪金35%~75%不等的退役年金。为了防止退伍军人的生活受到通货膨胀的冲击,有些国家还根据物价指数的变化,每年调整退役金的数额。也有的国家对服役一定年限以上军官的退役金进行保值。对于退伍后生活困难的退役军人,各国普遍实行退役救助制度。在英国,退伍军人在离开部队时没有找到工作,也没有领取每周50英镑以上的退伍津贴,就可以在退伍时立即申请福利金。在美国,经过资产调查确认退伍军人的收入和净资产低于规定的最低点者,可以享受医疗救助制度。

(三)安置

安置政策受一个国家政府与市场在资源分配方面的作用影响很大。一般来说,在市场经济发达的国家,政府掌握的资源有限,政府在安置工作中的作为也有限;但在计划经济或者从计划经济向市场经济转轨的国家,政府因在资源分配中有着更大的权力,所以安置力度也大。安置政策还受一国兵役制度的较大影响。在实行募兵制的国家,因为当兵也可以拿到相对较高的薪金,参军成为一个职业,退役相当于从一个职业转到另外一个职业,所以安置工作主要靠市场来调节;在实行义务兵役制的国家,当兵是尽一个公民的义务,是为社会作贡献,所以政府需要投入较多的资源来为退出现役的军人作出更好的安置。

在美国,政府不负责具体安排退出现役的军官,主要靠自谋出路。他们退役后主要受雇于私人企业和事业单位,也有的在政府机关任职,还有些退役军官会选择自己开办餐馆、商店、医疗所,有的经营企业、公司等。占美国退役军官60%以上的退役军官一年内都能找到工作,特别是一些高级军官更是许多部门争相吸引的对象。所以,申请到政府有关部门工作的反而多为下级军官。比较年轻的尉官,退役后一般都重新进入大学攻读学位,毕业后再谋职业。英国和法国,退役军官都可以在国内自由选择安置地点,但法国对不到退役年龄而选择退役的军官,军队可以帮助他们找工作。俄罗斯法律规定,每年退役军官有权任意选择定居点,若返回入伍前所在地及家属居住地者享受优待。军官退出现役后,由国家统一安排工作。在退役军官到达住地之日起,应不迟于一个月为其安排好工作。在退役军官安置过程中要注意专业对口,重视发挥退役军官个人特长。[①]

尽管政府一般不会具体安排退役军人的工作,但欧美国家还是非常重视军人的就业培训工作的。在这些国家,军队退役的就业培训分两大步。第一步是在军队服役期间有意识地增强军官通用知识和技能的教育训练,打好就业的文化、专业和技能基础。比如美国军官,不仅要在军事院校学习相当比重的军地通用知识,或干脆是地方的知识,而且整个服役期间都要有目的地进行这方面的强化训练。第二步是退役前的培训,或退役后的短期培训。退役前的培训一般由部队负责组织。军官退役后的培训一般由地方组织实施或军地共同组织实施。美国、英国等一些国家比较年轻的退役军官离队后,可以公费完成因从军而中断的学业或研究生课程。

五、管理

世界各国一般均设有专门管理退役军官的常设机构。一般来说,这些机构直接管理、照顾退休军官,比较正规,也十分负责。对较年轻的退役军官则多从公益性的群众组织中得到必要的协助和指导,使之在社会上得到基本的生活保障。

美国退役军人管理机构主要是退伍军人管理署,设有正副署长各1人,直属美国总统领导,美军退休军官的管理分别由三军参谋部人事中心负责。英国退役军人管理机构是国防部人事部门,主要负责或协助解决退役军官的就业、就学、医疗、住房、发放退役金等"福利"事宜。俄罗斯军官退出现役后,由部队介绍到定居点的兵役委员会,由兵役委员会负责接待,并将他们编入预备役军官名册,工作安排和住房问题,由兵役委员会和当地政府共同负责。

第三节   中国社会优抚制度

一、抚恤优待对象的认定

(一)军人抚恤优待对象的认定

《军人抚恤优待条例》第二条规定,中国人民解放军现役军人、服现役或者退出现役的残疾军人以及复员军人、退伍军人、烈士遗属、因公牺牲军人遗属、

---

① 张东江、聂和兴:《当代军人社会保障制度》,法律出版社2001年版,第184~187页。

病故军人遗属、现役军人家属为抚恤优待对象,享受规定的抚恤优待。

(二)国家机关工作人员、人民警察伤残性质的认定

1. 公民牺牲符合下列情形之一的,评定为烈士:

(1)在依法查处违法犯罪行为、执行国家安全工作任务、执行反恐怖任务和处置突发事件中牺牲的;

(2)抢险救灾或者其他为了抢救、保护国家财产、集体财产、公民生命财产牺牲的;

(3)在执行外交任务或者国家派遣的对外援助、维持国际和平任务中牺牲的;

(4)在执行武器装备科研试验任务中牺牲的;

(5)其他牺牲情节特别突出,堪为楷模的。[①]

2. 国家机关工作人员、人民警察因公牺牲和病故的确认,参照《军人抚恤优待条例》的有关规定办理。

二、死亡抚恤

现役军人死亡被批准为烈士、被确认为因公牺牲或者病故的,其遗属享受死亡抚恤,具体包括烈士褒扬金、一次性抚恤金和定期抚恤金三种。

(一)烈士褒扬金

国家建立烈士褒扬金制度。烈士褒扬金标准为烈士牺牲时上一年度全国城镇居民人均可支配收入的30倍。战时、参战牺牲的烈士褒扬金标准可适当提高。

(二)一次性抚恤金

一次性抚恤金是国家按规定一次性发给革命烈士家属、因公牺牲和病故军人、警察、国家机关工作人员家属的抚恤金。

1. 一次性抚恤金标准

《军人抚恤优待条例》规定,现役军人死亡,根据其死亡性质和死亡时的月工资标准,由县级人民政府民政部门发给其遗属一次性抚恤金,标准是:烈士和因公牺牲的,为上一年度全国城镇居民人均可支配收入的20倍加本人40个月的工资;病故的,为上一年度全国城镇居民人均可支配收入的2倍加本人40个月的工资。月工资或者津贴低于排职少尉军官工资标准的,按照排职少尉军官

---

① 国务院:《烈士褒扬条例》(国发〔2011〕601号),2011年7月26日。

工资标准计算。

获得荣誉称号或者立功的烈士、因公牺牲军人、病故军人,其遗属在应当享受的一次性抚恤金的基础上,由县级人民政府民政部门按照下列比例增发一次性抚恤金;获得中央军事委员会授予荣誉称号的,增发35%;获得军队军区级单位授予荣誉称号的,增发30%;立一等功的,增发25%;立二等功的,增发15%;立三等功的,增发5%。对于荣立多次功勋的,按其中最高等功勋的增发比例计算,不累计折算提高功勋等次。对于虽在服役期间荣立功勋,但在退出现役后死亡的,不再增发一次性抚恤金。

国家机关工作人员、人民警察死亡一次性抚恤金标准,参照《军人抚恤优待条例》执行,但不享受现役军人立功和获得荣誉称号者死亡时增发抚恤金的待遇。

2. 一次性抚恤金的发放顺序

(1)有父母或抚养人但无配偶的,发给父母或抚养人;

(2)没有父母或抚养人、但有配偶的,发给配偶;

(3)既有父母或抚养人又有配偶的,各发半数;

(4)无父母或抚养人,也没有配偶的,发给子女;

(5)无父母或抚养人,也没有配偶和子女的,发给未满18周岁的弟妹和已满18周岁但无生活费来源且由该军人生前供养的兄弟姐妹;

(6)无上述亲属的,不发。

同一顺序中的亲属领取一次性抚恤金的数额应予均等。经协商,也可不均等。对缺乏劳动能力且生活有特殊困难的亲属、对死亡军人尽有主要抚养义务或者与死亡军人长期共同生活的亲属分配一次性抚恤金时,应当予以照顾。军人生前有遗嘱的,应按照遗嘱载明的顺序发放一次性抚恤金。

(三)定期抚恤金

定期抚恤金是国家对符合规定条件的革命烈士家属、因公牺牲军人遗属、病故军人遗属按一定标准定期发给的抚恤金,用以抚慰家属,帮助解决生活困难。又称"遗属定期抚恤金"或"长期抚恤金"。

1. 享受定期抚恤的条件

革命烈士、因公牺牲军人遗属、病故军人遗属符合下列条件的可以享受定期抚恤金:

(1)父母(抚养人)、配偶无劳动能力、无生活费来源,或者收入水平低于当地居民平均生活水平的;

(2)子女未满18周岁或者已满18周岁但因上学或者残疾无生活费来

源的;

（3）兄弟姐妹未满18周岁或者已满18周岁但因上学无生活费来源且由该死者生前供养的。

2. 定期抚恤金的标准

定期抚恤金的标准应当参照全国城乡居民家庭人均收入水平确定。具体的定期抚恤金的标准及其调整办法,由国务院民政部会同财政部规定。县级以上地方人民政府对依靠定期抚恤金生活仍有困难的烈士遗属、因公牺牲军人遗属、病故军人遗属,可以增发抚恤金或者采取其他方式予以补助,保障其生活不低于当地的平均生活水平。

除烈士遗属、因公牺牲军人遗属、病故军人遗属外,在乡退伍红军老战士、在乡西路军红军老战士、红军失散人员可以按月享受生活补助。

人民警察死亡后,被批准为革命烈士,符合下列条件之一的,其家属可享受定期抚恤金:

（1）父、母、抚养人、夫、妻无劳动能力和生活收入的,或虽有一定生活收入,但不足以维持当地一般生活水平的;

（2）子女未满18周岁,或虽满18周岁但因读书或伤残而无生活来源的;

（3）弟、妹未满18周岁,且必须是依靠其生前供养的。

革命烈士家属是孤老、孤儿的,应增发定期抚恤金,其增发比例原则上不低于应享受定期抚恤金的20%。

人民警察因公牺牲或病故,符合人事部、财政部《国家机关事业单位工作人员死亡后遗属生活困难补助暂行规定》条件的,由所在单位发给其遗属生活补助费。

国家机关、人民团体、事业单位工作人员死亡以后遗属一般不享受定期抚恤金,对于其中生活困难者发给遗属困难生活补助。民政部、财政部于1980年发布的《关于执行〈国家机关、事业单位工作人员死亡后遗属生活困难补助暂行规定〉的通知》规定,国家机关、事业单位工作人员死亡以后,遗属生活有困难的,死者生前所在单位可以根据"困难大的多补助,困难小的少补助,不困难的不补"的原则,给予定期或临时补助。[①]

三、残疾抚恤

伤残抚恤是国家和社会保障革命伤残人员（包括革命伤残军人、伤残人民

[①]　深圳市人事局、深圳市财政局:《关于修订国家机关、事业单位工作人员遗属生活困难补助标准有关问题的通知》(深人薪〔1998〕5号),1998年11月23日。

警察、伤残机关工作人员、伤残民兵民工)基本生活的优抚制度。

(一)伤残抚恤的对象

根据民政部颁布施行的《伤残抚恤管理办法》的规定,自 2007 年 8 月 1 日,下列人员为民政部门负责伤残抚恤的对象:

1. 在服役期间因战因公致残退出现役的军人,在服役期间因病评定了残疾等级退出现役的残疾军人;

2. 因战因公负伤时为行政编制的人民警察;

3. 因战因公负伤时为公务员以及参照《中华人民共和国公务员法》管理的国家机关工作人员;

4. 因参战、参加军事演习、军事训练和执行军事勤务致残的预备役人员、民兵、民工以及其他人员;

5. 为维护社会治安同违法犯罪分子进行斗争致残的人员;

6. 为抢救和保护国家财产、人民生命财产致残的人员;

7. 法律、行政法规规定应当由民政部门负责伤残抚恤的其他人员。

前款所列第 4、5、6 项人员,根据《工伤保险条例》应当认定视同工伤的,不再办理因战、因公伤残抚恤。[①]

(二)伤残性质的认定

残疾军人、伤残人民警察、伤残国家机关工作人员、伤残民兵民工的残疾在性质上分为因战致残、因公致残和因病致残三种类型。因战致残是指对敌作战负伤致残;因公致残是指在执行公务中致残,经医疗终结,符合评残条件的;因病致残是因患病(含精神病),经治疗终结后评定的伤残。具体而言:

1. 符合下列情形之一的,认定为因战致残:

(1)对敌作战负伤、医疗终结后评定残疾;

(2)因执行任务遭敌人或者犯罪分子伤害致残,或者被俘、被捕后不屈遭敌人折磨致残;

(3)为抢救和保护国家财产、人民生命财产或者参加处置突发事件致残;

(4)因执行军事演习、战备航行飞行、空降和导弹发射训练、试航试飞任务以及参加武器装备科研实验致残。

2. 符合下列情形之一的,认定为因公致残:

(1)在执行任务中或者上下班途中,由于意外事件致残的;

(2)因患职业病致残的;

---

① 民政部:《伤残抚恤管理办法》(民发〔2007〕34 号),2007 年 7 月 31 日。

（3）在执行任务中或者在工作岗位上因病猝然致残，或者因医疗事故致残的；

（4）其他因公致残的。

3．除了以下两种情形外，因其他疾病导致残疾的认定为因病致残：

（1）因患职业病致残的；

（2）在执行任务中或者在工作岗位上因病猝然致残，或者因医疗事故致残的。①

（三）残疾等级的评定

现役军人因战、因公致残，医疗终结后符合评定残疾等级条件的，应当评定残疾等级。义务兵和初级士官因病致残符合评定残疾等级条件，本人（精神病患者由其利害关系人）提出申请的，也应当评定残疾等级。残疾的等级，根据劳动功能障碍程度和生活自理障碍程度确定，由重到轻分为一级至十级。根据2004 年民政部、劳动和社会保障部、卫生部、总后勤部印发的《军人残疾等级评定标准（试行）》通知，伤残军人的伤残等级具体分为器官缺失或功能完全丧失，其他器官不能代偿，存在特殊医疗依赖和完全护理依赖的，为一级；器官严重缺损或畸形，有严重功能障碍或并发症，存在特殊医疗依赖和大部分护理依赖的，为二级；器官严重缺损或畸形，有严重功能障碍或并发症，存在特殊医疗依赖和部分护理依赖的，为三级；器官严重缺损或畸形，有严重功能障碍或并发症，存在特殊医疗依赖和小部分护理依赖的，为四级；器官大部缺损或明显畸形，有较重功能障碍或并发症，存在一般医疗依赖的，为五级；器官大部缺损或明显畸形，有中度功能障碍或并发症，存在一般医疗依赖的，为六级；器官大部分缺损或畸形，有轻度功能障碍或并发症，存在一般医疗依赖的，为七级；器官部分缺损，形态明显异常，有轻度功能障碍，存在一般医疗依赖的，为八级；器官部分缺损，形态明显异常，有轻度功能障碍的，为九级；器官部分缺损，形态异常，有轻度功能障碍的，为十级。②

需要注意的是，新中国成立后我国对伤残军人一直执行的是"四等六级"的设置办法。2004 年 10 月 1 日起施行的《军人抚恤优待条例》将伤残等级改为10 级，这就存在一个套改的问题。民政部、总后勤部于 2004 年 11 月 16 日颁发了《军人新旧残疾等级套改办法》，根据该办法，新旧残疾等级对应关系为：特等

---

① 民政部优抚安置局、国务院法制办公室政法劳动保障法制司：《军人抚恤优待条例释义》，中国社会出版社 2005 年版，第 68～72 页。

② 民政部、劳动和社会保障部、卫生部、总后勤部：《军人残疾等级评定标准（试行）》，2007 年 11 月10 日。

套改一级,一等套改三级,二等甲级套改五级,二等乙级套改六级,三等甲级套改七级,三等乙级套改八级。被地方民政部门评定为伤残人民警察、伤残国家机关工作人员、伤残民兵民工并持有相应伤残证件的人员参照伤残军人的套改办法执行。[①]

残疾军人由认定残疾性质和评定残疾等级的机关发给《中华人民共和国残疾军人证》,它是我国伤残人员证的一种。伤残人员证是伤残人员身份的证明,持有伤残人员证的伤残人员可依法享受有关优待政策。我国伤残人员证分为《残疾军人证》、《伤残人民警察证》、《伤残国家机关工作人员证》和《伤残民兵民工证》四种。

(四)伤残抚恤待遇

因战、因公致残,残疾等级被评定为一级至十级的,享受抚恤;因病致残,残疾等级被评定为一级至六级的,享受抚恤。伤残人员从被批准残疾等级评定后的第二个月,由发给其伤残证件的县级人民政府民政部门按规定予以抚恤。残疾军人的抚恤金标准应当参照全国职工平均工资水平确定,伤残人民警察、伤残国家机关工作人员和伤残民兵民工目前执行与残疾军人相同的抚恤金标准。

除上述抚恤金外,县级以上地方人民政府对依靠残疾抚恤金生活仍有困难的残疾军人,可以增发残疾抚恤金或者采取其他方式予以补助,保障其生活不低于当地的平均生活水平。在这里,"当地"一般是指县、自治县、不设区的市、市辖区、林区等。"平均生活水平"主要通过收入、支出和社会福利等多项指标反映。收入指标包括城市居民家庭人均可支配收入和农村居民家庭人均纯收入,支出指标包括城市居民家庭人均消费性支出、农村居民家庭人均生活消费支出。确定"当地的平均生活水平",应以当地城市居民家庭人均消费性支出、农村居民家庭人均生活消费支出这两项货币性指标为基础,适当考虑城市居民家庭人均可支配收入、农村居民家庭人均纯收入,以及就业、教育、卫生等社会福利因素确定。衡量优抚对象是否达到当地的平均生活水平时,需要对各种因素综合考虑,应当将优抚对象享受的抚恤补助、就业、文化、教育、卫生、社会保障、生产服务等方面享受到的社会优待,以及优抚对象自身的劳动收入和其他收入与当地的平均生活水平指标进行比较,作为确定优抚对象是否达到当地的平均生活水平的衡量标准。[②]

---

① 邱明全:《新修订的〈军人抚恤优待条例〉15问——国家民政部优抚安置局局长孙绍骋解答录》,《解放军报》,2004年10月20日。

② 民政部、财政部、国家统计局:《对〈军人抚恤优待条例〉第三条第一款中"当地的平均生活水平"解释的函》,2005年6月7日。

需要说明的是,1988 年 8 月 1 日起正式施行的原《军人抚恤优待条例》规定,退出现役后没有参加工作的革命伤残军人,由民政部门发给伤残抚恤金;退出现役后参加工作,或者享受离休、退休待遇的革命伤残军人,由民政部门发给伤残保健金。继续在部队服役的革命伤残军人,由所在部队发给伤残保健金。实施结果表明,伤残抚恤金和伤残保健金的标准有很大差距,以 2003 年特等因战残疾军人为例,同一等级的抚恤金和保健金两者相差达 7820 元。鉴于现阶段残疾军人中相当部分处于下岗或失业状态,无论是下岗职工基本生活费还是失业保险金数额均有限。同时残疾军人下岗失业后很难再找到一份新的工作,处于失业大军中的弱势群体,其总体收入水平达不到残疾抚恤金的标准,出现了相对不公平的现象。所以,2004 年 10 月 1 日实施的新的《军人抚恤优待条例》规定:"退出现役的残疾军人,按照残疾等级享受残疾抚恤金",将原来的"抚恤金"和"保健金"予以合并,统称抚恤金。但这种合并是名称上的统一,并不意味着有工作单位和无工作单位的残疾军人在抚恤标准、生活医疗待遇上完全实行一个标准。在经济条件好的地区,地方政府对无工作残疾军人,还是给予特殊对待的,除了国家标准的抚恤金外,还可以享受到"过节费"、粮油补贴、副食补贴等待遇,要充分体现地方政府对国家功臣的特殊照顾和关心。①

退出现役的一级至四级残疾军人,由国家供养终身。其中,对需要长年医疗或者独身一人不便分散安置的,经省级人民政府民政部门批准,可以集中供养。对分散安置的一级至四级残疾军人发给护理费,护理费的标准为:

(1)因战、因公一级和二级残疾的,为当地职工月平均工资的 50%;

(2)因战、因公三级和四级残疾的,为当地职工月平均工资的 40%;

(3)因病一级至四级残疾的,为当地职工月平均工资的 30%。

残疾军人需要配制假肢、代步三轮车等辅助器械,正在服现役的,由军队军级以上单位负责解决;退出现役的,由省级人民政府民政部门负责解决。

四、优待

国家和社会对抚恤优待对象发给优待金,以及在医疗、交通、住房、就业、入学、入托、生活困难补助、救济、贷款、邮政、供应、参观游览等方面提供优惠待遇。

---

① 邱明全:《新修订的〈军人抚恤优待条例〉15 问——国家民政部优抚安置局局长孙绍骋解答录》,《解放军报》,2004 年 10 月 20 日。

(一)现役军人家庭享受的优待

义务兵服现役期间,其家庭由当地人民政府发给优待金或者给予其他优待,优待标准不低于当地平均生活水平。发放优待金是现阶段我国现役军人优待的主要方式。优待金的主要来源有财政拨款、社会统筹和军属所在单位或军人参军前所在单位承担三种方式。优待金的标准要与当地经济条件和群众生活水平相适应,既要保障优抚对象相当于或高于当地一般群众的生活水平,又要考虑优待金筹集方式的可行性。目前,对现役军人家属的优待范围、优待金标准和统筹方法等,是由各自治区、省、直辖市人民政府根据本地区的实际情况制定的。优待金的发放时间一般是在年底,发放的具体方法是义务兵家属持优待证到乡民政助理处或街道办事处的民政科领取。有的地方为使优待金发挥最大效用,在自愿的基础上建立优待金储金会,由乡民政助理将优待金储蓄起来,待义务兵退伍后一次性发放。义务兵家属享受优待金的年限根据义务兵法定服役年限确定,即陆军3年,空军、海军4年。凡因部队需要超期服役的,部队团以上单位机关应及时通知地方政府,可继续给予优待,地方没有接到通知的,义务兵服役期满即停止发给优待金。另外,根据有关规定,义务兵转志愿兵或提干后,由于其已享受了部队的工资待遇,其家属不再享受优待金待遇;还有,从地方直接招收的军校学员和军队文艺、体育等专业人员的家属同样也不享受此项待遇。当然,各地不应该将发放优待金视为军人优待的唯一形式,在政治、经济以及社会生活等各方面都应该尽量给予优抚对象各种优先、优惠照顾。

义务兵和初级士官服现役期间,其家属继续享受所在单位职工家属的有关福利待遇。义务兵和初级士官入伍前承包的地(山、林)等,应当保留;服现役期间,除依照国家有关规定和承包合同的约定缴纳有关税费外,免除其他负担。

经军队师(旅)级以上单位政治机关批准随军的现役军官家属、文职干部家属、士官家属,由驻军所在地的公安机关办理落户手续。随军前是国家机关、社会团体、企业事业单位职工的,驻军所在地人民政府劳动保障部门、人事部门应当接收和妥善安置;随军前没有工作单位的,驻军所在地人民政府应当根据本人的实际情况作出相应安置;对自谋职业的,按照国家有关规定减免有关费用。驻边疆国境的县(市)、沙漠区、国家确定的边远地区中的三类地区和军队确定的特、一、二类岛屿部队的现役军官、文职干部、士官,其符合随军条件无法随军的家属,所在地人民政府应当妥善安置,保障其生活不低于当地的平均生活水平。

（二）医疗优待

一级至六级残疾军人按照属地原则参加城镇基本医疗保险,并在此基础上享受残疾军人医疗补助。有工作单位的残疾军人随单位参加基本医疗保险,按规定缴费。无工作单位的残疾军人参加基本医疗保险,以统筹地区上年度在岗职工平均工资作为缴费基数。所在单位无力参保和无工作单位的残疾军人由统筹地区民政部门统一办理参保手续。其单位缴费部分经确认由残疾军人所在地财政安排资金。残疾军人参加基本医疗保险个人缴费确有困难的,由残疾军人所在单位帮助解决;单位无力解决和无工作单位的,经确认后由残疾军人所在地财政安排资金。

七级至十级残疾军人旧伤复发的医疗费用,已经参加工伤保险的,由工伤保险基金支付,未参加工伤保险,有工作的由工作单位解决,没有工作的由当地县级以上地方人民政府负责解决;七级至十级残疾军人旧伤复发以外的医疗费用,未参加医疗保险且本人支付有困难的,由当地县级以上地方人民政府酌情给予补助。残疾军人、复员军人、带病回乡退伍军人以及烈士遗属、因公牺牲军人遗属、病故军人遗属享受医疗优惠待遇。

（三）工作、入学优待

义务兵和初级士官入伍前是国家机关、社会团体、企业事业单位职工(含合同制人员)的,退出现役后,允许复工复职,并享受不低于本单位同岗位(工种)、同工龄职工的各项待遇。在国家机关、社会团体、企业事业单位工作的残疾军人,享受与所在单位工伤人员同等的生活福利和医疗待遇。所在单位不得因其残疾将其辞退、解聘或者解除劳动关系。

义务兵和初级士官退出现役后,报考国家公务员、高等学校和中等职业学校,在与其他考生同等条件下优先录取。

（四）住房优待

残疾军人、复员军人、带病回乡退伍军人、烈士遗属、因公牺牲军人遗属、病故军人遗属承租、购买住房依照有关规定享受优先、优惠待遇。居住农村的抚恤优待对象住房困难的,由地方人民政府帮助解决。

（五）子女优待

残疾军人、烈士子女,因公牺牲军人子女,一级至四级残疾军人的子女,驻边疆国境的县(市)、沙漠区、国家确定的边远地区中的三类地区和军队确定的特、一、二类岛屿部队现役军人的子女报考普通高中、中等职业学校、高等学校,在与其他考生同等条件下优先录取;接受学历教育的,在同等条件下优先享受国家规定的各项助学政策;现役军人子女的入学、入托,在同等条件下优先接收。

烈士、因公牺牲军人、病故军人的子女、兄弟姐妹,本人自愿应征并且符合征兵条件的,优先批准服现役。

(六)生活优待

义务兵从部队发出的平信,免费邮寄。

现役军人凭有效证件,残疾军人凭《中华人民共和国残疾军人证》优先购票乘坐境内运行的火车、轮船、长途公共汽车以及民航班机;残疾军人享受减收正常票价50%的优待。

现役军人凭有效证件乘坐市内公共汽车、电车和轨道交通工具享受优待,具体办法由有关城市人民政府规定。残疾军人凭《中华人民共和国残疾军人证》免费乘坐市内公共汽车、电车和轨道交通工具。

现役军人、残疾军人凭有效证件参观游览公园、博物馆、名胜古迹享受优待。

军人享有抚恤优待①

(七)安置优待

随军的烈士遗属、因公牺牲军人遗属和病故军人遗属移交地方人民政府安置的,享受规定的抚恤优待。复员军人生活困难的,按照规定的条件,由当地人民政府民政部门给予定期定量补助,逐步改善其生活条件。

---

① 图片来源:南湖晚报:《军人抚恤优待标准范围拓宽——"三属"凭证可免费乘公交游公园》,张利昌绘,2008年1月16日 http://www.cnjxol.com/epaper/site1/nhwb/html/2008-01/16/content_82821.htm。

国家兴办优抚医院、光荣院,治疗或者集中供养孤老和生活不能自理的抚恤优待对象。各类社会福利机构应当优先接收抚恤优待对象。

五、社会安置

根据对社会安置概念的不同理解,社会安置工作的内容也有广义和狭义之分。从广义上讲,对所有退出现役的退役士兵的接收安置工作都是社会安置工作的内容,既包括对复员军人,又包括转业军人的接收安置;既包括对军队离退休老干部的接收安置,又包括对随军家属及无军籍退休退职职工的安置。从狭义上讲,则仅指对享受安排工作待遇的一部分退役士兵的安置,主要有4种对象:从城镇入伍的义务兵(复员士官),从农村入伍的转业士官(服役满10年),荣立二等功以上的农村义务兵,被评定为二、三等伤残军人的农村义务兵。本书所讨论的社会安置工作为广义的社会安置。

(一)退伍义务兵安置

所谓的退伍义务兵安置,指的是对退出现役的士兵在就业、生产和生活等方面给予妥善安置的制度。退伍义务兵安置工作必须贯彻从哪里来、回哪里去的原则和妥善安置、各得其所的方针。"从哪里来,回哪里去"的原则是指义务兵退役后仍回原入伍征集地,由当地人民政府做以下安置:家居农村的,一般安置其参加农业生产;家居城镇的安排就业或自谋职业;入伍前是大中专院校在校学生的复学;入伍前是职工的复工、复职。

"妥善安置、各得其所"的安置方针是指各地根据有关政策和规定,结合当地的实际情况,使退伍军人回到原征集地后得到必要的劳动场所,并发挥其积极的作用。既包含了对退伍军人学习、工作、生产、生活等方面的适当照顾,也包含了应发挥他们在社会主义建设事业中的作用。但是,不能理解为个人想得到什么工作,政府就应该给予安排什么工作。

1.原农业户口退伍义务兵的安置

退伍义务兵原来是农业户口的,由户籍所在地的退伍军人安置机构按下列规定安置:

(1)对确无住房或者严重缺房而自建和靠集体帮助又确有困难的,应当按照国家规定安排一定数量的建筑材料和经费帮助解决;

(2)在服役期间荣立二等功(含二等功,下同)以上的,应当安排工作;

(3)对有一定专长的,应当向有关部门推荐录用;

(4)各用人单位向农村招收工人时,在同等条件下应当优先录用退伍义务兵。对在服役期间荣立三等功,超期服役的退伍义务兵和女性退伍义务兵,应当给予适当照顾。

2.原城镇户口义务兵的安置

原是城镇户口的退伍义务兵,服役前没有参加工作的,国家统一分配工作,实行按系统分配任务、包干安置办法,各接收单位必须妥善安排。各部门、各单位包括中央和省属企业事业单位,都要把接收安置退伍军人作为义不容辞的责任,不得拒绝接收当地政府分配的任务,以保证退伍安置工作的顺利进行。

义务兵入伍前原是国家机关、人民团体、企业、事业单位正式职工,退伍后原则上回原单位复工复职。对于因残、因病不能坚持八小时工作的,原工作单位应当按照对具有同样情况的一般工作人员的安排原则予以妥善安置。退伍义务兵原工作单位已撤销或合并的,由上一级机关或合并后的单位负责安置。

义务兵入伍前是学校(含中等专业学校和技术学校)未毕业的学生,退伍后要求继续学习而本人又符合学习条件的,在年龄上可适当放宽,原学校应在他们退伍后的下一学期准予复学。如果原学校已经撤销、合并或者由于其他原因在原学校复学确有困难,可以由本人或者原学校申请县、市以上教育部门另行安排他们到相应的学校学习。

因战、因公致残的二等、三等革命伤残军人,原是城市户口的,由原征集地的退伍军人安置机构安排力所能及的工作。原是农业户口的,原征集地区有条件的,可以在企业、事业单位安排适当工作;不能安排的,按照规定增发残废抚恤金,保障他们的生活。①

3.退伍义务兵安置的工龄计算

义务兵从兵役机关批准入伍之日起至部队批准退出现役止,为服现役的军龄,满十个月的,按周年计算。退伍后新分配参加工作的,其军龄和待分配的时间应计算为连续工龄。入伍前原是国家机关、企业、事业单位的职工,其入伍前的工龄和军龄连同待分配的时间一并计算为连续工龄,享受与所在单位职工同等待遇。

(二)退役士官安置

现役士兵按兵役性质分为义务兵役制士兵和志愿兵役制士兵。义务兵役制士兵称义务兵,志愿兵役制士兵称士官。义务兵服现役的期限为2年,士官服现役的期限则可长可短,当士官具备一定条件时即需要退出现役。士官退出现役时可作不同的安置,其中包括复员安置、转业安置和退休安置。

1.复员安置

---

① 国务院、中央军委:《退伍义务兵安置条例》(国发〔1987〕106号),1987年12月12日。

退出现役的士官符合下列条件之一的,即可作复员安置:

(1)服现役满第一期或者第二期规定年限的;

(2)符合转业或者退休条件,本人要求复员并经批准的。

士官复员后,由征集地的县(市)人民政府按退伍义务兵的有关规定妥善安置:

(1)农村入伍的初级士官服现役期间,保留承包土地、自留地;中级以上士官复员后,没有承包土地、自留地的,重新划给。农村入伍符合转业条件的士官,本人要求并经批准作复员安置的,允许落城镇户口。

(2)城镇入伍的复员士官待安置期间,由当地人民政府按照不低于当地最低生活水平的原则发给生活补助费。

2.转业安置

退出现役的士官符合下列条件之一的,作转业安置:

(1)服现役满 10 年的;

(2)服现役期间荣获二等功以上奖励的;

(3)服现役期间因战、因公致残被评为二等、三等伤残等级的;

(4)服现役未满 10 年,国家建设需要调出部队的;

(5)符合退休条件,地方需要和本人自愿转业的。

士官转业后,按照《中华人民共和国兵役法》和国务院、中央军委的有关文件以及国务院、中央军委当年度退伍工作通知的有关规定执行。转业士官待安置期间,由当地人民政府按照不低于当地最低生活水平的原则发给生活补助费。

3.退休安置

退出现役的士官符合下列条件之一的,作退休安置:

(1)年满 55 岁的;

(2)服现役满 30 年的;

(3)服现役期间因战、因公致残,被评为特等、一等伤残等级的;

(4)服现役期间因病基本丧失工作能力,并经驻军医院诊断证明,军以上卫生部门鉴定确认的。

退休士官年满 55 岁,或者服现役满 30 年,或者服现役期间因战、因公致残,被评为特等、一等伤残等级的,参照军队退休干部的安置办法执行;服现役期间因病基本丧失工作能力,并经驻军医院诊断证明,军以上卫生部门鉴定确认的,在原征集地或者直系亲属所在地分散安置,其待遇按照有关规定执行,其中患精神病的士官不符合转业安置条件的,按退伍义务兵的接收安置规定执行。①

(三)军队离退休人员接收安置

离退休军人在长期的革命斗争中英勇作战、努力工作,为军队和国家建设作出了重要贡献。妥善安置这些军队退休人员,体现了国家和社会对他们的关心和爱护。移交地方安置的军队离退休人员,包括离休干部、退休干部、退休志愿兵和无军籍退休退职职工,他们享受的待遇包括军队离休退休干部政治待遇和生活待遇两个方面。

第四节　问题与前景

一、当前我国社会优抚制度存在的问题

(一)社会优抚法制不够健全

我国当前社会优抚法律以国务院和相关部门的行政法规为主,立法层次不高。因为政出多门,有些行政法规存在相互冲突的地方。比如,根据民政部《关于国家机关工作人员、人民警察伤亡抚恤有关问题的通知》(民函〔2004〕334号),国家机关工作人员、人民警察死亡一次性抚恤金标准,参照《军人抚恤优待条例》执行,不享受现役军人立功和获得荣誉称号者死亡时增发抚恤金的待遇。而根据公安部《关于转发民政部〈关于国家机关工作人员、人民警察伤亡抚恤有关问题的通知〉的通知》(公政治〔2005〕31号),立功和获得荣誉称号(含死亡后追记、追认功勋)的公安民警死亡后,按照《公安部、民政部关于印发〈公安机关人民警察抚恤办法〉的通知》(公发〔1996〕18号)规定的比例增发一次性抚恤金。当然,当前更现实的一个问题是,社会优抚相关法规大多过于笼统,缺乏严格的执行标准,为个别地方以权谋私提供了便利。

(二)社会优抚待遇公平性差

这突出表现在城乡差别大和地区差别大两个方面。由于历史的原因,我国形成了城乡二元社会结构,社会优抚办法也相应地因社会优抚对象是城镇户籍或者农村户籍而截然不同。比如,农村入伍的退伍义务兵和退伍士官一般都要

---

① 国务院、中央军委:《中国人民解放军士官退出现役安置暂行办法》(国发〔1999〕27号),1999年12月13日。

回到农村,而城镇入伍的退伍义务兵和退伍士官则由政府负责安排工作;不同户籍的社会优抚对象的抚恤优待标准也有较大的差别。如果说这种做法在计划经济体制下还有一定的合理性的话,随着市场经济体制下越来越多的农民到城里打工,城乡二元格局逐渐被打破,这种做法就越来越不能适应时代的要求了。比如说,由于城乡社会优抚对象待遇的巨大差别,有些城市适龄青年为了达到入伍的目的而想方设法转为农村户籍,然后利用父母为城镇户籍可以异地安置的政策享受城市入伍军人的安置待遇。

社会优抚待遇的地区差别同样明显。尽管我国有全国统一的社会优抚政策,但具体实施细则和操作大多由地方掌握。这样,那些经济发达、地方财政基础好的地方就可以为社会优抚对象提供相对高的待遇,而中西部地区有可能连中央的基本要求都难以落实。比如,北京市因公牺牲一名公安民警各项抚恤补助金加在一起可以拿到 80 万元左右,如果被评为革命烈士、公安英模,有的可以拿到 100 万元人民币。而在河南,因公牺牲民警可以拿到 10 万元加上 40 个月的基本工资,另外还有河南省公安民警英烈基金会特别补助金 3 万元,三项加起来只有 16 万元左右。而且,由于河南省公安民警英烈基金会资金规模较小,目前仍存在很大的资金缺口。

(三)遗属抚恤金标准明显偏低

相对于其他各项社会优抚标准,遗属抚恤金标准明显偏低。根据现行规定,家居城市的烈属,每月可享受抚恤金标准为 575 元,这个标准仅比北京市低保标准高 100 多元。而国家机关工作人员死亡后家属所享受的抚恤金标准更低,大部分地区按照低保标准来发放,极少数地区会在低保标准的基础上上浮不超过 20% ,有的地方甚至低于低保标准。革命军人、人民警察和国家机关工作人员去世后,对生前由他们所抚养的家庭成员是巨大的打击,他们享受的遗属抚恤金属于养老保险的一部分,在性质上与最低生活保障制度截然不同。另外,过低的标准,也会造成他们生活水平的巨大落差,不利于保障他们的基本生活和社会稳定。

(四)优抚社会化程度不够

我国对于社会优抚对象有着群众优待的良好传统。由于受到集体经济衰退的影响,群众优待也受到了很大的冲击。当前,社会力量参与优抚保障的途径不是很多,一些拥军优属活动还处于阶段性活动当中,长期的只是集中于农村义务兵家属优待金的统筹上;另外还有一些停留在政治鼓动性很强的活动中。社会中介组织和民间机构作为社会化的实质标志尚未真正参与到优抚保障中来,这在一定程度上制约了我国优抚保障事业的发展。

（五）退役军人就业难

计划经济时期,国家统一安排符合条件的退役军人就业。然而,在市场经济体制下,企业逐渐转变为自主经营、自负盈亏的经济实体。而且,随着劳动用工制度的改革,企业用人自主权逐步扩大,企业内部员工之间竞争激烈,军人在竞争中淘汰的几率增大。另一方面,军人服役期间主要以军事训练为主,相对缺乏专业的技能培训。结果,很多企业拒绝录用退伍士兵,或者在接收了退伍义务兵和退伍士官后,以他们能力不符合岗位要求或者合同期满为由解除双方的劳动关系。在市场经济条件下如何解决退役军人指令性就业和企业用工劳动合同制之间的矛盾是一个很大的挑战。

（六）社会优抚与社会保险的衔接问题

随着《社会保险法》的颁布,我国社会保险制度基本定型。但遗憾的是,我国在推进社会保险、社会救助制度改革的时候,并没有将社会优抚制度很好地纳入进来全盘考虑。这就造成了社会保险、社会救助和社会优抚在很多方面不协调的问题。比如,复员退伍军人服现役期间的养老保险个人账户空账的问题、部分优抚对象的待遇甚至低于低保标准的问题等,都是因为制度改革不同步、不协调造成的。

二、完善我国社会优抚制度的设想

尽管我国社会优抚制度还存在上述诸多不尽如人意的地方,但也要看到,我国目前已经具备了一些改革完善社会优抚保障制度的有利因素。一是综合国力的空前增长和人民生活水平的日益提高,为保障对象基本权益奠定了物质基础。优抚工作是一项特殊的社会保障,其保障质量依赖于生产力的发展,依赖于综合国力的增强和人民生活水平的提高。二是党的"十七大"报告中科学发展观的提出,为优抚工作创造了良好的发展条件。科学发展观的核心是坚持以人为本,实质是协调发展,在政策上体现为通过资源的优化配置扶助相对较弱的环节,使他们可以分享社会成果。这无疑是优抚工作的发展机遇。三是虽然优抚工作的立法相对滞后于社会保障的各项立法工作,但社会保障体系的建立和完善,无疑为社会优抚提供了发展模式和有效的发展平台。鉴于当前存在的具体问题,优抚制度的完善应从以下几个方面入手:

（一）建立、健全与社会主义市场经济体制相适应的社会优抚法制,完善优抚政策法规体制

随着社会主义市场经济体制的建立和完善,现行的社会优抚法律法规的部

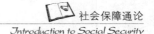
分内容已经不能解决社会优抚工作中出现的新情况、新问题。因此,除了要及时修订、完善现有法律法规外,还应加强新形势下的社会优抚的立法。当前,迫切需要的是进一步明确各类用人单位在接收安置对象方面的法律责任,进一步细化包括安置单位遴选、异地安置政策等在内的安置办法。

(二)加大优抚资金统筹力度,在政策、资金上向来自中西部地区和农村地区的退役军人倾斜

中央财政要加大对经济欠发达地区和农村地区社会优抚工作的支持,对于希望退伍后到城镇工作的农村退役军人可以在就业培训、工作安排等方面提供尽可能多的帮助。

(三)提高保障水平,建立多元的优抚保障模式

通过拓宽优抚资金的筹集渠道,扩大优抚范围,增强保障功能,进而提高保障水平,特别是提高遗属抚恤金的标准。在这个方面要做到三个积极,即要积极争取党委、政府主要领导的重视,积极争取军地有关部门的配合,积极争取社会各界和人民群众的支持。

(四)提高优抚的社会化程度

基础优抚保障网络是社会优抚工作的重要补充,逐步建立健全基层优抚服务网络,把拥军优属同社区服务、志愿者服务结合起来,巩固和发展各类基层群众组织,使他们逐步朝实体化、社会化方向发展。

(五)建立军人退役就业培训体系

军人职业的特殊性决定了军人退役复员后在地方就业要受到专业的限制,当务之急就是对那些缺乏相应就业技能的退役军人进行职业培训,提高他们的就业能力,适应市场经济需求,在一定程度上缓和军人退役安置难的问题。

(六)建立健全军人社会保险制度

按照党和国家的要求,参照《社会保险法》的规定,建立健全军人社会保险制度,使军人在服现役期间也可以享受到养老、医疗、工伤等各项社会保险权益。要特别注重军人社会保险制度和现行企业社会保险制度的协调和衔接问题,比如复员退伍军人养老保险的转移衔接、残疾优抚对象医疗待遇的保障等。

本章小结

社会优抚是国家专门为伤亡的军人、人民警察和国家机关工作人员提供抚恤,为军人和人民警察及其家庭提供优待,为退出现役的军人予以生活安置和就业安排而建立的社会保障制度,具体包括优待、抚恤和安置三种待遇。社会优抚具有收入损失补偿、褒扬奖励、满足需要、激励和社会稳定的功能。社会优抚的覆盖范围通常为军人及其家属,财政是社会优抚最主要的资金来源。社会优抚的受益条件主要包括资历、贡献、需要和个人特长几个方面。社会优抚的待遇包括优待、抚恤和社会安置,世界各国一般有专门的机构来管理社会优抚工作。

社会优抚涉及优抚对象的认定、优抚待遇项目及标准的确定两个方面。抚恤包括死亡抚恤和残疾抚恤,在死亡抚恤中,要按烈士、因公牺牲和病故三种不同的死亡性质及标准发放一次性抚恤金和遗属抚恤金。残疾抚恤是国家保障革命伤残人员基本生活的优抚制度,应严格按伤残人员的对象和条件进行伤残等级评定并享受相应的抚恤金。社会优待包括现役军人家庭优待、医疗优待、工作、入学优待、住房优待、子女优待、生活优待和安置优待。社会安置包括对退伍义务兵安置、退役士官安置和军队离退休人员安置。退伍义务兵安置工作必须贯彻从哪里来、回哪里去的原则和妥善安置、各得其所的方针。退役士官安置包括复员、转业和退休三种形式。目前,我国现行的社会优抚制度面临着多方面的挑战,有待进一步完善。

关键概念

社会优抚　优待　抚恤　安置　死亡抚恤　残疾抚恤　一次性抚恤金
定期抚恤金

复习思考题

1. 什么是社会优抚制度? 有什么功能?
2. 简述日本的抚恤金项目及对象。
3. 一国的安置政策通常受到哪些因素的影响?
4. 认定伤残性质的标准有哪些?
5. 一次性抚恤金的发放顺序是什么?
6. 退伍义务兵的安置原则是什么?
7. 我国社会优抚制度面临的挑战有哪些?

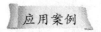

退伍军人要求银行安置，未获支持①

退伍军人甲某持"退休军人分配通知书"要求银行安排工作，银行以没有编制为由，拒绝安排正式工作，只与甲某签订临时用工合同，后银行被仲裁委员会裁决与甲某签订无固定期限劳动合同，银行无奈之好诉至法院，要求确认与甲某未形成劳动关系。日前，黑龙江省密山市人民法院判决，军人安置"通知书"不是形成劳动关系的依据，对甲某要求银行安置的请求不予支持。

退伍军人甲某于 1999 年 4 月持黑龙江省密山市退伍军人安置办公室的"退休军人分配通知书"，到密山市农业银行支行等待分配工作，但该支行称银行人权、物权、财权的决定权都在省分行，省分行不给编制指标，支行无法安排正式工作。后该支行又考虑到甲某系职工子弟，便与其签订了临时用工合同，约定月工资 600 元。

2003 年 11 月末合同期满，甲某要求支行安排正式工作，与其签订无固定期限劳动合同，支行仍称省行不给编制，无法解决。2003 年 12 月 20 日，甲某向某市劳动争议仲裁委员会申请仲裁。该仲裁委员会于 2004 年 1 月 2 日下发了仲裁裁决书：一、被诉人与申请人签订无固定期限劳动合同；二、被诉人从 2003 年 11 月起至申诉人上岗止，按月支付申请人工资 600 元。该支行不服仲裁裁决，便提起诉讼，要求法院确认与被告甲某未形成劳动关系。

法院经审理认为，劳动争议的主要内容是劳动者与用人单位之间基于劳动合同关系发生的纠纷，劳动法调整的是在实现劳动过程中，劳动者与用人单位之间所发生的关系。本案的纠纷为被告甲某要求原告银行接收其为正式职工，签订无固定期限劳动合同。因原告无人事决定权，拒绝接收被告的行为，有其人事管辖权的特殊性和特定性，原告未接收被告应视为未形成劳动关系，不能把军人安置"通知书"当做形成劳动关系的依据。形成劳动关系是双方法律行为，单方要求成立合同，不具备合同成立的要件。因此本案的纠纷不属劳动争议。

军人安置纠纷是安置部门与被安置单位和当事人之间的纠纷，其纠纷带有政策性问题和行政职权履行不能的问题，属于行政法律关系。民事法律不能代替政策和行政部门去解决军人安置问题，法院既不能强制原告接收被告，也不

---

　① 资料来源：边乃和、赵鸿江：《银行无用人权退伍军人要求安置未获支持》，中国法院网，http://www.chinacourt.org/public/detail.php? id=158969，2012 年 2 月 3 日。

能代替行政部门解决编制和工资等一系列劳动人事问题。所以,军人安置纠纷不是民法的调整范围,当然也不属于民事案件。

因此,法院对被告甲某要求原告某市农业银行支行安置的请求不予支持。

案例思考题

1. 甲某的诉求未获法院支持是否意味着银行可以免除安置甲某的责任?

2. 结合上述案例,谈一下当前我国退伍军人安置过程中所存在的困难和问题。

3. 你对完善我国退伍军人安置制度有何建议?

第十三章　社会保障管理

学习目标

通过本章学习,要求重点掌握社会保障管理的基本范畴、社会保障管理的内容、社会保障管理的原则,了解中国社会保障管理体制和管理现状,同时了解国外社会保障管理的改革趋势及中国社会保障管理改革。

加强社会保障管理①

第一节　社会保障管理概述

社会保障事务关系到每一个公民的切身利益,是国家政治体制的重要组成部分。中国自封建时代就开始建立以救灾和救济为重点保障内容的社会保障

---

① 图片来源:新人力网,http://www.xinrenli.com/dushumantan/18017.html。

制度,并建立了与之相适应的灾害应急管理体制。进入现代社会后,社会保障在人们的生活和工作中发挥越来越重要的作用。随着社会保障制度的日趋完善,社会保障从传统的单一事后救助向范围广泛、项目齐全、形式多样的现代社会保障体系转向,社会保障的功能也从单一的稳定社会向稳定、调节、促进、互助等多重功能作用转向。社会保障管理在社会管理中的地位越来越重要。

一、社会保障管理内涵

(一)社会保障管理定义

社会保障管理是指政府及其他公共组织,为了适应社会的发展和满足公众的利益需求,对社会保障事务所实施的一种有效管理。社会保障管理有广义与狭义之分。广义的社会保障管理不仅指社会保障管理过程、管理体制和管理方式,还包括社会保障制度;狭义的社会保障管理仅指管理过程、管理体制和管理方式。本书从狭义的角度来理解社会保障管理。

社会保障管理的内涵主要包括以下四个方面的内容:

1. 社会保障管理主体

社会保障管理主体是运用管理权支配管理客体的主动方面,包括管理的信息、理论、机构、人员、制度、规范、体制、机制、措施、技术等要素。

政府是社会保障管理主体中最重要的构成要素。政府在社会保障管理过程的作用主要体现为三个方面:(1)制度建设责任,即推动立法和制定相关政策;(2)监管责任,包括行政业务流程监管和社会保障基金监管;(3)财政责任,即对社会保障基金承担主要责任甚至无限责任。

非政府组织也是社会保障管理的一个重要管理主体。社会中公民和社会组织的自我管理是维持社会秩序和社会稳定的根本条件,如果没有社会的自我组织和自我管理,公民和社会组织的一切活动都依靠国家和政府发出指令实施控制,那么,国家和政府将不堪重负,社会秩序和社会稳定也难于维持。自20世纪70年代以来,非政府组织在西方社会得到迅猛发展,这些组织(如基金会),在提供人道服务、促进基层社会经济发展、防止环境退化、保障公民权利等诸多未被人关注的或由国家承担的目标中,均发挥了重要作用。随着政府职责的转变,未来越来越多的社会保障事务管理会依赖于非政府组织。

2. 社会保障管理客体

社会保障管理客体是社会保障管理主体运用管理权所支配的被动方面,包括自然条件、社会环境、工作要素、管理资源以及公共事务等。

在社会保障管理客体中,社会保障对象管理是非常重要的管理内容。社会保障管理对象涉及全体公民,但并不表明所有公民均有权享受社会保障待遇。不同社会保障项目的管理对象有很大的区别。社会保险主要面向劳动者且主要是工薪劳动者,社会福利按照其不同的项目面向特定的群体,社会救助面向全体公民,但其实际享受者往往是贫困群体。

社会保障管理事务也是社会保障管理的主要客体,包括教育、医药卫生、社会福利、养老保障等公共事业。在福利国家,社会保障事务的含义非常宽泛,不但包括涉及公民日常生活的社会性事务,甚至包括涉及国家层面的公共事务;而在中国,社会保障事务的含义相对较窄,主要包括社会救助事务、社会保险事务和社会福利事务。

3. 社会保障管理过程

社会保障管理过程是社会保障管理权支配下的管理主体和管理客体共同参与的活动过程,包括管理的目标、任务、结构、规模、阶段、速度、成本、效果等要素。由于社会保障与经济社会发展水平相关,人们对社会保障的要求也随着社会和经济的发展而不断提高,因此,社会保障管理过程是动态变化的,要求管理者针对不同阶段和不同过程采取不同的管理方法,及时调整管理手段,实现管理目标。

4. 社会保障管理制度

社会保障管理制度主要是指用于划分社会保障管理职权、规定职能配置、设定管理对象和领域等的法律法规、政策以及其他各种正式和非正式规则。从国外的实践看,社会保障制度的基本形式是通过立法明确政府、社会和个人的权利和责任,各责任主体分工、合作,从而形成运转良好的社会保障管理机制。在我国,社会管理制度包括国家关于社会保障管理的基本法律法规、行使社会保障管理职能的政府管理部门的法规和政策、执政党关于社会保障管理的方针政策和其他非正式规则或惯例等。但是,从现行的实践看,我国的社会保障制度仍然以政府的行政文件为主。

(二)社会保障管理职能

社会保障管理职能主要由五个方面组成,即规划、组织、指挥、协调和控制。

1. 规划

社会保障规划是指从事社会保障活动之前,事先拟定具体内容和行动步骤,有组织、有计划、有步骤地实现社会保障目标。社会保障规划的制定必须坚持三点:(1)统一性,即社会保障不仅要有总体的计划,还要有养老保险、医疗保险、失业保险、工伤保险和生育保险等具体的计划,具体计划与总体计划要协调一致;(2)连续性,即社会保障有长期计划,有短期计划,有前期计划,有后续计划；(3)精确性，即社会保障计划尽量具有客观性，不具有主观随意性。

管理人员在制定计划时，要对社会保障发展状况有整体的了解，对近期、中期、远期等的发展状况进行预测，具体业务的负责人都要对单项社会保障进行总结和预测，对自己部门的计划负责，根据实践的推移和情况的变化适当地改变以前的计划。高层管理人员主要负责制定计划，而基层的管理人员主要负责执行计划。

2. 组织

社会保障管理的组织是指为实现社会保障活动的规划目标和方案，合理设置管理和经办机构，建立管理体制和制定规章制度，明确社会保障职能机构的分工和职责，将社会保障活动中的各要素、各部门、各环节、各方面从纵向和横向的联系上，在劳动的分工和协作上，在对外往来关系上，以及空间和时间的联系上合理地组织起来，使之形成一个有机整体，充分发挥社会保障人力、物力和财力应有的作用。

在法约尔的组织理论中，组织结构的金字塔是职能增长的结果，职能的发展是水平方向的，因为随着组织承担的工作量的增加，职能部门的人员就要增多，而且，随着规模的扩大，需要增加管理层次来指导和协调下一层的工作，所以纵向的等级也是逐渐增加的。在社会保障管理组织中，不同的险种组织发展的方向并不相同，如养老保险要求管理组织呈现一种科层制的垂直管理机制，但医疗保险管理却并没有这种需求。

3. 指挥

社会保障管理的指挥是指各级管理者或领导机构为保证社会保障活动连续地、均衡地、协调地进行和经营目标的实现，通过颁布文件和下达指令，使社会保障系统内部各级各类人员的行为服从管理者的统一意志，并将规划和管理者的意图变成全体人员的统一行动，使全体人员在同一目标下相互协作，密切配合，完成目标。

4. 协调

社会保障管理的协调就是指社会保障的一切工作者要和谐地配合，以便于社会保障计划顺利进行，达到其目的。做好社会保障管理的协调工作，目的在于克服社会保障活动中可能产生的重复或脱节现象，保持整体平衡，使各个局部步调一致，以发挥总体优势，确保规划目标顺利实现。

社会保障管理的协调分为纵向协调和横向协调，内部协调和外部协调。纵向协调是指社会保障系统内上下级管理人员和职能部门之间的协调，横向协调是指社会保障系统内同级的各单位、各部门之间活动的协调。社会保障管理的内部协调是指社会保障系统内部所进行的协调,外部协调是指社会保障机构与系统外部其他部门和单位之间的协调。

5.控制

社会保障管理的控制是指对社会保险规划的执行情况进行检查、考核、分析和处理,其目的在于通过对社会保障活动的测定,与计划目标和实现计划目标的原则相比较,发现偏差,找出问题,查明原因,采取措施,及时加以纠正,使社会保障活动符合客观经济规律,符合国家有关的方针政策和法律法规。

二、社会保障管理特征

(一)公共性

社会保障管理是公共管理的重要组成部分,具有典型的公共性。社会保障从本质上讲是将个人风险社会化,通过社会的力量化解个人无法或无力承担的风险,从而促进社会稳定,因而是一种涉及全体社会成员公共利益的公共物品与公共服务。它强调的是在人类社会和国家的发展过程中产生的私人管不了、管不好、不该管的社会性事务的管理。虽然近年来许多国家采取了所谓的"私有化"、"社会化"或"市场化"的改革,将社会保障管理责任下移至非政府组织,甚至部分项目实行市场化管理,但从总体上看,社会保障管理的公共属性并没有改变。

(二)复杂性

现代社会保障体系是一个非常复杂的体系,不但涉及部门多,而且制度设计也越来越专业化,导致社会保障管理日趋复杂化。

社会保障的内容非常宽泛,往往形成一套独立于经济体系之外的政治和社会体系。国际劳工组织有关公约规定九项保障内容,包括医疗津贴、疾病津贴、失业津贴、老龄津贴、工伤津贴、家庭津贴、生育津贴、残废津贴、遗属津贴。在中国,社会保障体系包括社会救助、社会保险、社会福利和军人保障等。在政府主导的社会保障制度之外,许多国家还有发达的补充保障机制,包括企业年金、补充医疗保险、互助保障、慈善公益事业等在内的各种社会性保障措施。这些不同的社会保障项目在许多国家由不同的部门分别实施管理。如在中国,社会救助和社会福利由民政部门负责管理实施,社会保险由人力资源和社会保障部门及卫生部门负责管理实施,军人保障则涉及军队和地方多个部门。另外,不同级别政府的职责也不一样,在最低生活保障管理中,国务院下属部门负责制定政策,而具体实施则由各地方根据当地实际情况制定相应的法规。

（三）多样性

社会保障制度越来越多样化。从早期的以慈善救助为主的制度设计到社会保险体系的建立，以及福利国家模式在发达国家的普及，各国在建立社会保障体系时往往基于本国国情，建立不同的社会保障制度，如西欧、北欧国家选择福利国家模式，德国与法国等则采取社会保险模式，美国则更重视市场与民间力量。不仅如此，为了适应不同社会群体的社会保障需求，同时扩展国民对社会保障的选择权利，一个国家内部的社会保障制度设计在项目结构、保障水平等方面呈现明显的多元特征，从而导致社会保障管理的复杂性。以我国的养老保险为例，公务员和事业单位人员实行非缴费型的退休制度，城镇企业职工则实行统账结合的基本养老保险制度，而农村新型养老保险则实行个人账户制度，农民工养老保险制度差异性更大，各地均有所差别。由于制度未统一，在养老保险管理过程中，养老保险关系转移和接续成为一个亟待解决的关键问题。

三、社会保障管理原则

（一）公平优先原则

缩小社会贫富差距、创造并维护社会公平，是社会保障制度的基本出发点，也是社会保障政策实践的归宿。因此，现代社会保障制度普遍遵循着公平原则。公平原则要求社会保障制度设计必须打破各种身份限制，公平地对待每个国民并确保其享受到相应的社会保障权益；在社会保障实践中，不仅要建立覆盖全民的社会保障体系，让全体国民普遍享受社会保障，而且必须要更多地维护好弱势群体的利益。社会保障管理的一个重要目标便是通过制度设计和管理过程，更有效地缓解贫困人口的贫困现状，改变弱势群体的社会地位和经济状况，从而促进社会和谐。因此在社会保障管理活动过程之中，首先要遵守公平优先原则，促进社会和谐发展。贯彻公平优先原则，要求消除社会保障管理过程中的城乡、身份、性别、户籍等差异，坚持社会保障管理制度的统一性和待遇差距的合理性。

（二）以人为本原则

建立之初的社会保障，其保障对象以弱势群体为主，往往带有恩赐特征，受助以牺牲尊严和人格或接受惩罚为条件。保障项目有限，保障水平低下，保障效果不良。进入福利国家阶段，社会保障制度强调以人为本，其伦理基础是人道主义和公平价值理念，包括面向低收入阶层的各种社会救助项目、面向劳动者的各种社会保险项目、面向全体国民的各种社会福利以及各项具有互助互济、分散风险性质的保障措施,健全的社会保障体系不仅能够解除人们的后顾之忧、保障其基本生活,而且实践着缩小社会不公平和维护社会公平等多方面的功能,直接体现了对弱者的重视与照顾以及人文关怀的精神,直接促进人的全面发展甚至解放了人类自身,是人由家庭人转化为社会人的必要条件,最终必然促进整个社会的和谐健康发展。因此,在社会保障管理过程中,管理制度和管理过程均要体现以人为本的思想,要求管理者树立权利优先的理念,为服务对象提供充分保障。贯彻"以人为本"原则的重点应当放在保障社会弱势群体如老年人、妇女、儿童、农民工、城乡低收入家庭的基本生活、维护他们的基本权益、改善他们的处境上,使发展的成果惠及社会各个阶层和群体,使人人都能过上有尊严的、值得追求的生活。

(三)社会化管理原则

社会保障是面向整个社会开放的系统,社会化是现代社会保障制度的重要特征。从制度的形成过程看,它涉及各方的利益,需要社会各界的广泛参与和讨论,最终达成妥协;从筹资主体看,一般包括国家财政投入、企业或雇主缴费、个人缴费乃至向社会募捐、发行福利彩票以及基金运营收益等多个渠道,充分体现了社会保障资金来源的社会化特色;从社会保障的服务看,社会化的服务更有效率,如养老金的给付通常需要利用邮局、银行等机构的发达网点才能做到方便发放,医疗保险只有通过各种医疗机构才能真正实现其目标,社会救助亦离不开居民委员会或村民委员会等基层自治组织或其他社区组织的配合,各项福利事业更是需要众多的社会福利机构(如养老院、老年公寓、残疾人康复中心等)来承担;从管理过程看,虽然政府起主导作用,但是单靠政府的力量不可能解决所有的问题,事实上,在政府还未成为社会保障的主导力量之前,社会互助和慈善捐赠就已在个人和家庭的保障中发挥了重要作用,因此,充分发挥社会组织、民间力量和个人在社会保障管理过程中的作用是许多国家通行的做法。

(四)法制化原则

社会保障旨在切实保障国民的收入安全与基本生活,进而促使整个社会和谐发展。一方面,由于社会保障资金的筹集涉及国家、企业及其他法人团体与个人的权利、义务及经济利益,必须以相应的法律、法规作依据,并借助政府的行政权力才能完成筹资的任务。没有完善的法制规范,便不会有社会保障制度稳定的财政基础,进而也不会有真正的社会保障制度安排。另一方面,作为一种社会稳定机制与利益调整机制,有关各方的权利与义务必须由法律明确规范,并要求严格依法办事,没有法制规范,社会保障制度便可能滑出正常运行的轨道,因为从社会保障资金的筹集到社会保障待遇的给付,市场机制均难以发挥作用。社会保障的法制化为社会保障管理提供了必须遵守的行为准则,从而最大限度地消除人为干扰因素,提高社会保障管理效率。同时,只有实现法制化,民间组织的社会保障事务才能健康发展。

实行依法管理包括两个方面的内容:第一,管理机构及管理岗位的设置需要有相应的法律、法规作为依据,有关法律、法规对此应当有明确而具体的规范;第二,社会保障管理各部门只能在法律制度的严格规范下行使自己的职权,履行自己的义务,而不允许越权行使权力或者推卸职责。

丢了工作丢不了基本医保待遇　　　　刘刚　绘

(五)政事分开、管办分离原则

在计划经济体制下,我国各类事业组织均由政府或政府部门设立,政府机关通过各种权力,运用多种方式直接领导、管理、控制事业单位,造成事业单位丧失自身特性、自主性,依附于政府及政府各个部门。一方面,行政机关通过其权力,直接管理和控制事业单位,包揽许多应由后者独立行使和承担的社会职能;另一方面,事业单位实际上也承接了大量本应属于行政机关行使的行政监督、行政执法权,由此导致公共产品的供求矛盾越来越突出。政事分开,政府站在公正的立场上购买公共服务,让所有的公共服务供给主体参与竞争,打破附属事业单位垄断市场的局面,有利于资源分配效率、技术进步程度等绩效的改善,使全社会的公共服务质量和水平得以提升。

社会保障管理政事分开要求做到以下三点:(1)社会保障政府部门与经办机构或其他政府服务事业法人分开;(2)社会保障政府部门与社会保障服务事业法人的管办分开;(3)社会保障政府主管者职能与社会保障服务者职能分开,

社会保障服务的购买者与提供者分开,政府作为服务委托人的职能与政府其他职能分开。

(六)属地化管理原则

属地化管理原则是指社会保障管理由地方政府实施管理。根据大数法则的原理,社会保障在社会范围内调剂使用从社会筹集的基金,以保证社会成员遇到种种风险时的基本需要。调剂使用基金的范围越大,社会化的程度越高,抗御风险的能力越强,缴费者的负担则会越小。社会保险属地化管理打破行业、地区界限,为实现社会保障基金社会化筹集创造条件。而且属地化管理消除了社会保障"条块分割"导致的社会保障制度、办法和标准互不衔接、独立运行,并且相差悬殊的弊病,有利于建立统一的社会保障政策。尤其是在社会保险管理过程中,更加强调属地化管理原则。一般的社会保险事务通常是在国家统一的法律、法规的规范下,由中央政府或国家社会保险主管部门制定统一的原则性政策或法规,但具体由各地区组织实施,并由各地区的社会保险管理机构承担起具体的管理职责,同时对地方政府直接负责。但对养老保险等具有长期积累性和流动性的项目,则需要由国家或者省一级直接管理并采取直属的组织方式来实施。划分属地管理与系统直属管理的权限或职责的基本依据是中央政府与地方各级政府的社会保险职责的划分。

(七)专业化和信息化管理原则

社会保障项目众多,信息数据庞杂,管理环节繁多,要求有专业的信息化管理系统对其进行管理。社会保障信息化是指以计算机、通讯网络为主体的信息技术在社会保障领域中的应用。社会保障信息化的主要内容就是将信息技术与社会保障业务相结合,建设社会保障管理信息系统。该系统是由计算机、通讯网络、数据库和相应的管理软件,以及各种专业技术人员所组成。通过对社会保障及相关数据的采集、加工、处理,形成多种有用的信息,提供给各级部门的决策者、管理人员和社会公众,以满足不同层次、不同人群的信息需求,达到信息共享,实现信息资源的有效利用。

要处理好这样复杂的关系必须实行专业化管理。特别是随着精算技术在社会保险中越来越广泛地应用,社会保障的专业化管理成为一个亟须解决的问题。虽然在社会保障基金的计算中,精算技术并不是唯一考虑的因素,但是由于基金平衡问题可能导致制度最终的成败,因此,社会保险管理部门需要大量的精算技术人才。另外在医疗保险和工伤保险的康复过程中,心理治疗也是一个重要的治疗手段。在就业服务过程中,专业的就业指导更有利于减少寻找工作的盲目性。同样在社会救助和社会福利服务中,亟须经过专业化训练的社会工作者提供帮助和指导。

第二节　社会保障管理体制

社会保障管理体制是指国家为实施社会保障事业而规定的各类社会保障管理机构、管理内容和管理机制的总和。

一、社会保障管理机构

社会保障管理机构主要由行政管理机构、业务经办机构、基金运营机构和监督机构组成。

（一）行政管理机构

社会保障行政管理机构是指各级政府机构序列中管理社会保障事务的相关政府部门,其主要职责是社会保障的立法、监督检查、贯彻实施。行政机构的层级结构一般划分为中央与地方两级。在美国,联邦政府属于中央政府,联邦政府以下均属于地方政府。中央政府和地方政府在社会保障管理中所起的作用因各个国家政治体制、财税体制、社会保障模式、社会保障项目等不同而有所区别。在中国,社会保障行政管理机构主要有人力资源和社会保障部、民政部、卫生部等部门。人力资源和社会保障部主要负责社会保险管理,民政部主要负责社会救助和社会福利管理,卫生部负责新型农村合作医疗管理。另外,国家发展和改革委员会、财政部也承担了社会保障管理的部分职能。

（二）业务经办机构

社会保障业务经办机构是隶属于社会保障行政管理机构的一种公共事业部门。主要职责是社会保障参加者(受保人)的资格审定、登记,社会保障基金的收缴,社会保障基金的日常财务和个人账户管理,社会保障待遇的计算、发放,以及对投保人提供各项社会化服务。目前,我国社会保障经办机构主要有两类:即社会保险经办机构,社会救助、社会福利经办机构。人力资源和社会保障部社会保险事业管理中心是劳动和社会保障部直属事业单位,受部委委托组织指导全国社会保险经办机构开展社会保险基金的筹集、支付、管理、运营事务,组织实施社会保险的基础性、技术性、事务性和服务性工作。目前社会救助和社会福利经办机构还没有完全建立起来,部分省市已开始探索建立承办民政具体业务的经办机构。

（三）基金运营机构

基金运营是社会保障管理的重要内容,除社会保险经办机构经营和管理社会保险基金外,在我国,基金运营机构还包括全国社会保障基金理事会和投资机构。全国社会保障基金理事会成立于2000年8月,为国务院直属正部级事业单位,是负责管理运营全国社会保障基金的独立法人机构。其主要职责是:管理中央财政拨入的资金、减持国有股所获资金及其他方式筹集的资金。全国社会保障基金是中央政府集中的社会保障资金,是国家重要的战略储备,主要用于应对今后人口老龄化高峰时期的社会保障需要。除此之外,社会保障基金投资管理人和托管人也是社会保障基金运营机构。社保基金投资管理人是指依照规定取得社保基金投资管理业务资格、根据合同受托运作和管理社保基金的专业性投资管理机构。社保基金托管人是指按规定取得社保基金托管业务资格、根据合同安全保管社保基金资产的商业银行。

（四）监督机构

监督机构是指独立于政府的公共事业部门,提供公共服务,机构成员由政府代表、企业代表、职工代表和专家学者组成,主要职责是对社会保障的政策法规执行情况、基金筹集、基金管理运营、待遇给付、服务质量等环节和机构,实行全面的监督。社会保障监督机构包括行政监督机构、专门监督机构、司法监督机构以及社会监督机构四种类型,分别承担不同的监督职能。行政监督是指政府有关职能部门根据其管理职能,代表国家对社会保障制度的运行进行的监督,执行行政监督的机构都是政府的职能部门,都将监督社会保障事务纳入自己的工作范畴,并按照本部门的工作程序、工作手段行使监督权;司法部门利用法律赋予的权力对社会保障事务实行司法监督;社会监督是指非官方的、非专门的社会保障监督系统之外的其他方面的监督,是群众性、社会性、非强制性的监督,主要由包括工会组织、雇主组织、专家代表以及由工会、雇主和社会人士组成的监督委员会行使监督权。

二、社会保障管理内容

社会保障管理的内容主要有社会保障行政事务管理、社会保障基金管理和社会保障对象管理三个方面。

（一）社会保障行政事务管理

社会保障行政事务管理包括:拟定社会保障发展规划和计划,统筹协调社会保障政策,统筹处理地区和人群之间的利益和矛盾;制定社会保障法律、法规和政策,具体规定社会保障的实施范围和对象、享受保障的基本条件、社会保障资金的来源、基金管理和投资办法、待遇支付标准和对象以及社会保障各主体的权利、义务等;贯彻、组织和实施各项社会保障法律法规,并负责监督、检查;受理社会保障方面的申诉、调解和仲裁;建立和完善社会保障信息化、社会化服务体系;培养、考核、任免社会保障管理干部。

(二)社会保障基金管理

社会保障的基金管理包括基金的筹集、运营、支付三个方面的内容。

1. 基金筹集

社会保障基金的筹集渠道因社会保障模式和社会保障项目不同而呈现一定差别。从社会保障筹资的形式看,一些国家的社会保障筹资以税收的形式出现,如美国的工薪税;还有一些国家则实行单独的缴费,如中国的社会保险费。从社会保障项目看,社会救助通常来源于国家财政,社会保险则通常由国家、单位和个人按一定比例负责缴纳,而社会福利的来源则多样化,有来源于财政,也有来源于服务收费,有来源于特定的彩票,另外,社会募捐也是一种筹资方式。

2. 基金运营

基金的运营管理包括基金的日常财务和个人账户管理以及基金的投资运营。部分社会保障基金通常会形成较多结余,因此产生基金的保值增值问题,解决这一问题的关键是对其进行投资。政府通常委托专业投资公司进行投资,但政府对这些公司要实行严格的监管,监管的方式有数量监管和审慎人监管。

3. 基金支付

基金的支付是给付受保人各项社会保障待遇,如养老金、失业金、救济金、医疗费用报销、家庭补助等。基金的支付待遇在不同社会保障项目中呈现较大差距。通常社会救助的支付以维持受助人的生存为目标,实行限额救助(如最低生活保障);社会保险待遇则与缴费相关,保障水平远高于其他项目;而社会福利通常以服务的形式为主且按需支付。

(三)社会保障对象管理

社会保障的对象是退休者、鳏寡孤独者、失业者、生活困难者、伤残者等。对社会保障对象的管理,包括向他们提供物质保障、日常生活和健康服务,参与社会活动和就业方面的机会以及精神和心理慰藉等,其管理工作是在社区化、社会化的前提下,通过政府的组织和引导,依靠工会、各种社团、慈善协会以及家庭等社会力量来完成。

不同社会保障项目的保障对象有较大区别。一般来说,社会救助的保障对象为社会弱势群体和贫困者。如在西方国家,社会救助对象通常是无家可归

者、失业者、老年人、儿童、难民等;在中国,城镇最低生活保障对象主要由下岗失业人员、老年人等组成,在农村则主要由老年人、妇女儿童等组成。社会保险的对象为劳动者和参加保险的居民;社会福利的保障对象为全体公民,在中国,社会福利的保障对象基本为特殊人群,如残疾、三无老人、孤儿等。

三、社会保障管理机制

社会保障管理机制是指社会保障管理系统的运行机理,即社会保障管理系统的组成部分之间相互作用的过程和方式。根据不同的划分标准,社会保障管理机制可以划分为不同的类型:

(一)根据管理部门权限的集中程度划分

1. 集权式

集权式是指社会保障的管理权限较多地集中于中央政府的一种模式。在这种模式下,中央政府下属的社会保障行政管理机构,是全国社会保障事业的最高行政机关,统一领导全国和地方的社会保障工作;地方各级政府社会保障机构统一服从于中央社会保障行政管理机构,根据中央社会保障行政主管机构制定的政策、法规、法律办事,受中央社会保障行政主管机构的领导和监督。这种机制有利于统一决策、集中领导,还有利于统筹规划,协调各地区、各部门的关系和利益。但是其决策和管理层次过多,影响信息有效传递和正确决策的制定,基层管理人员工作积极性不高;而且中央政策可能与地方实际情况不符合,导致政策执行效果不佳。

2. 分权式

分权式是指社会保障的管理权限较多地集中于地方政府的一种机制。在这种机制下,中央社会保障行政机构主要行使规划、立法和监督的职能,地方社会保障管理机构可以在规定的权限内自主决策以行使职能。这种制度的优点是,有利于地方政府因地制宜制定政策,责权更加清晰,管理人员工作积极性增强,工作效率也会提高。但是由于地方具有社会保障政策制定权,易导致制度的不统一,不利于全国统筹规划,各地区、各部门的利益和关系协调比较困难。

(二)根据管理部门的数量划分

1. 相对集中型

相对集中型管理是指社会保障事务相对集中于少数几个部门的一种机制。从世界各国的管理体制看,由于社会保障事务涉及公众生活和工作的各个方面,涉及的事务相当繁杂,不可能由一个部门负责完成,因而在大多数国家,社会保障事务往往由多个部门负责。少数国家的社会保障事务集中于少数两三个部门,属于相对集中型。以中国为例,人力资源和社会保障部门承担了养老保险、医疗保险、工伤保险、失业保险和生育保险的管理,民政部则承担了社会救助和社会福利的管理。相对集中型具有较好的协调能力,管理效率较高,但是由于社会保障事务涉及的面非常广,许多保障项目甚至毫不相干,将这些项目集中于少数几个部门,往往感觉力不从心。

2.分散型

随着经济和社会的发展,国家承担的社会福利项目越来越多,这些项目涉及不同的管理部门,因而很难由少数几个部门集中管理。事实上,大多数国家的社会保障事务往往由三个以上部门负责,各部门各负其责,分工合作,属于分散型。美国是这种管理体制的典型,在政府机构中,由15个部门负责社会保障事务,其中美国卫生与人类服务部下属的社会保障总署(SSA)是最大的一个部门。社会保障总署负责社会保障方针政策的制定,并直接负责(除财政部负责的)所有行政管理工作。财政部和总统预算办公室分别负责编制社会保障的收入和支出预算,前者组织收缴保险费及基金投资管理,后者则主要负责资金的划拨和发放。劳工部作为一个重要的社会保障机构,主要负责就业、工资和福利及改善工人的生活条件。其他的机构还有农业部、教育部、能源部、退伍军人服务部、住房与城市发展部、紧急事务管理局、矿山安全和健康审查委员会、安全与健康审查委员会、人事管理办公室、养老保险公司及退休委员会。分散管理有利于社会保障业务管理的专业化和精细化,但是如果各部门之间缺乏协调,管理效率则会降低。

(三)根据政府的责任轻重划分

1.政府主导型

政府主导型是指社会保障管理责任主要由政府承担,其他组织发挥的作用有限。如中国的社会保障管理主要由人力资源和社会保障部门、民政部门和卫生部门负责,具体业务的经办也是由具有事业单位性质的经办机构负责。虽然在基层,村委会和居委会在社会保障事务中也承担一定的职能,但是这些职能均属于社会保障行政主管部门委托给基层单位的,均由业务经办管理。

2.官民结合型

官民结合型是指社会保障管理的责任由政府和非政府组织共同承担。如在香港,非政府组织在社会福利服务领域中所占份额甚至大于政府。香港的社会福利以服务为主,而服务的提供并非由政府包揽,而是官管民营,政府负责制定规划、政策,提供经费、进行服务监督,并负责提供社会保障和紧急救援服务,

由非政府的第三部门则承担大部分社会服务的提供。

3. 市场化运作型

市场化运作型是政府通常采取"购买"或直接委托的方式,将社会保障管理事务交由非营利组织或营利组织负责。智利的养老保险是这种管理方式的典型代表。智利的养老基金管理公司(Pension Fund Administrators)是专门为管理养老金而成立的股份公司,直接管理个人账户中养老金的收缴、支付、投资等具体事宜。养老基金管理公司的主要管理任务是对个人账户的资金收缴和支付,对资金进行投资运营。

第三节　中国社会保障管理

一、中国社会保障管理概述

(一) 社会保障行政管理

1998 年改革前,我国社会保障业务管理比较分散。仅养老保险一项就涉及劳动、人事、民政、财政、人民银行、保险公司、工商管理、总工会以及实行行业统筹的 11 个主要部门等多个部门和组织。按养老保险现行部门职能分工,劳动部管城镇企业,人事部管机关、事业单位,民政部管农村,医疗保险中公费医疗由卫生部、财政部管,企业劳保医疗和大病医疗费统筹由劳动部管。分散管理的体制,缺乏宏观协调平衡机制,易产生既相互争管,又相互扯皮、推诿的矛盾。

1998 年 3 月九届全国人大一次会议通过了《国务院机构改革方案》,在原劳动部的基础上,新组建了劳动与社会保障部,将原来由人事部承担的机关事业单位社会保险管理职能,民政部承担的农村社会保险管理职能,卫生部承担的公费医疗管理职能,国务院医疗保险制度改革办公室承担的医疗保险制度改革职能,均归劳动和社会保障部负责,民政部门主要负责社会救济、社会福利和优抚安置工作,财政部负责社会保障基金的预决算。这样,形成了比较集中的管理模式。

目前,我国社会保障业务管理主要由人力资源和社会保障部门、民政部门、卫生部门负责。人力资源和社会保障部门通过其内设的基金监察机构,对社会保障基金提供主体是否依法缴纳社会保障费用、社会保障经办及服务机构是否依法运行、受保人合法权益有无损害等行为进行监管;民政部门主要对社会救助和社会福利等项目的实施行使监管权,其监管的主要内容包括社会救助和农村社会福利的财政拨款、待遇发放是否到位,慈善团体的运行是否规范等;卫生部门主要对农村新型合作医疗的实施行使监管权。

审计部门主要是对社会保障经办机构是否依法运行、社会保障基金的收支以及运营情况等进行审查。财政部门承担着向社会保障机构拨款的责任,除了做好自身的社会保障财务管理工作外,还应通过对社会保障基金财政专户的监督和对社会保障机构财务会计报表的审核,行使对各社会保障管理机构、经办机构的财务监督权。主要监督内容包括:社会保障收支的年度预算执行情况,中、长期计划执行情况,财政性社会保障基金的使用情况和社会保险基金的使用情况。

中国社会救助管理方式属于国家指导、地方管理模式。在中央一级,由民政部门负责社会救助事务。民政部与各省市的关系是业务上的指导关系,在人力、物力和财力的配置上,不存在隶属关系。各省市的社会救助工作由地方政府设置对应的部门负责执行,但是中央政府对部分社会救助项目进行转移支付。

(二)中国社会保障经办管理

1.社会救助和社会福利经办机构

中央一级社会救助和社会福利经办机构主要包括:(1)中国福利彩票发行管理中心。中国福利彩票发行管理中心是民政部直属事业单位,经民政部授权,对全国福利彩票发行和销售业务负全责,实施业务领导。(2)中国收养中心。中国收养中心受中国政府委托,负责涉外收养具体事务,承担社会福利机构儿童养育和国内收养部分具体工作。(3)国家减灾中心。其业务范围包括:灾害监测预警,灾情收集与处理,减灾政策理论研究与咨询,减灾技术开发,减灾宣传与专业培训,减灾国际交流合作组织。

地方社会救助和社会福利经办服务机构设置的改革大致上有三种模式:(1)在民政厅、局中增设行政机构,一般称为"城市居民最低生活保障管理处(省级、副省级)、科(地市级)或股(县级)";(2)在民政厅、局之下设事业单位,一般称为"城市居民最低生活保障管理服务中心";(3)行政机构和事业单位两者并存。省及以下社会救助和社会福利经办管理有五个层次,即"省—市—区/县—街道/乡镇—居民委员会/村民委员会",这种经办模式的重心在街道或镇(乡)、居委会。街道办事处或者乡镇人民政府对居(家)、村委会上报的申请材料进行审核,通过入户调查、邻里访问及信函索证等,对申请人的家庭经济状况和生活水平进行核查,将申请材料上报区(县)民政局。村委会或居委会根据管理审批机关的委托,也可承担社会救助的日常管理、服务工作。目前,少数省市

对社会救助和社会福利经办机构实行改革,在街道或乡镇一级成立社会保障服务中心,建立独立于行政管理体制之外的社会救助和社会服务递送机构。

2. 社会保险经办机构

人力资源和社会保障部负责社会保险业务,中央一级的社会保险经办机构是人力资源和社会保障社会保险事业管理中心,它是人力资源和社会保障部直属事业单位,受劳动和社会保障部委托负责组织指导全国社会保险经办机构开展社会保险基金的筹集、支付、管理、运营事务,组织实施社会保险的基础性、技术性、事务性和服务性工作。中央一级的机构不承担社会保险的个体经办事务。省级社会保险经办机构目前主要是各级劳动社会保险厅(局)所属的社会保险事业管理局(中心或处)。省级社会保险经办机构一般有两项工作:即指导下级各社会保险经办机构开展业务,直接承担部分企业社会保险业务经办工作。市级和县级社会保险经办机构则具体承担社会保险各项业务的经办工作。有些市级经办机构下设分局,不再存在县级经办机构,各分局属市级社会保险经办机构的外派机构。

3. 新型农村合作医疗经办机构

到目前为止,中央一级没有设立相应的新型农村合作医疗经办机构。2003年12月卫生部、民政部等11部委联合下发了《关于进一步做好新型农村合作医疗试点工作的指导意见》,要求试点县(市)建立经办机构,负责新型农村合作医疗的业务管理。根据《意见》要求,各试点县(市)普遍建立了合作医疗的业务经办机构,自行制定了管理制度和办法,负责合作医疗业务管理工作,并投入了管理成本。从乡级经办机构看,主要有三种形式:(1)乡(镇)单独成立经办机构,独立编制,人员由乡政府派出;(2)乡(镇)经办机构(人员)由县级经办机构派出;(3)县级经办机构委托乡(镇)卫生院管理。

(三)中国社会保障监督管理

1. 行政监督

社会保障行政监督是指政府相关部门对社会保障履行监督的过程。行政主管部门监督属于社会保障管理系统的内部监督,是直接对下级的社会保障行政主管部门和业务经办机构的活动进行的监督。社会保障的行政监督主要有三个方面的内容:(1)业务监督:我国社会保障业务主管部门的行政监督机构主要有民政部、人力资源和社会保障部、卫生部等部门。(2)财政监督:我国社会保障的财政监督机构为财政部门。(3)审计监督:我国社会保障的审计监督机构为审计署。

2. 司法监督

社会保障的司法监督是指为使社会保障的管理符合国家法规要求,从而对社会保障的管理过程和管理结果进行监督。目前我国虽然还没有出台综合性的社会保障法律,但是部分社会保障子项目出台了各种法规,包括:社会保障管理法规条例,养老保险、疾病保险、工伤保险、失业保险、生育保险等法规条例,灾民救济、低保等法规条例,老年福利、社区服务、文化教育、卫生医疗保健等法规条例,社会优抚、公积金、社会保障监督法规,社会保障争议解决程序法,劳动合同法及劳动保障监督检查相关法规条例等。这些条规是司法监督的基础。

3. 社会监督

社会监督主体一般包括非执政党、人民政协、各民主党派、社会组织或团体、企事业单位、新闻舆论单位、公民个人等,他们手中没有可以直接控制国家的权力,而只有宪法和法律赋予他们选举、报道、批评、建议、检查、检举、控告、揭发、起诉、申诉、听证、申请复议等基本权利。社会监督是一种自下而上的监督,它必须通过国家监督采取相应措施后,才能产生相应的监督后果。社会监督的对象既包括社会保险基金运行的具体行为,又包括制定社会保障政策和法律规章及其他规范性文件的抽象行为。同时,社会监督还具有广泛性和及时性的优点,它可以成为国家专业监督介入的先导,可以及时弥补专业监督的漏洞、疏忽或不足,及时发现和纠正社会保险基金运行中的错误和失误。将专业监督和社会监督纳入同一个监督平台,可以保证社会保障监督工作本身的公正性。

4. 社会保障监督委员会

为了协调各个部门的监督工作,各地还对社会保险监督体制进行改革,一些地方相继成立了由社会保障业务主管部门以及财政、审计等政府部门和金融部门、用人单位、工会组织、专家、人大代表、政协委员组成的社会保障监督委员会,其主要职责是监督社会保障政策的贯彻执行情况,监督社会保障基金的征缴、管理、给付及基金营运、保值增值情况,维护社会保障各方的合法权益。

二、中国社会保障项目管理

(一)社会保险管理

1. 行政管理机构

社会保险行政管理主要包括建立社会保险制度,制定社会保险规划,规定社会保险政策和管理法则,并组织实施。

人力资源和社会保障部行使全国社会保险政策的制订、执行及监督的职责;省、市社会保障厅(局)在省、市政府的领导下开展工作,在全省或全市范围内行使社会保险政策制定、执行及监督职责;县一级的社会保障部门的主要职

能是贯彻执行社会保险工作基本方针、政策及改革总体方案,组织实施相关法律、法规,检查、管理、指导和监督社会保险政策的执行和贯彻,同时起草全县人力资源和社会保障规范性文件,拟定相应政策和具体改革方案,编制全县人力资源和社会保障事业发展规划和年度工作计划并组织实施。

除此之外,社会保障行政管理的主要部门还有各级财政部门。其中财政部的主要职责包括:参与国家社会保障法规、政策、制度的研究、制订;提出中央社会保障预算草案;会同分管部门研究提出经费开支标准、定额、年度预算和专项资金支出预算建议;负责监督分管部门(单位)预算的执行;对专项资金追踪问效,检查项目实施中资金的管理使用和配套到位情况,进行项目的效益考核;制订部门(单位)和项目资金使用的财务管理办法;审核和批复分管部门(单位)的年度决算等。

2. 社会保险经办管理

社会保险业务管理流程涵盖了各大险种从收到支的全过程,涉及的当事人包括社会保险经办机构、企业(雇主)、劳动者个人、金融机构、医疗机构和医药机构、劳动就业部门、财政和税务部门、社区、非政府组织等,关系复杂,环节众多,是社会保险管理中的主要环节。

社会保险经办管理的主要内容有以下几个方面:

一是社会保险登记、申报、征缴和待遇支付。社会保险登记,包括对企业(雇主)和参保个人基本情况、参保险种、缴费方式等的登记,为已办理社会保险登记的企业(雇主)和参保个人发放社会保险凭证。社会保险缴费申报,内容包括企业的员工总数、每个员工的参保险种、缴费基数(工资总额)等,以及对上述情况的更改。社会保险费用征缴是指银行现场收存或者台账托收。社会保险费用记录处理是指为每个参保人记录参保险种、缴费基数、缴费比例和数额、缴费时间、利息收入等。社会保险待遇支付,由于社会保险各项目之间的差异较大,待遇支付的流程也各不相同。如养老保险待遇仅支付给参保个人且支付期限长;而医疗保险待遇的支付对象则除了参保个人以外还包括医疗机构和医药机构;工伤保险待遇的支付对象可能包括参保个人及其家属,支付期限则视具体情况或长或短。一般来说,社会保险待遇支付的流程包括:申请人向社会保险经办机构申请支付有关待遇并根据要求提供相关资料,社会保险经办机构依法在规定时间内对该申请进行审核并作出支付或者不支付的决定,核定待遇支付标准和数额,确定支付方式,支付有关待遇。

二是社会保险稽核。社会保险稽核指社会保险经办机构依法对法律规定范围内的企业(雇主)和个人的社会保险费缴纳情况和社会保险待遇领取情况进行的核查,是包括养老、医疗、失业、工伤和生育等险种征缴和支付的全面稽核,是对社会保险道德风险的预防。社会保险稽核的主体是社会保险经办机构,依据社会保险法律法规代表国家行使稽核职权。稽核的客体是参加社会保险的企业(雇主)和个人履行缴纳社会保险费义务的情况以及享受社会保险待遇的情况。稽核的目的是通过查处瞒报、欠缴、冒领等违规行为,确保社会保险费依法征收,防止社会保险基金流失,增强社会保险基金支撑能力,规范参保企业缴费行为,营造公平参保的外部竞争环境,有利于参保企业公平竞争。

三是社会保险信息与档案管理。社会保险档案管理是从对参保单位和参保职工信息材料进行收集、分类、整理、归档、装订成册,到对档案内容进行补充更正、保管、检索的过程,是社会保险管理的基础工作之一。

四是社会保险财务管理。社会保险的财务管理是社会保险中必不可少的经济管理环节,是反映和监督社会保险基金筹集和使用状况的技术手段,它通过系统的科学管理,保障社会保险工作顺利进行。社会保险财务管理的主要内容是筹集、支付、管理、运用社会保险基金,包括财务计划管理,资金筹集管理,管理服务费管理,保险金给予管理,责任金、调剂金的资金运用管理等。

五是社会保险对象管理。社会保险对象的管理主要是为社会保险的对象提供一系列必要的服务,其中企业退休人员社会化管理服务是指职工办理退休手续后,其管理服务工作与原企业分离,养老金实行社会化发放,人员移交城市街道和社区实行属地管理,由社区服务组织提供相应的管理服务。

(二) 社会救助管理

1. 行政管理

中国社会救助管理方式属于"国家指导、地方管理"模式。在中央一级,由民政部负责社会救助事务。我国社会救助的行政事务管理由民政部负责,各省市民政厅局负责本地社会救助事务的行政管理。民政部的行政管理职能包括:拟定救灾工作政策;承办救灾组织、协调工作;组织自然灾害救助应急体系建设;承办灾情组织核查和统一发布工作;承办中央救灾款物管理、分配及监督使用工作;会同有关方面组织协调紧急转移安置灾民、农村灾民毁损房屋恢复重建补助和灾民生活救助;承办中央级生活类救灾物资储备工作;组织和指导救灾捐赠;拟订减灾规划,承办国际减灾合作事宜;拟订社会救助规划、政策和标准,健全城乡社会救助体系;组织城乡居民最低生活保障、医疗救助、临时救助工作;拟订五保户社会救济政策;承办中央财政最低生活保障投入资金分配和监管工作;参与拟订住房、教育、司法救助相关办法。

民政部与各省市的关系是业务上的指导关系,在人力、物力和财力的配置

上,不存在隶属关系。各省市的社会救助工作由地方政府设置对应的部门负责执行,但是中央政府对部分社会救助项目进行转移支付。

2.社会救助的经办管理

中国社会救助的经办服务体制主要有两种类型:

一是街道(乡镇)—居(村)委会模式。这种经办模式属于传统的社会救济递送机制。即主要由街道办事处或者乡镇人民政府管理社会救助事宜,对上报的申请材料进行审核,通过入户调查、邻里访问及信函索证等,对申请人的家庭经济状况和生活水平进行核查,将申请材料上报区(县)民政局。村委会或居民委员会根据管理审批机关的委托,承担最低生活保障的日常管理、服务工作。这种经办模式集行政管理和业务经办于一身,容易造成管理上的漏洞。而且随着最低生活保障业务量的增加,往往导致基层管理者人手不够,易使家计调查流于形式,或业务流程跟不上要求,申请时间延长。

二是单独设立经办服务中心。中国传统的社会救助管理方式主要依赖于基层社区工作者(如居委会和村委会),在受助人数较少、业务工作量不大的情况下,这种模式并没有出现问题。但是随着受助人数的增加,社区工作模式已无法适应最低生活保障制度的变化,社会救助递送渠道受阻。针对这种情况,一些地方开始探索建立独立的社会救助经办机构,主要负责社会救助对象的普查统计,最低生活保障标准的动态管理分析,监督检查受助对象档案、规章制度建立,社会救助保障金的发放落实情况;提供救助和最低生活保障资金预算;上报综合情况。

第四节　问题与前景

一、中国社会保障管理体制存在的问题

(一)多元管理主体的格局还未形成

从西方发达国家的经验看,民间组织在社会保障的提供中发挥越来越重要的作用,特别是自20世纪80年代以来,由于出现福利国家危机,新自由主义意识形态占据主流地位,福利国家为推进市场改革而转变政府职能等一系列原因,发达国家政府逐步将部分社会保障职能推给市场和第三部门,形成所谓福利多元主义,其基本思想是主张社会保障主体的多元化,它强调社会保障可以由政府、营利组织、非营利组织、家庭和社区共同承担,政府应当成为社会保障

服务的仲裁者与管理者,同时引导与促使其他部门从事社会保障的供给。如二战后德国的社会政策集中体现为国家的"辅助性"原则,要求第三部门提供由国家资助的大部分福利服务;在美国,非营利性的组织是提供福利保障的重要主体;法国、意大利等国家也同样把第三部门作为扩大福利国家服务的主体。但在我国,由于政府在社会保障管理中居垄断地位,而且民间组织的权利意识还比较淡薄且不够发达,因而民间组织在社会保障中的作用微乎其微。

(二)政事合一的管理体制仍然存在

目前,社会保险的行政管理和经办管理已基本分离,但是在社会福利和社会救助领域,政事合一的管理体制仍然存在。以最低生活保障管理为例,民政部门既是最低生活保障政策的制定者,也是最低生活保障具体业务的承办者,"管办合一"的现象还未得到有效改善。在政事合一的管理体制里,管理者既是运动员又是裁判员,社会保障管理规范、技术标准、设施设备、人员培训等都不够统一,社会保障监管也很难保证客观、公正、公平。由于社会保障的政策制定、行政管理与社会保险基金的收、支、管、用都由一个机构承担,因此政事不分而且缺乏有效的监督制衡机制,导致社会保险基金流失较多,挪用、挤占、多提管理费等现象十分普遍。

(三)法制滞后

目前我国社会保障管理立法缺乏整体规划,体系不健全,不仅缺乏宏观的社会保障基本法,也缺乏社会保障基本项目的单项立法。与人民生活密切相关的社会救助、社会福利保障至今还是处于无法可依的状态。即使有些社会保障项目已经立法,也存在立法层次低、缺乏较高的法律效力和必要的法律责任制度的问题。经过全国人大通过的与社会保障相关的法律很少,而且大多是与其他内容混在一起,并非全部适用于社会保障领域。而由国务院及其职能部门颁布的社会保障方面的法规、规章等则远多于人大立法。另外在立法过程中,还存在立法主体多元、立法层级无序,部门利益法律化问题严重。同时,由于缺少全国性立法,地方性立法往往只适用于当地范围之内,造成参保者在全国范围的流动受阻。

二、中国社会保障管理体制改革建议

(一)培育第三部门

随着市场经济的发展和政府体制改革的进一步深入,目前我国政府正由全能政府走向有限政府,最终形成"大社会、小政府"的社会管理目标模式和社会组织框架。为了满足这一客观需要,政府要将民间资源充分调用到社会保障中来,将非政府组织特别是民间社会公益组织看成是政府的合作伙伴。政府的角色将由直接的社会保障的提供者,逐渐转变为社会保障的规范者,一些原来由政府直接包办的社会保障项目,将主要由各种新兴的第三部门或者政府与第三部门共同承担和处理。民间组织参与社会保障管理事务的方式一般来说有三种方式:一是建立所谓"杂交"式的机构,如半官方的组织或政府部门的辅助组织等来承担一部分社会保障功能;二是政府通过经它认可的代表某一社会群体利益的团体来实施政策;三是政府鼓励社区、公民自助、互助组织等尽量发挥作用以满足社会的部分福利需求。通过以上方式,政府既减少部分职能,同时又不至于完全放手社会保障事务。

另外,政府要大力培育第三部门。对愿意遵守各项法律法规的民间组织应该首先准许其通过提供基本信息来备案的形式赋予其基本的合法性。对于需要享受政府在财政和税收等方面优惠政策的民间组织,要求其提供更加详细的信息并且遵守更多的义务。然后,给予在特定领域提供公共服务和公共管理的民间组织以财政和税收方面的优惠待遇,同时将其作为特殊法人区别出来,适用更进一层的法律法规。此外,改革现行的登记机关和业务主管单位双重管理的体制,成立独立的民间组织监管机构,统一行使民间组织的各项管理职能,并引导和帮助民间组织顺利发展成熟。

(二)政事分离、管办分开

在社会保障机构设置方面,按照政、事、企分离的原则,建立由社会保障的行政管理机构、经办机构和监督机构组成的分工明确、职责不同的管理组织系统。社会保障的行政管理机构承担政府对社会保障的行政管理职责,社会保障的经办机构负责社会保障基金的具体业务,社会保障的监督机构对社会保障法规、政策的执行情况和保障基金收支、营运和管理的监督。

社会服务体制改革的目标是推进社会性公共服务社会化,形成投资主体多元化、服务对象公众化、运行机制市场化、服务方式多样化、服务队伍专业化与志愿者相结合的新格局。为此需要按照政社分离、政事分离、管办分离的原则,改革事业单位管理体制并实行分类管理。同时放开公共服务市场,实行市场准入制,鼓励社会资本进入公共服务领域,通过特许经营、合同外包、政府购买、公私伙伴关系等多种方式,鼓励民间力量参与提供公共服务。政府还应对民办非企业单位与事业单位在兴办社会公益事业包括社会福利事业方面采取一视同仁的政策,鼓励他们展开公平竞争,培养社会企业家,探索实行项目管理、民办公助、公办民营等方法,努力提高社会服务质量。

(三)健全法制

健全的社会保障管理体制必须基于法制之上。社会保障机构的设置、社会保障基金的筹集和管理、社会保障管理各部门的职责权限、公民享受社会保障的资格和程序、侵害公民社会保障权利行为的处置以及对社会保障管理实施的监督等都必须有具体的法律规定,才能使社会保障管理做到有法可依。作为一项基本的社会职责,国家必须建立依法管理的社会保障管理制度,以法律规定约束政府和公民的行为,其内容包括:健全社会保障的立法,明确社会保障的权利义务关系,使社会保障法律体系系统化,进行社会保障机构自身的法制化建设。

解决立法问题,要遵循循序渐进原则。社会保险和社会救助在实际生活中处于十分重要的地位,对于保障公民的基本生活意义重大,因此,有必要在制定《社会保险法》以后再制定《社会救助法》。在各单项立法完善的基础上,再考虑出台一部社会保障法典,涵盖各项社会保障活动的准则,为社会保障管理提供保证。

专　栏

西方社会保障管理社会化趋势

自20世纪70年代末80年代初以来,始于英国撒切尔时代的社会化行政改革成为西方的一种潮流,这场运动也被称为"新公共管理",其基本特征是在公共领域引入市场机制和私人企业的管理方法,如对公有企业的私有化改造、下放管理权力、增加透明度、政府业务合同外包、政府绩效评估等。社会化的目的在于:第一,利用市场经济的经济原则与效率原则,改善并提高政府社会保障管理的水平和质量;第二,针对某些政府职能和政府业务,给予删减或终止,从而达到缩小政府活动和政府职能的范围。

社会保障是"新公共管理"改革的重点领域之一。社会保障管理的社会化是指市场或民间组织参与社会保障管理,或者说,政府部门通过契约外包、业务分担、共同生产或解除管制等方式,将部分职能转由民间组织经营。社会保障管理社会化趋势主要表现为:第一,组织机构社会化,即由政府社会保障主管部门或专门机构对社会保障进行统一集中管理;第二,管理者社会化,即相关的单位和个人也可以参与到管理中来,充分发挥社会力量在社会保障管理中的管理、监督、服务

作用;第三,筹资渠道社会化,即社会保障的资金来源于政府、单位、个人等社会的各个方面,而不再由政府和单位统包统揽。

在传统的社会保障事务管理中,政府是唯一的主体,也是公共权力的唯一拥有者,并成为公共事务管理权的垄断者。自 20 世纪 80 年代以来,社会保障管理的一个发展趋势是由政府单独直接管理变为市场、社会中介组织、其他社团共同参与社会事务管理,形成所谓"混合经济的福利国家"、"福利多元主义"、"福利国家私有化"等改革思潮。

本章小结

1.社会保障管理是指政府及其他公共组织,为了适应社会的发展和满足公众的利益需求,对社会保障事务所实施的一种有效管理。社会保障管理的内涵主要包括社会保障管理主体、社会保障管理客体、社会保障管理过程和社会保障管理制度。社会保障管理职能主要由规划、组织、指挥、协调和控制组成。

社会保障管理体现了公共性、复杂性、强制性、福利性等特征;社会保障管理的基本原则主要包括:公平优先原则,以人为本原则,社会化管理原则,法制化原则,政事分开、管办分离原则,属地化管理原则,专业化和信息化管理原则。

2.社会保障管理体制是指国家为实施社会保障事业而规定的各类社会保障管理机构、管理内容和管理机制的总和。社会保障管理机构主要由行政管理机构、业务经办机构、基金运营机构和监督机构组成。社会保障管理的内容主要有社会保障行政事务管理、社会保障基金管理和社会保障对象管理三个方面。

社会保障管理机制是指社会保障管理系统的运行机理,即社会保障系统的组织或部分之间相互作用的过程和方式。根据不同的标准,社会保障管理机构可以分为集权式和分权式,相对集中型和分散型,政府主导型、官民结合型和市场化运作型。

3.目前,我国社会保障业务管理主要由人力资源和社会保障部门、民政部门、卫生部门负责。审计部门主要是对社会保障经办机构是否依法运行、社会保障基金的收支以及运营情况等进行审查。财政部门承担着向社会保障机构拨款的责任。

中国社会保障的经办机构可以按业务不同划分为社会救助和社会福利经办机构、社会保险经办机构、新型农村合作医疗保险经办机构。目前,社会救助和社会福利经办机构还未完全建立起"管办分离"的机制,许多地方的社会救助和社会福利的经办仍保持传统的"民政—村(居)委会"模式。

中国社会保障监督管理主要由行政监督、司法监督和社会监督三部分组成,一些地方相继成立了社会保障监督委员会。

4.目前,中国社会保障管理体制存在的问题主要表现为:多元管理主体的格局还未形成,政事合一的管理体制仍然存在,法制滞后。针对这些问题,建议:大力培育第三部门,形成社会化管理体制;按照政事分离、管办分开原则,完善社会救助和社会福利经办管理机制;健全社会保障的立法,明确社会保障的权利义务关系,使社会保障法律体系系统化,进行社会保障机构自身的法制化建设。

关键概念

社会保障管理　社会保障管理主体　社会保障管理客体　社会保障管理制度　社会保障管理过程

复习思考题

1.简述社会保障管理的基本原则。

2.结合社会保险基金违规案件,谈谈强化社会保障基金监管的思路。

3.谈谈对社会保障管理主体的理解。

4.简述中国社会保障管理体制框架。

5.简述中国社会救助和社会福利管理体制的改革思路。

6.试述我国社会保障管理体制存在的问题及对策建议。

应用案例

北京市社会福利事务管理中心正式成立①

2006 年 12 月 25 日,北京市社会福利事务管理中心正式成立,今后将由其承担市民政局所属的社会福利、殡葬等企事业单位的管理职能,从而实现政府在这些领域的管办分离、政事分开。这标志着本市民政事业管理体制改革取得了阶段性成果。

由于历史上的种种原因,北京市民政局承担的 215 项行政职能中,有 184项由事业单位承担,占总数的 85.6%,形成了行政职能的体外循环。同时,北京

---

① 根据 2006 年 12 月《北京社会报》、《新京报》等相关报道改写。

市民政局既是全市社会福利事业的行政管理部门,又直接举办社会福利事业,管办不分的问题比较突出。另外,北京市民政局还管理着规模庞大的直属福利企业。鉴于这一体制现状,为实现政事、政企分开和管办分离,北京市决定成立社会福利事务管理中心,承担市民政局系统福利企事业单位的管理职责。中心成立后,北京市民政局主要负责其领导班子成员的管理及党的建设和重大事项的监督管理,中心在内部运行和业务管理上相对独立。在财务管理方面,核定中心为市财政一级预算单位。今后,北京市民政局负责的全市社会福利事业专项业务经费,可以通过购买服务的方式投给中心所属机构,也可以投给社会办福利机构。

北京市社会福利事务管理中心为市民政局管理的副局级事业单位,核定编制 38 人,内设 8 个处室。主要负责市级社会福利企事业和殡葬事业单位的管理及资源的整合和调整等工作,承接政府行政管理以外的公益服务职能。首批划入中心管理的机构有北京市民政工业总公司、福利处、殡葬处所属企事业单位以及北京市老年社区筹建办,其中包括市属 7 家福利院、18 家殡仪馆和公墓及 100 多家民政福利企业。原由北京市社会福利管理处、殡葬管理处两个事业单位承担的行政管理职能纳入市民政局行政序列。

成立福利事务管理中心的同时,北京市民政局原所属的事业单位承担的社会福利、殡葬行政管理等职能将剥离、归并到北京市民政局机关。

案例思考题

1. 社会保障管理体制中的“管”、“办”如何分离?
2. 北京市社会福利事务管理中心的职能如何定位?

后　记

　　《社会保障通论》是一部系统介绍社会保障基础知识的教材,是社会保障学的入门读物。可作为大学"社会保障学"和"社会保险学"课程的教科书,也可作为相关部门业务培训用书。

　　本书有如下特点:

　　第一,对社会保障知识的介绍比较系统而准确。

　　第二,内容要点先后顺序编排上各章基本统一,读者从本书目录中可体会到这一点。

　　第三,各章最后一般都有"问题和前景"一节,即使没有在标题上反映,各章也有相应内容。这部分只反映编写者的倾向,没有定论,因此,本书一般不将此作为要掌握的知识重点。

　　第四,各章有"专栏"、"名词解释"、"案例"等穿插其间,增加了知识性和可读性;此外,值得一提的是每章还配有与内容相融的漫画,趣味盎然,为同类教科书中所罕见。

　　第五,本书"社会保险"部分写得比较详细。由于社会保险新险种增加,"养老保险"和"医疗保险"内容丰富起来,所以将养老保险和医疗保险各分两章。这样,在全书十三章中,社会保险的内容占了七章,结果使本书也可以作为"社会保险"课程的教材。

　　即使作者们百般努力,由于水平和精力所限,错误一定难免,欢迎读者指正。

　　本书得益于大家的愉快合作,各章内容和分工如下:

　　第一章　社会保障概述　潘锦棠

第二章　社会保障基金　张　燕

第三章　企业职工养老保险　潘锦棠　李亮亮

第四章　机关事业/城乡居民养老保险　郭　磊

第五章　企业职工医疗保险　潘锦棠　宋　娟

第六章　机关事业/城乡居民医疗保险　宋　娟

第七章　失业保险　潘锦棠　李　宏

第八章　工伤保险　潘锦棠　李亮亮

第九章　生育保险　潘锦棠

第十章　社会救助　韩克庆

第十一章　社会福利　韩克庆

第十二章　社会优抚　薛在兴

第十三章　社会保障管理　杨立雄

本书部分漫画由李亮亮、郭磊选配和整理。周旭、杨栋先和张黎娜参与了部分章节校对。

潘锦棠是中国人民大学教授,韩克庆和杨立雄是中国人民大学副教授,薛在兴是中国青年政治学院副教授,张燕、李亮亮、郭磊、宋娟和李宏均为中国人民大学社会保障专业在读博士生。

最后,感谢丛书组织者——中国人民大学劳动人事学院社会保障系主任韩克庆和山东人民出版社总编室主任王海玲约稿,感谢马洁编辑认真细致耐心的编辑工作,同时向本书各章参考文献作者和所选漫画作者致敬。

潘锦棠

2012 年 5 月 15 日

于中国人民大学求是楼

图书在版编目（ＣＩＰ）数据

社会保障通论／潘锦棠主编 ． —济南：山东人民
出版社，2012.6
全国高等院校社会福利精编教材
ISBN 978 - 7 - 209 - 05790 - 5

Ⅰ．①社… Ⅱ．①潘… Ⅲ．①社会保障—高等学校—
教材 Ⅳ．①C913.7

中国版本图书馆 CIP 数据核字（2011）第 111877 号

　　本书中选用的部分漫画，经多方联系，仍有著作权人未取得联系，深表歉意。请著作权人
及时与山东人民出版社总编室(0531－82098914)联系，我们将尽快支付稿酬。

出版策划：王海玲
责任编辑：马　洁
封面设计：蔡立国

社会保障通论

潘锦棠　主编

山东出版集团
山东人民出版社出版发行

社　址:济南市经九路胜利大街 39 号　邮　编:250001
网　址:http://www.sd－book.com.cn
发行部:(0531)82098027　82098028

新华书店经销

莱芜市华立印务有限公司印装

规　格　16 开(169mm×239mm)
印　张　25
字　数　430 千字
版　次　2012 年 6 月第 1 版
印　次　2012 年 6 月第 1 次
ISBN 978 - 7 - 209 - 05790 - 5
定　价　39.80 元

如有质量问题，请与印刷厂调换。　电话:(0634)6216033